韓國 抗日民族運動과 中國

한국민족운동사학회 편

國學資料院

차 례

특집논문 / 중국지역의 항일민족운동　　5

一齋 金秉祚와 大韓民國臨時政府 / 李炫熙 ……………………………… 7
韓國光復軍 第1支隊 第3區隊의 성립과 변천 / 金光載 ………………… 31
소래 김중건과 항일민족운동 / 서굉일 …………………………………… 59
청산리전역 직전 반일무장단체의 근거지 이동에 대하여 / 손춘일 …… 93
烏石 金赫의 생애와 활동에 대한 일고찰 / 김생기 …………………… 123
「滿洲國」의 '民族協和' 運動과 朝鮮人 / 윤휘탁 ……………………… 143
東北抗日聯軍의 民族運動史的 性格 / 황민호 ………………………… 173

일반논문　　215

한말·일제초기(1897~1915)목포일본인상업회의소의 구성원과 의결안건 / 박재상 … 217
1930년대 초반 혁명적 농민조합운동의 民族運動史上의 성격 / 박수현 …… 249
조선에서의 제2차 생산력확충계획과 실상(1942~1945) / 김인호 …………… 273
解放後 金昌淑의 政治活動 / 權奇勳 …………………………………… 319

서평　　355

임시정부 27년사의 인물과 이면사의 정리 / 申載洪 …………………… 356

역사탐방　　367

블라디보스톡 극동대학교 한국어과 설립 100주년 기념 학술회의를 다녀와서 /
박환 …………………………………………………………………… 368

JOURNAL OF STUDIES ON KOREAN NATIONAL MOVEMENT

NO.26   December 2000

Lee, Hyun Hee

The study on reverend Kim Byung Jo and The Provisional Government Of Republic Of Korea ·· 7

Kim, Kwang Jae

The Activities of the Third Company of the Ist Detachment in the KIA ·············· 31

Suh, Kwaeng Il

So-Re Kim Chung Kun(笑來 金中建) and Anti-Japanese Nationalist Movement in Manchuria(1914～1933) ··· 59

Son, Chun Il

A Study on the Transfer of Basic Camp of Anti-Japanese' Struggle Organization prior to ChungSanRi(靑山里)Battle ··· 93

kim, saing kee

A study about OH SUK(鳥石) Kim Hyak(金赫)'s life and working ···················· 123

Yoon, Hwy tak

'Cooperation and Harmony among Nationalities'(民族協和) of 「Machukuo」 and Koreans in Manchuria ··· 143

Hwang, Min Ho

A Study on the Characteristics of DongBukHangIlYenKun(東北抗日聯軍) ··········· 173

Park, Jae Sang

A Constituent and Bills of the Mok-po Japanese Chamber of commerce in the Late Chosun Dynasty and the Early Period of Japanese Colony ······························· 217

Park, Su Hyon

A Study on the Racical Characters of the Revolutionary Movement of Peasant Cooperation in the early 1930's ··· 249

Kim, In Ho

A Study on '2nd Production Expansion' of Chosun during Pacific wartime (1942～1945) ·· 273

Kwon, Gi Hun

After Liberation Kim Chang Suk's Political activities ····································· 319

특집논문

一齋 金秉祚와 大韓民國臨時政府

李炫熙[*]

Ⅰ. 머리말
Ⅱ. 民族代表에의 參與經緯
Ⅲ. 大韓民國臨時政府에의 同參
Ⅳ. 臨時政府史料調査編纂部員과 成果
Ⅴ. 新韓青年黨의 創黨과 金秉祚
Ⅵ. 韓中互助社의 組織과 活動
Ⅶ. 臨政의 歷史編纂 및 著述活動
Ⅷ. 맺음말

* 성신여대 사학과 교수.

Ⅰ. 머리말

1877년 1월 10일 평북 정주군 고안면 봉명동에서 金京福의 3남 중 2남으로 출생한 一齋 金秉祚(1877~1950)는 6세부터 한학에 정진하여 18세까지 4서 3경, 제자백가를 통달하였다. 그는 20세인 1896년부터 평북 구성군 관서면 조악동에서 서당을 개설하고 훈도생활을 하는 등 일찍이 학문과 교육에 관심을 두고 있었다.

그러던 중 19세기 말 서세동점에 의한 개화물결이 거세게 일어나자 이에 대응하여 삭발운동에 앞장서면서 신식교육으로 신문화를 배우지 않으면 낙오될 것이라 결심하여 1908년 운영하던 서당을 폐지하고 신식의 辨山학교를 설립하여 운영하면서 기독교로 개종하였다. 그리고 1913년 3월 장로회 평양신학교에 입학하여 1917년 졸업하고 목사가 되었다.

그 후 그는 학창시절 교유하였던 이승훈, 유여대, 함태영 등과의 인연으로 3·1혁명에 관한 계획을 전해듣고 이에 적극 가담하여 민족대표로 선정되었다. 그러나 서울에서의 독립선언식에 참석하는 대신 평안도 일대를 순행하면서 만세시위의 확산을 위하여 각처에 독립선언서와 격문을 보내어 독립운동을 주도하였다.

이후 중국에서의 민중혁명을 위해 임정에 참여, 의정원 의원과 선전위원회 위원 등을 역임하면서 임정의 광복정책 등 활동에 주력하였다. 이 시기 상해 한인교회 담임목사로서 동지와 한인교포의 자녀교육을 담당한 인성학교를 운영하였다. 그러나 이러한 그의 독립운동을 위한 활약으로 큰 업적을 남겼음에도 불구하고 그에 대한 연구와 인식이 민족대표 33인 중의 한사람이었다는 정도에 머물러 있는 듯하다. 더욱이 그가 민족대표로 서명하고서도 당일 서울에서의 독립선언식에 참석하지 않았다는 사실만으로 소극적인 종교계의 온건한 인물로 인식되는 안타까운 경우도 있다하겠다.

그러나 그는 자신의 근거지를 중심으로 신앙에 의거 독립운동을 주도하
였으며, 3·1혁명과 그 정신을 계승하여 최대의 성과로 수립된 임정에 참
여함으로 법통을 이은 국가적 임무를 수행한 큰 인물이라 할 것이다. 물론
그는 1919년으로부터 1923년도까지 4년여를 임정의 지도자로 활동하였기
에 다른 지도자와는 성과면에서 비교가 된다. 이에 본고에서는 김병조가
종교계의 인물이 아닌 임정 지도자이며 독립운동가로써 활약한 면면을 살
펴봄으로 그의 업적을 새삼 재인식해 보고자 한다.

Ⅱ. 民族代表에의 參與經緯

김병조가 민족운동에 헌신하게 된 것은 3·1혁명 당시 민족대표 33인
(기독교)의 한사람으로 참여하면서부터였다. 그가 3·1혁명에 참여하게 된
것은 교회 관계로 양전백의 집에 들렀다가 이승훈을 만남으로 이루어진 것
이다. 즉, 3·1혁명 이전 김병조는 평북지방내 서북부인 의주·삭주·창
성·벽동의 4개군을 평북노회로 분할하여 1918년 11월 27일 창립된 의산
노회1)에 소속되어 의주 관리교회를 담임하고 있었다. 그후 1919년 1월 19
일부터 제15회 평북노회가 열리게 되자 宣川南교회당에서는 査經會가 시작
되었다. 이에 사경회에 참석하기 위해 의산노회에서는 一齋 김병조가 유여
대, 장덕로, 김승만 목사 등과 함께 대표로 평북 선천을 방문하게 되었다.
이들은 집회에 참석 후 양전백의 집에 들르게 되었는데 여기에서 3·1혁명
을 계획하고 동지를 구하러 찾아온 교계의 중진 남강 이승훈과 만나게 된
것이다.

---

1) 3·1혁명 당시 한국의 장로교회는 전국 교단조직인 총회산하에 12개의 노회
   를 두었는데, 그중 평북지방은 평북·서북·의산 등 3개 노회가 조직되어 있
   었고, 교세가 가장 강하였다. 『조선예수교장로회총회 제8회 회록』, 1920년 3
   월, 122쪽.

이때 이승훈은 김병조 등에게 서울에서 의암 손병희 등 천도교측과 합의된 독립운동계획에 관한 내용을 설명하고 민족적 대과업에의 참가를 권유하였다. 이에 김병조 등은 모두 찬성하였다. 따라서 김병조, 양전백, 이명룡, 유여대 4인이 '기독교 민족대표' 16명 중의 멤버로써 참가하기로 확정하였다. 그리고 이틀 뒤인 2월 14일 김병조는 유여대와 함께 다시 양전백의 집을 방문하여 이명룡과의 면담에서 그를 전폭적으로 신임하고 도장을 맡기면서 민족대표로서의 자신들의 서명을 위임하였다.[2]

이러한 과정은 3·1혁명 관련 공판기록에 설명되어 있다. 즉,

> 2월 11일 최남선·송진우를 만나 독립운동(3·1)에 기독교측 참가를 약속한 이승훈은 동지를 규합하기 위해 즉일로 京城(서울)을 떠나 평안북도 선천으로 가서 그 다음날 기독교장로교 목사 양전백의 집에서 同人 및 그 당시 마침 장노회에 출석하기 위하여 선천에 모인 장로 이명룡, 목사 유여대, 김병조 등과 만나 송진우에게 청취한 운동계획을 알려 찬동을 구하였더니 3명은 모두 동지가 될 것을 승낙하고 유여대·김병조는 독립운동에 관하여 만사를 이승훈에게 일임하였다. 또한 필요한 서류에 찍게 하기 위하여 각각 그의 인장을 同人에게 위탁하고 양전백·이명룡의 제의로 스스로 독립운동의 모의에 참석하기 위하여 경성으로 가기로 하였다.[3]

그러나 김병조는 3월 1일 당일 다른 민족대표들이 모이기로 한 서울 종로 태화관의 선언식장에 참석하지 않았다. 앞서 2월 12일 양전백의 집에서 있었던 사전조정 모임에는 김병조·이승훈·이명룡·양전백·유여대외에 장덕로·김승만 등도 참석하였는데 이들은 의논하던 중에 서울에서 전개하기로 한 독립선언식에 참석하지 않고 의주에서 별도로 독립시위운동을 전개하며 비밀기관을 조직하기로 약속하였던 것으로 보인다. 그같은 사실은 다음의 내용에서 살펴 볼 수 있다.

---

2) 李炳憲,「梁甸伯先生取調書」,『3·1運動秘史』, 時事時報社, 1959, 256쪽.
3)「大正8年特別第 1~5號」,『독립운동사자료집』5, 독립운동사편찬위원회, 1972, 17쪽.

　　의주는 유여대·김병조·김승만·장덕로 4인이 음력 정월 십일에 평북
노회 축하차로 선천에 往하야 양전백 家에서 십여 동지로 더불어 國事의 光
復을 共議한 후 義州 一境의 事는 4인이 분담하고 歸하야 김병조·김승만
은 비밀기관의 간부가 되고 유여대는 시위운동의 회장이 되야……4)

　또 김병조·유여대 등이 2월 14일 양전백의 집에 다시 찾아와 이명룡에
게 도장을 맡기며 자신들은 의주에서의 일을 맡기로 하였다는 내용이 양전
백의 취조서에서 나타나며, 3·1혁명 당시 의주에서 김병조는 유여대·이
원익·김창수·안석응 등과 함께 격렬한 시위를 전개하였다.5) 이때 의주
일원의 책임을 맡게 된 김병조는 평북 도내 각처를 돌아다니면서 격문을
전달, 3·1혁명을 확산시켜 나갔다. 그 격문의 내용은 다음과 같다.

　　우리 한국 동포들에게 보내는 글
　　슬프다. 우리 팔도의 동포여! 깊은 잠에 빠져 있음을 크게 뉘우칠 것이다.
하늘의 모습을 우러러 보아라. 동방의 밝은 별이 이미 밝았고 시국의 형편
을 두루 살펴보아라 많은 백성들이 세상을 경계하는 말이 저절로 소리가 들
리니, 자태를 뽐내며 휘날리는 태극기는 제군들의 조국정신이 활발한 때문
이고, 열렬한 만세소리는 제군들의 일체 생명의 맥박이 진동하는 도다.
　　무도한 日人의 음녀·아편을 이용한 정치는 청춘 소년들을 주색잡기에
젊음을 연기와 안개처럼 허비케하는 것과 같은지라. 무도한 日人이 소나 돼
지를 내몰 듯 하는 체육은 하잘 것없는 노인과 약한 아이들의 유골이 서북
간동에 삼밭에 삼대나, 대밭에 대나무같이 많이 있고 수년을 경과하면 군청
이나 면사무소에도 한국인들의 의자는 그림자도 영원히 끊어질 것이다. 또
몇 년을 경과하면 반도 삼천리 강산에 한인의 모습은 조금 남은 것조차 소
멸할 것은 필연적인 이치라.
　　어른은 독립을 위해 피를 바쳐 죽는 것이 옳으며, 늙은이는 독립가를 함
께 부르며 부녀자들은 독립심에 목숨을 맹세하며 만입을 한 말로 개가를 소
리높여 부를지어다.6)

---

4) 金秉祚,『韓國獨立運動史略』, 宣民社(上海), 1920, 28쪽.
5) 朴殷植,『한국독립운동지혈사』하, 43쪽.
6) 金行湜編著,『韓民族의 抗爭』, 자료편, 119~120쪽. 金亨錫;「일재 김병조의
　　민족운동」, 39쪽.

이처럼 김병조는 민족대표로 서명은 했으나 독립선언식에 참가하지 않고 별도로 독자적인 독립운동을 전개하였으며, 특히 그는 일부 기독교계 민족대표와 함께 거사계획을 3월 1일에 국한시키지 않고 지속적이고 체계적인 독립운동으로 발전시키기 위해 준비하였다. 즉, 3·1혁명을 계획중이던 2월 20일 이승훈은 천도교계의 권동진으로부터 해외에 사람을 파견하기 위해 5천원의 자금을 전달받은 후 이 중 900원을 김승만에게 보내 중국 안동현(현 단동) 안동교통사무소를 설립하게 하였다.7) 이에 김병조·김승만 등은 안동현에 미곡상을 가장한 비밀연락 교통사무소를 내고 활동하게 되었다. 그러나 일경의 감시가 심하여 곤경에 처하였는데, 5월초 임정에서 파견된 선우혁이 영국인 쇼우의 도움을 받아 그가 경영하던 이륭양행으로 거처를 옮겨 이후 임정산하 교통지부로 개편되었다.8)

이와같이 김병조는 3·1혁명 당시 민족대표로서 33인이(29명) 모인 서울의 독립선언식에는 불참하였으나 의주 등지에서의 독립운동을 주도하며, 지속적인 독립운동을 위해 교통사무소를 설립하는 등의 활동을 하며 임정 수립에 참여, 고귀한 3·1혁명 정신을 임정수립, 활동에 연결하는 중요한 임무를 수행하였다. 그동안 그에 관한 시각은 소극적 독립운동가 내지는 유약한 목사 독립운동가로 온당한 평가를 받지 못했었다.

Ⅲ. 大韓民國臨時政府에의 同參

3·1혁명 직후 독립운동의 대표적 구심체로써 대한민국임시정부(191

---

7) 金亨錫, 「南岡李昇薰研究」, 『東方學志』, 46·47·48, 연대국학연구원, 1985, 648~650쪽.
8) 李炫熙, 『大韓民國臨時政府史』, 集文堂, 1982, 77·88·101·151·253쪽 ; 金亨錫, 「上海居留韓人基督教徒들의 民族運動」, 『龍巖車文燮教授華甲紀念史學論叢』, 신서원, 1989, 548~591쪽.

9～1945)를 수립하기 위해 그 선행조직으로 임시의정원이 구성되었다. 김병조는 손병희의 양해 하에 1919년 4월 10일 개회된 제1차 임시의정원 회의에 손정도·이원익·이희경·이광수·김현식(金鉉軾) 등과 함께 평안도 대표로 참석하였다.9) 그는 임정 법제위원회(위원장 홍진)에서 이사로 활동하였으며, 동년 8월 18일 개회된 제6차 회의에서 외교위원회 위원장에 선임되어10) 주로 국내외 광복전략 등 구국 선전활동에 주력하였다.

그는 1919년 2월 김규식이 대한민국임시정부의 대표자격으로 파리강화회의에 참석하여 5월 12일 독립청원서를 그곳에 제출하자, 김규식의 활동을 지원하기 위해 여운홍을 파견하는 한편 국제연맹과 장로교 민국연합회 총회 및 미주 각 교회에 한국의 독립을 후원해 줄 것을 요청하기 위해 동년 5월 23일 인승원·손징도·장딕로·조상섭·배형식·이원익·김시혁·김승만·장붕 등과11) 함께 연서로 「韓國時事陳述書」를 발표하였다.

또 그는 손정도와 함께 '한국 기독교 대표들이 중국 기독교에 고하는 글'을 발표하여 한국 독립운동에 대한 중국 기독교계의 여러 인사들의 관심을 촉구하였다.12)

그리고 구미위원부에서 이승만·서재필을 국제연맹에 한국대표로 파견하여 김규식과 함께 외교활동을 전개토록 할 계획을 세우자 임시의정원에서는 1919년 7월 7일부터 19일까지 제5차 임시의정원회의를 개최하고 국제

---

9) 국회도서관,『大韓民國臨時政府議政院文書』, 1974, 42쪽.; 同,『韓國民族運動史料』(中國編), 1976, 36·37·38쪽. 이현희,『임시정부의 숨겨진 뒷 이야기』, 학연문화사, 2000, 21～35쪽.

10) 위의 책, 59쪽 ; 同 43쪽.

11) 안승원·손정도·조상섭·배형식·이원익·장붕 등은 의정원 의원으로서 상해 한인교회에 소속된 지도자들이었으며, 장덕로·김시혁·김승만은 임정의 안동현 교통사무소를 중심으로 활동하던 의산노회 소속의 기독교지도자들이 었다. 따라서 의산노회 출신으로 안동현 교통사무소 설립에 관여하였고 당시 상해 한인교회를 담임하고 있던 김병조는 이 두 세력을 규합하여 외교활동을 전개한 중심인물이었다.
金亨錫,「일재 김병조의 민족운동」,『朴永錫교수화갑기념 한민족독립운동사논총』, 논총간행위원회, 1992.

12)『日帝下獨立運動家書翰集』, 시인사, 1983, 68～73쪽.

연맹에 제출할 안건을 연구·심의하기로 하였다. 이를 위해 '국제연맹회제출 안건작성 특별위원회'를 구성하였는데, 김병조는 이춘숙, 오의선, 정인과, 최창식(의정원의장)과 함께 특별위원회 위원으로 선임되어 외무위원회의 신익희·윤현진·고일청 등과 함께 청원서를 작성하였다.[13] 그러나 제6차 의정원회의에서 청원서의 내용을 수정하기로 하고 새로 특별위원을 선출하였는데, 김병조·조완구·장붕·고일청·유경환 등 5인이 선정되었다.[14] 이에 수정된 청원서는『한일관계사료집』(1~4권)과 함께 국제연맹에 제출되었다.

이어 그는 국제연맹에 한국인 목사 1명, 재한 선교사 1명, 재외 한국인 목사 1명으로 구성된 대표단을 파견할 계획을 세우고 재한선교사 모우리(E.M.Morry)와 在東京 임종순목사를 파송해 줄 것을 제의하는 연락을 취하였다. 그러나 이에 관련된 문서를 전달하기로 한 김홍서가 일경에 체포됨으로써 무산되고 말았다.[15] 이때 김홍서는 김병조가 대표로 서명한 국내 기독교계가 상해 선인교회를 지부로 인정해 줄 것과 안동현교통사무소 운영에 협조해 줄 것을 요청하는 청원서 및 국내 교회가 시국에 관심을 갖고 기도해야 할 제목들을 요일별로 정리한 문서들도 휴대하고 있었다.[16]

또 그는 10월 25일자 임시정부의 기관지로 민간신문의 효시인 「獨立新聞」에 친일파와 부일세력을 규탄하는 격렬한 경고문을 발표하여 내외에 항일투쟁의식을 고취하기도 하였다.

이처럼 그는 의정원의원으로서 국내외에 한국의 독립을 청원하고 협력을 호소하는 외교적 홍보활동에 주력하였다. 그러나 1920년에 들어 의정원 내에 운동방법과 이념의 차이, 출신지역간의 대립과 갈등, 임정에 대한 재정적 부족 등 임정파괴·번복의 위기감이 절정에 달하자 그는 '無用之辯과 不急之察은 棄而不治'라는 설교를[17] 마지막으로 의정원 의원직을 사임하였

---

13) 앞의 『의정원 문서』, 51·53쪽 ; 『한국민족운동사료』(중국편) 43쪽.

14) 앞의 『의정원문서』, 66쪽.

15) 金正明, 『朝鮮獨立運動』II, 原書房(東京), 1967, 71쪽.

16) 姜德相, 『現代史資料』25, 三一運動(1), みすず書房, 1977, 591~592쪽.

다. 의원직을 사임한 김병조는 안창호의 요청으로 국무원 산하에 설치된 선전위원회의 이사직을 맡아 임정의 선전업무를 총괄하게 되었다. 그는 임정의 외교적인 활동에 큰 관심과 집착을 가지고 조국광복에 몸바친 것이다.

　초기 임정의 선전활동은 민족의식의 고취, 자주적인 홍보활동, 여론의 조성, 국민역량의 강화 등[18] 매우 명분론적이며 추상적으로 실질적인 효과를 기대하기 어렵게 되었다. 이에 김병조는 안창호·정인과·임득산 등과 같이 1920년 1월경 임정의 대내외 선전업무를 위한 새로운 선전부의 결성을 구상하고 국내 및 미·중을 대상으로 한 새로운 선전활동 계획을 수립하였다. 즉 국내에 내무부 특파원 선정 파견 및 지방선전대의 조직[19] 중국내에 선전대를 조직하여 한국의 독립선전 및 강연회·간담회 등의 개최를 통한 선전활동 전개[20], 구미 각국에 친한적 언론인을 통한 국제여론 조성 등의 구체적인 계획을 세웠다. 그리고 이같은 계획을 실행하기 위해 선전위원회를 구성하기로 결정하고, 안창호를 위원장으로, 김병조는 이사로 선임되어 선전업무를 총괄하게 되었다.[21] 선전위원회는 산하의 선전대를 통하여 국내와 연결하였고, 대외적으로 외교활동도 담당하였던 중요 조직으로 이의 임무는 단순한 홍보활동에 그친 것이 아니라 외교·재정·군사·교육에까지 그 작용이 커져 활동영역이 확대되고 있었다.

　김병조는 이처럼 선전외교활동의 중요기관에서 실무를 총괄하며 활약하였다. 그리고 임정의 활동을 반대하던 창조파·개조파 등 세력들에 의해 국민대표회의 소집을 위한 회의체의 결성이 시도되자 그는 상해측 발기인으로 나서 1921년 5월부터 국민대회 촉진회를 주관하였고, 1923년 1월 2일부터 약 5개월간 국민대표회의가 개최되면서 그는 비서장에 선임되기도

---

17) 『獨立新聞』(上海版), 1920년 3월 6일자.
18) 『獨立新聞』, 1919년 8월 26일자.
19) 주요한, 『安島山全書』, 三中堂, 1963. 621～622쪽.
　　선전대원들에게는 선전업무와 함께 군자금 모집, 독립군 모집훈련, 경찰서 폭파나 친일파 저격 등의 무장투쟁의 임무가 부여되었다.
20) 앞의 『安島山全書』, 625쪽.
21) 위이 책, 691쪽.

하였다.22) 그러나 국민대표회의 내에 임정의 개조파와 창조파 사이에 대립
이 격화되면서 결말없이 끝나자 선전위원회의 활동을 통해 임정에 참여하
였던 김병조는 임정과의 모든 관계를 청산하고 자신이 몸담고 있던 상해
한인교회의 선교사업에 전념하다가 동년 5월 남만주의 한인교회로 옮겨
재만 한인사회의 지도자로써 한인들을 보호하며 민족운동을 전개하였다.

IV. 臨時政府史料調査編纂部員과 成果

임시정부의 임시사료조사편찬부는23) 1919년 5월 12일 제4회 의정원회의
에서 조완구가 행한 국무원 시정방침 가운데 처음으로 언급되어 구성되었
다. 여기서 역사편찬 사업을 개시하였는데 당시 임시사료조사편찬부의 인
적 구성은 다음과 같다.

총재 : 安昌浩
주임 : 李光洙
간사 : 金弘植
위원 : 金秉祚, 李元益, 張鵬, 金翰, 金枓奉, 朴賢煥, 金興濟, 李洪根, 趙東祜
조역 : 金朋濬, 金錫璜, 金成奉, 權址龍, 柳榮國, 朴錫弘, 朴舜欽, 朴炅玉, 李址
明, 禹昇圭, 車均敞, 車均賢, 鄭明翼, 李起榮, 李康夏, 姜賢錫, 金恒信, 鄭惠善,
趙淑景, 李메리, 李奉順24)

그 목적은

---

22) 박영석, 「대한민국임시정부와 국민대표회의」, 『韓國史論』10, 국사편찬위원회,
    1985, 239쪽 ; 李炫熙, 「국민대표회의 소집문제」, 『白山學報』18, 1975.
23) 「史料調査編纂部」라는 명칭은 『朝鮮民族運動年鑑』 17쪽에 의거한 정식 명칭
    으로, 이 자료는 당시 임정 일지를 중심으로 재구성하였다. 이것이 대외공식
    명칭이기 때문에 이의 명칭을 그대로 사용하였다.
24) 『朝鮮民族運動年鑑』, 197쪽.

조선역사의 독립 및 실력과 일한관계를 명확히 편사하여 국제연맹에 제
출케 함[25]

이라고 분명하게 밝히고 있다. 이는 다시 말해 일본의 한국침략에 관한
유래 즉 정한론부터 심층적으로 분석, 검토해보자는 의도가 깊게 깔려 있
었다. 그러나 정한론의 실상을 명확히 파악하지는 못했던 것 같다. 정한론
이 대원군의 書契거척사건으로 인해 즉자적으로 일어난 것이 아니고 깊은
일본의 한국관 인식부족이나 멸시관에서 비롯하였기 때문일 것이다.[26] 일
종의 콤플렉스때문인 것이다. 그러나 임시사료조사편찬부에서는 『한일관
계사료집』 4권을 간행하였는데 이는 공동저술 간행으로 일본의 침략행동
을 예의 분석 비판하여 앞으로의 선전운동에 기본 자료로 활용한 바 있다.
그리고 이를 국제연맹에 보내 우리의 현실을 읍소한 바 있고, 1921년 소집
되었던 9개국가의 협의체였던 태평양회의에도 그 자료를 번역하여 이승
만·서재필 등 5명의 우리측 대표가 이를 휴대하고 워싱턴까지 간 바 있었
다.[27] 그러나 회의에는 안건으로 상정 토의되지 못하였다.

또한 임시사료조사편찬부 목적에는 3·1혁명의 자세한 기록들을 수집,
정리하여 선전자료로 삼는 동시에 수많은 희생자들의 공로, 성과 등을 누
락없이 기록에 남겨두자는 판단이 작용한 것이다. 이는 자료화하여 국제연
맹에 보내 독립의 가능성을 타진해 보자는 강력한 자립적 의지도 있었고,
역사자체로 영구히 보존하자는 의도도 작용했을 것으로 보인다.[28]

이러한 목적을 가지고 구성된 임시사료편찬부에서 역사의식이 뚜렷했
던 김병조는 위원으로써 사료편찬사업에 전력하였다.

그러나 이 기관은 대한민국임시정부가 하나의 단일통합정부로 정통화과

---

25) 民族運動研究所 編, 『民族獨立鬪爭史』 史料 海外編, 輿論社, 『輿論』 第26號,
　　부록, 1956. 22~23쪽.
26) 李炫熙, 『征韓論의 背景과 影響』, 大旺社, 1986, 결론 및 89~99 참조.
27) 李炫熙, 「태평양회의에의 한국외교후원문제」, 『韓國史論叢』 1, 성신여대,
　　1976.
28) 앞의 『安島山全書』, 207쪽.

정을 거친 단일중심기구로서 제1차 개헌에 의한 대통령중심체제가 출범하던 1919년 9월 8일 해산하고 그 사업은 국무원에서 직접 경영하게 되었다.

따라서 동 위원으로는 거의 물갈이를 하게되고 김병조와 이원익 2명만 남아 이에 참여하게 되었다.29)

하지만 사료조사편찬업무는 동년 9월 23일 완료되었는데,『한일관계사료집』4권의 편찬조역에는 김여제, 김석황, 김성봉 등 22명이 선임되어30) 자료집을 편찬, 간행함에 있어서『한일관계사료집』4권 100질 등 사료의 수집, 정리, 분석과 편찬 등에 조력하였다.

김병조는 약 3개월간 유지되었던 임시사료편찬부에서 그 위원으로『한일관계사료집』4권이라는 방대한 자료집을 편찬 간행해 내는데 주도적인 업적을 남긴 것이다.

이 기관은 한일교섭의 유래와 독립운동의 전반적인 상황을 짧은 기간이나마 총 점검하였고, 아울러 일본인의 국내외 각지에서의 학살·고문·탄압 등 만행 사례를 광범위하게 조사·수집하여 국제연맹에 제출·폭로할 상당량의 내실있는 자료를 준비해서 실제로 활용하였던 것이다.31) 또 사료조사편찬과정에서 조동호가 자모(字母)를 만들어 주요한 등과 창간한 임정의 기관지인『獨立新聞』의 발간 준비가 진행되었다. 이 사료집의 인쇄가 종료되기 약 한달전인 동 8월 21일 독립신문이 상해 동익리 사옥에서 창간되기도 하였다.

V. 新韓靑年黨의 創黨과 金秉祚

제1차 세계대전이 끝나가는 1918년 8월 20일을 전후하여 중국 상해 프랑

---

29) 앞의『民族獨立鬪爭史』, 31쪽.
30) 앞의『朝鮮民族運動年鑑』, 1919년 9월 23일자, 31쪽.
31) 姜興秀,『朝鮮獨立鬪爭史』, 高麗文化社, 1946, 121쪽.

스조계의 몽양 여운형의 자택인 自爾路 25호에서 장덕수·김철·조동호·여운형·선우혁·한진교의 6명이 발기인이 되어 신한청년당이 창당되었다.32)

이 당의 창당 목표는 그 취지문속에 잘 반영되어 있는데 첫째 먼저 독립을 완성하고, 둘째 독립을 회복한 다음에는 문화적·도덕적으로 민족을 개조하여 新大韓民族을 만들며, 셋째 학술과 산업을 일으키어 실력을 양성함과 동시에, 넷째 대한민족의 신문화가 전인류에게 위대한 행복과 번영을 주도록 한다는 것이었다.33) 뿐만 아니라 풍속·문화·도덕 등을 새롭게 하기 위하여 20세 이상 40세 이하의 인사를 입당시키겠다는 것이었다.

이에 당의 창립시기로부터 3·1혁명 이후에까지 입당한 인물 중 현저한 인물은 김병조 등 30여명에 이르고 있다.34) 그 명단을 보면 다음과 같다.

呂運亨·金秉祚·趙東祜·張德秀·金澈·鮮于爀·韓鎭敎·金奎植·徐丙浩·金淳愛·金九·李光洙·安定根·韓元昌·李裕弼·梁憲·趙素昂·金甲洙·趙尙燮·都寅權·張鵬·林盛業·金仁全·崔一·李元益·李圭瑞·申昌熙·白南圭

이처럼 임시정부 광복정책에 적극 가담한 김병조는 임정을 수립하고 보강할 목적하에 신한청년당을 창립하였는 바 그 초기부터 핵심적으로 참여하고 있다.

신한청년당의 최대 이념은 대한의 완전한 자주독립에 있었는데, 즉 민족주의·민주주의·공화주의·사회개혁주의·국제평화주의를 채택하고 그 이념하에서 공복투쟁을 전개해 나가고자 한 것이다.35)

그리고 신한청년당은 소수정예주의로 나가 50여명 이내로 그 인원이 충원되었던 것으로 보이는데, 당원의 자격을 20세 이상 40세 이하로 규정하

---

32) 李炫熙,『趙東祜抗日鬪爭史』, 청아출판사 1992, 84쪽.
33)『新韓靑年』창간호, 1919년 12월.
34) 국회도서관,『韓國民族運動史料』中國篇, 1976, 290쪽.
35) 愼鏞廈,「신한청년당의 독립운동」,『韓國學報』44, 일지사, 1986, 99쪽.

고 조국독립을 위하여 생사로써 맹약한 동지만을 엄선 가담시켰던 것이다. 이 당에 가입하는 절차는 기존 당원이 먼저 적임자를 물색하여 권고해서 입당 후보자가 동의하면 이사에게 추천하고, 이사는 그를 총회에 상정, 제출하여 총회의 승인을 얻어 당원이 되었다. 이처럼 신한청년당은 유능하고 독립운동에 몸과 마음을 바치기로 맹약한 청년들로만 조직된 청년당이었다. 이에 당원은 주로 평안·황해·충북·서울경기 출신으로 30대 청년이 주축을 이루었다. 또 이들 가운데 3·1혁명 이전에 망명했던 인물이 가장 많았고, 대부분 고등교육을 받은 인물들로 기독교 신자가 대부분이었으며, 국내에서 애국계몽운동 등 신민회활동과 교육사업에 종사했던 인물이 대거합류하였다. 김병조 또한 그러한 경력의 신앙심이 돈독한 애국적 인물이었다.

이처럼 신한청년당은 작은 규모의 청년독립운동단체였으나, 창립직후 해외에서 3·1혁명을 가장 먼저 준비하여 국내 및 일본 유학생들과 연결을 맺고 3·1혁명의 직접적인 진원을 만드는 큰 업적을 달성하였다. 이는 당시 일제 관헌도 3·1혁명의 최초의 준비단계를 신한청년당으로 지목하고 있었음에서 그렇게 설명할 수 있다.[36]

또한 신한청년당은 해내외에 대원을 파견하여 독립운동을 자극함으로 3·1혁명을 전후하여 각지로부터 유력한 인사들이 상해로 집결하도록 분위기를 잡는 등 뒷받침하였다. 이는 3·1혁명 직후 대한민국임시정부를 수립 선포하는데 그 임무가 구체적으로 연결되어 나타나게 되었던 것이다. 1919년 3월 하순무렵부터 여운형·선우혁·김철 등은 국내에서 온 33人中의 한분인 김병조 그리고 현순 등과 더불어 상해에 독립임시사무소를 설치하고 각국을 향해 독립을 선언하면서 임시정부 조직에 착수하였다.[37] 마침내 20·30대의 장년층을 추대하여 임시의정원의 10개조 헌법을 축조 심의하는 등 결의를 거쳐 1919년 4월 13일 오전 이동녕의장이 임정을 수립, 선포하기에 이른 것이다.[38] 이로써 신한청년당이 1918년 제1차 세계대전의 종

---

36) 앞의 『한국민족운동사료』 중국편, 20~23쪽 참조.
37) 독립운동사 편찬위원회, 『독립운동사』 4, 임시정부사, 1972, 113~114쪽.

전에 따른 국제정세의 변화를 이용하여 독립국가를 수립하고자 기도한 것이 정부수립을 통해 보다 구체적으로 기반을 마련하게 된 것이다.[39]

그 후 신한청년당은 대한민국 임시정부가 운명상 애로가 있고 좌익계의 임정전복 의도하에 국민대표회의가 열리게 되자 임정을 수립했던 위치에서서 개조론을 주장하는 등[40] 임정이 수립된 뒤에도 임정중심의 독립운동에 진력하였으나 당내부의 분열로 1922년 말 해체되었다.[41]

그러나 신한청년당은 작은 규모의 청년중심의 독립운동 단체였으나 국제사회에 독립청원서를 전달하거나 당원을 국내 및 해외에 파견하여 독립운동을 독려케 하고, 또 3·1혁명의 진원과 자극이 되는 등 큰 업적을 남겼다. 여기서 김병조는 이러한 활동을 전개한 신한청년당의 주요 민족민주공화세력으로서 활동하였다.

VI. 韓中互助社의 組織과 活動

김병조는 중국내에서의 광복선전활동을 위해 저명한 중국인들과 친목회를 조직하여 후원하자는 계획에 따라 김규식·윤기섭·汪兆銘 등과[42] 한중호조사를 결성하였다.[43]

1921년 태평양회의 소집문제가 제창되면서 이에 대한 임정 요인들의 기대가 매우 컸으며, 태평양회의 외교후원회까지 결성되었다.[44]

이때 한·중 학생이 중심이 되어 한중국민호조사가 조직되었는데 이에

---

38) 李炫熙, 『大韓民國臨時政府史』, 集文堂, 1982, 서·결론.

39) 李炫熙, 「제1차 세계대전과 민족운동계의 동향」, 『학산김정학박사 송수기념 한국사학논총』, 1999, 학연문화사.

40) 李萬珪, 『呂運亨鬪爭史』, 叢文閣, 1946, 20~21쪽.

41) 愼鏞廈, 앞의 論文 참조.

42) 국사편찬위원회, 『韓國獨立運動史』 3, 1967, 366쪽.

43) 金正明, 앞의 책, 107~108쪽.

44) 李炫熙, 앞의 논문 「태평양회의에의 한국외교후원 문제」 참조.

는 한국측에서 민족대표로 임정과의 연계를 모색하고 있는 김병조를 비롯하여 윤기섭·김홍서·여운형·조동호·이유필·김규식·한진교·송병조·서병호·윤현진·김인전·이원익·최창식·도인권 등이 대표로 참가하였고, 중국측 인사로는 兪宗周·周劍秋·余鯤·孫境亞·赫兆英 등 18명이 대표로 참가하였다.45)

이들은 한중연합으로 공동의 적인 일본 제국주의를 축멸하자는 것을 최대의 목표로 하여 한중 양국대표 30여명이 1921년 5월에 모여 모임을 만든 것이다. 이것이 계기가 되어 후에 한중호조사 발기의 모체가 되었다.46)

한중호조사는 한중친선은 물론 한국독립과 중국혁명에서 상호협조, 또한 일보 전진하여 경제·상업·교육방면에 대해 상호원조를 목적으로 1921년 가을 상해 프랑스계 浦石路 14호에서 조직되었다.47) 한중호조사는 「中韓國民互助社總社臨時假規則」을 마련하고48) 일제 침략이 구축됨을 전제로 한 한중 양국민의 행복을 도모한다고 강조하였다.

이후 한중호조사는 1921년 8월 15일자로 태평양회의에 대한 제안과 선언문을 영문으로 번역하여 미국 워싱턴의 동 회의의 의장인 미국 대통령 하딩에게 보냈으며49), 세계와 극동의 평화를 애호하는 까닭에 태평양회의에 대해 다음 조건을 제출하려고 하였다.

이는 모두 11가지로, 즉

1. 1905년과 1910년의 소위 합방조약의 전면무효선언인 것.
2. 일본의 정치 경제 군사상의 시설철거.

---

45) 李炫熙, 「1920년대 한중연합 항일운동」,『국사관논총』1, 1989.
46) 이기형,『몽양 여운형』, 실천문학사, 1988, 82쪽.
47) 「呂運亨被疑者訊問調書」第14回,『韓共資料』, 82쪽.
48) 앞의『한국민족운동사료』중국편, 217~218쪽.
49) 위의 자료 219~222쪽.
　　「八七, 太平洋會議에 즈음하여 韓人獨立運動者의 行動과 中韓國民互助總社의 宣言에 의해 一九二一年 九月十三日字로 在上海 總領事가 外務大臣에 報告한 要旨, 太平洋會議에 즈음하여 韓人獨立運動者의 行動과 中韓國民互助總社의 宣言의 件」

3. 한국과 극동공화국의 대표파견을 주장할 것.
4. 한중 두 나라의 주권과 동아평화를 방해하는 영일동맹의 취소
5. 中日 21개조 등의 취소.
6. 중국은 膠州灣과 일본이 山東에서 점유하는 이권을 회수할 것
7. 일본의 滿蒙 福建에서의 특수세력을 취소할 것.
8. 중국은 대만을 회수할 것
9. 중국은 영사재판권과 외국우편국의 철폐를 주장할 것
10. 각 국은 중국에서의 조계를 환부할 것
11. 각 국은 중국에 있는 주둔병을 철퇴할 것

등이다. 이러한 조건은 한중 양국이 일치하여 주장한 것으로, 다행히 그 목적을 달할 수 있다면 '한중호조사만의 私幸은 아닐 것이라'고 역설하였다.[50]

또 한중호조사는 각 지방에 지사를 설치 운영하고 있는 것으로 보이는 바 일제측 자료에서 검토해 볼 수 있다.

…… 워싱턴에 있는 임시정부대표자 이승만·서재필 등은 앞서 태평양회의에 관련하여 20수개조로 된 청원서를 제출하였는데, 이 청원서의 재료는 당지 임시정부의 일부와 協成會, 임시정부를 옹호하는 한국단체가 지난번 華府會義列國代表者에게 한국독립에 진력해 줄 것을 청원한 것이며 또 전기 이·서 등은 미국의원 토마스를 특별고문으로 하여 同人과 연서하여 회의에 參列을 요망하였다. 또 한인의 일본유학생이 東京에서 今月 5日 발표한 독립선언 인쇄물을 당지방의 한인, 중국인, 외국인간에 배포한 사실이 있다. 그들은 華府會議에 대한 운동이 성공할 가망이 없음을 그들이 인식하고 있는 것 같다. 당지 중한호조사는 최극 格別한 활동을 하지 않으나 廣東 중한호조사는 상당히 활동하고 있는 것 같고 앞서 광동으로 향한 임시정부 국무총리 申圭植은 지금도 그대로 同地에 있으면서 廣東政府일파의 후원을 얻고자 운동하고 있지 않나 추찰된다.[51]

---

50) 李炫熙, 앞의 책,『조동호항일투쟁사』, 209쪽.
51) 앞의『한국민족운동사료』중국편, 240~241쪽.

는 것이다.

이처럼 한중호조사는 한중친선과 함께 공동의 적인 일제에 대한 효과적인 항일투쟁을 위해 김병조 등 한중인사들을 중심으로 협력, 제휴하여 활동하였다.

Ⅶ. 臨政의 歷史編纂과 著述活動

임시정부의 임시사료조사편찬부위원이었던 김병조는 이 기관에서 수집한 사료를 기초로 하여 우리나라 최초의 독립운동사서인 「한국독립운동사략」을 저술하였다. 이는 1920년 상해 선민사에서 한글과 중문판으로 발간되어 널리 보급, 애독된 주목받는 독립운동사중의 하나였다.

이 저서는 1894년 동학혁명으로부터 1920년까지의 한국근대사를 두가지의 내용과 범위로 저술된 독립운동사로 이 시기의 역사를 외세의 침입과 이에 저항하는 민족의 투쟁을 중심으로 서술하고 있다. 모두 17장으로 구성되어 있으며, 주로 독립운동의 실태를 연대별로 정리하고 있다. 그 주체를 각 장별로 살펴보면 다음과 같다.

> 1장 : 自甲午戰役至合邦後十五年間大略
> 2장 : 威爾遜(윌슨)의 十四條約과 大韓獨立擧事의 來歷
> 3장 : 日人은 橫暴自恣하고 韓族은 敵愾決心이라
> 4장 : 大韓民國은 如瑞日이 方昇하고 臨時政府는 若砥柱屹이라
> 5장 : 韓族의 義烈과 日人의 暴虐
> 6장 : 內外國人의 公憤과 正義
> 7장 : 敵刀에 死傷과 牢獄에 泣血
> 8장 : 政府의 通喩와 民會의 陳述
> 9장 : 我義軍의 繼續猛進으로 死傷이 日增
> 10장 : 國土訴寃義人表精

11장 : 美洲人士의 舊起
12장 : 日本人性은 羊衣狼心
13장 : 我政府의 對外方針과 일본의 對我愚策
14장 : 內外人士之獨立精神去益舊發
15장 : 獨立運動之宣傳
16장 : 義血日賤大業日進
17장 : 獨立宣言記念祝賀式[52]

이 저서에 나타난 그의 역사정신은 먼저 철저한 민족주의를 살펴볼 수 있다. 그는

> 史는 史氏의 作하닌 바라, 子난 敢히 揮毫의 素養이 無하나 我韓獨立運動은 開國以來初有의 大業이오 同胞諸君의 唯一한 精神이라 窮智極謀의 夙驗이 無하고 成人就義의 丹心이 奮然한 바 一命의 死를 見하고 決默키 不忍하며 一聲의 義를 聞하고 掩過키 不能한지[53]

라고 그 저술동기를 피력하고 있다. 즉 역사가로서의 소양이 없으나 민족독립의 大義를 위해 이 책을 저술한다고 하였다.

그리고 그는 철저한 사료의 수집을 통해 사실을 정확하게 인식하고 있는 것을 알 수 있다. 김병조의 「독립운동사략」에는 18종의 독립선언서를 비롯해 각종 중요한 사료들을 함께 수록함으로 스스로 '자료수집의 전형을 제공하노라'라고[54] 하였듯이 독립운동사 연구에 있어 매우 귀중한 자료가 되고 있다. 뿐만 아니라 당시 국제정세의 동향과 해외 한인들의 활동상황을 자세하게 소개함으로 정확한 세계흐름의 인식과 독립운동 방향제시에 중요한 자료가 되었다.

특히 그는 종전 역사가들의 역사인식과 달리 역사의 주체를 일반 민중

---

52) 『獨立運動史略』, 참조.
53) 위의 책, 5쪽.
54) 白淳在, 『韓國獨立運動史略解題』, 아세아 문화사 영인본, 1974, 참조.

으로 인식하고 있다는 것이다. 그는 동학혁명이 한국독립운동의 시발로 보며, 이를 외세의 침략에 저항한 민족·민중운동으로 인식하고 있다. 또한 독립운동의 실태를 소개하면서 지도자들의 면면을 살피기 보다 민중들의 참여와 투쟁에 중심을 두었으며, 임정에 대한 기술도 국내외 동포들에게 신뢰받는 민주정부임을 강조하는 등 그의 역사인식에 있어 중심을 민중에게 두는 상당히 진보적인 역사가의 면모를 보여주고 있다.

김병조는 「독립운동사략」 이외에도 1924년 동삼성 집안현에서 「독립혈사」와 「대동역사」를 저술하였으나[55] 「독립운동사략」 이외의 저서는 현존하지 않고 있다.

Ⅷ. 맺음말

1919년 3·1혁명 당시 민족대표 33인이고, 기독교대표 16명 중의 한사람으로 평생을 독립운동과 목회사업으로 애국운동을 전개한 일재 김병조는 목사이기에 앞서 서북 기독교계가 배출한 대표적인 독립운동가라 할 수 있다.

그는 한학을 수학하여 많은 유묵을 남기고 일찌기 개화의 물결을 인식하고 근대문물의 필요성을 절감하여 신식교육에 종사하는 한편 기독교로 개종하였다.

그 뒤 신학교에 입학하여 예수를 마음의 구주로 모시고 지혜로운 목회자의 길을 택하였고, 학창시절 교유했던 이승훈·유여대 등 다수의 민족지사들과의 인연으로 마침내 3·1혁명의 추진단계에서부터 참여하여 대중화단계인 민족대표로 서명하기에 이르렀다. 그러나 그는 서울의 독립선언식에 참여하지 않고 3·1혁명의 해외와 지방으로의 확산을 위해 평안도 일대에 독립선언서와 격문을 돌리며 만세시위운동을 주도하는 등 보다 실질적

---

55) 吳在植 편저, 『民族代表33人傳』, 東方文化社, 1959, 244~245쪽.

인 독립운동에 참여하였다.56)

　그후 33인 중 유일하게 임정에 참여하여 국내민족운동계와의 연계를 도모하는 일방 의정원의원 및 선전위원회 이사로써 임정의 외교·선전활동에 주력하였으며 사료편찬조사부원으로 선출되어『한일관계사료집』4권을 공동 편찬하였다. 또 자신의 저서로「한국독립운동사략」을 저술하여 민족의식을 고취시키고 중요한 독립운동 관계자료를 남겼다.

　그리고 그는 한중호조사의 조직에 참여하였고, 상해 인성학교 교사로써 한인교포자제의 민족교육을 위하여 힘썼다. 뿐만 아니라 상해 한인교회의 담임목사로 시무하면서 임정을 후원하였으며 동삼성 지역의 종교계 지도자로서도 민족의식 운동확산에 공헌하였다. 또한 동삼성 목릉현에서 신일소학교를 설립하여 청소년 교육에 힘쓰는 한편「韓族新聞」을 발행하는 등 해외에서 조국독립을 위해 진력하였다.

　그는 광복 후 조만식등과 함께 조선민주당을 창당하였으며, 1946년 광복단을 조직하여 지하운동을 벌이던 중 1946년 12월 24일 소련군정에 피체되어 신의주 소련군 특무사령부에 수감되었다가 1947년 2월 시베리아에 유형당하여 1950년 그곳에서 순국하였다.

　이처럼 김병조는 목사의 길을 걸어간 종교계의 큰 지도자였으나 당면한 민족의 독립을 위해 일생을 독립운동에 헌신한 민족독립투쟁가였다.

　이에 정부는 뒤늦게나마 그의 공을 기려 1990년 건국훈장 대통령장(제2급)을 추서하였다.

　한때는 민족대표 33인중의 한분으로 서울의 독립선언식에 불참했다해서 국내는 물론 상해에서도 크게 오해를 사기도 하였었다. 그러나 그는 일제에 협력한 일도 없고 평생 항일 독립운동에 헌신하므로 써 그간의 오해, 경원, 격리상태가 풀리면서 임정가담 5년 간의 큰 업적을 남겨 평가받게 되었던 것이다.

---

56) 이현희,『임시정부의 숨겨진 뒷 이야기』, 학연문화사, 2000, 21~35쪽

▌ The study on reverend Kim Byung Jo and The Provisional Government Of Republic Of Korea

Lee, Hyun Hee

In 1919, during the 3 · 1 independence movement, Kim Byung Jo was one of the representitive for korea's independence movement. There was 33 people who was fighting for korea's independent and he was one of them, and also, he was a minister from northwest protesantism.

He studied chinese classics but he studied new style education system because he felt that korea society was changing from old to new.

After that, he signed as a representitive for korea's independence movement with Lee-Seung Hun, Yoo-Yeo Dea that known from school days. But he was not in seoul for the declaration of independence ceremony because he tried to spread an independence movement in Pyung An provance he was distributing the declaration of independence and leading a demonstration, and he was the only one among 33 people that did provisional government and tried to advertising provisional government in overseas.

He wrote to books calld 『An independence movement outline history』 for inspire the national consciousness. also, he was a school teacher in Sanghai Insung school and tried to educated to korean who lived in overseas. he was a religenal leader in Manchuria and published 『Han Jok News Paper(韓族新聞)』, he did an independence movement in outside of korea.

After independence, he built the Chosun Democratic Party in Pyung Yang with Cho-Man Sik in 1946, he was the leader of the resistence but he arrested by the soviet military government. He sent to siberia in 1947 and he passed away there in 1950.

Kim-Byung Jo was not only a leader of the religious world but also, he was a flighter and dedicated his life for an independence movement.

韓國光復軍 第1支隊 第3區隊의 성립과 변천

— '飛虎隊' 문제와 관련하여

金光載[*]

Ⅰ. 머리말
Ⅱ. 성립배경
Ⅲ. 조직 및 변천
Ⅳ. 맺음말

[*] 동국대 사학과 강사.

I. 머리말

1944년에서 1945년 8월 일제패망 이전까지 安徽省, 湖南省, 江西省, 浙江省 등 중국 각 전선에서는 일본군에 끌려온 韓籍將兵들의 탈출이 잇따랐다. 이들 가운데 안휘성으로 탈출해온 한적장병들은 현지의 韓國光復軍(이하 光復軍) 第3支隊에 합류하여 그 일부가 重慶으로 가 大韓民國 臨時政府(이하 임정) 및 연합국측의 주목을 받은 바 있었다. 또한 그들은 1945년 5월부터 西安의 第2支隊에서 전개된 한미합작 OSS훈련에서 훈련생의 근간이 되기도 하였다. 그런데 1945년 이후 호남성, 강서성의 중국군 第9戰區地域에서 일본군을 탈출했던 한적장병들은 중경이나 西安으로 가지 못하고 해방시까지 현지 중국군 부대에 배합하여 적후방 활동에 종사하다가 광복군에 편입되었다. 重慶의 임정 및 광복군총사령부는 일본군 탈출 한적장병들을 중경이나 서안으로 수송하기 위해 많은 노력을 기울였으나 교통, 통신의 낙후, 전시상황으로 인해 이들과 직접적인 연락을 취할 수 없었고 이들의 인적사항이나 활동상을 구체적으로 파악하지 못하고 있었다. 임정 및 광복군총사령부가 이들을 직접 파악하고 장악하게 된 것은 8·15해방 이후의 일이었다.[1]

그때문에 1945년 9전구지역에서의 한적장병 탈출 및 광복군 편입문제는 관련자료의 절대부족으로 광복군 관련연구에서 가장 연구가 안된 영역 가운데 하나로 남아 있다. 해방 이후 지금까지 9전구지역에서 활동했던 이들의 존재여부, 나아가 飛虎隊 및 광복군 제1지대 제3구대의 성립시기, 인원규모, 활동내용 등에 대해서는 논란이 구구한 실정이다.[2] 구체적으로 말해

---

[1] 「經軍委會核准成立之韓國光復軍各部隊及駐地人數表」, 中國軍事委員會, 작성 시기 1945년말로 추정. (國家報勳處, 『大韓民國臨時政府와 光復軍』, 海外의 韓國獨立運動史料(18), 臺灣篇 ①, 1996, 489~490쪽.)

서, 9전구지역에서 성립된 광복군 第1支隊 第3區隊, 9戰區지역인 강서성 宜春에서 일본군 탈출 한적장병들이 중국군과 함께 활동하는 과정에서 결성했다는 이른바 '飛虎隊'에 대해서는 자료상으로 확인되지 못하고 있었다.[3] 그러나 필자는 중국측 문서를 통해 광복군 제1지대 제3구대가 최소한 1945년 8·15해방 이전에 이미 성립되어 활동하고 있었던 사실을 확인할 수 있었다.[4]

이와 관련한 선학의 연구로는 독립운동사편찬위원회의 『독립운동사』(제6권), 李炫熙, 한시준 등의 연구업적을 들 수 있다.[5] 그중 독립운동사 6권이나 이현희의 경우는 구체적인 1차자료를 근거하지 않고 생존자들의

---

2) 金貴先(金慶華) 所藏의 「第9戰區司令長官司令部韓籍投誠官兵名册」 및 「韓國光復軍第1支隊第3區隊第二·三分隊員連名册」; 李炫熙, 「중경임정과 한국광복군연구(下)－그 활동과 국내진입작전－」, 『한국민족운동사연구』 6, 1992; 王繼賢 증언, 정운현 대담, 「광복군 담당 중국정보장교 왕계현의 독립운동사 증언」, 『말』, 1994년 8월호.

3) 지금까지 학계에서는 8·15해방 이전 광복군 제1지대 제3구대의 성립사실을 자료상으로 확인하지 못하고 있으며, 비호대에 대해서도 단지 그 가능성만 인정하고 있는 실정이다. 독립운동사 6권(453쪽)에는 광복군 제1지대 제3구대의 성립사실에 관한 자료를 확보하지 못하여 대신 '제9전구 공작대'라는 이름하에 서술하고 있다. 同書는 그 이유를 "광복군 제1지대 제3구대를 제9전구 공작대로 기록한 이유는 ① 광복군 총사령부의 편성에 관한 자료를 입수하지 못한 점, ② 당시 제1지대장 蔡元凱 장군 등의 서거로 확인되지 못한 점 등을 들수 있는 바 현재 자유중국 국방부에 조회 중에 있으나 아직 그 회신을 얻지 못하고 있는 관계로 활동지역의 명칭을 따서 제9전구 공작대라고 기록한 것"이라고 밝혔다. 즉, '9전구공작대'라는 명칭은 당시 사용되었던 것은 아니며 해방 이후 편의상 이 지역에서 활동했던 한인그룹을 가리켜 불렀던 용어이다. 그러므로 '광복군 제1지대 제3구대'라고 하는 정식명칭을 사용해야 할 것으로 생각한다.

4) 「本戰區現有韓籍官兵人數及教育概況」(第9戰區 政治部 主任 徐中嶽의 電報), 1945. 8. 6. (대한매일신보사 편, 『白凡金九全集』 제6권, 대한민국 임시정부 Ⅲ, 1999, 731쪽.)

5) 독립운동사편찬위원회, 『독립운동사』 제6권, 독립군전투사(下), 1973.
李炫熙, 「중경임정과 한국광복군 연구(下)－그 활동과 국내진입작전－」, 『한국민족운동사연구』 6, 1992.
한시준, 『韓國光復軍 研究』, 一潮閣, 1993.

증언을 중심으로 서술하고 있어 한계로 지적된다. 특히 이현희는 광복군총사령부에서 9전구지역으로 파견되어 활동하였던 金貴先(金慶華)이 所藏하고 있던 '名單'과 관련자들의 증언을 적절한 사료비판 없이 활용하기도 하였다. 한시준은 광복군 제1지대 제3구대로서가 아니라 '9戰區工作隊'란 이름하에 간략하게 언급하고 있을 뿐이다.

따라서 본고는 이러한 선학들의 연구성과를 반영하면서 9전구 지역의 상황, 飛虎隊 문제, 광복군 제1지대 제3구대의 성립 및 변천에 대해 중국측 문서나 OSS문서 등 현재 수준에서 수집 가능한 자료를 바탕으로 실증적으로 고찰해보고자 한다.[6] 1차자료의 절대적인 부족을 보완하기 위해서 관련 당사자의 증언내용이나 회고록도 일정하게 활용하고자 하였다.[7] 다만 일부 내용에서 과장이 있으므로 가급적 1차자료와 대조하여 비판적으로 활용하고자 하였다. 끝으로 본고의 한계점으로는 광복군 제1지대 제3구대의 성립시기나 구체적인 조직편제, 나아가 비호대의 존재에 대해서도 자료상으로 확인하지 못하였다는 데 있을 것이다. 그밖에 자료부족으로 인해 유추, 추측에 의존한 경우가 있으므로 논리비약도 없지 않을 것이다. 이들 문제점들은 향후 보다 더 구체적인 1차자료가 발굴, 분석되어야 보완될 수 있을 것으로 생각된다.

---

6) 원래 필자에게 주어진 과제는 「飛虎隊 硏究」였다. 현재의 자료수준으로 볼 때, 비호대의 성립 및 활동사를 복원한다는 것은 거의 불가능한 작업으로 판단되며 또한 비호대가 광복군에 편입되기까지 일시적으로 존재했던 조직으로서 그후 광복군 제1지대 제3구대에 편입되었기 때문에 광복군 활동사 차원에서 다루는 것이 더 적절할 것으로 생각되었다.

7) 필자는 2000년 10월 19일 문경의 金慶華(金貴先)를 방문하여 당시의 상황에 대해 증언을 청취하였다. 그리고 당시 관련자들은 다음과 같은 회고록을 남기고 있다.

① 韓國光復軍 第1支隊第3區隊 同志會, 『第9戰區內 光復軍活動史』, 월간원예사, 1973.

② 韓國光復軍 第1支隊第3區隊 同志會, 『韓國光復軍 第1支隊第3區隊史』.

③ 飛虎隊親睦會, 『韓國獨立軍 飛虎隊史』, 1976.

이 문헌들은 수십 쪽 내외의 소책자로 내용상으로 앞의 『독립운동사』(6)과 대동소이하다.

II. 성립배경

  1943년 이래 독일과 일본이 유럽과 아시아에서 점차 연합군의 공세에 밀리기 시작하면서 전반적인 정세는 연합국측에 유리하게 전개되었다. 1945년에 들어서면서 미군은 일본 본토를 목표로 북상작전을 가속화하였다. 미군은 2월에 硫黃島를 점령하고 4월 초에는 오키나와에 상륙작전을 개시, 6월 말에는 이를 완전히 점령하였다. 그리고 일본 본토에 대한 공습을 맹렬하게 전개하고 있었다.[8]

  미국이 오키나와를 점령함으로써 일본은 제해권을 완전히 상실하게 되었다. 일본은 미군의 공습으로 해상수송이 곤란해지자 중국을 남북으로 관통하여 印度, 버마까지 이르는 육로를 개통하고자 시도하였다. 즉, 武昌에서 衡陽, 長沙를 거쳐 廣東으로 가는 국도는 한반도에서부터 만주와 華北, 華中, 華南과 인도까지 잇는 유일한 통로였다. 1944년 봄 이후 일본군은 화북, 화중지방의 주력군을 화남에 집중하여 제4차 長沙戰役(豫湘桂戰役)을 발동하면서 형양, 장사지역을 필사적으로 공격하였던 것이다.[9]

  한편, 일제는 조선에서 1938년부터 이른바 지원병제를, 1944년부터는 징병제를 실시함으로써 많은 한인 장정들이 일본군에 입대하였다. 즉, 1944년 이후 징집된 장정 수는 20만 9,279명에 달하였다.[10] 중국전선으로 끌려온 한인 장병 수는 2만 8천명 정도였던 것으로 추정되고 있다.[11] 이들은

----

8) 森田芳夫, 『朝鮮終戰記錄 : 米ソ兩軍の進駐と日本人の引揚』, 東京 : 巖南堂書店, 1964, 15~19쪽.

9) 居之芬・張利民 主編, 『日本在華北經濟統制掠奪史』, 天津 : 天津古籍出版社, 1997, 299, 335쪽.

10) 朴慶植 저・이지원 역, 『日本帝國主義의 朝鮮支配』, 청아, 1986, 354쪽 ; 廉仁鎬, 「해방후 한국독립당의 중국관내지방에서의 광복군 확군운동」, 『역사문제연구』 창간호, 1996, 274쪽.

11) 「日本의 投降과 韓籍捕虜 및 僑胞의 處理」. (秋憲樹 編, 『資料 韓國獨立運動』 3, 延世大 出版部, 1973, 398쪽.)

중국 모든 전선에 분포되었고 그중 일부가 일본군을 탈출하였다. 팔로군 및 신사군 지역으로 탈출한 한인은 연안, 태항산 일대의 華北朝鮮獨立同盟, 朝鮮義勇軍에 수용되었으며[12], 안휘성, 호남성, 강서성 등지에서 탈출한 한인은 임정 및 광복군에 수용되었다. 특히 안휘성 阜陽의 광복군 제3지대에 수용된 경우는 상당수가 중경으로 이동하였으며 그외 지역에서는 현지 광복군에 입대하거나 중국군 부대에 개별적으로 배속되어 활동하기도 하였다.

중국에 한인장병 및 교민들이 증가함에 따라 광복군도 이들에 대한 招募活動을 강화하였다. 안휘성의 제10전구지역에 위치한 광복군 徵募6分處 (1945년 6월 31일 광복군 제3지대로 승격)는 화북지방 일대에서 초모활동을 전개하였다. 그리고 강서성 제3전구의 金文鎬 산하의 徵募 第3分處, 李蘇民의 광복군 제1지대 제2구대도 강서성 鉛山에 근거를 두고 초모공작을 펼쳤다.

그리하여 柳樹人이 활동하던 江西省 지역에는 한인청년 수백명이 왔다고 하며, 강서성 鉛山의 광복군 제1지대 제2구대 李蘇民 부대에도 많은 한적장병이 집결하였으며 이후 많은 청년들이 탈출해 올 것으로 기대되고 있었다.[13] 호남성 전부 및 강서성 일부지역이 관할구역인 제9전구에도 많은 한적장병들이 탈출해왔다. 이렇게 하여 이 지역에서 탈출한 한적 장병 규모를 1945년 7월 말 현재 400명으로까지 파악하는 보고가 있을 정도였다.[14] 그러나 1944년 말, 1945년 9전구지역에서 일본군을 탈출한 청년들의

---

12) 추헌수, 앞의 자료 3 239쪽 ; 申相楚, 『脫出』, 太陽文化社, 1977 ; '조선의용군 발자취' 집필조, 『중국의 광활한 대지우에』, 연길 : 연변인민출판사, 1987.

13) 「光復軍 第1支隊에 同志百餘名이 來參」, 『앞길』 제42기, 1945. 6. 1.(國家報勳處, 『韓國獨立運動史料—楊宇朝篇』, 1999, 651쪽.) 이 기사에는 李蘇民의 부대를 광복군 '第1支隊 第3區隊'로 표기하였는데, 이는 '第1支隊 第2區隊'의 誤記이다.

14) 中國 軍事委員會委員長侍從室→吳鐵城, 1945. 7. 31.(秋憲樹, 위의 자료 3, 243쪽.) 전보내용은 다음과 같다. "일본이 조선에서 징병을 실시한 후 많은 韓人들이 징집되어 중국으로 오게 되었는데 현재 武昌에서 長沙 일대에 이르기까지 거의 韓人部隊가 주둔하고 있다. 이를 탈출하여 중국 內地로 오는

위치나 인원수는 매우 불확실했으며 정보원천에 따라 상호모순적이기도 하였다.[15] 9전구 장관사령부의 조사에 의하면, 1945년 8월 6일 현재 9전구 지역에서 활동하고 있던 일본군 탈출 한적장병 인원수는 123명으로 파악되고 있었다.[16]

한편 이미 세 차례의 長沙會戰을 겪은 중국군은 일본군의 재차 공세에 대비해 광복군총사령부에 對敵宣傳活動을 위한 대원 파견을 요청하였다. 이에 1943년 7월, 광복군총사령부는 黃埔軍官學校(第6期) 출신인 崔文鏞[17], 西安의 中央戰時幹部訓練團을 졸업한 李炳坤(雷鳴), 金貴先(金慶華) 등 간부 3명을 湖南省 長沙의 제9전구 司令長官部로 파견하였다.[18]

이들 3명이 활동거점으로 한 제9전구 지역은 사령장관 薛岳[19] 지휘하에

자는 날로 증가하고 있으며 최근 第9戰區는 來歸 한인을 수용하였는데 이미 400여 인에 달하고 있다."

15) 'Korean Deserters in the 9th War Area', Quentin Roosevelt→Heppner and Helliwell, 1945. 5. 14. (國史編纂委員會, 『韓國獨立運動史』 資料 25, 臨政篇 X, 1994, 595쪽.)

16) 「本戰區現有韓籍官兵人數及教育概況」(第9戰區 政治部 主任 徐中嶽의 電報), 1945. 8. 6. (『白凡金九全集』 제6권, 731쪽.) 구체적으로는 9전구 본부 播音隊에 3명, 각 사단 정치부에 8명, 韓籍官兵招待所에 76명, 杰東招待所에 36명으로 도합 123명이다. 이 숫치는 한적장병들을 관리했던 9전구 장관사령부가 조사, 파악하였던 것으로 다른 어떤 자료보다 신빙성이 있는 것으로 판단된다.

17) 崔文鏞(1905~1979)은 京畿道 開城 출신이다. 1927년 韓國勞兵會, 1929년 黃埔軍官學校(第6期)를 졸업한 후 중국군으로, 1940년 이후 광복군에서 활동하였다. 일제패망후 귀국하지 않고 중국 국민당군대 장교로 복무하였다. 국민당정부의 대만철수 때 미처 탈출하지 못하고 중국에서 투옥생활을 거듭하다 1979년 타계하였다.

18) 『독립운동사』 6, 446~447쪽. 이들 3인이 9전구지역으로 간 시기에 대해서는 '1942년'과 '1943년' 두가지 주장이 있다. 본고에서는 金貴先(金慶華)의 증언대로 '1943년'을 따른다. 金貴先(金慶華)의 증언 : 2000. 10. 19 문경읍 청자다방.

19) 陳壽恒 外 編著, 『薛岳將軍與國民革命』, 臺北 : 中央研究院近代史研究所, 1988, 614~621쪽 ; 『中國人名大詞典(當代人物卷)』, 上海 : 上海辭書出版社, 1992. 薛岳은 1896년 廣東省 樂昌縣에서 출생하였다. 1914년 中華革命黨에 가입하였으며 1917년 保定陸軍軍官學校 제6기에 입학하여 수학하였다.

호남성 전역과 강서성 서북부, 호북성 남부(양자강 이남)를 포함하는 대전
구였다.[20] 때문에 제9전구는 중국의 곡창지대를 관할하는 가장 중요한 전
구의 하나로서 여기에는 중국군의 최정예부대가 집결해 있었다. 전구사령
장관은 군사위원회 정치부장 陳誠이 겸임하다가 잠시 張治中을 거쳐 1939
년부터 1945년까지 薛岳이 역임하였다. 1938년 12월 초 일본군이 장사침공
을 개시하자 중국군은 장개석의 명령에 따라 초토항전책으로서 장사를 방
화하였고 그로써 일본군을 退却시켰다.[21] 제4차 장사회전은 1944년 5월 하
순부터 일본군의 공격에 의하여 시작되어 1년 여에 걸쳐 치열한 공방전이
계속되었다.[22]

　9전구지역의 長沙는 임정과도 인연이 깊은 곳이었다. 일찍이 중일전쟁
직후인 1937년 11월 임정은 중국정부를 따라 長沙로 이전하여 다음해 5월
광동으로 옮기기까지 약 8개월 동안 주재하기도 하였다. 또한 1938년 10월
10일 민족혁명당 계열이 주축이 되어 창설된 朝鮮義勇隊와도 관련이 있었
다. 즉, 1938년 10월 25일, 4개월 남짓 계속돼 오던 武漢保衛戰이 중국군의
패배로 끝나면서 조선의용대 본부는 중국군을 따라 廣西省 桂林, 重慶으로

　　1924년 中國國民黨에 가입하였으며 1927년 國民革命軍 제4군 부군장으로
　　蔣介石 총사령을 수행하여 北伐을 전개하였다. 1939년 第9戰區 司令長官에
　　임명되어 제1차 長沙會戰을 치렀다. 그후 1941년 제2차 장사회전, 1942년
　　제3차 장사회전, 1944년 5월부터 다음해까지 일본군의 대규모 공격에 맞서
　　제4차 장사회전을 치렀다. 일본패망후 그는 南潯地區의 일본군 투항을 접수
　　하였으며 國共內戰에서는 중공군 토벌에 종사하다가 臺灣으로 건너갔다.
　　1954년 이후 光復大陸設計硏究委員會(光復會)에서 활동하였으며 1988년 현
　　재 93세로 생존하고 있다. 한국정부로부터 敍勳되었으며, 9전구지역에서 활
　　동했던 한국측 관련인사들로부터도 감사패를 받은 바 있다.
20) 石島紀之, 『中國抗日戰爭史』, 東京 : 靑木書店, 1984, 213쪽. 중국은 중일전쟁
　　발발 이후 항일전의 지휘계통을 정비하면서 일본군과의 접전지역을 중심으
　　로 12개의 戰區를 설정하였다. 대개 하나의 戰區는 3개의 集團軍으로, 1개
　　집단군은 3개의 軍으로, 하나의 軍은 3개 사단으로 구성되어 있었다. 참고로
　　1945년 당시 9전구의 중국군 병력은 약 20만에 달했다.
21) 金榮範, 「朝鮮義勇隊硏究」, 『한국독립운동사연구』 2, 1988, 488쪽.
22) 『독립운동사』 6, 447쪽. 구체적인 전황은 앞의 『薛岳將軍與國民革命』, 421~
　　436쪽을 참조.

이전하였다. 한편 조선의용대 第1區隊는 전원이 제9전구사령부 예하로 배속되어, 1938년 10월 22일 漢口를 떠나 사령부가 있는 湖南省 長沙로 출발하였다. 여기서 제9전구 중국군 사령장관부 정치부를 도와 대화재로 인한 이재민들의 구호사업 및 도시복구사업에 참여하여 큰 활약을 하였던 것이다.23) 약 1개월간의 복구사업이 완료되자 조선의용대 제1구대는 1939년 1월 말경 9전구 각 부대에 배속되어 대적선전활동에 종사하였다. 이러한 활동은 조선의용대의 華北進出 결정 이후 제9전구에서 활동하던 제1구대가 1940년 3월 洛陽으로 북상할 때까지 계속되었다.24) 1940년 3월 이후부터 1943년 광복군총사령부가 이 지역에 광복군 특파원을 파견할 때까지 약 3년 동안은 한인활동의 공백기로 남아 있었던 것이다.

1943년 제9전구의 長沙에 도착한 崔文鏞 등 3명은 장관사령부 정치부 산하 播音隊에서 정치부 주임 徐中嶽의 지휘하에서 활동하였다.25) 이들은 제1차적인 공작으로 ① 한·일어 전단 및 표어 작성, ② 한·일어 벽보 작성 공작 등을 임무로 하는 심리작전을 실시하면서, ① 대적방송 실시, ② 포로 심문 및 적 문서 번역을 통한 정보수집, ③ 일선 중국군 장병들에 대한 일본어 대적 구호 교육 등의 임무를 수행하였다.26)

자료상으로 확인 가능한 이 지역에서의 최초의 일본군 탈출 학병은 崔德休로 보인다. 1944년 말 崔德休는 소속 일본군 부대를 탈출했다.27) 그가 소속했던 일본군 부대는 長沙와 衡陽의 중간지역인 衡山 주둔 제64사단이었

---

23) 金榮範, 위의 논문, 488쪽.
24) 한시준, 앞의 책, 220쪽.
25) 第9戰區 政治部 主任 徐中嶽의 電報(本戰區現有韓籍官兵人數及敎育槪況), 1945. 8. 6(『白凡金九全集』 제6권, 731쪽). 이들 3인 중 崔文鏞은 그후 重慶으로 복귀하였던 것으로 보이며, 李炳坤, 金貴先 두 사람은 8·15때까지 9전구지역에서 계속 활동하였다. (박영만, 앞의 책, 338쪽.)
26) 『독립운동사』 6, 447쪽. 박영만, 앞의 책, 552쪽에 의하면, 이들의 주임무는 9전구사령장관부 정치부에서 대적방송을 하는 것이었으며, 때로 일선에 나가서 적진지에 근접하여 심리작전을 하는 것이었다.
27) 「韓籍士兵移交要請」, 金九→中國軍事委員會 政治部長, 1945. 7. 16.(『白凡金九全集』 6, 707쪽.)

다. 그리고 뒤이어 한적장병의 탈출이 이어졌다.28) 그러나 일본군을 탈출한 최덕휴 일행 12명은 '응당 받아야 할 待遇를 받지 못하고'29) 俘虜營(포로수용소)에 수용되었다.30) 따라서 이들은 탈출 이후 일정기간 포로수용소에 수용되었던 것으로 보인다. 중국군은 처음부터 일본군 탈출 한적장병들을 포로로 취급하여 俘虜營에 수용하고 이들에 대한 조사, 三民主義 정치교육을 거친 후 석방, 광복군에 이관하였다. 이러한 중국측의 三民主義 교육은 오히려 한적장병의 반발을 야기하였으며 전후 한반도를 정치적으로 통제·지배하고자하는 의도를 드러내는 것으로 비쳐지기도 하였다.31) 중국

---

28) 崔德休,「光復軍 第1支隊 第3區隊의 活動－脫出學兵 12名이 中心이 되어－」,『1·20學兵史記』, 第3卷 光復과 興國, 1·20同志會刊, 1989, 1040쪽. 이때 鄭允成, 나진근, 안용순, 한면필(양춘일) 등 학도병과 징병출신의 이남진, 최희룡, 고창종, 이우룡 외 3명이 郴縣 주재 제9전구 장관사령부에 도착하였다고 하였다.

29) 韋行,「爭取敵陣中的韓籍士兵」,『獨立新聞』, 第六號, 1945. 3. 1.(國家報勳處,『韓國獨立運動史料－楊宇朝篇』, 1999, 575쪽.)

30) 때문에 일본군 탈출후 곧바로 중국군에 배속되어 활동했으며 그 과정에서 2명이 전사했다고 하는 관련자들의 진술은 당시의 사실과는 다르다고 할 것이다. 최덕휴, 앞의 글, 1040쪽 ;『독립운동사』6, 448쪽의 관련내용을 소개하면 다음과 같다. "최덕휴를 비롯하여 일본군을 탈출한 이들 12명은 장관사령부에 도착 즉시 설악 장군을 위시한 고위 간부급에 대하여, ① 적국 내의 인적·물적 자원의 결핍, ② 적군 장병들의 사기 및 厭戰傾向, ③ 한국 출신 사병들의 동향 등에 관한 신빙도 높은 첩보를 제공, 적정 분석과 우군의 작전 판단 및 사기진작에 크게 기여하였으며, 이들 12명은 사령장관의 명령에 의해 간부훈련반에서 2주간의 단기교육을 받은 후, 최덕휴는 인솔자로서 중위로, 나머지 11명은 소위로 임명되었다. 그리고, 전방 각군 군단과 사단 및 유격대에 파견되어 초모공작 및 대적선전공작을 담당하였다. …… 그리고, 안용순·이우룡은 작전 중 전사하였으며, 나진근, 고창종은 유격대와 같이 임무수행 중 행방불명되었다."

31) 'Chinese Indoctrination of Korean and Japanese Prisoners of War', Gauss→Secretary of State, 1944. 1. 24(국편, 앞의 자료 25, 378~379쪽). 중국측의 방침은 蘭州의 포로수용소에서 YMCA 일원으로 전쟁포로 구호활동에 종사하고 있던 스웨덴인 N. Arne Bentz의 지적에서 잘 알 수 있다. 즉, 중국측은 수용소내의 韓人, 日本人 포로들에게 三民主義 정치교화를 실시해 오고 있었는데, 일본인보다 오히려 한국인에 대한 삼민주의교육을 중시하고 한층 집중적으로 실시되었다고 폭로하였다. 이는 일본군 탈출 이후 전쟁포로

측은 8·15직전까지 三民主義 교육에 남다른 관심을 보였다. 중국측은 한적장병 처리 과정에서 이들을 적성국가 장병으로 간주하고 있었으며[32] 나아가 일본군이 한적장병을 거짓 항복시킨 것이 아닌가 의심하기도 하였다. 따라서 중국측은 한적장병들이 탈출해오면 이들의 무기 및 일체의 소지품을 압수하고 포로수용소에 수용, 신원을 조사하고 삼민주의 정치교육을 실시하였다.[33] 그 과정에서 최덕휴 일행 가운데 2명이 포로수용소에서 사망하였다.[34] 나머지 10명은 그후 광복군 특파원 이병곤 등의 요청과 9전구 장관부 정치부 주임 徐中岳의 알선으로 석방되어 9전구 각 사단 정치부에 배속되어 대적활동에 종사하였다.[35]

이들의 석방 과정에는 9전구 播音隊에서 활동하고 있던 李炳坤과 金貴先의 노력이 있었던 것으로 보인다. 특히 이병곤은 한적장병들이 올 때마다 달려갔으며 이들을 광복군으로 편입하는 문제에 대해 큰 관심을 보였다.[36] 그는 탈출한 한적장병들을 광복군으로 조직할 뜻을 여러 차례 9전구 정치부 부장에게 상신하였다. 이병곤은 장관사령부에 이들을 후방지역에 집결시켜 교육을 실시하게 할 것과 제9전구를 단위로 광복군 편성에 협조하여

로 간주되어 寶鷄收容所에서 오랫동안 억류되었다가 광복군으로 인도된 太倫基의 경험에서도 잘 알 수 있다. (太倫基, 『回想의 黃河―피어린 獨立軍의 抗爭手記』, 甲寅出版社, 1975.)

32) 王繼賢 증언, 정운현 대담, 「광복군 담당 중국정보장교 왕계현의 독립운동사 증언」, 『말』, 1994년 8월호, 186쪽.

33) 金貴先(金慶華)의 증언에 의하면, 당시 중국측은 한적 장병이 탈출해오면 일단 모두 '포로'로 취급하였는데, 그 이유는 포로에 대한 상금 때문이었다고 하였다.

34) 『白凡金九全集』 6, 707쪽. 사망원인은 알려지지 않고 있다.

35) 『白凡金九全集』 6, 707쪽.

36) 朴英晚, 『光復軍(黎明篇)』, 協同出版社, 1969, 552~553쪽. 다큐멘타리 형식을 취하고 있는 본서는 광복군 출신인 저자 자신의 경험과 관련당사자들의 회고 혹은 증언을 폭넓게 수집, 섭렵한 것으로 보이며 신빙성있는 내용도 다수 포함되어 있는 것으로 생각된다. 또한 기존 광복군 회고록에서 볼 수 없는 귀중한 내용들도 다수 수록되어 있는 것으로 생각되며 본고에서도 적절하게 활용하였다. 이외에도 박영만이 저술로는 『光復軍』(運命篇, 상·하, 1967), 『光復軍』(苦難篇) 등이 있다.

줄 것을 요청한 것이다. 그러나 그때마다 거절당하였다.[37] 현지 중국군으로서는 자체내에서 개별적으로 훈련시켜 대적공작에 투입하는 것이 편리하지 않았나 생각된다. 한인을 집결시켜 광복군으로 편성하는 것은 여러 가지 번거로운 문제를 야기시킬 수도 있기 때문에 소극적이었던 것으로 보인다. 그러나 1945년 5월초 광복군의 활동을 구속하던 '韓國光復軍行動9個準繩'이 폐기되고 '援助韓國光復軍辦法'이라는 새로운 군사협정이 체결되면서 이 지역에서 광복군이 결성될 수 있는 길이 열리게 되었다. 그리하여 9전구 사령부는 9전구내 2개 지역에 '韓籍官兵招待所'[38]를 설치하여 9전구 지역 각부대에 분산되어 있던 한적장병들을 집결 수용하였다.[39] 그리하여 각지에 흩어져 있던 한적 장병은 사령장관부 소재지인 桂東[40]과 전방지휘소 소재지인 江西省 宜春에 각각 집결되었던 것으로 보인다.

강서성 宜春에서는 한적장병들이 일본군을 탈출해오면서 이들을 기반으로 하여 이른바 '飛虎隊'라는 명칭의 단체가 조직되었던 것으로 보인다. 그 시기는 1945년 3, 4월 경으로 판단된다. 왜냐하면, 金慶華의 「제2,3분대 연명책」[41]에 의거할 때 비호대의 후신인 2, 3분대의 91명에 달하는 대원 가운데 일본군을 탈출하여 중국군부대에 도착, 수용된 것이 대부분 3, 4월이

---

37) 박영만, 앞의 책, 553쪽.

38) 韋行, 「爭取敵陣中的韓籍士兵」, 『獨立新聞』, 第六號, 1945. 3. 1 (國家報勳處, 『韓國獨立運動史料-楊宇朝篇』, 575쪽). 일찍이 임시정부는 적구내 한인들이 탈출하게 되면 정처없이 떠돌거나 혹은 중국군에 의해 포로수용소로 압송되는 일이 많이 때문에 전방 각지에 招待所를 설치하여야 한다고 주장하였다. 박영만은 招待所를 優待所로 표현하였다. (박영만, 앞의 책, 576쪽.)

39) 『白凡金九全集』 6, 731쪽.

40) 『薛岳將軍與國民革命』, 432쪽. 1944년 5월 제4차 장사회전이 시작되자 9전구 장관사령부는 장사에서 퇴각, 郴縣을 거쳐 桂東으로 이전하였다.

41) 金貴先(金慶華) 所藏의 「韓國光復軍第1支隊第3區隊第二·三分隊員連名册」. 金慶華는 이 명단이 해방 이전 자신이 宜春으로 가서 비호대 대원들을 광복군으로 편입시킬 때 일일이 인적사항을 물어 작성하였다고 하였다. 필자도 김경화와의 면담시 이 명단의 원본을 직접 확인할 수 있었는데, 작성시기가 기재되지 않아 확실한 것은 알 수 없으나 '투성시기'란의 가장 늦은 날짜가 8월 1일인 것으로 보아 광복 직후 작성된 것으로 판단된다.

기 때문이다. 곧 명단의 '投誠時期'란에는 3월에 29명, 4월에 50명이 '投誠'한
것으로 명단에는 기재되어 있다.[42] 지금까지 이 명단의 '投誠時期'란에 있
는 날짜는 전혀 주목되지 않았다. 그러나 이 날짜는 비호대의 조직시기나
광복군으로 편입된 대체적인 시기를 알 수 있게 해준다. 곧 3월 이후 한적
장병들이 본격적으로 일본군을 탈출, 중국측으로 투성하면서 갑자기 불어
난 이들을 통제할 목적으로 한곳에 집결시켜 비호대라는 조직을 만든 것으
로 생각된다. 그러므로 1945년 1월에 비호대를 조직하고 2월에 광복군에
편입되었다고 하는 주장은 그 시기가 소급되어진 것이 아닌가 한다.[43]

  이들은 1945년 5월 이후 광복군으로 편성될 때까지 '飛虎隊'[44]라는 명칭
으로 대장 이봉훈, 부대장 진병길을 주축으로 하여 중국군에 배합하여 대적
활동에 종사하였던 것으로 보인다.[45] 즉, 비호대는 광복군으로 정식 편입될
때까지 9전구지역에서 탈출한 한적장병들이 자체적으로 조직한 임시부대
의 성격을 띤 것이었다.[46] 비호대는 광복군 제1지대 제3구대의 3개 분대 가
운데 2, 3분대의 2개 분대로 편제되어 광복군 전력증강에 이바지하였다.

  그러나 비호대의 존재는 당시의 교통, 통신의 어려움, 짧았던 존속기간

---

42) 金慶華의 증언. 金慶華는 필자에게 명단 하단의 '투성시기'는 일본군을 탈출
    하여 중국군에 투항한 날짜라고 증언하였다. 그 구체적인 투성시기와 인원수
    는 다음과 같다. 1945년 2월(1명), 3월(29명), 4월(50명), 5월(5명), 7월(2명),
    8월(1명), 未詳(3명)이다. 즉, 대부분이 3, 4월 경에 중국군에 투성하였음을
    알 수 있다.

43) 『독립운동사』 6 및 『第9戰區內 光復軍活動史』, 관련자들은 1945년 1월에 비
    호대가 조직되었던 것으로 주장하고 있다.

44) '비호대' 명칭과 관련하여 당시 '韓國獨立團 飛虎部隊', '韓國靑年隊'(박영만,
    앞의 책, 555, 577쪽), '韓國獨立義勇隊 飛虎部隊'(관련자들의 뱃지 사진 : 국
    가보훈처 所藏) 등으로 불리었다. 해방후 '광복군 비호대'라는 용어가 사용되
    고 있는데, 비호대가 광복군 산하의 부대인것처럼 오인케 할 수 있는 부적절
    한 용어이다.

45) 관련증언에 의하면, 이들의 활동은 단순한 대적선전활동에 그치지 않고 제4
    차 長沙會戰 때 일반전투에도 참여하는 등 적극적인 것이었다. 그리하여 중
    국군도 시인하는 혁혁한 전과를 올렸다고 하였다. (이현희, 앞의 논문, 127
    쪽.) 물론 이들의 활동내용은 자료상으로 확인되어야 할 것이다.

46) 한시준, 앞의 책, 223쪽.

등으로 인해 중경의 임정 및 광복군총사령부에는 보고되지 못했던 것 같다. 따라서 아직까지 1차자료에 의해 입증되지 않고 있다. 물론 비호대의 존재 자체에 대해 일부 부정적인 견해가 없지 않으나[47] 그 존재 가능성이 충분히 인정되고 있어 앞으로의 자료발굴이 기대된다.[48]

Ⅲ. 조직 및 변천

1945년 5월초 임정과 중국정부 사이에는 종래의 '韓國光復軍行動9個準

---

47) 비호대의 존재를 부정하는 대표적인 경우는 다음과 같다. 王繼賢 증언, 정운현 대담, 「광복군 담당 중국정보장교 왕계현의 독립운동사 증언」, 184~185쪽. 王繼賢은 비호대의 존재 자체를 부정하고 있다. 왕계현은 한국광복군행동9개준승에 의해 중국군사위원회에서 파견되어 1944년말까지 광복군총사령부 참모장을 역임하였던 인물이다. 1944년 말까지의 광복군 내부상황에 대해서는 잘 알고 있었을 것으로 생각되나 1945년 이후 그것도 중경에서 수천리 떨어진 호남성의 상황에 대한 증언은 비판적으로 보아야 할 것이다. 다음 왕계현의 증언내용 가운데 '비호대' 관련부분을 인용해보기로 한다.

정운현 : 45년 초에 일본군에서 탈출한 한국인들이 결성했다는 '비호대'라는 단체를 아십니까?제4차 장사전투에도 참전했다고 하는데요.

왕계현 : '비호대'란 단체는 전혀 들어본 적이 없습니다. 당시 중국군에서 韓籍兵을 사용하게 되면 侯成(군사처 처장)에게 보고하도록 되어 있었습니다. ……

정운현 : 9전구지역에서 한적병들의 탈출은 어느 정도된다고 보십니까.

왕계현 : 우선 이지역에서 일본군으로부터의 집단탈출은 거의 불가능했습니다. 그리고 당시 중국군에서도 그들이 적성국가 출신이어서 그들에 대해 '환영'보다는 '의심'이 더 많았습니다. ……

48) 이현희, 앞의 논문, 126~131쪽 및 『한국일보』(1987. 12. 2, 12. 16)의 관련 기사 참조. 이현희는 비호대 관련 증언 및 회고를 적극적으로 활용하였다. 그는 "광복군 비호대원의 항일구국투쟁은 다른 한국광복군과는 달리 실전의 성과를 올렸다는 다수 대원들의 증언을 신빙할 수 밖에 없을 것"으로 보면서 그 이유에 대해 "당시는 폭격과 지상전투가 맹렬했던 전시였으므로, 그 사실이 기록--문자--으로 남겨질 수 없었던 혼미한 상황이었음을 고려해야 할 것이다"고 주장하였다. 그러나 당시의 상황이 그랬다고 해서 관련증언을 액면그대로 받아들이는 것은 재고의 여지가 있다고 생각한다.

繩'(이하 9個準繩)을 대신할 '援助韓國光復軍辦法'(이하 援助辦法)이 시행되었다. 임정의 국군 광복군을 중국군 참모총장에 예속하였던 '惡法' 9개준승이 폐기된 것은 1944년 8월이었다. 그러나 그것을 대신하는 새로운 협정이 체결되지 않아 광복군 활동은 많은 어려움을 겪었다. 그러다가 援助辦法이 체결되어 1945년 5월 1일부터 시행되면서 광복군의 지휘권은 임정으로 귀속되었다. 援助辦法 6개 항목 가운데 광복군의 招募 및 訓練에 관한 것은 다음과 같다.

③ 한국광복군이 중국경내에서 招募 訓練을 진행할 때에는 양측의 협상을 거쳐야 하고, 이에 대해 중국은 필요한 협조와 편리를 제공한다.
⑤ 한국광복군이 필요로 하는 일체의 軍費는 협상후 차관의 형식으로 한국임시정부에 제공한다.
⑥ 중국의 각 포로수용소에 있는 韓籍포로는 感化를 거쳐 한국광복군에게 넘긴다.[49]

그외에도 1945년 5월 11일 국민당정부의 蔣介石은 9전구지역의 한인탈출병을 언급하면서 이들을 체계적으로 조직, 훈련시켜 활용한다면 일본군의 사기 저하에 큰 효과가 있다고 지적하였다.[50] 나아가 그는 吳鐵城 비서장에게 그에 대한 구체적인 방법을 연구하고 실행할 것을 지시하였다. 동시에 군사위원회는 각 전구의 일본군 탈출 韓籍將兵 및 포로들을 일정지역에 집결시키는 方案을 수립하였다.[51] 이러한 속에서 중경 근처 南溫泉 포로수용소, 寶鷄포로수용소 등에 있던 한인들이 석방되어 광복군에 이관되기 시작하였다. 9전구지역에서도 광복군으로의 편입을 위해 각부대에 배속되어 개별적으로 활동하던 한적장병들이 한곳으로 집결되기 시작했다. 이들은 앞에서 언급한 韓籍官兵招待所에 집결, 수용되었다.

---

49) 추헌수, 앞의 자료 3, 261~262쪽.
50) 蔣介石→吳鐵城, 1945. 5. 11. (추헌수, 앞의 자료 3, 240쪽.)
51) 「韓人捕虜의 光復軍 入隊」, 『中央日報』(重慶), 1945. 5. 16. (추헌수, 앞의 자료 3, 241쪽.)

아울러 1945년 5월 이후 중국 군사위원회는 광복군 편성을 9전구 장관사령부에 지시했다. 그리하여 9전구 장관사령부는 중국 군사위원회의 명령을 받들어 9전구의 한인들을 바탕으로 제1지대 제3구대를 조직하였다.[52] 그러나 중국 군사위원회의 명령은 일방적이었다.[53] 관련자들의 회고에 의하면, 중국 군사위원회는 구체적으로 다음과 같은 사항들을 지시하였다고 한다.

① 제9전구내에 있는 한국인 전원을 대상으로 한국광복군 제1지대 예하의 제3구대로 편성하라.
② 구대 조직은 分隊·班으로 편성한다.
③ 보급지원은 중국정부와 한국 임시정부간의 협약에 따라 전구장관 사령부가 이를 전담한다.
④ 상당한 실력을 갖춘 중국 장교와 기술자 등을 파견하여 광복군의 작전 활동을 지원하라.
⑤ 파견 근무중인 李炳坤 소교를 구대장 겸 지구 책임자로 임명한다.
⑥ 동지 초모 및 우군의 작전 지원을 임무로 한다.[54]

위의 ③ 항목에 보이는 양국의 '협약'은 1945년 5월 1일부터 시행된 '援助辦法'으로 보인다. 종래 광복군 1지대 3구대의 성립시기에 대해서는 1945년 '2월', '3월', '4월', '5월' 등 논란이 많지만 필자가 보기에는 1945년 5월 이후로 보인다.[55] 아무리 빨리 잡아도 1945년 5월 이전으로는 거슬러 올라 갈 수 없을 것으로 판단된다. 이는 1945년 5월 이후 임정과 중국정부간에 새로운 군사협정 '援助辦法'이 시행되면서 중국정부가 포로수용소, 혹은 일선 각부대에 배속되어 개별적으로 활동하던 한인들을 광복군으로 이관하기 시작했기 때문이다. 즉, '援助辦法' 이전 중국군으로서는 9전구내의 한인들

---

52) 「本戰區現有韓籍官兵人數及敎育槪況」(第9戰區 政治部 主任 徐中嶽의 電報), 1945. 8. 6.(『白凡金九全集』 제6권, 731쪽.)
53) 박영만, 앞의 책, 550~551쪽.
54) 『第9戰區內 光復軍活動史』, 61~63쪽 ; 『독립운동사』 6, 450~451쪽.
55) 『독립운동사』 6, 『第9戰區內 光復軍活動史』 및 관련인사들은 한결같이 1945년 2월 15일 광복군 '제1지대 제3구대'가 창설되었다고 주장하고 있다.

을 광복군으로 조직할 이유가 없었던 것이다. 1945년 5월 이후에 3구대가 성립되었다는 것은 당시 이 지역에서 탈출한 權晙豪의 증언에서 알 수 있다. 즉 그는 일본군을 탈출하여 1945년 4월 하순경 桂東에 도착한 이후 제1지대 제3구대 성립식에 참석하였던 것으로 회고하였다.[56] 따라서 제1지대 제3구대는 1945년 5월 이후 7월 사이에나 조직되었을 것으로 보인다.

제3구대의 구대장은 9전구 播音隊에서 활동하고 있던 李炳坤(雷明)[57], 정치지도원에는 金貴先(金慶華)[58], 劉有卿[59] 등이 선임되었다. 곧 광복군총사령부에서 파견되었던 '정식' 광복군 대원 이병곤과 김귀선이 제1지대 3구대의 지도부를 구성한 것은 일본군 탈출 장병들이 광복군에 정식으로 편입되었음을 상징적으로 보여주는 것이다. 그리고 9전구측은 사실상의 지휘관이라고 할 수 있을 指導長으로 9전구 59사단 부사단장 劉光偉[60] 少將을 파견하였다.[61] 관련자들의 회고에 의하면, 1945년 8월 현재 제3구대 및 지원체제의 구체적인 편성은 다음과 같다.

---

56) 권준호의 증언. (한시준, 앞의 책, 224쪽.)
57) 李炳坤(1922~1979)은 평북 용천 출신으로 19세 때 山西省 潞安에서 광복군의 비밀특파원 金天成의 소개로 광복군에 입대하였다. 그후 西安으로 가 戰時幹部訓練團에서 1년 9개월 동안 훈련을 받았다. 1942년 4월 광복군 제2지대 제2구대 서기를 역임하였다. 雷明은 그의 변성명이었다. (박영만, 앞의 책, p.551 ; 國家報勳處, 『功勳錄』 제5권, 1019~1029쪽 등 참조.)
58) 金貴先(1919~ , 金慶華)은 경북 문경 출신으로 1939년 12월 한국청년전지공작대에 입대, 1940년 4월 서안의 중앙간부훈련단에 입교, 1941년 9월 광복군 창설시 편입되었고 1944년 韓國獨立黨에 입당하였다. (國家報勳處, 『功勳錄』 제5권, 865~866쪽.)
59) 劉有卿은 1945년 5월 6일 이병곤, 김귀선과 함께 9전구 장관사령부내 韓籍官兵招待所의 설립과정에 참여한 중국군 장교였다. (「第9戰區韓籍投誠官兵招待所 34年度第1期宣撫訓練實施綱要」, 9戰區 政治部主任 徐中嶽의 報告, 1945. 8. 5, 『백범김구전집』 6, 719쪽.)
60) 劉光偉는 일본 육군사관학교 출신으로 한국에도 가본 적이 있었다고 한다. (박영만, 앞의 책, 549쪽.)
61) 「本戰區現有韓籍官兵人數及教育概況」(第9戰區 政治部 主任 徐中嶽의 電報), 1945. 8. 6. (『白凡金九全集』 6, 731쪽.)

구대 편성
구대장 : 이병곤
구대부 : 박정렬
제1분대장 : 유영중
공작반장 : 강익진, 전재덕, 이충렬
제2분대장 : 이봉훈
공작반장 : 서영찬, 장학민, 유유준
제3분대장 : 진병길, 황갑수(2대 분대장)
공작반장 : 김배길, 최갑득, 한일근
<2, 3분대는 2개월 후에 편성됨>
제1지구대 : 최덕휴, 정윤성, 나진근, 안용순, 최희룡, 이남진, 고창종 등 9명
제2지구대 : 박효근, 이찬영, 최영철, 이경훈, 심응창 등 6명
제3지구대 : 김준경, 노재섭, 한장석 등 10명
지원체제 편성<중국군 장교>
指導長 : 劉光偉<소장>
군사지도관 : 李芝萍<중교, 제1분대>, 李平一<중교, 제2분대>, 陳大凡<소
교, 제3분대>
정치지도원 : 金貴先<소교, 제1분대>, 王某<소교, 제2분대>, 劉有卿<소교,
제3분대>[62]

　제3구대는 3개 분대로 편성되었다. 제1분대는 桂東의 인원으로 조직되었
다. 그리고 제2, 3분대는 江西省 宜春을 중심으로 활동하고 있던 한적장병
들, 즉 비호대 대원들을 주축으로 거리상의 이유로 桂東의 제1분대보다 늦
게 조직되었던 것으로 보인다. 그것은 호남성 계동과 강서성 의춘이 거리
상으로 약 천리 가까이 떨어져 있었고 계동에서 제1지대 제3구대 성립식을
마치고 난후 李炳坤 구대장이 강서성 의춘으로 가서 그곳의 비호대 대원들
을 광복군으로 편입하기까지 어느 정도 시간이 소요되었을 것으로 생각되

---

62) 『第9戰區內　光復軍活動史』, 63~64쪽 ; 『독립운동사』 6, 451~452쪽. 이중
　　자료상으로 확인되는 인원은 이병곤, 김귀선, 유광위, 유유경, 최덕휴 5인이
　　다.

기 때문이다.[63]

그러나 1945년 당시 중경의 광복군 제1지대 본부요원(副官主任)으로 근무하였던 金勝坤 志士는 광복군 제1지대 산하에 제3구대가 편성되었다는 사실을 부정하고 있다.[64] 때문에 광복군 제1지대 본부는 물론하고 광복군 총사령부까지도 전혀 보고받지 못하고 있었음을 알 수 있다.[65] 만약 이 사실이 보고되었다면 임정의 기관지『獨立新聞』이나 민혁당의 기관지『앞길』등에 소개되었을 것이기 때문이다.[66] 그러나 중국군사위원회의 명령에 의해 광복군 제1지대 제3구대가 조직된 사실이 확실하기 때문에[67] 광복군총사령부 및 제1지대 본부에는 이러한 사실이 제대로 통보되지 않았던

---

63) 박영민, 앞의 책, 598~599쪽. 아무튼 비호대의 광복군 편입은 계동지역 한 적장병의 광복군 편입 이후인 것은 틀림없다고 하겠다.

64) 金勝坤 志士의 證言.

65) 金慶華(金貴先)의 증언. 김경화는 필자와의 면담시 그 자신 9전구지역에 파견된 이후 광복군 총사령부와 전혀 연락을 취하지 못했다고 하였다.

66) 『獨立新聞』, 『앞길』에는 광복군 제1지대 제3구대의 성립사실을 알려주는 記事가 전혀 확인되지 않고 있다. 예를 들어, 『獨立新聞』 第七號 (1945. 7. 20)의 전체 4면 중 제2면에는 광복군의 동정을 알리는 기사가 수록되어 있다. 제1지대 관련내용으로「第一支隊的新陣營」이라는 제목하에 "한국광복군 당국은 일찍이 자체 전투역량을 확대 강화하기로 결정하였다. 該軍은 이러한 결정에 근거하여 필요한 각 부분의 조정을 실행하고 있다. 지난 달(6월-역자) 宋壽昌을 該軍의 제1지대장으로 파견하여 지휘력을 강화하고 있다. 동시에 本年(1945년-역자) 5월 26일 南溫泉 集中營에서 해방된 30여 애국청년을 該隊에 편입시켜 그 내용을 확충하였다. 또한 隊本部를 前方 某地로 이동시키려고 하고 있다. 宋대장은 …… 장차 對日反攻戰에서 위대한 공헌을 세울 것이다. 제1지대에 새로운 대장, 새로운 대원들이 더해져 陳容이 煥然一新의 勢를 보이고 있다 ……"고 소개하고 있다. (國家報勳處, 『韓國獨立運動史料－楊宇朝篇』, 582쪽.)
『앞길』 第四十二期 (1945. 6. 1)의 「韓國光復軍人事調動」 기사에도 관련내용을 찾아 볼 수 없다. (國家報勳處, 『韓國獨立運動史料－楊宇朝篇』, 651쪽.)

67) 『백범김구전집』 6, 731쪽. 이 자료에 의하면, 9전구의 政治部 主任 徐中嶽은 9전구 사령장관부가 중국군사위원회의 명령을 받들어 광복군 제1지대 제3구대를 조직하였다고 하였다. 또한 박영만의 『光復軍』에는 중국 군사위원회가 제1지대 제3구대의 조직을 일방적으로 지시하였음을 암시하고 있다. (앞의 책, 550쪽.)

것으로 볼 수밖에 없을 것 같다. 그것은 교통, 통신이 불편하였고[68] 또한 성립 이후 얼마 지나지 않아 일본이 패망하였기 때문일 것이다.

그러면 중경의 임정 및 광복군총사령부는 9전구지역의 일본군 탈출 한적장병들의 존재를 어느 정도까지 파악하고 있었고 어떻게 이들을 동원하려고 했는지 고찰하고자 한다. 아울러 광복군측과 합작하고 있던 OSS측은 이들을 어떻게 활용하려고 하였는지도 살펴보고자 한다.

9전구지역에서 한적장병들의 탈출이 이어지자 임정 및 광복군사령부는 일찍부터 이들에 대해 큰 관심을 보였다. 이들을 수용하여 임정 산하 광복군을 강화하고자 하였던 것이다. 또한 서안에서 진행되고 있던 한미합작 OSS훈련을 위한 인원충원에도 이들을 적극적으로 활용하고자 하였다.[69] 따라서 임정 및 광복군측은 이들을 포로로 대우하거나 개별적으로 중국군 부대에 배속시켜 활용하는 중국군 당국의 방침에 대해 이의를 제기하였다. 임정측은 이들을 해당지역의 광복군에 이관하거나 아니면 직접 중경으로 보내줄 것을 요청하였다. 그리고 이들에 대해서는 일정한 훈련을 거친 후 임정 및 광복군이 처리하게 해 줄 것을 요망하였다.[70]

---

68) 이에 대해서는 다음과 같은 증언에서 잘 알 수 있다. 重慶의 광복군 제1지대 본부요원으로 근무하였던 金勝坤 志士는 "광복군의 정확한 숫자는 총사령관이나 임정 주석도 모르며, 그 밑의 참모장이나 총사령부에 관계된 직제를 가진 사람도 모릅니다. …… 중국의 일선과 후방과는 교통다운 교통 기구가 없어서 편지도 사람이 걸어서 전하게 되거든요. 전방에서 후방에 보고 하나를 하려면 몇 달씩 걸립니다"고 회고하였다. (李炫熙 對談, 『韓國獨立運動證言資料集』, 한국정신문화연구원, 1986, 53쪽.) 광복군 제2지대에서 활동했던 李濬承 志士는 "광복군의 전체 숫자는 알 수 없었어요. 중국이 워낙 땅이 넓어서 지리상 지금처럼 통신이 좋은 것도 아니었어요. …… 그건 왜냐하면 통신시설이 나빴기 때문에 제대로 보고나 파악이 안되었지요. 각 단위 지대로 자기가 속해 있는 지대의 숫자만 아는 거지요. 그때 1지대, 2지대, 3지대, 3전구, 9전구 등이 있었는데 각 지대는 독립적으로 행동했지요. 사령부와의 연락도 어려워 숫자파악이 힘들었어요. 핵심멤버도 정확히 모를거예요. 숫자를 파악할 수 있는 위치의 사람이라야 알거예요"라고 증언하였다. (李炫熙 對談, 위의 책, 310쪽.)

69) 金光載, 앞의 논문, 82쪽. 제1기 합작훈련 이후 계속되는 훈련에 적당한 인원이 부족하였으므로 9전구내 한적장병의 존재에 큰 관심을 보였다.

아울러 중경의 임정 및 광복군측은 OSS측에 이들 한인들의 중경으로의 수송을 위한 편의 제공을 요청하였다. 일찍이 1945년 3월 30일, 李範奭은 OSS의 연락장교 루즈벨트(Quentin Roosevelt) 소령에게 보낸 편지에서 최근에 제9전구(호남성) 일대의 일본군에서 한적 학병 40명이 광복군에 投誠하였으며 이에 9전구 사령장관 薛岳 장군이 이를 수용하고 李靑天 총사령에게 이들의 領取를 요청했다는 사실을 지적하였다.71) 계속하여 그는 9전구지역의 한적장병들을 데리고 올 인솔대원의 파견을 계획하고 OSS측에 수송기의 제공을 요청하였다. 그는 루즈벨트 소령에게 "이들은 우리들의 합작을 위해 不小한 공헌이 있을 것"임을 강조하고 이들 모두를 중경으로 수송하는 데 대한 협조를 요청하였다. 이에 OSS의 루즈벨트 소령은 이범석의 정보를 토대로 중국전구 OSS의 비밀첩보(SI, Secret Intelligence) 책임자인 헬리웰(Paul Helliwell) 대령에게 이들 가운데 일부는 고학력의 유용한 인재들이므로 한인과의 독수리작전을 위해 가능한한 전부 서안으로 수송할 것을 제안하였다.72) 중국전구 OSS 부책임자 버드(Willis Bird) 대령도 중국전구 미군사령부 정보처(G2) 딕키(Joseph Dickey) 대령에게 9전구지역 沅陵에 있는 한인들이 독수리작전을 위해 유용하게 활용할 수 있을 것임을 제안하였다.73) 아울러 루스벨트 소령은 중국전구 OSS 책임자인 헤프너(Richard Heppner) 대령에게 현지의 OSS 浙江野戰部隊(Zhijiang Field Unit)74) 대장 스미스(Wilfred Smith) 중령으로 하여금 일본군 탈출 한인들의 위치와 숫자, 자질이나 성향 등을 파악하게 하고 구체적인 내용을 보고하도록 지시할 것을 요청하였다. 그럼으로써 한인들이 가지고 있는 중요한 정보를 적시에

---

70)「韓籍士兵移交要請」, 金九→中國軍事委員會 政治部長, 1945. 7. 16.(『白凡金九全集』 6, 708쪽.)

71) 李範奭→羅斯福(Quentin Roosevelt) 小校, 1945. 3. 30.(국편, 앞의 자료 22, 325쪽.)

72) Quentin Roosevelt→Helliwell, 1945. 4. 29. (국편, 앞의 자료 22, 512쪽.)

73) Quentin Roosevelt→Helliwell, 1945. 4. 30. (국편, 앞의 자료 22, 518쪽.)

74) Maochun Yu, *OSS IN CHINA : Prelude to Cold War*, New Haven and London : Yale University Press, 1996, 156쪽. 浙江野戰部隊는 1945년 4월 7일 조직되었으며 양자강 이남이 활동지역이었다.

입수할 수 있을 것으로 보고하였다.[75]

또한 金九도 李範奭에게 호남성의 汝城에 모집팀을 보내 이들을 서안이
나 중경에 데려오도록 독려하였다.[76] 이에 이범석은 제2지대의 申榮默과
宋冕秀를 호남성 지역에 파견하기로 결정하였다.[77] 7월 말 현재 1주일내에
이들을 호남성의 汝城으로 출발시킬 수 있을 것으로 보았다. 그리고 申榮默
과 宋冕秀는 호남성 汝城에 도착 즉시 현지에서 활동하고 있는 OSS의 웨스
트(West) 소령과 접촉하도록 예정되었다. 나아가 이범석은 임정 주석 비서
閔石麟에게 송면수, 신영묵에 대한 여권, 9전구사령장관에 대한 소개장을
준비해줄 것과 이들이 호남성에서 돌아올때는 가급적 서안으로 직접 오도
록 요청하였다.[78]

마찬가지로 9전구지역 한인들의 존재는 OSS의 주목을 끌었다. 임정 및
광복군측과 마찬가지로 OSS도 이들을 서안으로 데려와 한반도침투를 위
한 독수리작전에 활용하고자 시도하였다.[79] 더나아가 OSS훈련을 수료한
대원 중 일부를 선발하여 심리전팀을 구성, 일본군내 한인장병의 탈영을
고무시키는 계획을 수립하기도 하였다.[80] 즉, 정보원천으로서의 이들의 가
치는 높이 평가되었다. OSS는 임정 및 광복군과 합작하여 현지에서 이들에
대한 정보탐문을 실시하며 동시에 이들을 중경이나 서안으로 수송하여 이

---

75) 'Korean Deserters in the 9th War Area', Quentin Roosevelt→Heppner
    and Helliwell, 1945. 5. 14.(국편, 앞의 자료 25, 595쪽.)
76) Sargent→Helliwell, 1945. 7. 22.(국편, 앞의 자료 23, 92쪽.)
77) Quentin Roosevelt→Sargent, 1945. 7. 28.(국편, 앞의 자료 23, 120쪽.)
78) Sargent, Helliwell→Quentin Roosevelt, 1945. 8. 7.(국편, 앞의 자료 23,
    184쪽.)
79) 金光載, 앞의 논문, 91쪽.
80) 'OPERATION REPORT & EAGLE PROJECT', 1945. 8. 6.(국편, 앞의 자료
    28, 253쪽.) 이 자료에 의하면, "현재 독수리기지로의 수송을 기다리는 두 개
    의 한국인 그룹이 있습니다. 鉛山과 汝城에 위치하고 있으며 전부 약 100명
    정도로 그중 60명이 독수리훈련에 적합할 것 같습니다. 3명의 한인 독수리
    요원이 이들을 선발하기 위하여 중경을 거쳐 그곳으로 가고 있습니다. 수송
    편이 준비된다면, 8월 말 독수리기지에 도착할 수 있을 것입니다"는 보고가
    있다.

들로부터 한반도내 상황, 일본군 전투서열 등에 관한 정보를 수집하고 아울러 만주, 한반도, 일본으로 침투하는 첩보요원으로 활용하고자 하였다. 그리하여 OSS는 모집장교를 파견하기 앞서 현지의 웨스트 소령에게 연락을 취하여 이들에 대한 정보 제공을 요청하였다.[81] 특히 서안 독수리기지의 싸전트(Clyde B. Sargent) 대위는 헬리웰 대령에게 높은 자질의 소유자들로 알려진 이들을 汝城에서 서안으로 이동시킬 것을 희망하며 그에 필요한 임정의 승인을 얻기 위해 노력하고 있다고 보고하였다.[82] 또한 싸전트는 호남성 汝城 근처에서 활동하고 있던 웨스트 소령에게 ① 汝城에 모인 한인의 숫자, ② 이들을 수송할 C-47 혹은 C-46수송기가 착륙할 수 있는 비행장이 근처에 있는지의 여부, ③ 수송편이 준비될 경우 중국군사당국이 이들을 순순히 방출할 지의 여부 등에 대한 조사를 요청하였다.[83]

그러나 9전구지역의 한적장병들을 중경 혹은 서안으로 데려와서 광복군의 세력을 강화하고 OSS훈련에 활용한다는 광복군 및 OSS의 노력은 끝내 이루어지지 못했다. 그것은 호남성이 중경이나 서안에서 멀리 떨어져 있었고 그로인해 이들에 대한 정확한 정보를 갖고 있지 못한 때문이기도 하였을 것이다. 아무튼 이러한 시도는 일제의 패망과 더불어 더 이상 추진되지 못했다.

한편, 현지 9전구지역에서 활동하고 있던 OSS도 이들 탈출한인들을 활용하고 있었다. 즉, 웨스트 소령은 몇사람의 한인과 함께 활동하고 있었으며[84] OSS 절강야전부대의 심리전 책임자 스터기스(Sturgis)도 陳(Chun)이라는 한국인의 협조를 받고 있었다.[85] 이러한 사실로 미루어 보아 9전구지역의 한인들과 현지 OSS 요원의 개별적인 합작이 이루어지고 있었다. 또한

---

81) 국편, 앞의 자료 23, 92쪽.
82) 'Recruiting Koreans at Ju-cheng', Sargent→Helliwell, Quentin Roosevelt, 1945. 7. 16. (국편, 앞의 자료 23, 64쪽.)
83) 위와 같음.
84) 위와 같음. (국편, 앞의 자료 23, 64쪽.)
85) 'Weekly Report, June 17-23', Sturgis(Chief MO/Chihkiang)→Dulin, Boldt and Starr, 1945. 1 6. 24. (국편, 앞의 자료 22, 747쪽.)

관련당사자들의 회고를 통해 알 수 있듯이, 9전구의 광복군 구대장 이병곤을 위시한 간부진에서도 자체적으로 지도장 劉光偉 소장의 협조 아래, 미군사지원단에 근무하던 정윤성을 통하여 미군의 신예무기 획득을 위한 교섭을 진행했다는 것이다. 여기서 정윤섭이 교섭했다는 '미 군사지원단'은 OSS를 가리키는 것이 아닌가 생각된다. 그러나 이 합작계획은 거의 성공단계에 이르게 되었을 무렵에 8·15해방으로 중지되었다.[86]

8·15해방과 더불어 전선에 파견 중이던 제3구대 대원들은 각기 현지에서 중국군의 일본군 무장 해제를 협조하면서 귀국준비를 진행하였다. 1945년 말 제3구대는 호남성 汝城에 주둔하고 있었는데, 이때 3구대의 인원수는 구대장 이병곤 이하 200명에 달했다.[87] 해방 직전 120~130명이던 것이 200명으로 증가한 것은 해당지역의 일본군내 한적장병 및 한인청년들을 수용하여 擴軍하였기 때문이다. 1946년 3월 총사령부 명에 의해 漢口로 이동, 蔡元凱 광복군 제1지대장의 지휘하에 들어갔다. 그들은 1945년 5월 6일 漢口를 출발, 선편으로 南京에 도착하여 이청천 총사령이 이들을 사열하였다. 그리고, 이범석 장군 인솔하에 5월말 上海를 출발하여 6월초 인천에 도착하였다. 광복군 명의로서는 입국을 불허한다는 미군정의 방침에 따라 광복군을 해산하고 개인적인 자격으로 귀국하였던 것이다.

아무튼 해방 이전 임정 및 광복군총사령부는 9전구지역내 한인들의 숫자와 소재지 등을 파악하고 이들을 동원하여 광복군의 전력을 강화하고자 많은 노력을 기울였다. 그러나 임정 및 광복군총사령부는 여러 가지 객관적인 상황으로 인해 해방 때까지 9전구지역의 한인들에 대해서는 제한된 정보를 가지고 있었으며 비호대나 광복군 제1지대 제3구대의 성립사실을 알지 못하고 있었으며 이를 장악하게 된 것은 8·15해방 이후의 일이었다.

---

86) 최덕휴, 앞의 글, 1044쪽.
87) 「經軍委會核准成立之韓國光復軍各部隊及駐地人數表」, 中國軍事委員會, 작성 시기는 1945년말로 추정됨. (國家報勳處, 『大韓民國臨時政府와 光復軍』, 489쪽.)

IV. 맺음말

지금까지 본론에서 9전구지역에서 성립된 광복군 제1지대 제3구대와 관련된 여러 가지 문제들을 고찰하였다. 본론의 내용을 요약하는 것으로 맺음말에 대신하고자 한다.

1944년에서 1945년 8월 일제패망 이전까지 安徽省, 湖南省, 江西省, 浙江省 등 중국 각 전선에서는 일본군에 끌려온 韓籍將兵들의 탈출이 잇따랐다. 湖南省의 全域, 江西省 일부를 관할구역으로 하는 중국군 제9전구에도 많은 한적장병들이 탈출하였다. 이들 가운데 일부는 포로로 간주되어 억류되기도 하였으며 또 다른 일부는 일선 중국군 부대에 배속되어 적후방활동에 종사하였다. 특히 강서성 宜春 일대에서 중국군에 배속되어 활동하던 일본군 탈출 한적장병들은 광복군에 편입되기 전까지 '飛虎隊'를 결성하여 활동하기도 하였다.

한인청년들이 일본군에 동원되어 중국전선에 배치되면서 광복군총사령부와 중국군사위원회는 1943년 광복군 대원을 9전구지역에 파견하여 이 지역 중국군의 대적활동을 협조하는 한편으로 초모활동을 전개하였다. 그 결과 1945년 5월 이후 9전구지역에서 일본군 탈출 한적장병들을 기반으로 하여 광복군 제1지대 제3구대가 성립되었다. 이는 임정과 중국정부 사이에 체결된 '원조판법'이라는 새로운 군사협정이 시행되면서 가능했던 것이다. 광복군 제1지대 3구대는 광복군총사령부에서 파견된 李炳坤, 金貴先(金慶華)이 각각 구대장, 정치지도원을 담당하였다. 3구대의 편제는 3개 분대로 구성되었다. 제1분대는 桂東 9전구 사령장관부의 한인들로, 제2, 3분대는 강서성 의춘에서 활동하고 있던 '비호대' 대원들을 주축으로 하여 조직되었다.

한편, 임정 및 광복군총사령부는 교통, 통신의 문제로 이들에 대해서는 충분히 파악하지 못하고 있었다. 여러 가지 정황으로 볼 때 임정 및 광복군

총사령부는 제1지대 제3구대의 성립사실을 8·15때까지 알지 못하고 있었다. 그렇지만 임정은 9전구지역의 한인탈출상황에 대해 큰 관심을 가지고 있었고 이들을 후방으로 수송, 광복군에 편입시키기 위해 많은 노력을 기울였다. 임정 및 광복군총사령부는 OSS와 제휴하여 이들을 서안으로 수송하여 한미합작 OSS훈련에 충원하기 위한 구체적인 계획을 세우기도 하였다. OSS도 한반도 및 일본으로의 침투를 위해 정보가치가 높은 이들을 확보하기 위해 노력하였다. 또한 9전구지역에서 활동하던 OSS요원은 9전구지역의 탈출한인을 개별적으로 활용하기도 하였다.

   8·15해방과 더불어 3구대는 구대장 이병곤의 인솔하에 漢口로 이동하였다. 그곳에서 광복군 제1지대장 蔡元凱의 지휘하에 들어갔다. 그후 南京, 上海로 진출하여 귀국을 기다렸다. 그러나 광복군 명의의 귀국을 반대하는 미군정의 방침으로 인해 광복군은 해산되었다. 따라서 개인적인 자격으로 귀국할 수 밖에 없었다.

▌▌ The Activities of the Third Company of the Ist Detachment in the KIA

Kim, Kwang Jae

They were the Korean Soldiers who had been forced draftees and endlessly escaped from combat and military fields during Japanese Imperialism and specially final time(1944~1945, 8) of the Second World War. They were mainly combat men deployed focibly into the Province of Anhui(安徽省), Hunan(湖南省), Jiangsi(江西省), Zhejiang(浙江省). In the territory including all Hunam province and a part of Jiansi, many koreans had escaped the Japanese camps and went to the 9th War Area which, at that time, deployed there. Of them, some was imprisoned as the POW, others taken chage of the surveliance about the Japanese military informations. At YiChun(宜春) of Jiangsi, escaped Koreans had formed an combat unit called "Flying Tigers"(飛虎隊) and actually perfomed anti-Japanese struggle before they finally went to the Korean Independence Army(韓國光復軍, KIA).

On the while, In 1943, the Headquater of KIA and China National Military Council(中國軍事委員會) dispatched KIA's agents into the 9th War Area to implement their anti-Japanese activities and check about the movement and deployment of enemy. Therefore, through these activities, the KIA could obtain their status in the field of anti-Japanese activities. Finally they could found the Third Company of the Ist Detachment in the KIA at the 9th War Area under the auspice of China on May, 1945. It could founded from the Agreement of Assistance (援助辦法) as military cooperation pact between the KIA and China Military Council. this combat company was captained by Li Beoung Gon(李炳坤) and guarded by Kim Kui Seon(金貴先). The formation of Third Company was consisted of three squards. the first squard was consisted mainly of being esccaped koreans who was controled by chinese military under the 9th War Area at Guidong(桂東) and the second and third squard was formed manily from an combat unit called "Flying Tigers"(飛虎隊) at Yichun(宜春) of Jiangsi Province(江西省).

But the Korean Provisional Goverment(KPG) and KIA could not grapsed the full story about the Third Company because of poor transpotation and infomation systems until on August 15, 1945. Nevertheless, on the while, the KPG had strived to obtain the information about the Koreans deserters under the 9th War Area and they sruggled to transfer the Koreans into troops in the rear bases.

After Liberation from the Japanese Imperialism on August 15, 1945, the Third Company was tranformed into Hankou(漢口) under leadeship of Li Beoung-Gon. And this company also was controlled by the Ist Detachment Commander Chae Won-gae (蔡元凱). After that time, people of the company went to Nanjing(南京), and Shanghai(上海) to land their deposed Chosen territory. But American Military Goverment which had controlled after the Liberantion in the Korean Peninsular never accepted them as in the name of representing and part of KIA. Therefore, they could not but arrive their home nation as an individual.

소래 김중건과 항일민족운동

서 굉 일[*]

Ⅰ. 머리말
Ⅱ. 국내에서 망명까지(1907~1913)
Ⅲ. 백두산록 안도현·장백부에서의 활동(1914~1920)
Ⅳ. 북간도에서 종교·교육 투쟁시기(1921~1927)
Ⅴ. 북만에서 조선혁명지도처를 이룩하다(1928~1933)
Ⅵ. 맺음말

* 한신대 국사학과 교수.

Ⅰ. 머리말

소래 김중건의 독립운동에 관한 연구는 독립운동에 참여한 이강훈, 조경한의 회고록을 바탕한 글이 있고, 조성윤의 만주지방 원종을 중심한 독립운동 연구가 있다.

또한 연변대 최태호의「김소래의 반일사상과 반일활동」에 관한 연구가 이미 발표되었다. 또한 최근에는 소래 김중건의 항일유적지답사에 대한 글이 수편 발표되었다. 김춘선의「소래선생의 반일활동유적지를 찾아서」, 강용권의 만주항일유적지 답사(1)에는 "소래 김중건 선생의 딸" 김정완 할머니를 인터뷰한 내용이 있으며, 서굉일은『중국동북지역 한국독립운동사』에 "북만주 목단강 밀산지역 답사기"에 영안지역 소래지팡 방문기를 남기고 있다.1)

새로운 자료가 더 이상 발견되지 않은 시점에서 독립운동활동에 대한 부분을 진전시키기가 어렵다는 판단에서 본고는 소래의 독립운동 사실을, 1. 독립운동 사상의 준비기(국내에서 활약한 시기~1913), 2. 서간도 장백부 안도현을 중심으로 원종의 의식화 시기(1914~1920), 3. 북간도로 나와 종단을 만들고 신앙공동체를 형성하면서 종교를 기반으로 독립운동을 전개했던 시기(1921~1927), 4. 북만으로 이동하여 농우동맹을 통한 독립군 백만 대단결 결속을 추구하면서 무장항쟁을 전개했던 시기(1928~1933)로 나누어 각 시

---

1) 이강훈,「만주의 독립운동과 김중건」; 조경환,「재만 독립군과 김중건」,『나라 사랑(24); 소래 김중건특집호』(외솔회, 1976); 최태호,「김소래의 반일사상과 반일활동」,『연변대 국제학술대회 토론논문』(연변대, 1989); 조성윤,「소래 김중건의 사회사상과 독립운동」,『한국의 사회와 문화(14)』(정문연, 1991); 김춘선,「소래선생의 반일활동 유적지를 찾아서」,『개혁의 이론과 독립운동(2)』(순국선열 소래김중건선생 기념사업회, 1995); 강용권,「김소래」,『만주항일 유적지 답사 I, 죽은자의 숨결 산자의 발길』(장산, 1996); 서굉일,「북만주에서의 한국독립운동」,『중국동북지역 한국독립운동사』(집문당, 1997)등이 있다.

기마다의 역사적 정황과 독립운동의 특징을 고찰해 보고자 한다.

크게 보면 국내시기는 독립운동을 위한 사상을 준비한 기간이었고, 서간도 시기는 망명하여 이주 한인촌을 중심으로 독립운동의 근거지를 창설하고 원종을 전파하여 동조세력을 형성한 시기이다. 백두산록 깊은 삼림속에서 진행되던 시기이지만 원종 이념의 의식화가 뿌리를 내려, 다음 시기 이주한인들이 집단적으로 거주하고 일제 영사관, 중국 관헌들이 상주하는 도시로 나가 원종을 기반으로 교육운동 사상운동을 전개하던 북간도시기의 준비기였다.

그러나 소래의 독립운동이 극점에 도달한 시기는 제4기, 1928년 이후 북만 노야령 산록 팔도하자에 이전하여 농우동맹, 진우회 ABC당을 결속했던 때이다. 이때 소래는 그 동안 훈련시킨 무장단을 9·18 만주사변이 일어나자 중국구국군, 한국독립군 등에 파견하여 연합전선을 펴면서 항일 독립전쟁을 전개하도록 하였다. 이후 1933년 공산주의자들에게 피살되기까지의 활동기간으로 나눌 수 있을 것이다.2)

일반적으로 민족운동의 방법적인 유형을 분류하면, 첫째 목숨을 걸고 적의 목숨을 강요하는 피의 항쟁, 둘째 민족의 요구를 절규하고 국제여론에 호소 청원하는 조직적 시위 항쟁, 셋째 민중을 계몽하고 민의를 대변하여 민족의 요구와 이념을 구현하는 문화항쟁이다.

소래의 독립운동 방략은 이상의 3가지를 다 포함하면서 전혀 다른 방식을 취한 것이다. 主義와 사상을 가지고 독립운동을 전개한 것이다. 1910년대 소래가 원종을 창시할 때 소앙은 육성교를, 양기탁은 통천교를 만들어 독립운동의 방략으로 제시한 바 있다. 그러나 그들은 종교를 가지고 독립운동을 수행하지는 않았다. 독립운동의 이념으로 제시했을 뿐이다.

그러나 소래는 元宗을 선포했을 뿐만 아니라 원종에서 제시한 극원철학과 대공화무국사상으로 독립운동의 실천강령을 삼았다. 소래는 반제 민족해방의 독립, 그것 자체에 매달린 것이 아니라, 그 일과 함께 독립 이후의

---

2) 소래의 농촌주의 발달단계는 서간도 시절은 촌회, 북간도시절은 읍회, 북만 시절은 국회 등으로 농촌자치 연맹체가 중심을 이루었다.

민족의 현실까지를 구상하였고, 인류의 장래를 내다보면서 독립운동을 전
개하였다. 시대사조의 변화를 고려하였고 구체적인 단계를 제시했다. 소공
화, 대공화, 무국의 단계를 구체화했고, 물질토대 구축과 정신개발을 양 축
으로 한 문화운동을 독립운동의 방략으로 삼았다.3)

먼저 사상과 이념으로 무장하고, 개개인이 모두가 깨어난 사람들로 원종
의 마루진이 되고, 그 후에 그들을 조직화하여 신앙공동체, 사상공동체, 노
동공동체, 생산공동체로 육성시키고자 하였고, 독립전쟁의 기회가 오면 이
들은 모두 독립군이 되어 민족의 해방을 위한 생명공동체로 헌신한다는 것
이다.

원종의 이념화 단계는 산속 깊은 곳에서 독시주의로 나가지만, 사상을
사회화할 때는 도시로 나와 종교운동을 전개하고, 그 세력이 성장하면 집
단생활, 공동체를 통하여 독립전쟁을 대비하며, 인적, 물적 자원을 제공할
수 있는 생산조직, 노동조직을 만들 뿐만 아니라, 주의촌을 중심으로 북만
전역의 조선농민들을 결속시킨다는 것이었다.4) 소래는 끊임없이 민중교육
의 방법을 신앙생활, 노동생활의 현실속에서 추구하였고, 민족문제 해결을
위해 어떤 세력과도 통일전선을 이룩하고자 노력하였다. 이러한 내용들을
각 시기별로 그 특징을 규명해 보고자 한다.

---

3) 소래는 공동체를 만들어 이상사회를 구현하고자 하였다. 조선농촌주의의 소
공화단계, 농촌연맹의 대공화단계, 다시 세계가 일국으로 건설되고 연맹체가
해체되는 전적해방의 무국시대로의 발전을 지향하였다. 이에 대한 것은 조성
윤의 논문에 구체적으로 논의된 바 있다.

4) 민족과 민중을 한가지로 묶어 첫째 깨어나는 단계, 둘째 일어서는 단계, 셋
째 나아가는 단계등 3단계로 구상하고 실천하였다. 소래의 원종은 종교자체
의 어떤 교리(Credo)가 있는 것이 아니라 깨닫는 것이다. 믿음이 아니라 천
리를 깨치는 것이다. 깨는 것 즉 의식화 되는 것인데, 먼저 알아야한다. 그러
므로 교육 시킨다 다음으로 사상이념을 깨닫고 그리고 실천한다. 책으로 하
는 것이 아니고 노동으로 하고, 혼자서 하는 것이 아니라 공동으로 행함을
원칙으로 하였다. 「나의40년」, 『소래집 上』(소래선생 기념사업회, 1968), 7
9~116쪽.

Ⅱ. 국내에서 망명까지(1907∼1913)

소래가 탄생한 함남 영홍은 변경의 소외된 땅이었으나 한말 개화기에 이르러 신교육 구국운동이 가장 크게 일어난 곳이었다. 한말 서북학회는 교육운동으로 함경남도 영홍, 단천, 원산, 문천, 정평, 이원, 함홍, 북청, 덕원 등지에 학교를 설립하였는데, 영홍에는 6개교가 설립되어 이것은 전국에서 가장 많은 숫자였다. 함남의 북청과 영홍은 교육열이 높은 곳으로, 이러한 영향으로 개화사상가와 독립운동가의 배출지가 되었다.[5]

또한 영홍은 종교운동으로도 함남에서 천도교 교구 중 가장 큰 지역에 속했다. 영홍은 신교육운동, 종교운동 등 관북 국권회복 운동의 본거지가 되었다. 이러한 분위기속에서도 소래는 사서삼경 한학 공부만 하였는데, 1907년 「대한매일신보」에 실린 논설 "일진회 규탄"의 글을 읽고 개화사상으로 큰 전환을 하였다 한다. "소위 신학문"이라는 개화사상을 지금까지 일제침략의 주구로만 인식하였는데 개화사상 속에 숨은 자주성, 주체성에 감동하고 자신의 부정적 생각을 바꾸었다. 그는 애국계몽사상에 공명하면서 1908년 향리에 신학문을 가르치는 연명학교를 설립하였다. 이 시기 소래는 부친의 권고로 천도교에 입교한 후 서울에 올라와 천도교의 교리공부를 시작하였다. 그는 구국운동의 한 방편으로 천도교를 이용하고자 생각하였다.[6]

당시 천도교의 사정을 살펴보면 천도교는 1906년 일진회와 결별하고 종교운동, 사회운동, 계몽운동에 힘을 기울였다. 천도교는 반일적인 입장을

---

5) 소래가 남긴 자전적 성격의 글인, 「나의40년」은 1889년부터 1929년까지의 행적을 살필 수 있다.
  『소래의 철학과 사상 Ⅰ』(소래선생 기념사업회 刊, 1983), 77∼111쪽.
6) 소래가 "천도교에 간뜻"과 1910년에 천도교월보에 발표한 논술10편이 발굴되었다. 김지용, 「소래 김중건의 철학과 사상」, 『개혁의 이론과 독립운동 3』 (순국선열 소래 김중건선생 기념사업회 刊, 2000), 21∼70쪽.

보이지 않았으며, 그렇다고 친일적인 경향으로 가지 않았다. 은인자중 중립적이었다. 천도교 지도부는 통감부의 정책이나 시정을 전혀 비판하지 않았다.[7] 현실적으로 일본과 대립한다면 천도교의 교세 확장에 불리한 영향을 끼칠 가능성이 높았고, 동학운동 시기의 탄압은 받고 싶지 않았다. 천도교는 교도들에게 각기 자기 천직과 의무에 충실하면서 오직 실력을 양성해야 한다고 주장하였다. 실력양성론은 점진적인 방법인 신교육과 식산흥업을 통해 국권회복을 이룩하겠다는 이 시기 계몽운동의 기본적 입장이었다. 천도교는 민중들의 의병활동과 같은 무력을 통한 국권회복운동을 크게 비판하였다.

천도교는 일진회를 친일집단으로 규정, 온 국민이 지탄이 일어나자, 일진회와의 모든 관계를 끊고 떳떳이 종교활동에 전념하였다.

소래는 매국적인 합방 청원서를 제출한 일진회를 증오하면서 천도교의 교화사업, 교리사업에 깊은 관심을 가졌다. 천도교의 중앙총부는 교도들의 정신향상에 주력하면서 일체감을 일으키고자 노력하였고, 1910년부터는 사범강습소를 설치하여 교리와 학술을 가르쳤다. 또한 천도교회 월보사가 설립되면서 종교의 전파와 온 민족의 개화를 목표로 삼아 출판사업을 지향하였다. 일제는 합방을 목전에 둔 상황에서 순수한 종교적 글과 교인들의 소식만을 싣도록 했다. 1908년 손병희는 제4대 교주 박인호에게 교통을 넘겼고, 박인호는 천도교도들에게 모든 정치 활동을 엄금하였다.

천도교회 월보 주간 이교홍이 합방을 반대하는 서한을 각국 영사관에 발송한 사건이 일어나자 일제는 교인들을 감금하고 간부들이 구금되어 문초를 당하였다. 소래는 영흥의 천도교 세력을 배경으로 중앙총부에서 교리를 가르치는 일을 담당하면서 차츰 천도교의 내부 사정을 확인하고 실망하기 시작하였다.

1910년 9월부터 소래는 천도교회 월보에 교리 해설의 글을 싣는다. 그러나 그것은 자신의 철학을 바탕한 극원의 입장에서 본 교리요 천도교의 교리

---

7) 최기영, 「천도교의 국민계몽활동과 만세보의 발간」, 『대한제국시기 신문연구』 (일조각, 1991), 104~105쪽.

가 아니었다. 즉 원종의 사상이요 철리였으며 천도교의 사상이 아니었다.

소래의 천도교 비판은 상부구조 지도층의 호화생활이나, 무지한 민중을 착취한다, 일반교도 위에 군림한다는 등이었지만, 더욱 본질적인 이유는 천도교가 종교운동만 매진할 뿐 사회의식, 역사의식을 외면하고 있는 데 있었다.

그는 영흥으로 돌아가 천도교 청년강학회를 열었고, 천도교 계열의 젊은 이들을 중심으로 '2·1 결의단' 비밀결사를 조직하였다. 중앙총부에서 천도교의 교리 강의를 담당하면서 소래는 천도교의 개혁을 주장하였다. 이러한 사실은 지도층 인물들에게 거부감을 주었고 그는 출교당하였다. 그는 천도교 개혁운동을 조선혁명의 시발로 규정하였다. 그러므로 출교를 당하였지만 고향 영흥에 돌아와서 "천도교신인회"라는 개혁운동 단체를 조직함으로 함남 일대 천도교 세력 사이에 큰 관심을 불러 일으키게 되었다.[8] 소래는 민족운동의 시작을 천도교의 애국계몽운동, 종교운동에 참여함으로서 시작하였지만, 그 자신이 주체가 되어 천도교 자체를 개혁하고자 하다가 배척을 받고 출교까지 당하였다. 자신이 창안한 극원철학과 원종의 이념은 새주의의 종교이면서 독립운동의 사상적 이론이 됨을 확신하였다.[9]

소래는 불우한 환경속에서 역경을 극복하며 성장하였고 청소년기를 고뇌와 방황속에 山中修道로서 구세진결을 찾고자 하였다. 세상을 구원하기 위한 사상의 길을 걸어왔던 것이다. 그는 다시 九而峰 산실에 들어가 이론적으로 정립된 극원철학을 종교화하기 위한 명상에 잠겼다. 천도교에 대한 희망을 완전히 포기하고 난 후, 이 민족에게는 새로운 종교가 필요하다는 결론에 이르게 되었다. 그는 1913년 1월 1일을 建元으로 선포함으로서 원종을 창립했다.[10] 원종주의는 봉건적 전제정치제도, 사회경제구조, 신분제,

---

8) 「개혁운동의 실패」, 『소래의 철학과 사상 I』, 87쪽.

9) 「천도교의 3년, 나의 40년 — 소래선생 항일 투쟁약사」, 『소래의 철학과 사상 I』(소래선생 기념사업회 刊, 1983), 84쪽.

10) 김중건, 「건원의 첫해」, 『소래의 철학과 사상 I』, 88쪽 ; 「건원의 노래」, 『소래의 철학과 사상 I』, 387쪽.

가렴주의 등 모두를 부정하고 새질서 새사회를 건설하는 것을 목표로 하였다. 또한 무단통치하의 모든 정치 사회적 억압을 타파하고 사회를 개조하며 제도를 개혁해야 함을 주장하는 혁명사상이므로 일제관헌은 원종을 불온사상으로 취급하였다. 압박·피압박의 민족적 모순의 불합리한 현상이 제거되어야만 小共和의 이상사회 건설이 가능하므로, 무국의 시대로 가려면 한국의 자주독립이 선결되어야 했다.11) 역사는 인격투쟁이므로 인물의 양성이 중요하며 원종주의자들을 육성한다면, 이 이념이 널리 전파된다면 독립운동은 필연적으로 일어나게 된다는 생각을 하였다. 이러한 생각을 가지고 있는 소래와 원종세력들은 국내에서의 활동은 더이상 허용되지 않았다. 원종을 전법하고자 하여도 일제의 감시 때문에 더이상의 활동은 불가능하였다. 사상이 준비된 이상 실천을 위해 출발해야 했다.

종교사상으로 원종은 동학 → 천도교 → 원종으로 이어지는 신종교의 분화과정을 밟는다. 원종은 동학의 인내천, 천도교의 문명개화론, 대한매일신보의 민족주의, 천도교 계몽운동의 근대주의를 거치면서, 어떤 점은 수용하고 어떤 요소는 배척하면서 한국 근대사상사에서 민중사상으로 자리잡았다. 종교사상으로 원종은 나름대로 종교사적 체계나 교리체계를 지니고 있다고 생각된다. 그러나 원종이 독립운동의 이론과 사상으로 발전한 점은 보국안민, 광제창생의 역사의식에서 출발한다. 또한 소공화, 대공화, 무국의 정치사회의 구현과 공동 노동과 분작을 통한 경제체제, 신앙공동체, 농촌공동체 등 이념공동체를 지향한 이상사회의 실현을 바탕으로 다양한 교육운동, 문화운동, 무장운동을 민족운동의 방략으로 제시하고 있기 때문이다. 元宗은 계급적 차별을 극복할 뿐만 아니라 反帝 民族解放을 목표로 하였다.12)

---

11) 이상은, 「소래집서」, 『소래의 철학과 사상 I』, 19쪽.
12) 김중건, 소래는 온세계가 공산이 되도 농촌은 혜택이 없다. 그러므로 대농촌에 도시겸한 자치제도를 만들고, 착취 없는 반도시의 깃발을 올리자고 했다. 「농촌의 소리」, 「농촌주의 노래」, 467쪽 ; 「현대사상가」, 477쪽.

Ⅲ. 백두산록 안도현 · 장백부에서의 활동(1914~1920)

　1914년 소래는 북간도로 망명하였다. 두만강 건너 북간도는 합방 전후시기부터 국외독립운동 기지로 발달하였다. 이주 한인사회가 형성되어 있었으며, 간민회, 간민교육회, 기독교우회 등 독립운동단체의 활동이 활발하였다. 한말 애국계몽운동과 의병항전의 이념이 독립전쟁론으로 구현되었다. 그러나 소래가 망명한 시기는 1차 세계대전이 일어난 직후여서 일본측은 중국에 이주 한인들의 민족독립운동을 제지할 것을 강력히 요구하고 있던 때였다.[13] 일본의 압력에 의하여 중국측은 이주한인들의 자치성격을 띤 민족운동 단체인 간민회를 해산시켰고 민족운동은 침체기에 들어갔다. 합방 전후부터 활발하게 활동하던 민족주의자들은 산간오지로 숨고, 북간도 지역에 남은 배일한인 민족운동가들은 지하로 잠복할 수밖에 없었다. 사회결사운동은 불가능하였고 단지 교육운동만이 민족운동을 대신하였다. 이 상황은 1차 세계대전이 끝날 때까지 지속되었다.

　1910년대 초기의 활활 타오르던 북간도 지역의 민족운동이 간민회가 해산된 후 한때 침체되었는데 바로 이 시점에 소래는 북간도에 뒤늦은 망명을 하였던 것이다. 한인사회가 크게 형성되어 있는 연길, 화룡, 훈춘, 왕청현 등은 종교운동을 일으킬 만한 적당한 곳으로 판단된다. 그러나 1914년 당시 북간도 한인사회에는 천주교, 시천교, 기독교, 천도교, 대종교 등 여러 종교가 이미 세력을 다투고 있었다. 소래는 훈춘지역의 황병길이 이끄는 기독교우회 세력과 용정촌을 중심으로 활동하였던 간민회 등과 제휴하여 보았지만 그들과 뜻을 함께 할 수 없었다.[14]

---

13) 김중건, 「실행도 못하는 다복식 정책」, 『소래의 철학과 사상 I』, 90쪽.
14) 연해주와 훈춘지역에서 활동해온 황병길의 기독교우회와 협동응합책을 시도하였으나 실패하였다. 「건원의 첫해」, 『소래의 철학과 사상 I』, 89쪽.
　　기독교우회는 1913년경 황병길, 오병묵 등이 훈춘을 중심으로 조직한 단체로 당시 청년친목회, 대동협심회와 더불어 활동하였다. 소래는 이 그룹들과 뜻을 같이하지 못했다. 사방자, 「북간도 그과거와 현재, 그사회의 흥폐」, 『독

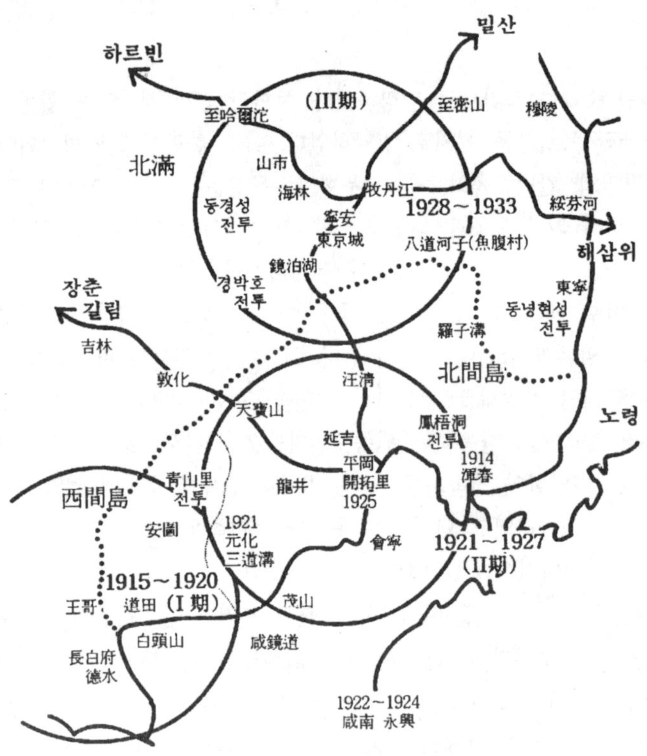

또한 노령 연해주 신한촌에 윤인중과 김전을 파견하여 그쪽의 독립운동 상황을 점검하였지만 그곳도 러시아 관헌의 탄압으로 권업회, 대한광복군 정부의 활동이 중지되고 있었다. 1914년 1차대전 발발 이후 1917년 볼셰비키 혁명이 일어날 때까지 수년간 노령지역의 한인들의 모든 활동이 위축되었다. 1차 세계대전이 발발한 직후, 러시아 당국은 권업회 등의 한인단체 해산조치와 함께, 이강, 정재관, 이상설, 이동휘, 이종호 등 유명한 한인지

____

립신문』, 1919년 1월 1일.

도자들에 대한 체포 추방령을 내렸다. 지금까지 연해주에서 활동하였던 지도자들은 일부는 피체 투옥당하고 혹은 만주지역으로 이동하거나 잠적하여 기회를 엿보고 있어야 했다.[15)

이와 같은 사정은 북간도 지역에서도 동일하였다. 민족운동가들이 국치 이후 북간도 각처에 이주 한인사회를 중심으로 독립운동 기지를 건설한 이유는 한민족이 적당한 시기에 이르면 제국주의 일본과 전쟁을 전개하여 민족독립을 쟁취한다는 생각이었다. 그와 같은 전략을 독립전쟁론, 기회론, 독립군 기지건설론 등으로 실천하여 왔다. 한말 최대의 비밀결사였던 신민회는 국내에서 실력양성운동을 전개하면서 한편으로 국외에 무관학교를 설립하고 독립군 기지를 창건하여 기회가 오면 국내 진공을 하겠다는 독립전쟁 전략을 채택하였다. 서간도의 유화현, 삼원보 일대와 북간도의 용정촌, 명동촌, 노령의 신한촌, 소만국경에 자리잡은 밀산부의 한흥동은 그 대표적인 독립운동 기지로 발전한 곳이었다.[16)

소래가 망명한 북간도 일대에는 많은 민족주의 학교가 설립되어 은밀히 독립군을 양성하고 독립전쟁을 준비하고 있었다. 그러던 중 1차 세계대전이 일어나자 북간도의 민족주의자들은 중일간에 국교가 단절되고 양국 사이에 전란이 일어날 것이니 이 기회를 이용하여 독립전쟁을 일으킬 준비를 하였다. 그들은 비밀집회를 갖고 암살대와 군자금을 모았다. 훈춘지방의 황병길은 중국군대와 연합하여 일제와 싸울 계획을 진행시켰다. 그러던 중 중국은 일본에 굴복하였고 간도 천지는 일제의 간섭이 시작되었다. 한인 독립운동가들은 추방되었고 중국관헌의 이주 한인들의 민족운동을 탄압하기 시작하였다, 모처럼 기다렸던 독립전쟁의 기회는 수포로 돌아가고 민족독립운동의 혐의자들이 검거되었다. 따라서 과격파 독립운동가들은 북간도 한인촌에서 쫓겨날 수밖에 없었다. 간민회 회원 중 과격파였던 이동휘,

---

15) 김정명편, 「간도방면의 기독교의 쇠퇴」, 『조선독립운동 Ⅲ』(원서방, 동경, 1967), 428쪽.
16) 윤병석, 「1910년대 서북간도 한인 단체와 민족운동」, 『국외한인 사회와 민족운동』(일조각, 1990), 28~33쪽.

정안립, 전일, 백옥보, 김강, 최빈 등은 중국 관헌의 추방 명령으로 노령이나 오지로 피하였고, 김하석, 계봉우 등은 체포되었다. 온건파였던 인물들은 사태를 관망하면서 정치적인 행동을 중지할 수밖에 없었다.

이러한 상황이 전개될 때 소래는 북간도에 도착하였고, 이 사태를 둘러본 후 백두산록 안도현 도전동으로 몸을 숨겼다. 안도지역은 북간도와 서간도의 접경지역으로 백두산록의 삼림 오지였다. 안도현 내도산은 의병운동의 근거지였다. 그러나 이 시기에는 의병운동 세력도 잠잠하였다. 함남 영흥에서부터 소래를 따라 이주해온 윤기섭, 안덕영, 이성오, 이성지 등과 1차 세계대전이 끝난 뒤의 일을 준비하기 위하여 여러 가지 계획에 착수하였다. 안도현은 봉천성의 동북쪽 백두산 북쪽 구릉지대의 산간벽지에 속한다. 이곳은 교통이 불편하고 한인촌 사이에 간격이 넓고 홍범도 의병부대가 무장투쟁을 벌인 시기 활동 근거지였다.[17]

소래가 1919년 3·1운동 전후 시기까지 6년 동안 활약하였던 안도와 장백부는 압록강 상류지역으로 서북간도의 접경지역이었다. 안도현 도전동의 동부는 두만강 상류를 사이에 두고 함경북도 무산에 인접하고, 북부는 노야령 일맥의 성계를 가운데 두고 북간도와 인접하였다. 1911년 장백부를 분할해서 현을 두었는데 송화강 상류인 토문강의 남쪽변에 위치하였다. 동남은 280리 노야령의 험준을 지나 무산에 통하고, 서는 2백리 양강구를 지나서 화전현 자피커우에 통한다. 또 서쪽으로 270리 대산림을 횡단해서 서간도 무송현에 도달되고, 동은 와집령을 경계로 하여 연길현에 접하고 280리 북간도 두도구에 통한다. 안도는 산세가 광대한 백두산을 등에 지고 노야령이 여기서 뻗쳐간다. 현내의 지세는 고원으로 면적의 8할은 울창한 산림으로 인연이 희소하였다. 도처에 개간할만한 황무지가 많았으나 인구가 희박하여 겨우 하천 유역을 개척할 뿐이었다.[18]

소래는 안도현 도전동에 숨어 1년간을 관망하다가 이 지역에서 비교적 한인촌이 큰 덕수로 근거지를 옮겼다. 덕수는 백두산 서쪽 산록으로 안도현

---

17) 김중건, 「실현도 못하는 다복식 정책」, 『소래의 철학과 사상 I』, 91쪽.
18) 김중건, 「독시주의와 시국의 대책」, 『소래의 철학과 사상 I』, 92쪽.

16통구로 장백부에 속하였다. 대종교 교주 김교헌이 한때 이곳에 근거지로 삼았던 곳이기도 하다. 덕수로 근거지를 옮기게 된 까닭은 1916년 봄 소래는 안도현 도전동에서 원종을 전파시키는 너무도 깊은 산골이어서 북간도 북구에 진출하여 북간도에서 첫 법회총사를 열었다. 원종을 통한 사회 결사운동, 인재양성 등을 실천하기 위해서는 도전동같은 오지에서는 불가능하였기 때문이다. 그러나 북구에 법회총사를 열자 곧 중국관헌의 조사와 간섭을 받게 되었다. 총사의 기밀서류는 모두 압수당하고 경외 추방이 선언되었다. 소래는 1916년 여름 장백산맥의 밀림지대를 맨발로 횡단하여 왕가동을 거쳐 덕수에 도착하였다. 덕수에 도착하여 소래는 건원학교를 세우고 원종촌을 건설하였다. 서간도 지역에서 원종의 주의촌 이념에 따라 최초의 다복식 정책이 실현된 곳은 덕수였다. 소래는 덕수에 도착하면서 무장단체 대진단(大震團)을 창설하였다.[19] 대진단은 3·1운동 이후 안도현 홍도자에서 군사력을 갖춘 무장단체로서 활약하는데 항일독립운동 단체로서 군사훈련을 받게 된 것은 1916년부터이다. 대진이란 명칭은 발해의 이명으로 고조선, 고구려, 부여, 발해 등 만주에 있었던 우리민족의 역사전통을 계승한다는 의미가 포함되어 있다. 소래는 원종이 전파된 각 지역에 대진단의 지단을 설치하였고 군사훈련을 받게 하였다. 3·1운동 이후 서북간도 각 지역에는 무장독립운동 단체가 50여 조직으로 발전하였다. 이 시기 대진단은 러시아식 보총과 권총으로 무장력을 강화하였다. 대진단은 장백현에 근거를 둔 군비단, 홍업단, 태극단, 광복단 등과 무장대연합회를 구성하여 공동 투쟁을 전개하였고, 1921년 10월에는 대한국민단으로 발전하였다.[20]

　소래는 백두산록 노야령의 삼림속에서 6년간 3·1운동을 맞이할 준비에 임하였다. 그의 독립운동 방략은 원종을 통한 사회결사운동, 교육운동, 무장독립운동을 위한 군사훈련이었다. 무엇보다도 이 시기에 그는 함께 독립

---

19) 김중건, 「독시주의와 시국의 대책」, 『소래의 철학과 사상 I』, 93쪽.
20) 「간도지역 불령선인단상황」, 대정 9년 10월, 조선총독부 병무국 ; 오세창,「재만한인의 항일 독립운동사」(1), 「동양문화」(성균관대학교, 1976)에는 대진단은, 백산무사단, 대한독립단 등 서간도 지역에서 일어난 대표적 단체이다.

운동을 전개할 동지와 원종의 동지자들을 만날 수 있었다. 함경도에서 출발하여 북간도에 망명한 세력 외에 안도현과 장백부의 덕수, 왕가동, 자피구의 이주 한인사회에서 원종의 교리를 전파함으로 열매를 거두기 시작하였다.

이 시기 규합된 인재들은 원종을 전파하는 일, 농촌주의를 실천하기 위한 주의촌을 건설하는 일, 교육활동, 항일무장활동에 이르기까지 소래와 함께 하였고 일제로부터 탄압도 함께 받았다. 건원학원, 덕수학원, 도전학원, 복구학원, 왕가학원은 지방법회, 종립학교 역할까지를 함께 함으로 원종의 교세는 확대되었고, 이주 한인사회에 확고한 자리를 잡게 된다.[21]

소래는 亡命하면서 경제적으로 자본을 준비하지 못했다. 추종세력이라고 할만한 조직도 없었다. 그러나 그는 안도현과 장백부 일대의 이주한인 사회에서 존경받는 인물로 부상하고 주의촌을 건설하였고, 한인자제 주의촌의 농우들을 교육시키기 위한 학교를 세울 수 있었다.[22] 그는 독시주의를 내세웠기 때문에 여타 독립운동세력이나, 중국관헌의 비호가 없었다. 영사관, 경찰, 중국당국, 마적 등의 방해와 위협속에서 안도현과 장백구 각처에는 원종촌이라는 배일촌락이 성립되고 독립운동 기지가 되었다. 이도백하의 내두산은 백두산 아래 첫 한인촌이었는데, 의병활동의 근거지였다가 배일 원종촌으로 자리잡았다. 일제는 장백부에 영사관 또는 분관을 설치하여 조선통치를 위해 화근이 양성되지 않도록 해야 한다고 복명하고 있다.[23]

대진단을 조직하여 그가 훈련시킨 인재들은 김호가 이끈 대한국민단, 김좌진의 북로군정서, 신민부 등에서 활동하였고, 혹자는 무정부주의 단체, 한인청년연맹에 가담하기도 하였다. 대진단은 원종의 이념화, 의식화시기에 조직된 정신단체요 사상훈련이 목적이었다. 일제 경찰, 마적, 중국관헌,

---

21) 김중건, 「토벌란을 지내고 재류금지를 받아」, 『소래의 철학과 사상 I』, 99쪽 ; (이원규) 「소래 김중건 선생 항일주쟁 약사」, 『소래집 상』, 51쪽 ; 김지용, 「김중건의 생애와 업적」, 『나라사랑 제24집』(외솔회, 1976), 129쪽.
22) 김중건, 소래는 민중주의와 소위 위인주의 교육을 농민자제를 중심으로 실현하고자 하였다. 「밀운집」, 『소래의 철학과 사상 I』, 255쪽.
23) 이강훈, 「만주독립활동과 김중건」, 『소래의 철학과 사상 I』, 92쪽.

토호, 지주의 횡포에 대항하기 위한 자위수단으로 조직된 단체이지만, 젊은층을 중심한 독립정신, 민족의식을 양성하는 정신훈련소였다. 그 명칭이 「대진」인 점에서 민족의식을 살필 수 있다. 장백부 덕수시대 5년간은 폐쇄적 신앙집단의 독시주의가 관철된 시대였다. 독립운동을 사상운동에서 출발하고자 하는 소래로서는 먼저 이념적으로 투철한 마루진들을 키워야 했다. 사실 그들은 소래의 이념에 공명하면서 그들 자신 모두 "소래"가 되었다. 독립군기지 창건을 시작하면서, 이상사회 무국의 시대를 쟁취하기 위한 준비기간이었다.

Ⅳ. 북간도에서 종교 · 교육 투쟁시기(1921~1927)

제1차 세계대전의 종전 전후로부터 3·1운동으로 지향하는 거족적 운동은 서·북간도에서도 추진되었다. 서북간도의 3·1운동은 70여만에 달하는 한인사회를 기반으로 무장운동으로 전개되었다. 1910년대 소래를 포함하여 수많은 민족운동가들이 이주 한인사회를 기반으로 교육운동, 종교운동, 사회운동 등을 일으켜 민족의식의 창달과 민족역량의 배양에 힘썼기 때문에 서북간도 각 지역에서는 5년여의 제1차 세계대전이 끝남과 동시에 운동의 준비가 시작되었다. 북간도 용정의 3·1운동은 노령의 지역과 연계하여 추진되었고, 서간도는 가장 한인들이 많이 거주한 집안현과 조직적인 민족운동이 활발한 유하현, 그리고 의병활동의 근거지였던 장백현에서 본격적인 운동을 일으켰다. 장백현 각사에는 독립선언서가 배포되었고 4월 10일경에는 천도교도, 기독교도 등이 주동이 되어 장백부를 출발, 국내 혜산진으로 시위를 벌일 계획을 세웠다. 그러나 4월 중순 이후 일제의 감시와 중국관헌의 탄압으로 운동의 본거지는 통화 무송현으로 옮겨졌다.[24]

북간도 지방의 3·1독립만세의 첫 봉화는 3월13일 용정촌에서 올려졌다.

------

24) 박영석, 『재만 한인 독립운동사 연구』(일조각, 1988), 6~12쪽.

이 운동의 태동은 1918년 12월부터 간도 전지역의 이주 한인 사회 지도자들이 비밀회합을 개최하였고, 1919년 1월 25일에는 국자가 소영자에서 20명의 각 지역위원들이 책임자가 되었고, 노령지역 국내에 특파원 파견을 결의하며 운동의 조직과 연락, 자금의 모금과 선언서 발표 이후의 운동방법까지 논의되었다. 2월 18일과 20일에는 국자가 하장리 연길도윤공서 외교과원 박동원가에서 비밀집회에 33명이 모여서 북간도 시위운동에 구체적 사항들을 결정하였다. 그중에 가장 중요한 대목이 북간도지역내에 있는 각 단체는 서로 단결 협력 일치하여 독립운동에 전력을 다한다 하는 것이었다. 연합의 방법으로 기독교, 천주교, 대종교, 공교도의 대표들이 서로 연락하여 동 교도와 지기들로 하여금 운동에 참가하도록 권유하기로 하였다. 그외에 청년대표, 학생대표들은 따로 모여 시위운동에 대한 대책을 수립하였다.[25]

그러나 당시 소래의 원종세력은 장백부 덕수 깊은 삼림속에 웅거하고 있었기 때문에 간도내 각 단체의 대표자들이 북간도 이주한인사회 중심지 용정에 모여 독립을 선언하는 귀중한 자리에 참여할 수 없었다. 당시 서간도지역에 있었던 소래는 3·1운동 소식이 전해지자 덕수에서 가장 가까운 현성의 큰 도시인 안도로 출발하였다. 그러나 도중에 마적을 만나 한달 여를 구금상태에서 지내다가 다시 덕수로 돌아왔다. 중무리에서 마적에게 포로가 된 사건은 원종이 당한 3대 환란 중 첫째가 된다.[26] 서북간도 전체는 완전해방구가 되었다. 독립운동의 기세는 활기차게 전파되어 연결현, 화룡현, 왕청현, 훈춘현, 동녕현까지 3월부터 4월말까지 40일간 1백여 회의 집회가 있었고, 수만 이주한인들이 시위운동에 참여하였고 시위운동의 성격도 평화적인 만세시위에서 무장운동으로 변화되어갔다. 소래는 그간 훈련

---

25) 강덕상, 「현대사 자료 27」(동경, 1965), 82쪽.

26) 중무리에서 마적의 포로가 되었다. 중무리는 1915년 여름에 이주한인들에 의하여 촌락으로 개척된 곳이다. 20여 호가 마을을 이루고 백두산 천지에 오르는 길목이다. 이극로, 「방랑 20년 수난 반생기」, 소재영 편, 『간도유랑 40년』(조선일보사, 1989), 249쪽.

시킨 청년들을 중심으로 청년단원 2백명 내외를 무장화하였다. 서간도지방에는 1920년 5월경부터 한족회(부민단), 서로군정서(군정부), 신흥학우단, 대한독립단, 대한광복군사령부, 대한독립군비단, 광복단, 의성단, 천마대, 태극단, 소년단, 향약단, 백산무사단, 농무회, 보합단, 한교공회 등 수많은 무장부대가 출현하였다. 북간도에도 대한국민회, 훈춘대한국민의회, 북로군정서, 대한독립군, 대한광복단, 의민단, 의군부, 대한신민단, 야단, 혈성단, 대한청년단, 충열대, 건국회 등 수많은 무장부대가 출현하였다.

각 단체는 하나의 독립군영으로 통합되지 못한 채 연합전선, 합동작전 등으로 항일전을 계속하였다. 삼림지대나, 도시, 농촌을 막론하고 간도 전지역은 전쟁터가 되었다. 그러던 중에 봉오동승첩, 청산리대첩이 일어났고, 일제는 경신대참변을 일으켜 죄없는 수많은 한국인을 무차별 살해하였다. 국민회군은 기독교도의 후원으로, 북로군정서, 중광단은 대종교의 후원으로 활동하였다. 대종교도와 한말의병, 공교도들은 서로 연합하여 정의단을 만들어 활동하였다.27)

이러한 중에 1920년 10월 경신대참변사건이 발생하여, 북간도 장인강에 와서 원종과 대진단의 활동을 돌보던 소래는 일본군에 체포되어 천보산에 끌려갔고, 총살 일보 전에 구사일생으로 탈출하여 죽음을 모면하였다. 이것은 원종의 두 번째 환란이다. 간도 전체를 무력으로 장악한 일본군과 경찰은 한인들에 대하여 무차별 학살을 자행하고 있었다. 이때 간도에 출동한 일본군은 약 1만8천 내지 2만 명에 달했다. 소래는 다시 안도현 삼림 속으로 돌아갔다. 그러나 일본군의 간도한인대학살 사건이 끝나자 이번에는 전쟁의 와중에서 질병이 유행하여 홍공포증으로 온 교도 전부가 죽음을 맞이하게 되었다.28)

일본군 2만여명은 간도 각처에서 이주한인촌을 소각하고 학살을 자행하였는데, 참변속에서 학교와 교당들의 피해가 컸다. 무장독립군들도 모두가

------

27) 채근식, 『무장독립운동 비사』(대한민국공보처, 1948), 96~98쪽.
28) 김중건, 「토벌란을 지내고 재류금지를 받아」, 『소래의 철학과 사상 I』, 97~99쪽.

북정에 참여하여 떠나갔다. 남북만주 특히 북간도의 각 독립군 부대는 근거지를 떠나 백두산록 혹은 중소 국경지대, 밀산으로 향하였다. 1921년 가을 소래 元宗의 근거지를 북간도로 이동하였다. 서간도 장백부 일대는 일군에 의하여 삼광작전으로 크게 피해를 입었고 살 수 없는 곳이 되었다. 북간도 화룡현 삼도구 일대 원화동에 자리잡았다. 북간도지역에서는 원화동은 도시에 가까운 곳이 아니고, 청산리 삼림지대에 가는 길에 위치한 산골이지만, 두만강 상류일대 농민들이 집결하는 교통의 중심지였다. 사람들이 모이는 곳에 원종총사를 설치하고 지방법회를 대폭 강화하면서 조직에 박차를 가하였다. 장백현의 왕가동교당, 덕수동교당, 안도현에 항도자교당, 북구교당, 도전동교당, 장인강교당, 자피구교당 외에 화룡현에 삼도구교당, 내수동교당, 청두구교당, 천평촌교당, 태평구교당, 원화동교당 등 15처에 교당조직을 정비하였다.

소래는 경신참변의 환난중에 法訓을 발포하여 원종과 조선의 관계를 설명하였다. 조선을 새 이즘위에 건설한다는 것이다. 조선과 원종은 둘다 버릴 수 없는 것이다.

원종은 조선의 농민, 조선민족의 해방을 위하여 중국관헌, 일본군, 친일파와 싸워야 한다는 것이다. 원화동의 원종총사는 일본 영사관에 의해 독립운동단체로 인정되었고, 소래는 체포되어 중국체류금지처분 3년을 명받게 되었다.[29] 3·1운동의 참담한 실패로 서북간도 한인들은 모두 실망속에 낙망하였다. 그런데 소래는 이 시간을 개벽의 순간으로 포착하고 元宗의 활동을 개시하였다. 함남 영흥으로 쫓겨와 있는 동안 북간도의 원종총사는 오히려 활동이 활발하게 진행되었다. 원종의 교단 조직이 가장 크게 발전한 시기는 3·1운동 이후의 시기다. 교단의 종교운동뿐만 아니라, 교육운동도 활발히 전개하여 이주 한인사회속에 큰 세력으로 자리잡게 되었다. 서북간도·함경도 지역에는 40개소의 원종의 지방조직이 이루어졌고, 학원이 설립되어 청소년교육, 농촌대중교육, 남녀반계몽대 등 활동이 있었다.[30]

---

29) 김지용, 「김중건의 생애와 업적」, 『소래의 철학과 사상 I』, 130쪽.
30) 조성윤, 「일제하의 신흥종교와 독립운동─만주지방 원종을 중심으로」, 『한국

1924년 소래는 법훈 3대안을 발표하였다. 그 첫째가 지금까지 원종총사가 위치한 삼도구 원화동은 산골이므로 용정과 국자가 중간인 평강벌 개척리로 옮긴다. 옮길 뿐만 아니라 총사대건축을 시행하며, 지금까지 실시해온 교육의 수준도 높여 건원중학과 교리강의를 담당할 만종학원을 설립하고자 한다는 것이었다. 그러나 소래가 3대 법훈을 발표한 1924년은 유명한 갑자년 가뭄으로 인한 대흉년 때문에 이 법훈을 실천하는 데 어려움이 컸다. 그러나 원종의 교도들은 분발하여 1925년 초 원화동에서 평강벌 개척리로 총사를 이전하고 총사건물을 완공하였다.[31]

1925년 소래가 다시 북간도로 돌아오면서 소래는 만종학원과 건원중학을 합하여 농대학원을 설립하였다. 이것은 조선민중의 교육수준을 높이자는 의도였다. 이 시기 북간도지역의 일반교육은 중국과 일본의 간섭으로 위축당하고 축소되는 상황이었다. 유명한 북간도 민족교육의 상징적 학교였던 明東중학이 문을 닫은 해에 소래는 농대학원을 서전대야 옆 평강벌 개척리에 설립하였던 것이다. 또 교도들을 중심으로 종교적, 사회적 결사로서 종우회와 여성종우회를 조직하였다.

원종의 교육은 근대교육, 민족주의교육에 고등교육 수준으로 민중집단을 끌어올리면서, 신앙공동체이면서 특별강좌, 순회연극 등 이웃과 함께하는 조직체로 발전하였다. 이처럼 원종이 이주한인사회안에 인기를 얻으면서 중요한 세력으로 등장하자 용정에 자리잡은 공산주의 조직인 동만청년총동맹의 습격을 당하기도 하였다. 모스크바 공산대학 출신으로 동만청년총동맹의 선전부장을 맡고 있는 이인구는 소래와 논쟁 끝에 그의 이론 앞에 설복당하고 물러난 사건까지 있었다.[32]

원종은 원종총사와 지방조직으로 종교운동을, 「새바람」잡지를 발간하고, 순회강연, 연극활동으로 사회계몽운동을, 고등교육을 실시함으로 교육의 질을 향상시킨 교육운동, 종우회, 여성종우회 등 종교적 성격을 띤 조직

의 종교와 사회변동』(한국사회사연구회, 1987), 84~96쪽.
31) 김중건, 「나의 환사와 총사 대건축」, 『소래의 철학과 사상 I』, 102쪽.
32) 김지용, 『소래의 철학과 사상 I』, 29쪽.

운동으로 농민들의 지지가 점차 높아졌고, 소래의 항일혁명사상은 용정의 한인사회에 큰 감동과 영향력을 주었다. 북간도 이주한인사회에 민족진영을 대변하는 상징적 인물로 등장하게 되었다. 동만청년총동맹의 청년들과 수차에 걸친 사상투쟁, 논쟁으로 그들로부터도 내심으로 존경을 받게 되었다.[33)

1927년 소래는 각 지역 교당의 宗友會 활동이 크게 성황하자 그들을 묶는 宗友總聯盟으로 개편하였다. 1927년 국내에서는 정우회가 해산되고 사회주의, 민족주의 양대진영이 통일전선을 이루는 신간회조직 소식이 전해졌다. 소래는 지금까지 민족해방을 위해서는 어떤 이름도 서로 연합해야 된다는 생각을 갖고 있었다. 그는 3·1절 기념석상에서 학수고대하던 전민족의 총단합이 이루어졌다. 이제 북간도지역의 원종운동도 마감하고 북만지역으로 근거지를 옮기자는 방향의 대전환을 제안하였다.

북간도는 1920년대 일본자본주의세력이 크게 자리잡고 독립운동 세력은 위축되었다. 단지 소래의 원종만이 활기있게 움직여왔다. 소래는 1927년 여름, 잡지 새바람사건으로 일제의 용정영사관에서 공판을 받고 경성 복심법원으로 압송되었다. 이때 소래는 북간도시기 독립운동의 특징인 사상투쟁으로 나는 종교인으로, 철인으로 혁명이론을 주장하였을 뿐, 혁명을 도모하지 않았다는 논리를 펴 무죄로 방면을 받았다. 원산 영흥을 거쳐 다시 북간도로 돌아온 소래는 독립운동의 마지막장을 준비하기 위하여 북만으로 향하였다.

V. 북만에서 조선혁명지도처를 이룩하다(1928~1933)

소래는 조선에서 일본 제국주의를 구축하려면 무력항쟁을 해야 하는데,

---

33) 김중건, 『소래의 철학과 사상 I』, 105~106쪽 ; 김지용, 『소래의 철학과 사상 I』, 30쪽.

만주에서 공격과 후퇴가 가능한 지역은 북만으로 판단하였다. 북만은 백두산에서 소련국경까지 삼림으로 뻗은 노야령대산맥을 끼고 있다. 노야령대산맥의 지리적 이점을 이용하여 主義村을 건설하고자 하였다. 1920년대 북만 영안현 영고탑은 민족운동의 근거지로 발달하고 있었다. 1920년대 북간도는 일제의 통치가 지배되는 곳으로 민족운동을 전개하기 어려웠다면 영안은 독립운동을 꿈꾸는 이들이 사상을 막론하고 모여드는 곳이었다.34) 현천묵, 김좌진, 조성환, 김동삼 등 민족지도자들이 이곳을 거점으로 활약하였다. 영고탑의 한인사회는 군정서, 학우단, 적기단 등 세력들이 서로 자웅을 겨루고 있었다. 영안 주위 50리 안팎에는 이주한인촌이 수없이 형성되어 있었다. 위로는 산시, 해림, 목단강 등이 있고, 아래로는 동경성, 경박호, 발해진 등이 있다. 또 좌측으로는 신안진, 영고탑, 밀강, 구가 등지가 있고, 우측으로는 황기둔, 철령하 등지가 있는데, 영안을 포함하여 이상의 지역에는 모두 이주한인촌이 1920년대 초반부터 형성되었고, 이곳에 대종교 세력들이 진출하여 독립운동 기지로 삼았다. 북만에서 영안은 민족운동의 중심지가 되었다.35)

북만으로 건너간 소래는 1928년 제일 먼저 지리적으로 중요한 영고탑에 조선민사를 세웠다. 이주 한인사회를 결속시키고자 하는 의도가 있었기 때문이다. 신민부는 영안을 중심으로 북으로는 흑룡강, 남으로는 백두산, 동으로는 장춘, 서로는 구참에까지 넓게 퍼진 북만지역의 이주 한인사회를 통합시키고자 하였다.36)

소래는 노야령 산록 八道河子에 원종의 중앙본부를 두고 남북으로는 여순·대련에서 흑하를 관통하고 동서로는 수분하에서 만주리를 연결하는 동청철도의 중요역에 비밀조직을 두고 두 동서 남북 철도가 만나는 하얼빈에 국제 정세를 직간접으로 파악하는 연락처를 설치한다는 것이었다.37) 그리고 이곳에서 얻어진 정보는 상해의 임정으로 보낸다는 계획을 세웠다.

---

34) 채근식, 『무장독립운동 비사』(대한민국공보처, 1948), 94, 156쪽.
35) 한국독립유공자협회 엮음, 「중국동북지역 민족운동사」(집문당, 1997), 371~380쪽.

중동선 일대에는 이주 한인들이 개척한 농경지가 발달하였고, 러시아는 중국과 철도의 운영권을 놓고 서로 싸우고 있었다. 1920년대는 중국의 동북정권이 이 철도를 관리하였으나 1930년대는 만주국과 일제가 관할하였다. 북만으로 이주하는 한인들은 수전농업과 관련하여 중동철도 연선을 따라 한인촌을 건설하였던 것이다. 그러나 만주사변이 일어나고 이 지역에 중국

------

36) 김중건, 「북만의 첫길」, 『소래의 철학과 사상 Ⅰ』, 109쪽.
37) 최태호, 「김소래의 반일사상과 반일 활동에 대하여」, 『개혁의 이론과 독립사상 2』, 113쪽.

구국군과 한인독립군의 연합부대가 일만군과 싸우다 퇴각한 1933년 이후
에는 중동철도 연선은 더 이상 한인들의 독립운동 거점이 될 수 없었다.
이제는 독립운동 세력들은 러시아령으로 넘어가든지 더 깊은 산간 오지의
森林으로 아니면 중국 關內로 이동해야 했다.

노야령 산맥을 독립운동가들은 할배고개라 불렀고 호위령은 호랑이 고
개라고 불렀다. 노야령은 북간도와 북만을 가르는 장백산맥의 줄기 가운데
있고 동쪽으로는 태평령이 북간도와 북만을 경계로 하고 태평령을 넘으면
나자구와 동녕에 이른다. 소래가 제안한 만주대십자가 정책이란 중동선을
이용한 독립운동방략이다. 북만의 중동선은 대종교, 북로군정서, 신민부,
한족총연합회, 한국독립당 등이 활동한 무대였다.[38]

소래의 조선혁명지도처와 연합하여 싸우고자 하였던 동녕현의 독립단
영수 강국모는 동녕현 지역을 중심으로 활동하였다. 동녕은 "동쪽의 영안"
이란 뜻으로 러시아 지역 연추를 거쳐 북만지역으로 들어올 때 첫 도착지
가 되는 곳이다. 북만지역 최초의 한인사회가 성립된 곳은 동녕 고안촌이
다. 동녕과 러시아 사이에 국경지역이 삼차구인데 이곳은 북간도에서 북만
에 들어오는 루트가 된다. 노령 연해주로 이주한 한인들이 연추를 거쳐 동
녕과 북만으로 들어왔다. 그러므로 소래가 자리잡은 팔도하자, 어복촌은
노야령을 등지고 동경성 하응자 두은구 이도하자의 농우동맹 주의촌과 함
께 동서남북 진퇴가 유리한 지역이었다. 1930년 9월 소래는 어복촌에서 震
友會를 창립하고 전 농우동맹의 총 궐기를 호소하였다. 그리고 1931년에는
조선혁명지도처를 중앙부에 두고 농우동맹의 백만결속운동을 일으켰다.
어복촌은 노야령을 따라 남으로 가면 북간도 왕청·돈화에 이르고, 동으로
는 동녕으로 노령으로 나갈 수 있으며, 북으로 영안을 거쳐 목단강 팔면통
밀산 흑하에 이를 수 있는 곳이었다.[39]

소래는 1928년 提告文을 통해 북만행을 결심하면서 조선혁명세력을 총

---

38) 채근식,『무장독립운동 비사』(대한민국공보처, 1948), 108쪽.
39) 김지용,『소래의 철학과 사상 I』, 132쪽 ; 조남표 외 4인,「소래선생의 참모
　　습」, 104~118쪽.

결집시키는 꿈을 북만에서 성취시키고자 하였다. 북만민족운동의 지도자 중 신민부를 이끌던 김좌진, 대종교의 윤세복 등을 만났다. 그러나 현실적으로 원종세력과의 통일전선을 구축할 수 없었다.

소래는 북만운동에서도 그가 지금까지 구축하여 오던 主義村을 건설하고 主義村을 중심으로 뭉칠 수 있는 방안을 생각했다. 1920년대 원종운동의 반성으로 세계혁명의 대공화, 무국의 시대는 조선혁명의 소공화없이는 이룰 수 없는 꿈이라 생각했다. 소공화 운동의 첫째 요인은 북만독립운동세력들이 한길로 나아가는 일치요 연합이었다. 그러나 1920년대 중반 이후 만주전역은 신민부, 정의부, 참의부로 나뉘어져 있었다. 국내 신간회운동과 함께 1928년 5월 3부통합의 유일당운동이 길림에서 진행되고 있었다. 그러나 그 조직 방법 때문에 진전이 없었다. 소래의 생각은 지금까지의 모든 독립운동 단체가 해산하고 개인본위로 다시 모였으면 하였다. 민족의 해방과 독립을 최고의 목표로 한다면, 또 지금까지 조선혁명을 위하여 희생당한 혁명선열을 생각한다면 단체본위 조직론, 단체중심 조직론, 개인본위 조직론 등의 의견은 서로 다툴 일이 아니라고 생각했다. 3부통합은 만주의 모든 독립운동자들의 한결같은 염원이었음에도 불구하고 내부 분열과 파쟁으로 좌절되었다.[40]

소래가 찾아온 북만은 신민부도 민정파와 군정파로 나뉘어 있었고, 거기다 북만청년총동맹, 동만청년총동맹 등 공산주의 세력도 있었다. 이념적으로는 민족주의, 무정부주의, 대종교, 공산주의 등이 서로 주도권을 다투고 있었다. 신민부는 3부통합에 앞서 자체 통합이 더 중요했다. 군정파는 무장투쟁 우선주의를, 민정파는 교육·실업 우선주의라는 독립운동 방법을 각기 내세웠다. 소래의 입장으로 두 방법에는 우선순위가 없었다. 북만지역이 지금은 일제의 세력권 밖에 있지만 곧 이 지역도 일본이 지배하게 될 것이라 생각할 때 싸울 시간이 없는 때였다. 그러나 당시 북만 한인사회는 이념적으로 좌우 분화의 골이 깊어 민족운동자들은 자기 진영의 조직 세력

---

40) 신숙, 「나의 일생」(일신사, 1963), 90~93쪽.

권 외에는 마음놓고 다닐 수가 없었다.[41]

북만은 중동선일대 영안을 중심으로 남으로 안도까지 신민부 관할이었다면, 공산주의 세력은 황기둔 동경성을 중심으로 조직을 확대하였다. 특히 농민과 청년층을 파고들었다. 또 목단강에서 일면파 지역은 친일단체 조선인민회가 활동하였다. 신민부의 중요거점은 영안인데, 1926년부터 영안에 조선공산당 만주총국이 설치되어 한인사회를 놓고 그 지도권을 누가 장악하느냐 문제로 신민부와 공산주의자들이 상호대립을 하였다. 소래가 북만으로 옮겨온 1929년에 북만인민대표대회가 열렸고, 신민부 군정파 혁신의회 세력들은 대종교 세력, 무정부주의 세력들과 제휴하여 한족총연합회를 결성했다. 그들은 경제공동체로서의 농촌 자치조직과 그 교육 및 훈련에 관심이 많았다. 한족총연합회는 북만에 이주한 조선농민의 곤궁, 유리, 기아, 동사 등 어려움을 개선하고자 여러 가지 사업을 도모하였다. 1929년 10월 김좌진이 산시에 정미소를 설치 운영한 것도 중동선 일대의 농민들을 위한 것이었다. 한족총연합회는 농민들을 위해 농촌의 자치조직, 공동판매, 공동구매, 상호금고의 설치 등 계획을 시도하였다. 생활개선, 직업훈련에 관한 순회강좌도 있었다.[42] 그러나 1930년 1월 김좌진이 공산주의자에 의하여 암살되면서 한족총연합회도 그 활동이 중지되었다. 공산주의자들의 책동 이외에도 한족총연합회 내부에는 대종교 민족주의자와 무정부주의자들의 대립이 있었던 것이다. 소래가 추구하였던 북만운동에 일치는 어려운 일이었다. 한족총연합회는 일제의 구축이라는 항일 무장투쟁을 위한 전략은 신민부 군정파들에 맡겼고, 농촌자치조직 건설운동, 학교 설립운동 등은 무정부주의자들이 맡아서 추진하였다. 그러나 그 모두는 실효를 거두기에 시간이 짧았다.

1920년대 말에서 30년대 초 북만의 정세는 급박해지고 있었다. 1929년 전후 대공황은 일제에 심대한 타격을 주었다. 공황으로 위기에 봉착한 일

---

41) 지복영, 「역사의 수레를 끌고 밀며 — 항일 무장 독립 운동과 백산 지청천 장군」(문학과 지성사, 1995), 196~198쪽.

42) 이강훈, 「항일 독립 운동사」(정음사, 1974), 106~108쪽.

제는 만주를 침략함으로 문제를 해결하고자 하였다. 북만은 1930년대에 접어들면서 전쟁발발의 위기가 한층 고조되었다. 이러한 위급한 상황 속에서 재만 한인의 자치기관 건설과 무력투쟁 역량의 강화가 요청되었다. 소래는 지금까지 축적한 역량을 바탕으로 민족운동 진영의 대동단결을 계획하게 되었다. 공산세력은 민족주의 진영에 각 파별로 분산하여 편입하여 왔다. 그 결과 민족주의 진영의 청년층들이 상당수가 좌경화되어 민족주의 진영은 약체화되었다. 무엇보다도 재만한인들은 열악한 사회·경제적 처지 때문에 민족문제보다는 계급문제를 앞세우는 공산주의자들의 논리에 현혹되었다.43)

북만에 있어서 민족진영 공산진영 간에 협동전선은 1929년 말에서 1930년 중반에 이르러 완전히 파기되었다. 양 진영은 철저히 대립 투쟁하는 사태에 이르렀다.

북만 일대에 공산주의 세력이 크게 증대되고, 국민부가 수립되자 북만의 한족총연합회 계열의 민족운동가들은 위기를 느끼고 민족주의 진영을 재정비하였다. 대일 무장항쟁과 반공투쟁을 적극적으로 수행하기 위하여 한국독립당을 결성하게 되었다. 한국독립당은 북만지역의 한족총연합회 세력과 오상, 서란, 길림 지역에서 활동하던 「생육사」 세력들이 연합함으로 재만 농민의 경제적 지위 향상과 항일무장투쟁을 목표로 1931년 2월 결성하였다.44)

그들은 半農半兵 둔전제를 실시하고자 하였고, 민본정치 노동본위 경제 민본문화 건설을 실시하되 한족자치연합회가 이러한 일을 담당하고, 일제의 구축, 치안유지, 일제주구배 숙청 등은 한국독립당의 군대가 맡기로 하였다. 일제의 만주침략은 중국본토의 침략으로 발전할 것이며, 항일전은 대규모 정규전으로 장기전화할 것으로 판단되었다. 한국독립당은 밀산, 호림, 동녕, 왕청, 영안, 목릉, 화룡, 훈춘, 길림, 서란, 오상, 아성, 돈화 등지를

---

43) 박환, 「만주 한인 민족운동사 연구」(일조각, 1991) 225쪽.
44) 한국 독립운동사 편찬위원회 편, 「독립운동사 4」, 579쪽.
　　한국독립유공자협의회 엮음, 「중국동북지역민족운동사 4」, 495쪽.

군구로 삼아 군자금을 징모하고 군인을 징발하였다. 그러나 북만지역의 경제적 어려움으로 국민적 기반이 약해 무장세력을 이끌어가는 데는 어려움이 많았다.

소래는 1928년 元宗의 근거지를 북간도에서 북만으로 옮기고, 노야령 북록 八道河子에 황무지를 개척하여 어복촌을 세웠다. 이 마을은 농사를 하면서 사상을 학습하는 主義村이었다. 소래의 「농촌주의 구체안」에 의하여 共作分有제도를 실시하였다.[45] 농사를 포함한 모든 노동은 動隊를 편성하여 공동으로 수행하고, 분배는 배급카드제를 실시하였다. 공동체 안에는 청년단, 소년단, 장년단, 부녀단이 있어, 함께 교육을 받고 군사훈련에 임했다. 원종은 교단을 재정비하고 동경성 하음자 두은구 이도하자 등지에 법회를 조직하였다. 1931년 9월 만주사변이 일어났을 때 소래는 한국독립군을 위해 군비와 물자를 공급할 수 있었다. 병력도 50여 명이나 파견할 수 있었다.

소래가 북만에 와서 건설한 새로운 운동체의 핵심에는 어복촌이라고 불리우는 주의촌이 있어 진우회, 농우동맹, 조선민사를 중심으로 북만 이주 농민들의 결속을 도모하였다. 또한 구체적으로 무력전을 준비하면서 만주를 대십자정책으로 나누어 요소요소를 경계하며 일제에 맞서 싸울 것을 호소하였다. 또한 중국의 국민당, 인도의 간디, 월남 등지의 수령들과 함께 모여, 동방 약소민족의 대연맹구축을 통한 민족해방계획을 구상하였다.[46]

한국독립군 부대에 파견된 군대는 길림구국군 왕덕림부대와 손을 잡고 동녕현전투에서 항일전을 벌였다. 또한 노령에서 건너온 독립단의 강국모 부대와 연합전선을 펴기도 하였다. 구국군이 일제에 밀려 중소 국경으로 퇴각하자 소래 부대는 노흑산으로 철수하였다.[47]

---

45) 「소래선생 항일 투쟁 약사」, 『소래의 철학과 사상 I』, 52~57쪽.

46) 이상은 「김중건의 혁명정신」, 『소래집상』, 20~37쪽 ; 김광식, 『월간 독립기념관』, 1991년 6월호 8~9쪽 ; 소래선생 기념사업회간, 『소래의 철학과 사상 I』, 49쪽.

47) 장세윤, 「한국 독립군의 항일무장투쟁 연구」, 『한국독립운동사 연구 3』(독립기념관, 1989), 330~334쪽.

　한국독립당과 한족총연합회가 하고자 하였던 민본정치, 자치제실시, 노동본위 경제, 민본문화건설 등은 모두 소래의 주의촌에서 실제로 행해졌다. 팔도하자 어복촌에서 실천된 노동공동체의 5년간의 역사 경험은 북만 이주한인들이 나아가야 할 경제적 향상과 자주 자립의 생활에서 가장 모범적인 사례였다고 생각된다.

　소래는 공산주의와 함께 할 수 없다는 생각을 가지고 있었기 때문에 결국 살해되었고 어복촌은 불탔으며 農友들은 강제 해산되었다. 비타협적 민족주의 노선으로 독립운동 전선에서 일생을 보냈던 소래를 민생단원으로 그 죄목을 결정한 것은 너무도 부당하다.

　만주에서 종교운동, 교육운동에 임하면서도 결코 일제에 타협하지 않았던 유일한 인물이 있다면 원종의 소래일 것이다.

VI. 맺음말

　소래는 1910년대 북간도에 亡命하여 백두산의 밀림속에 들어가 덕수와 왕가동 등지에 獨立運動 기지를 구축하였다. 일제의 기록에 의하면 건원학교와 왕가동의 학교는 모두 혁명자를 훈련시키는 곳이라 하였다. 독립전쟁을 위해 그는 인적, 물적 토대를 준비하였고, 무엇보다도 원종과 農主義, 새이즘, 새바람 등 이념으로 독립정신의 기초를 준비하였다.

　1919년 3·1운동이 일어나자 그는 대진단을 조직하여 적극적으로 서북간도에서 무장운동을 일으켰으며, 3·1운동 이후에는 북간도 이주한인들이 모두 희망을 잃고 절망하고 있을 때 원종총사를 세워 종교운동과 교육운동에 매진하였다. 민중을 의식화하고 조직화하는 데 쉬지 않았다. 그의 민족적·근대적 민중교육은 인재양성을 목표로 삼으면서도 고등교육을 실천하였다. 사회계몽 방법도 독특하여 강연뿐만 아니라 토론, 연극, 집단훈련 등 정신개조를 위주로 하였다. 일제가 지배하고 있었던 1920년대 북간도에서 소래는 전혀 위축되지 않았고, 이주한인들에게 늘 힘과 용기를 주었다. 그는 1920년대 말 지금까지 수행해온 교육운동, 사회결사운동, 계몽운동, 종교운동을 총결집하여 나아가 직접적인 독립운동에 투신하기 위하여 북만으로 거주지를 옮겼다.

북만에서 5년간 소래는 원종의 이념을 실천하는 이상촌을 건설하였다. 소래는 역사는 人間이 그 환경을 어떻게 극복하는가에 의하여 발전한다고 믿었다. 국제적 변화의 닥쳐오는 시운에 맞서 그 환경을 극복하고자 온갖 노력을 기울였다. 그는 항상 지리적 이점과 그 시대 상황을 파악하였고, 자신이 지닌 사상을 무기로 대응하였다. 1930년대 북만은 항일무장운동의 시기의 도래였다. 먼저 소래는 북만 독립운동단체의 지도층의 결속과 백만농민의 단결을 위해 조선민사와 진우회 농우동맹을 조직하였다. 만주 전역을 대십자정책으로 묶고 중국과 인도, 베트남 등 아시아의 연대까지를 구상하였다. 소래는 대공화무국주의 사상가였지만 그가 진정 사랑한 것은 원종과 조국이었다. 소래의 전 독립운동은 조선을 원종 위에 건설하는 것이었으며 원종의 이념을 조선농민에게 주는 것이었다. 그는 조선의 농민, 조선민족의 해방을 위하여 일제, 중국관헌, 친일파, 공산주의자들과 싸웠다.

종교, 사상, 주의, 철학, 이념, 진리를 무기로 삼아 민족의 독립운동을 추구한 유일한 인물이며, 원종과 조선 둘 중에 하나를 선택하거나, 우열·선후를 둔 것이 아니라 두 가지를 함께 가지고 독립운동에 매진하였다. 결국 그는 조선을 새 이즘(원종)위에 건설하는 과정에서 항일민족운동을 실천하였다고 생각된다.

▌ So-Re Kim Chung Kun(笑來 金中建) and Anti-Japanese Nationalist Movement in Manchuria(1914~1933)

Suh, Kwaeng Il

So-Re Kim ChungKun was born at Younghung(永興) in Hamgyung province. He learnt confucianism in his childhood. And he became a disciple of Chondogyo(天道教, Religion of heavenly way, Tong-hak) under the influence of his father. He read an article criticizing the pro-Japanese Ilchinhoe(一進會) published 『Korean daily news(Taehan Maeil Shinbo)』 and made up his mind to become a patriot who was armed with enlightenment thought.(Kaehwa-Sasang, 開化思想)

To this end he founded 『Yonmung Hakgyo(鍊明學校)』 and began to launch educational movement.

He opposed the feudal system and resisted Japanese invasion into Korea, moving up to Seoul. He learnt the doctrine of Chondogyo with the help of Son Byong Hui who was the third patriarch of Chondogyo.

On the verge of Japanese annexing of Korea, he critically criticized Chondogyo leaders who did not take up independence movement. Becoming of teacher of Chondogyo youth organization, he gave lessons about reform of Chondogyo.

Not realizing his dreams, he was banned from the staff. He was compelled to organize so called, 2 · 1 Sworn brothers which was an under ground group. So-Re created a philosophy of 『Wonchong(元宗)』, containing philosophy of 『Kukwon(極元)』 and 『Taekonghwamukuk(大共和無國)』.

The philosophy of Wonchong had a variety of MinJung religion(民衆, The Mass of people). The Wonchong movement began in 1913. The Wonchong spirit as a historical legacy was propagated through the mind in a large number of peasants and the intellectuals. The Korean peasants as a Minjung were those who were oppressed politically, exploited economically, alienated sociologically and deprived educationally by the feudal system and Japanese aggression.

In 1914, he sought a political asylum in north Kando averting Japanese colony.

There he met many leaders of korean nationalist activity at Yongjong(龍井), Hunchun(훈춘) in North Kando, not being satisfied with their attitudes, he was very much disappointed.

At the time, independence movement in the Manchuria and Russian regions were a low ebb by the reason of the first world war.

He moved to the western side of Mt. Paekdu, located in the west Kando. He set up a kind of religious community of Wonchong at a deep forest town. in Ando(安道縣) and Changpaek(長白縣) province. From 1916 to 1920, he kept a collective life. In the daytime, they cultivated foods, then studied philosophies and theories of Wonchong at night. They advanced enlightenment of the farmers.

So-Re taught peasants religion, social thinking and the independence movement. In result, those who lived together with him for six years maintaining a collective community became followers of the independence movement of Wonchong.

He organized armed groups named 『Dae-chin-tan(大震團, Great Korean Independence Army)』 in 1916.

Chin means an old korean dynasty named 『Palhae(渤海)』, which was based on northern Manchuria. The groups trained young people to be the independence army, taught theories of independence movement and Wonchong ideologies. When 『the March First Movement』 took place in 1919, Daechintan fought against Japanese aggressors in the northern Machuria.

Following the March First Movement, So-Re expended churches of Wonchong into city areas of northern Kando and spread his thoughts.

He campaigned for people's education, enlightenment with the ideology of Wonchong.

He founded 40 schools and churches. He was arrested by Japanese consular police in Yongchong(龍井) and banned out of the Manchuria for three years from 1922 to

1924.

Coming back to Kando in 1925, he constructed the headquarter building of 『Wonchong Church(元宗總司)』 near the PyungKang(平岡) plains.

At the same time, he organized a religious association named 『Jongwoohoe(宗友會)』 for men and women each. He also published the magazine named 『Saebaram(means the new wind)』.

In 1927, he was rearrested and put into Gyongsung prison after a brief stay at Yongjong and Hoeryong prison. With his constant effort, he succedeed to prove himself not guilty, six months later. Then he came back to Kando. In 1928, he moved his headquarter to Youngan(寧安) in northern Manchuria.

He made great effort to strengthen the potential of the independence movement.

The guiding principles of the Wonchong were set forth in the following pledge :

1. To promote political and economic power
2. To strengthen national solidarity

In other words, he contributed toward integrating followers of natioanlism, communism and anarchism.

And he set up the leadership association of Chosun revolutionary movement.

He set up his base in 『Paldohaja(八道河子)』, the Royaryung(老耶嶺) mountains range. Another name of Paldohaja was 『Abokchon(魚服村)』. Abokchon was suitable place for them to attack and retreat Japanese army. Abokchon was center of eastern and western Manchuria, also Southern and nothern Manchuria. It was an ideal place for realizing patriotic enlightenment and rural revival movement.

He put up "the grand cross policies aimed at coordinating all kinds of independence movement organization throughout the Manchuria area."

He set up liaison offices at the important station in 『Russo-China railroad(東淸鐵道)』 Harbin was designated in actual fact acted as a center of liaison offices collecting important informations as regards Japan. He sent out a lot of informations to Shanghai(上海). When the Manchurian incident took place in 1931, soldiers of So-Re fought against the Japanese intruders with 『Joonghan Yonhapkun(中韓聯合軍:Sino-Korea allied army)』 and 『Hankuk Tongnipkun(韓國獨立軍:the Korean Independent Army)』.

He put up a plan to link the Grand-Cross policies into the Eastern Asia, which enabled leaders like China, Vietnam and India to cooperate.

So-Re set up various organization : 『ABC parties』, 『Chinuhoe(震友會)』. 『Farmers Friendship Alliance(農友同盟)』, 『Youth Organization(靑年團)』, 『the Boy Scouts(少年團)』, 『the Girl Scouts(少女團)』, 『the Mothers Association』.

He intended to train a million of farmers to make the independent armies.

He really was a philosopher, religious man, theorist. And he was also a leader of independence movement. He intended to rebuild Korea full of thinking of Wonchong. He was anxious to teach korean farmers Wonchong's ideologies.

He tried to defeat Japanese imperialism with Wonchong ideologies. He was a patriot armed with thinkings.

청산리전역 직전 반일무장단체의 근거지 이동에 대하여

손춘일[*]

Ⅰ. 머리말
Ⅱ. 일제의 반일무장단체에 대한 대중국압력
Ⅲ. 중국지방관헌의 조선족반일무장단체에 대한 비호
Ⅳ. 반일무장단체의 안전한 근거지 이동
Ⅴ. 맺음말

* 연변대학교 민족연구소 소장.

Ⅰ. 머리말

1920년 10월 21일부터 26일 새벽까지의 6일간에 걸친 청산리전역은 중국조선족의 아들딸들과 조선에서 망명하여 건너 온 반일지사들로 이루어진 반일무장단체가 연변에 침입한 일제와 싸워 취득한 하나의 대첩이다. 청산리대첩은 9·18사변 전 중국조선족의 반일무장투쟁사에서 가장 큰 전투이며, 또한 한일합방이후 일제에 대한 중대한 타격이기 때문에 한국 독립운동사에서도 절대적인 비중을 차지한다. 바로 이런 원인으로 청산리전역은 중국뿐만 아니라 조선, 일본 등 여러 나라에서도 널리 알려져 역사에 길이 남게 되였다.

지금까지 청산리전역에 대한 연구는 중국, 한국, 일본 등 나라에서 매우 활발하게 진행되고 있으며 많은 논문들이 쏟아져 나왔다. 그러나 대부분의 연구는 반일무장단체가 취득한 일방적인 전투성과에만 많이 치우치고 또 그 성격을 파악함에 있어서도 조선독립전쟁의 일환으로만 간주하는 경향이 보편적인 것이다.[1] 물론 이런 역사 사실에 대해 우리들은 부정할 수 없다. 만일 한국사의 입장에서만 청산리전역을 평가한다면 이것은 너무나 당연한 것이다.

그러나 청산리전역을 좀 더 객관적으로 볼 때, 중국조선족, 특히 연변조선족들의 대폭적인 지원을 받았을 뿐만 아니라 당시 중국지방관헌들의 동정과 비호를 받았다는 점을 감안하면, 청산리전역을 단순히 조선독립전쟁

---

[1] 이런 견해로는 신용하가 제기한 "청산리독립전쟁은 일제 강점기 한국의 무장독립 운동사에서 가장 큰 전투였고, 한국 민족이 쟁취한 가장 큰 승리의 독립전쟁이였다"(『韓國民族獨立運動史研究』, 乙酉文化社, 1985년, 389쪽)와 김정미가 제기한 "반일독립전쟁사상 하나의 정점으로 된 1920년 10월의 청산리전투"(『朝鮮民族運動史研究』, 靑丘文庫, 1986년 3기, 110쪽)등이 대표적인 견해이다.

의 일환으로만 의미를 부여한다는 것은 전면적으로 되지 못한다. 하나의 역사사실을 파악함에 있어서 그 역사사실 자체보다도 전후 인과속에서 역사의 흐름을 파악하는 것이 보다 더 객관적이고 전면적이라고 생각한다. 청산리전역에 대한 연구도 마찬가지이다. 청산리대첩에 대해 전면적인 의미를 부여하려면 주관적 원인과 객관적 원인을 동시에 밝히는 것이 역사의 진실이다.

본 논문은 바로 이런 점에 착안하여 청산리전역 직전 반일무장단체의 근거지 이동에서 나타난 전후 과정을 검토해 보면서 1910~1920대 반일무장투쟁의 성격을 재규명해 보려 한다.

Ⅱ. 일제의 반일무장단체에 대한 對中國壓力

조선 3·1운동 이후, 간도와 동변도 일대에는 조선에서 망명한 반일지사들이 중국조선족 청장년들을 주체로 반일무장단체를 조직하고 반일근거지를 설치하면서 이를 바탕으로 조선국내에 대한 진공을 매우 빈번하게 전개하였다.

3·1운동 이후 일제의 피비린 탄압으로 운신폭이 좁아 진 조선반일지사들은 중국동북에서 반일력량을 양성하기 위해 이 곳으로 많이 망명하였다. 당시 간도를 비롯한 동북지역 조선인사회는 반일정서가 매우 거세였다. 특히 1910년 한일합방 이후, 동북으로 이주하는 조선인들은 청말에 이주한 조선인들과 다르다. 청말에 이주한 조선인들은 대부분 6진의 재해민들로서 단순히 생계를 위해 이주한 목적이 크다. 그러나 20세기 1910~1920년대 동북으로 이주해 온 조선인들은 대부분 1910년부터 1918년까지 일제의 이른바『토지조사사업』에 의해 파산된 농민들이며 생계를 위한 목적외에도 조선에서 일제 식민지통치를 직접 목격한 그들은 일제에 대한 원한이 너무 깊었다.2)

20년대에 이르러 조선인들이 동북에 대량적으로 이주한 다른 하나의 계기는 조선에서 일어난 3·1운동이다. 3·1운동은 일제의 무자비한 탄압을 받았으며 여기서 많은 조선인들은 일제 식민지통치의 본질을 더욱 잘 파악하였다.

동북조선족사회의 이러한 반일감정을 잘 이해한 구한말 국권회복운동단체인 신민회는 많은 회원들을 동북각지에 파견하여 조선족사회를 바탕으로 조선인반일무장단체를 창건하고 무장투쟁기지를 건설하였다. 1911년에 봉천성 류하현 삼원보에 신흥무관학교를 설립하고, 뒤이어 1913년에 왕청현 라자구 대전자에 東林(일명 大甸)무관학교와 밀산현 蜂密山子에 밀산무관학교를 설립하였다.[3]

1919년 조선에서 3·1운동이 일어나고 그 영향하에 연변룡정에서도 3·13운동이 일어나면서 동북에서의 조선족반일운동은 새로운 양상을 띠게 되였다. 동북조선족들의 적극적인 물적, 인적 지원하에 조선족반일단체들이 우후죽순마냥 생겨났다. 1920년 말까지 연변에는 대한독립군, 군무도독부, 북로군정서, 국민회군, 의군부, 대한정의군정사, 야단 등 많은 무장단체들이 조직되였고 남만에는 서로군정서, 대한독립단, 대한청년단련합회, 광

---

2) 일제는 조선을 통합한 후 1910년부터 1918년까지 진행된 토지정리사업으로 대량적인 파산농민들을 산생시켰다. 소위 토지조사사업은 조선의 전경지를 대상으로 소유지와 지가를 확정하고, 지적도 및 지형도를 작성한 작업이다. 그 중에서도 토지제도와 관련하여 가장 중요한것은 소유권조사사업이였다. 일제는 이 사업의 목적은 근대적 소유권으로 인정되는 토지제도의 확립이라고 하지만 그 본질적인것은 전 조선에 대한 토지점탈이였다. 일제가 이런 방식으로 략탈한 토지를 보면 조선 전체 농경지의 약 5.8%, 조선임야의 약 59.1%, 당시 국토총면적의 약 50.4%를 일제 조선총독부소유지, 즉 국유지로 전락시켰다. 이와 반면에 조선농민은 경작권을 탈취당해 생활에 큰 위협을 받았으며, 생활기반이 약한 일부 농민들은 해외로 이주해야 할 처지에 놓이게 되였다. 바로 이렇게 파산된 조선농민들이 19세기후반기 이주를 이어 또 다시 대량적으로 중국동북으로 이주하였다. (미야지마(宮嶋博史), 『조선토지조사사업사의 연구』, 동경대학동양문화연구소, 5페지. 신용하, 『'식민지근대화론' 재정립 시도에 대한 비판』, 창장과 비평사, 『창작과 비평』, 1997년 가을호, 30쪽을 참조).
3) 신용하, 『신민회의 독립군기지 창건운동』, 『한국문화』, 제4집, 1983년을 참조.

복군총영, 천마대, 보합단 등 단체들이 조직되었다.[4]

이런 무장단체들은 저마다 對日戰에서 같지 않은 전과가 있었지만 특히 홍범도가 인솔한 대한독립군의 조선국내진공작전은 늘 일제의 간담을 서늘하게 하였다. 예컨대 1919년 8월, 홍범도는 반일부대 2백여 명으로 한 개 부대를 조직하여 두만강을 건너 갑산, 혜산 등지의 일본병영을 습격하여 상당한 성과를 거두었다.[5] 1919년 10월에는 평안북도 강계의 만포진에 진입하여 이를 점령하고 慈城郡으로 진출하여 일본군과 교전해서 일본군 70여명을 살상시키고 일본군을 패주시켰다.[6] 1920년에는 80여 명이 두만강을 건너 종성에 있는 일본헌병대를 습격하여 권총 5자루를 획득하고 온성에 있는 일본헌병대를 습격하여 2명을 사살하고 수명을 부상시켰으며 권총 7자루를 획득하였다. 조선총독부경무국의 발표에 의하면 홍범도군이 온성과 무산 등지에서 전후 8회를 기습하였다.[7] 대한독립군의 이런 전과는 기타 반일무장대오의 사기를 크게 고무하여 기회만 있으면 끊임없이 조선국내에 들어가 유격전을 감행하였다.

간도반일무장대오의 국내 습격은 국경지역인 온성, 자성, 의주, 宣川, 종성 등군을 거쳐 넓은 지역에서 감행되었지만 그 가운데서도 온성군에 대한 습격이 매우 잦았다. 일본군측의 통계에 의하면 1920년 1월부터 3월까지의 3개월 사이만 하더라도 반일무장대오의 국내 진공이 24회에 달했는데 그 가운데서 온성군에 대한 습격이 16회를 차지하였다.[8]

---

4) 채근식, 『무장독립운동밀사』, 대한민국공보처 발행, 2~3쪽을 참조.
5) 채근식, 『무장독립운동비사』, 대한민국공보처 발행, 71쪽.
6) 『조선민족운동년감』, 1919년 10월 24條, 『조선독립운동』(김정명 편) 제2권, 208쪽을 참조.
7) 채근식, 『무장독립운동비사』, 대한민국공보처 발행, 72쪽.
8) 『對岸不逞鮮の江岸侵入情況一覽表』(1920년 1월부터 3월까지), 1920년 3월 29일자, 『현대사자료』 27, 647~648쪽. 조선총독부경무국도 신문상으로 1920년 3월에 있은 반인무장단의 온성에 대한 8회의 습격을 상세히 보도하였다. 즉 3월 15일 오후9시에 약 200여명의 반일부대가 풍리동경찰주재소를 습격하였는데 약 한 시간에 걸친 전투에서 경관 1명을 사살하였으며, 3월 17일 오전 1시경에는 약 30여명의 반일부대가 柔浦面 月坡洞을 진공하여 군

상술한 것처럼 1920년에 들어서면서 간도지역에는 반일무장단체들이 우후죽순마냥 조직되었고 그들은 간도를 반일운동기지로 삼고 수시로 조선 국내에 진입하여 일제의 식민지 통치에 상당한 위협을 주었다.

그러자 일제는 더는 좌시할 수 없다고 생각하고 간도에 토벌군을 파견하여 일거에 조선족반일무장대오를 섬멸하려 하였다. 일본군이 처음으로 두만강을 불법 월강하여 조선족반일무장대오를 추격한 것은 三屯子전투이다. 즉 1920년 6월 4일 오전 5시에 반일부대 1개 소대가 화룡현 월신강 삼둔자를 출발하여 두만강을 건너 종성군 江陽洞으로 진공하여 일본군 헌병순사소대를 격파하고 귀환하자, 일본군 남양수비대장 新美中尉가 인솔하는 일본군 1개중대가 두만강을 건너 월강하여 무고한 조선족민간인들을 학살하고 삼둔자의 북방고지를 점령하였다.9) 그러나 고립무원에 불안감을 느낀 일본군은 다시 安川少佐가 인솔하는 월강추격대를 편성하여 다시 간도에 파견하였다. 안천추격대는 간도에 들어오자 安山북방고지에서 반일부대의 공격을 받았음에도 불구하고 화룡현 봉오동까지 추격해 왔다.

그러나 봉오동에서 안천추격대대는 6월 7일 반일부대와의 전투에서 참패를 하고 봉오동에 있는 민간인 16명을 학살하고 귀환하였다.10)

봉오동에서 반일부대의 승전은 의미가 크다. 즉 반일부대들이 두만강을 건너 식민지시설을 교란시킬 수 있을 뿐만 아니라 반일부대를 토벌하려 이

자금 6백원을 징수하였으며, 3월 18일 오전 1시경에는 약 200여명의 반일부대가 美浦面 長德洞을 습격하여 군자금을 모집하였으며, 3월 18일 오전6시경에는 온성군 城壁을 점령하고 일본군과 약 50분가량 교전을 하였는데 기병 1명을 중상입었으며, 3월 18일 오전 9시 30분경에는 정찰도중 일본군과 교전하는 가운데 반일부대 의용대장 최명록이 중상을 입었으며, 3월 18일 오후 5시경에는 반일부대가 온성을 향해 습격하려 하자 경관 30명, 헌병 13명, 군대 26명이 출동하여 교전을 벌렸으며, 3월 26일 오전 9시경에는 약 50명의 반일부대가 유포면 남양동을 진공하고 架橋工事에도 상당한 지장을 주었으며, 3월 27일 오후 8시 30분경에는 5발 총소리가 나 일본군의 단잠을 깨웠다. (『獨立新聞, その他の報道』, 4월1일 온성군의 격전, 『현대사자료』27, 612~613쪽).

 9) 『전보』, 제168호, 1920년 6월 11일, 『현대사자료』27, 607쪽.
10) 『전보』, 1920년 7월 6일, 『현대사자료』27, 『조선』, 609쪽.

미 만단한 준비한 일본군도 섬멸할 수 있다는 것은 이미 반일부대들이 어느 정도로 역량이 강화되었다는 것을 의미하기 때문이다.

봉오동전투 후 일본군은 큰 충격을 받고 계속 확대되여 가는 반일부대의 군세를 두려워하게 되었다. 일본군은 봉오동전투에서 패전한 직후, 그 전보 보고문에서 봉오동에 있는 반일부대가 정식으로 군복을 착용하고 전적으로 통일된 군대조직을 갖추고 있으며, 중국측이 이를 묵인하고 있으므로 중국측에 경고를 줄 필요가 있다고 하였다.[11] 일본군은 간도지방에서 조선족반일부대가 발전 장대해 가는 것은 중국지방당국이 이를 묵인하거나 내밀히 원조하기 때문이라고 생각하였던 것이다.[12]

이런 원인으로 봉오동전투 후, 일본군은 외교적 통로와 군사적 통로를 통하여 중국측에게 항의를 제기하면서 조선족반일무장 역량을 토벌하도록 거센 압력을 가하였다. 사실 일본군은 간도지방에서 반일무장대오를 대처하기 위해 봉오동전투 이전에 이미 중국측과 여러 차례의 교섭이 있었고 또 두 차례의 『봉천회의』도 열었다. 예컨데 1920년 4월에 간도 반일근거지를 소탕하기 위해 이런 지역에 군대를 배치하는 것과 근거지에 대한 토벌을 시작할 경우 일본경찰관을 참가하는 것을 허락하도록 도윤에게 요구를 제기하였다.[13] 그리고 중국측을 독력하고 자극을 주기 위해 간도에 있는

---

11) 원문은 다음과 같다. "今回 다음의 사실을 확인하였다. 對岸不逞鮮人團은 정식의 군복을 사용하고 그 임명 등에 辭令을 쓰며 禮式을 제정하고 있는 등 전적으로 통일된 군대조직을 이루고 있다. 그러나 支那側은 이를 묵인하고 있는 상황이므로 이제 경고를 줄 필요가 있다"(『전보』, 1920년 6월 15일, 『현대사자료』27, 『조선』, 585쪽).

12) 이에 대해 일본간도파견원은 다음과 같이 지적하였다. "支那官憲의 不逞鮮人 취체에 성의 없고 불철저함은 今回 우리 추격대가 실시한 그들 不逞鮮人團 등과의 루차례의 교전 사실에 의하여 불령선인단이 횡행하고 있음을 확증한다. 오히려 불령선인은 간도일원에 걸쳐 횡행하고 있음에도 불구하고 종래 지나관헌은 3월하순 三道溝, 茂山 및 간도에서 무장한 불령선인 13명을 체포한 것 외에는 이것이 있음을 알지 못한다. 뿐만 아니라 체포된 자도 道尹은 上司의 의도에 의거하여 정치범으로서 단지 무기를 몰수할뿐으로 放還한 사실이 있다. 이로서 지나관헌이 不逞鮮人取締가 不徹底한가를 증명하기에 足하다"(『전보』, 1920년 6월 14일, 김정명, 『조선독립운동』 제3권, 176쪽).

일본경찰력을 임시로 보충하여 충실하게 하였다. 다음 4월 28일, 봉천일본 총령사 赤塚은 장작림에게 편지를 보내 간도에 있는 조선인들은 이른바 군정서 등을 설치하면서 그 세력을 확장하고 있으니 일본은 매우 우려하고 있으며, 길림독군과 길림성장이 상의하여 중국군대를 증파하는 등 유력한 수단으로 조선인반일무장단체을 취체하거나 깨끗이 토벌하여 그 곳의 안녕을 회복할 것을 바란다고 요구하였다.[14]

그러나 반일무장단체들의 국내진공이 계속 멎지 않았다. 그러자 화가 잔뜩난 일본은 중국측에 최후 통첩까지 내리면서 압력을 가하였다. 즉 1920년 6월 7일, 간도일본총령사는 연길도윤 張世銓에게 공문을 보내 "不逞鮮人"들이 월강만 하는 것이 아니라 간도에 근거지를 두고 조선의 치안을 교란하기 때문에 앞으로 중국측에서 이들에 대한 취체를 소홀히 하면 재미없는 일이 생길 것이며 그리고 중국측이 전부 그 책임을 져야 한다고 으름장을 놓았다.[15]

봉오동전투 이후 일본군은 반일무장대오에 대한 토벌을 신속히 추진하기 위해 1920년 6월 25일 길림일본총령사 森田이 직접 나서 길림성 서성장을 만나 압력을 가하였다. 길림성장을 만난 森田령사는 두 가지 요구를 제기하였다. 하나는 당시 마침 연길도윤을 교환하는 시기여서 그 지방사정을 잘 아는 인물을 선택하고 반일대오에 대한 취체에 더딘 지방관리들을 교체할 것, 다른 하나는 연길순경들의 필요한 총기는 일본이 공급한다는 것이다. 그리고 濟藤대좌가 불령선인에 대한 조사와 수사에 참가하기 위해 간도에 출동하며 중국측은 그를 고문으로 승인하라고 하였다.[16] 일본외무성과 육군부도 중국측에 제등고문에게 충분한 권한을 주면 속히 무기를 공급한다고 교환조건을 내 놓았다.[17]

---

13) 『不逞鮮人取締方支那側に交渉の件』, 大正9年 4月 16日, 『外務省警察史』(間島の部), 『간도지역한국민족투쟁사』(2), 고려서림, 498쪽.

14) 『間島に於ける不逞鮮人の妄動取締關』, 大正9年5月10日, 『外務省警察史』(間島の部), 『간도지역한국민족투쟁사』(2), 고려서림, 556쪽.

15) 위의 책, 699~700쪽.

16) 포독군의 제등의 군사고문문제로 봉천에 가 장작림의 동의를 얻었다.

1920년 7월, 봉천일본총령사 赤塚은 장춘에서 새로 연길도윤으로 임명된 陶彬을 만나 축하한다는 미명하에 또 새로운 압력을 가하였다. 赤塚은 불령선인은 우리들의 공동한 적이며 그들은 이른바 독립이란 미명하에 재물을 강탈하고 있으니 반드시 취체하여야 한다고 설복하는 동시에 현재 중국측의 군경으로는 힘이 부족함으로 필요하다면 일본 경찰관으로서 중국측 경비를 지원하여 공동작전하자고 요구하였다.

그리고 1920년 7월 16일에는 제3차『봉천회의』를 소집하였다. 이 회의는 한 차례의 고급군사간부회의로서 일제의 군사참모장, 관동군참모장대리 등이 참가하였다. 여기서 두만강과 압록강연안의 반일무장력량을 일본군과 중국군이 협동수사하고, 일정한 기한을 정하여 중국군과의 협동이란 명의로 일본군을 출동시켜 반일무장대오를 소탕하자고 하였다.[18] 일본군은 또 이 회의의 결과를 문서로 만들어 1920년 7월 24일 中國東三省巡閱使 장작림을 보내 그 실행을 요청하면서 중국측에 압력을 가하였다. 상황이 이렇게 돌아가게 되자 장작림은 중국군대가 토벌하겠으니 일본측은 다만 濟藤대좌를 군사고문으로 참가하도록 하며, 만일 원조가 필요할 경우 다시 일본군의 지원을 요청하겠다고 응답하였다.

일본의 대중국압력은 중국지방당국뿐만 아니라 중앙정부에도 이루어졌다. 1920년 8월 5일 일본공사 小幡는 중국외교총장에게 보낸 조회에서도 간도지역 반일무장대오의 활동 상황을 열거하면서 이런 형세하에서도 중국지방관헌 내지 군대는 그 경찰력이나 병력이 종래 매우 미약하지만 길림성정부로부터 아무런 훈령이 없다는 이유로 조치를 취하지 않아 불령선인들이 더욱 날뛰고 있으며, 그 결과 간도일대의 형세는 날로 악화되어 거의

---

17)『內田外務大臣發在吉林森田總領事宛電報要旨』, 大正9年7月20日, 『外務省警察史』(間島の部), 『간도지역한국민족투쟁사』(2), 고려서림, 842쪽.

18) 일본군이 중·일협동수사를 주장하는 것은 물론 중국군에 대한 불신임도 있겠지만 당시 간도에 주재하고 있는 중국군의 일방적인 무력으로 조선족반일무장력량을 진압하기에는 힘이 벅차다는 것을 일제는 잘 알고 있기 때문이다.(姜德相,『海外における朝鮮獨立運動の發展』,『조선민족운동사연구』(2), 청구문고, 1985년 2기, 44쪽).

수습할 수 없는 상태에 이르렀다고 지적하였다. 그리고 이런 사태를 해결하기 위해 급선무로 봉천성을 모방해 순찰대를 조직하여 그 지방의 주요한 불령선인단을 토벌해 두 나라의 공동한 우환을 제거하자고 하였다.

小幡공사는 또 중앙정부가 지방정부의 애매한 보고에 의해 사태 진상을 오해하고 있다고 지적하였다.[19] 그는 중앙정부는 결국 이런 원인으로 관계성에 대한 훈령이 철저하지 못하며, 결과적으로 봉천성에서 압록강대안 불령선인에 대한 탄압이 조금 유효적인 외에 불령선인이 가장 횡포하고 유력한 근거지를 갖고 있는 간도는 방임한 상태에 처해 있다고 하였다. 특히 간도의 감독청인 길림성장은 오늘날 같이 긴박한 상황에서도 겨우 2사람만 조사원으로 파견하여 시찰할 정도이니 이것은 두 나라 관계상 매우 중요한 사항에 대해서도 지나치게 경시하는 태도라면서 분노를 참을 수 없다고 토로하였다.

小幡공사는 계속하여 만일 중국 관계 성 책임자들이 금후 여전히 사태의 중요성을 이해하지 못하고 또 긴박한 형세에 대해 적당한 조처를 강구하지 않는다면 일본은 할 수 없이 독립적으로 불령선인들의 소굴을 소멸하기 위해 자위책을 취하겠다고 위협하였다.[20]

일본군도 1920년 8월 15일에 『경성회의』를 열고 濟騰대좌의 감시하에 중국군으로 하여금 반일무장에 대한 토벌을 실행시키기로 하되, 만일 중국군의 노력이 불충분할 경우, 경고를 주는 동시에 일본군이 중국과 공동토벌한다고 하였다.

또한 같은 달, 일본군은 『間島地方不逞鮮人勦討計劃』을 확정짓고 반일무장대오를 토벌하기 위해 일본군이 직접 중국 영토인 간도지방에 출동하기로 계획하였다. 이는 중국측에 큰 압력이 아닐 수 없었다.

---

19) 『間島地方不逞鮮人取締に關する交涉』, 大正9年 8月 5日, 『外務省警察史』(間島の部)『간도지역한국민족투쟁사』(3), 고려서림, 260쪽.
20) 『間島地方不逞鮮人取締に關する交涉』, 大正9年 8月 5日, 『外務省警察史』(間島の部), 『간도지역한국민족투쟁사』(3), 고려서림, 261쪽.

Ⅲ. 중국지방관헌의 조선족반일무장단체에 대한 庇護

간도지역의 국민회 등 반일단체는 조선민족으로 이루어진 반일무장단체로서 그들의 존재와 발전은 만일 중국측, 특히 지방관헌의 묵인과 비호가 없었더라면 불가능하였다. 그러므로 중국지방관헌의 이들에 대한 태도의 여하가 반일단체의 생사존망에 결정적인 역할을 하였다고 해도 과언이 아니다. 특히 당시 일본군이 직접 수사 또는 토벌하려는 상황에서 중국지방관헌의 비호가 너무나 필요하였다. 이런 상황을 너무나 잘 알고 있는 반일단체들도 중국지방당국과의 친교에 많은 노력을 한 결과 그들 관계는 매우 돈독하게 되었다.

중국지방관헌의 조선인반일무장단체에 대한 우호적인 태도는 그들의 반일감정과 갈라 놓을 수 없다. 역대로 동북에 많은 재난을 가져 다 준 일본은 1920년대에 이르러도 중국인과 동북지방관헌들에게 호감이 있을 수 없었다. 1894년 중일전쟁에서 요동지역은 하나의 큰 전쟁지역이였고 중국인들에게는 일제가 이 지역을 강점한 후 야만적으로 강탈하던 그 기억이 생생하였다.21) 특히 1905년 노일전쟁에서 길림지역도 전쟁터로 변해 많은 피해를 입었다.22) 그리고 1915년에『만몽조약』을 체결해 만몽지역에서 토지침략을 강화해 점점 일제의 야심을 들어 내놓고 있었다.

그러므로 애국적인 중국지방관리들은 일제의 야심을 손금보듯 잘 알고 있었다. 다만 일본과 밀접한 관계를 유지하고 있는 봉천군벌 통치하에 그들은 감히 노골적인 반일을 하지 못하지만 조선족 반일무장단에 대해 상당한 동정을 주었다. 이 점에 대해 1919년 10월 간도총령사대리가 일본외무대신에게 보낸 편지에서도 잘 지적되어 있다. 그는 연길도윤이거나 기타 文武首腦者들이 명령을 내려 불령선인들을 취체하라고 하여도 지방관리거

---

21) 佟冬,『中國東北史』, 제5권, 길림인민출판사, 196쪽.
22) 위의 책, 342쪽.

나 부대내에서 종래로 반일조선인들과 어떤 연고가 있기 때문에 그들은 독립운동을 동정하지 않으면 그들 자신이 반일사상을 갖고 있기 때문에 오히려 조선인들의 반일활동을 내심으로 좋아한다고 지적하였다. 그리고 더 나아가 바로 이런 관계로 불령선인에 대한 취체가 효과적이 되지 못한다고 토로하였다.[23]

중국지방관헌이 간도지역 반일무장단에 대한 동정과 비호는 형식상 주로 일제가 요구한 공동수사단에 대한 거부나 지연책, 그리고 국민회와의 밀접한 관계, 정보제공 등에서 나타난다.

일제의 공동수사 또는 협동수사에 대한 요구는 반일무장단체들의 끊임없는 조선국내진공에 골탕을 먹은 후, 일본군은 군사행동의 필요성을 절실이 느꼈기 때문이다.

3·1운동 이후, 간도지역 반일무장단이 조선국내진공이 거듭되자 1919년 12월 11일에 함경북도지사는 간도총령사대리에게 일본과 중국이 협동수사를 할데 관한 사항을 요구해 왔다.

그리고 협동수사반의 편성은 일본측은 경흥, 신아산, 경원, 훈융, 온성, 종성, 회녕, 무산의 8개 경찰서에 의해 구성되고 중국측은 협상해서 결정하자고 하였다. 그리고 수사중에 주의해야 할 점으로 중국관헌이 불령선인에 대한 태도를 시찰하는 것이라고 지적하였다.

함경북도지사의 이런 요구에 대해 간도총령사는 당시 간도에서 일본총령사관 경찰권을 행사하는 것은 매우 어려운 일이고, 또 총독부의 경찰력을 중국영토내에서 행사하는 것도 중대한 문제이며 국제상에서 악영향을 미치니 조선총독부가 외무대신과 협의해 수행해야 한다고 답복을 주었다.[24]

그러나 함경도지사는 협동수사를 강제적으로 추진할 필요가 있다면서

---

23) 『支那官憲の不逞鮮人取締に關する件』, 大正8年 10月 11日, 『外務省警察史』 (間島の部), 『간도지역한국민족투쟁사』(2), 고려서림, 228~229쪽.
24) 『日支協同搜查に關する件』, 大正8年 11月 11日, 『外務省警察史』(間島の部), 『간도지역한국민족투쟁사』(2), 고려서림, 246쪽.

1919년 말 종성경찰서, 온성경찰, 훈융경찰서, 경원경찰서로부터 순사를 파견하여 간도에 들어가 반일부대들의 동정을 살피도록 하였다. 결국 이것이 <마패사건>이 발생된 직접적인 원인이 되었다.

1919년 12월 29일, 온성경찰서 警部補 渡邊淸五郎은 중국령토인 마패에서 부하 순사 8명을 데리고 권총을 차고 불령선인을 수사한다는 명목으로 조선족집에 뛰여 들어 기물을 부수고 부녀자들을 구타하였다. 그런 도중 이 사실이 중국군대에 발견되여 모두 체포되였으며 이튿날에 국자가에 있는 연길도윤공서에 압송되였다. 연길도윤은 이에 대해 일본측에 항의를 하였고 나중에 체포한 그들을 간도총령사관에 인도하였다.

중국외교부도 기타 월경사건까지 열거하면서 일본공사에게 항의를 제기하였고 앞으로 월경사건을 엄금할 것을 요구하였다.25) 중국측의 이런 항의에 대해 일본측은 기물을 부수거나 부녀자를 구타한 사실은 없고 다만 공동수사를 교섭하기 위해 대안에 있는 중국헌병 주둔지를 찾아가는 도중 1, 2명의 불령선인의 자택에 대해 在否를 확인하려 하다가 우연히 조선인들의 밀고로 중국헌병에 체포당한 것이라고 변명하였다. 그러나 할 수 없이 중국측의 강력한 요구에 굴복하고 渡邊警部補를 전임시켰다.26)

물론 일본군의 이번 수사에 중국측은 표면적으로 동의하였지만 수사에는 전혀 협조하지 않았을 뿐더러 이른바 불령선인들에게 정보를 제공하여 피해를 최소한 줄였다. 일본측도 "중국관헌은 표면적으로 불령선인에 대해 상당한 취체를 하는 것처럼 하지만 안으로 들여다 보면 하급관리들인 순경과 헌병은 불령배들의 뇌물에 의해 오히려 비호와 지원을 주고 있다"고 지적하였다.27) 예컨대 화룡현지사는 상급의 단속에도 마다하고 반일수령들인 方正奎, 馬晋과 아주 절친한 사이였으며, 최명록은 중국관헌에게 뇌물을

---

25) 『朝鮮總督府咸鏡北道警察官の越境搜査』, 大正9年 1月 1日, 『外務省警察史』(間島の部), 『간도지역한국민족투쟁사』(2), 고려서림, 253~255쪽.

26) 『度邊警部補事件解決外務省決定案』, 大正9年 5月 25日, 『外務省警察史』(間島の部), 『간도지역한국민족투쟁사』(2), 고려서림, 258쪽.

27) 『日支共同搜査に關する件』, 大正9年 2月 8日, 『外務省警察史』(間島の部), 『간도지역한국민족투쟁사』(2), 고려서림, 277쪽.

주어 1919년 12월 10일부터 중국순경국장이 되여 春華社石子村第2區 巡警局長으로 임명되였으며 그 권리를 이용하여 반일운동에 종사하고 있었다.

그리고 이번 수사에서 처음에 중국관헌이 수사하고 일본측은 원조적인 입장에서 수사한다고 약속을 하였지만 중국관헌은 수사가 시작되자 모든 약속을 어기고 준수하지 않았다. 일본은 심지어 마패사건도 반일지사들이 사전에 중국관헌과 짜고 반일지사들을 비호하려는 작간이라고 추측하였다.[28) 결국 이번 소위 협동수사에서 체포된 반일지사는 모두 4명밖에 되지 않으며 별로 큰 효과가 없었다. 그러자 일본측은 간도 중국관리들과의 절충으로는 도저히 성과를 기대하기 어려움으로 앞으로 미리 총독부와 중국 당국간의 협정으로 공동수사를 진행해야 한다고 지적하였다.

1919년도 말의 공동수사는 물론 이것으로 마무리졌지만 공동수사에 대한 일본의 주장은 굽혀지지 않았다. 이 점에 대해 1920년 2월 8일 朝鮮總督府政務總監 水野가 간도총령사대리에게 보낸 공문에서 명백히 지적하였다. 그의 말에 의하면 수년 전부터 중국관헌의 양해 또는 승인을 얻어 소위 일중공동수사대를 조직하려한 것은 완전히 자위적인 목적이었다. 물론 이것은 다소 중국의 주권에 대해 손상을 주지만 원래 그들은 미약하기 때문에 충분하게 영내의 안녕을 유지하지 못한다. 그러므로 불령선인들을 도저히 취체하기 어렵다. 이번 渡邊警部補의 사건이 비록 유감스럽지만 조선의 안녕을 위해서는 계속적으로 간도의 상황을 탐지하고 필요한 조치를 취할 수밖에 없다. 그리고 중국과 일본은 공동수사를 한 관행이 있기 때문에 이런 관행을 존중해야 하며 공동수사는 계속되여야 한다고 지적하였다.[29)

조선총독 濟騰도 이런 주장을 하였다. 그는 중일의 공동수사는 몇 년전부터 이행하여 왔다면서 아무런 문제가 없는데 마패사건에 대해 중국측이 이처럼 과장하는 것이 이상할 정도라고 지적하였다.

---

28) 『日支共同搜査に關する件』, 大正9年 2月 8日, 『外務省警察史』(間島の部), 『간도지역한국민족투쟁사』(2), 고려서림, 281쪽

29) 『日支共同搜査に關する件』, 大正9年 2月 8日附, 『外務省警察史』(間島の部), 『간도지역한국민족투쟁사』(2), 고려서림, 258쪽.

특히 1920년 3월에 이르러 간도 반일무쟁단체가 온성에 대한 진공만 8회에 달하자 조선총독, 총독부정감, 간도총령사, 심지어 일본공사까지 외무대신에게 공문을 보내 그 상황을 알리면서 외교적인 통로를 통해 공동수사를 촉구하였다.[30]

일본의 압력이 거세지자 중국관헌도 하는 수 없이 훈춘으로부터 육군 程營長에게 150명군대를 인솔하여 가지고 온성대안에 수사를 떠나도록 하였다. 그런데 중국군의 이른바 수사는 일제를 대단히 실망시켰다. 3월 27일, 정영장으로부터 국자가에 있는 맹부덕단장에게 보고가 왔는데, 그 전문을 보면 "22일에 양수천자에 도착하여 군대를 사방에 분산시켜 그 일대를 엄격히 수사를 하였는데 불령선인들이 보이지 않는다. 영장이 각지를 순시하여도 역시 불온 형세는 없고 무기를 휴대한 집단도 발견하지 못하였다. 영장은 위의 곳 조선인사장들을 불러 놓고 엄한 경고를 주었으며, 또 경계를 하라고 당부하였다." 사실 이것은 누구 보아도 건성건성 해 치운 수사임에 뻔하다.

그러자 간도총령사는 연길도윤에게 조문을 보내 그 불만을 토로했다. 즉 불령선인이 온성대안에 있는 중국영토에 근거지를 두고 수 십명, 혹은 수백명으로 이루어진 불령선인들이 집단으로 무기를 휴대하고 몇 일간 연속 조선을 진공하였는데 무엇때문에 도윤이 이런 지방의 군경으로부터 보고도 받지 못하고, 영사가 교섭을 해서야 겨우 알고 군대를 파견하는 등 조치를 취하는지 너무 이상하다고 질문하였다.[31]

그리고 도윤에게 근거지를 토벌할 때, 일본경찰관을 여기에 가담시켜 공

---

30) 1920년 4월전만하여도 일본외무성은 이 같은 행동에 대해 신중할 것을 조선총독에게 재삼 부탁하였다. 특히 당시 중국의 정세를 보면 국권회복운동이 매우 치열하고 반일고조가 일고 상황에서 자칫하면 큰 외교분규를 가져올 수 있으므로 경찰관 월경문제에 대해 자제할 것을 요구하였다.(『日支共同搜査に關する件』, 大正9年 4月 13日附, 『外務省警察史』(間島の部), 『간도지역한국민족투쟁사』(2), 고려서림, 417~418쪽).
31) 『不逞鮮人の取締方支那側に交涉の件』, 大正9年 4月 1日. 『外務省警察史』(間島の部), 『간도지역한국민족투쟁사』(2), 고려서림, 450~452쪽.

동작전할 것을 요구하였다. 이에 대해 陶彬은 외국의 경찰력을 빌어 수사하는 것은 적당하지 않다고 도독부터 견책을 받았으므로 승낙할 수 없다고 하였다. 그러자 일본측은 할 수 없이 중국측의 실행과정을 지켜보고 성적의 여하에 따라 다시 요구를 제기하며, 그렇지 않으면 일본이 단독으로 행동할 것이라고 하였다.[32]

물론 중국지방관헌도 일본군의 반일근거지에 대한 토벌 압력이 계속되자 일부 실제적인 행동을 취한 것도 사실이다. 예컨대 중국측은 1920년 4월 간도 일대의 각지 중국군으로부터 80명을 차출하여 반일무장대오에 대한 중국군토벌대를 편성하였다.[33] 그리고 이들에게 각지의 반일대오를 토벌하도록 명령을 내리고 두만강안의 국경 지대에 배치하였으며, 4월 17일부터 계엄에 관한『포고』를 발표하여 저녁 8시부터 아침 5시까지의 통행금지를 실시하고, 야밤에는 무릇 조선인들이 시가지로 들어 오면 인수가 얼마이든지 불문하고 수사를 하며 만약 무기를 색출해 난다면 즉시 압수하고 구속한다고 하였다.[34]

그러나 이것은 형식적인 것이었고 연길도윤 張世銓과 駐延吉中國陸軍 第二混成旅團 步兵第一團長 孟富德은 비밀히 중국 각 기관에 훈령을 내리어 중국관헌이 韓黨의 首魁를 체포하라고 한 것은 일본의 안목을 속이어 일본의 여러 종류의 간계를 피하기 위한 것이므로, 표면적 간섭만을 행하고 음으로는 불간섭하여 조선인을 강박하는 일이 없도록 하라고 지시하였다.[35]

일본군은 당시 간도에 있는 중국군으로 간도 각지에 분포되여 있는 반일무장대오를 토벌한다는 것은 역부족이라는 것을 잘 알고 있었으며 사실

---

32) 『不逞鮮人の取締方支那側に交渉の件』, 大正9年 4月 16日.『外務省警察史』(間島の部),『간도지역한국민족투쟁사』(2), 고려서림, 498쪽.

33) 『國外情報, 不逞鮮人取締の爲支那官憲討伐隊を編成す』, 高警第12015號, 1920년 4월 24일, 김정명,『조선독립운동』제3권, 153쪽.

34) 『戒嚴施行に關する件』, 대정9년 4월 27일자,『外務省警察史』(間島の部)『간도지역한국민족투쟁사』(3), 고려서림, 261쪽.

35) 『訓令』, 字707號,『現代史資料』27,『朝鮮』3. 118쪽. 및『支那官憲の不逞鮮人取締密令に關する件』,『現代史資料』28,『朝鮮』4, 79쪽.

연길도윤도 이를 부정하지 않았다. 일본도 이런 상황에 대해 수차 중국관헌에게 경고를 주었으며 5월에 이르러 당시 동삼성순열사인 장작림에게도 서한을 보내 간도에 군대를 증파하여 유효적인 토벌을 할 것을 요구하였다.36) 그리고 5월 23일과 26일에 간도령사관 西澤사무관과 총독부 藤原사무관은 국자가에 직접 찾아가 도윤을 만나서 이 문제를 따지였다. 그들은 불령선인에 대한 중국측의 취체가 철저하지 못하고 성의가 없는데 대해 의심하지 않을 수 없다고 지적하고, 땅이 넓고 산이 많은 간도지역에서 소수의 군경으로서 어떻게 취체하느냐고 물었고, 중국측의 취체는 상사의 명령에 따라 해산시키거나 체포 또는 무기를 압수하는 정도밖에 안된다고 지적하였다.37)

일제의 압력을 받는 길림성장은 장작림의 명령에 의해 한 개 영의 군대를 간도에 증파하기로 하였다. 그러나 이 보다 먼저 간도지역 불령선인들의 상황을 조사한다면서 길림성공서과장 瞿武와 독군공서 瞿參謀 두 사람을 파견하였는데, 그들은 6월 2일에 길림을 떠나 액목과 돈화를 거처 연길에 도착하였다. 그런데 이들이 연길에서 일본인들을 전혀 만나지 않고 피해 있다가 귀환하자 일본측은 이들은 전혀 저희들과 접근하여 자료를 얻으려고 노력하지 않았다고 지적하였다.38) 일본외무대신도 이에 대해 상당한 불만을 표시하면서 순찰대 파견계획을 취소하고 단지 시찰원 두 사람만 파견하는 것은 취체하려는 것이 아니라고 불만을 표시하였다.39)

그러나 1920년 6월 7일 봉오동전투 이후 상황이 크게 변하였다. 일본군은『間島地方不逞鮮人勦討計劃』을 작성하고 중국측에 일본군이 間島에 월

---

36)『間島に於ける不逞鮮人の妄動取締に關する件』, 大正9年 5月 10日字,『外務省警察史』(間島の部),『간도지역한국민족투쟁사』(2), 고려서림, 556쪽.

37)『不逞鮮人の取締方支那側に交涉の件』, 大正9年 5月 29日.『外務省警察史』(間島の部),『간도지역한국민족투쟁사』(2), 고려서림, 631쪽.

38)『不逞鮮人秋季蹶起說に關する件』, 대정9년 6月 29일,『外務省警察史』(間島の部),『간도지역한국민족투쟁사』(2), 고려서림, 808쪽.

39)『內田外務大臣發濟藤朝鮮總督宛電報要旨』, 大正9年 6月 4日,『外務省警察史』(間島の部),『간도지역한국민족투쟁사』(2), 고려서림, 658쪽.

강침입하여 그들이 직접 반일무장단을 토벌하겠다고 대대적인 위협을 가하였다. 그 출동계획을 보면 조선파견군이 9월 하순부터 간도지방의 불령선인에 대해 토벌하며, 북만파견군은 이에 호응하여 보병 2개 중대를 해림, 영고탑, 소삼차구, 라자구 방면에 출동하여 토벌한다는 것이였다.[40] 그러자 장작림은 이에 굴복하여 일본군의 대좌 濟藤하의 감시하에 중국군을 출동시켜 반일무장단을 토벌하겠다고 7월 24일에 일본군에 약속하였다.[41] 일본군이 8월 15일에 이에 동의하자 중국측은 맹부덕을 출동준비시켰다.[42]

Ⅳ. 반일무장단체의 안전한 근거지 이동

일제의 계속되는 압력에 굴복한 중국지방관헌은 역시 형식상 간도반일부대에 대한 토벌대를 조직하였다. 이런 상황을 파악한 반일무장단은 중국군과의 정면 충돌을 피면하기 위해 중국군 토벌대가 근거지에 도착하기 직전 청산리와 라자구 방면을 향해 안전하게 이동하였다. 그러나 이것도 역시 중국군과 지방관헌이 묵인과 협조가 있었기 때문에 가능하였다.

우선 반일부대가 안전하게 이동하도록 중국군내부로부터 국민회와 반일부대에 비밀정보가 수시로 들어 왔다. 예컨대 중국군 토벌대가 편성되기 직전 제2북부지방 하마탕에 주둔한 중국육군련장은 반일부대에 동정을 표하면서 다음과 같은 정보를 제공하였다. 즉 일제가 중국정부에 교섭하여서, 북간도에 있는 대한독립군을 일본군대를 월경시켜 토벌하겠다고 하였

---

40) 『朝鮮派遣軍間島地方不逞鮮人討伐計劃の件』, 대정9년 9월 10일자, 『外務省警察史』(間島の部), 『간도지역한국민족투쟁사』(2), 고려서림, 345쪽. 여기서 간도파견군은 1920년 10월 7일에 일본정부가 조선총독북의 건의를 승인한 것이다.

41) 濟藤은 당시 길림독군 고문으로서 길림주재 일본총령사 森田이 외무대신에게 추천하였고 鮑督軍도 봉천에 장작림과 협의한 결과 이에 동의하였다.

42) 『濟情第1號』, 1920年 8月 25日字, 『現代史資料』 28, 『朝鮮』, 95쪽.

으나 중국정부는 우리나라 경내의 사건은 우리 힘으로 해결하겠다고 답복을 하였으며, 또 최근 조사에 의하면 서대파, 대감자에는 다수의 독립군이 있으므로 먼저 이를 토벌하기로 내정하였다고 하면서 독립군에게 이 정보를 전달할 것을 바랐다. 그리고 토벌대 편성은 병원(兵員)이 5련이 합동하며 지휘관은 3명으로서 王林, 문대대부관, 그 밖에 1명이라고 하였다.[43]

그리고 중국군은 반일부대들에게 중국토벌군과의 피전방식까지 알려 주었다. 토벌군을 지휘하는 맹부덕은 은밀히 대한국민회에게 반일부대들은 "봉천과 길림 두성의 경계지방에 주둔하고 있으면서 봉천측에서 수색하면 길림측으로 오고, 길림측에서 수색하면 봉천측으로 가도록 해야 하며, 중국측은 두 성을 동시에 수색하는 것 같은 일은 하지 않을 것이다"고 정보를 알려 주었다.[44]

반일부대들도 중국군이 일본의 압력에 의해 토벌대를 조직한 중국측의 난감한 입장에 대해 충분이 이해하였다. 1920년 8월 22일 국민회 부회장인 徐相庸이 제1지방회장에게 보낸 편지에서 이런 상황을 더 잘 파악할 수 있다. 즉 1920년 8월 21일에 맹부덕단장의 대표가 국민회를 방문하여 중국군이 출동하니 반일부대가 심산에 잠복해 있을 것을 간절이 바랐다. 그러면서 서서상용도 중국관헌의 진압책은 일제의 강경한 교섭에 견디지 못하여 부득이 나온 것이므로 우리 측도 중국관헌의 간절한 요구를 받아 들이지 않을 수 없다고 말하였다.[45]

물론 모든 정보가 중국관헌에 의해 전달된 것이 아니며 일부는 반일부대들이 스스로 입수한 정보이다. 예컨대 반일부대는 1920년 8월에 길림성 포독군의 일본군고문 濟藤大佐 이하 3명이 국자가의 맹부덕에게 가서 소위 반일부대에 대한 진압대를 편성하고 있는 소식을 국민회에 전달하였다.[46]

---

43) 『國民會照會文』, 國民發 第174號, 1920년 7월 13일자, 『現代史資料』 27, 『朝鮮』 3, 87~88쪽.

44) 『中國軍の國民會彈壓狀況報告書』, 1920년 9월 9일자, (大韓國民會長代理副會長 徐相庸), 『現代史資料』 27, 『朝鮮』 3, 99쪽.

45) 『國民會通達文』, 號外, 1920年 8月 22日字『大韓國民會長代理副會長 徐相庸으로부터 제1지방회장에게』, 『現代史資料』 27, 『조선』, 94쪽.

이런 정보는 국민회를 통하여 반일부대에 전달되었다. 이때 연길도윤 도빈과 보병제1단장 맹부덕이 국민회와 타협한 내용은 보면 다음과 같다.

1. 중국군은 일본군의 간도침입을 막기 위해서 이번에는 부득이 독립군 수사를 위한 실제의 출동을 하지 않을 수 없으므로 독립군은 중국측의 체면을 세워주는 대책을 실시하여 상호 타협한다.
2. 독립군은 시가지와 평야지대에서 군인의 복장이나 무기를 휴대하고 대오를 지어 횡행해서 난처하게 만들지 않는다.
3. 중국군은 출동전에 독립군에 출동 사실을 사전에 통보하여 독립군의 근거지 이동에 필요한 충분한 시간을 준다.
4. 독립군은 현재의 근거지가 일본군에 알려져서 중일간의 분쟁의 표적이 되고 있으므로 일본측의 논에 잘 띄지 않은 삼림지대로 근거지의 이동을 실행한다.
5. 중국군은 독립군을 공격하지 않으며, 양측이 避戰을 약정하고, 독립군의 이동행군과 삼림 지대에서의 새 근거지 건설을 방해하지 않는다.[47]

이 협의에 따라 간도 각 지역에 근거지를 두고 있는 반일부대들은 1920년 8월 하순부터 근거지 대이동을 시작하게 되었다.

먼저 연길현 명월구에 근거지를 두었던 대한독립군이 1920년 8월 하순부터 안도현의 백두산방면을 향해 이동하기 시작하였다. 이들은 1920년 9월 21일경에 안도현과 접경지대인 이도구 어랑촌 부근에 도착하였다.[48] 대한독립군은 이동 도중에 9월 8일에 장인강 구룡평에서 중국군과 가벼운 충돌이 있어 중국군 2명이 부상당했으나 대한독립군측은 피해없이 무사히 근거지 이동을 실행하였다.[49]

---

46) 『救國團通達文』, 國發 제44호, 1920년 8월 28일자 『大韓救國團으로부터 國民會에게』, 『現代史資料』 27, 『朝鮮』 3, 95쪽.
47) 신용하, 『독립군의 청산리독립전쟁의 연구』, 『한국민족독립운동사연구』, 을유문화사, 1985년, 403~404쪽.
48) 『電報』, 1920년 9월 21일자 (發信 關東軍參謀長, 受信 次長), 『現代史資料』, 28, 『朝鮮』 4, 264쪽.
49) 『國民會第一中部地方會戰鬪報告書』, 1920年 9月 13日字, 『現代史資料』 27,

뒤이어 이란구에 근거지를 설치하였던, 안무가 인솔하는 국민회군이 1920년 8월 31일에 안도현 방면을 향하여 근거지 이동을 하기 시작하였다. 국민회군은 1920년 9월말경에 역시 이도구지방에 도착하였다.[50]

거의 같은 시기에 봉오동에 근거지를 설치하였던, 최명록이 인솔하는 군무도독부군은 초모정자를 거쳐 9월 말경에 라자구지방에 도착하였다.

그 밖에 의군부, 신민단, 광복단, 의민단 등과 다른 모든 독립군부대들도 안도현 방면을 향하거나 라자구 방면을 향하여 근거지 이동을 실행하였다.[51]

그리고 중국군 토벌대의 반일부대와 근거지에 대한 토벌은 완전히 형식적이고 눈가림이였다고 해도 과언이 아니다.

우선 맹부덕단장은 이런 눈가림을 위해 濟藤 등 기타 일본인들이 토벌대와 동행하는 것을 거절하였다.[52] 예컨대 1920년 9월 16일, 맹부덕이 150명의 중국군토벌대를 거느리고 국자가를 출발하여 북로군정서 근거지인 서대파로 토벌가던 중 일본인들이 토벌대에 가담하려는 것을 상사의 지시가 없다고 견결이 거절하였을 뿐만 아니라 濟藤도 배초구까지만 동행하도록 하였다. 특히 맹부덕의 이유를 보면 만일 濟藤 등 일본인들이 동행하면 불령선인들의 적개심만 더 불러 일으켜 더 많은 위험성을 않게 되니 절대 동행하여서는 안된다고 하였다. 결국 濟藤도 도윤 등의 주선으로 겨우 백초구까지 동행하게 되였다.[53]

그리고 중국군의 인수와 장비로서는 당시 반일무장대를 토벌한다는것은 전혀 불가능하다는 것을 뻔이 알면서도 적절한 조치를 취하지 않았다.

『朝鮮』 3, 100쪽.

50) 『不逞鮮人狀況』, 秘間情 第51號, 1920年 11月 1日字, 『現代史資料』 28, 『朝鮮』 4, 385쪽.

51) 『間島地方に於ける支那官憲不逞鮮人討伐槪要』, 『現代史資料』 28, 『朝鮮』 4, 93~94쪽.

52) 『間島堺總領事代理發內田外務大臣宛電報要旨』, 大正9年 9月 11日, 『外務省警察史』(間島の部), 『간도지역한국민족투쟁사』(2), 고려서림, 343쪽.

53) 『支那軍隊 不逞郡政署剿討爲出動の件』, 대정9년 9월 16일, 『外務省警察史』(間島の部), 『간도지역한국민족투쟁사』(2), 고려서림, 383쪽.

이 점에 대해 濟藤도 안타까운 나머지 여러번 중국군에 제기하였다. 濟藤은 국자가에 도착한 후 중국군 토벌대의 현상황을 조사한 후 이 점을 파악하고 상응한 조치를 취할 것을 요구하였지만 중국군은 병사 하나, 무기 하나 증가하지 않았다. 그러자 濟藤은 이것은 완전이 빈손으로 반일부대를 토벌하려는 것이며 사령과 도윤이 자기를 눈을 속이려는 작법이며 너무 성의가 없다고 분통을 터뜨렸다.[54] 물론 이런 상황을 중국측에서 모르는 것이 아니며, 특히 토벌대 총지휘관인 맹부덕은 너무나 잘알고 있었다. 예컨대 그는 북로군정서와 도독부를 토벌하기 위해 9월 16일에 국자가를 떠난 후 17일 오후 2시 30분경에 백초구에 도착하자 즉시 백초구출장소 주임인 板垣을 찾아 인사를 하였다. 그 자리에서 맹은 이번 토벌에 자기가 출마한 것은 군정서같은 대부대의 집단은 도저히 소수의 병력으로 토벌하기 힘드니 만일의 사태가 있을 까봐 안심할 수 없어 자기가 직접 출진하였다고 하였다.[55] 이것은 중국군은 처음부터 내심으로 반일부대를 토벌하려는 의향이 없었다는 것을 설명한다.

이렇게 戰鬪가 전혀 없는 중국군은 실제적으로 토벌을 위해 반일근거지에 도착하여도 항상 반일부대가 그 곳을 떠난 뒤였다. 예컨대 1920년 8월 28일 국자가에 본부를 둔 혼성여단 보병제일단장 맹부덕이 보병 120명과 기관총대를 인솔하여 홍범도가 인솔하는 대한독립군 등의 근거지인 연길현 명월구로 향하였다. 이와 동시에 또한 중국군 제2영장 왕덕림도 별동대 보병 75명을 인솔하고 국민회군 등의 근거지인 이란구로 향하였다. 그러나 맹부덕이 명월구에 도착한 9월 1일에는 이미 대한독립군이 며칠 전에 근거지를 떠난 후였다. 맹은 9월 4일 이미 비어있는 대한독립군의 무관학교 교사 일부만 파괴하고 독립군이 버리고 간 군모, 군복 등 몇 점을 거두어 9월 7일에 국자가로 돌아왔다.[56] 국민회군 등의 근거지인 이란구에 출동했던 왕덕

---

54) 『濟情第12號』, 『現代史資料』 28, 『朝鮮』 4, 107쪽.

55) 『孟團長並濟藤大佐當地到着の件』. 대정9년 9월 18일, 『外務省警察史』(間島の部), 『간도지역한국민족투쟁사』(2), 고려서림, 385~386쪽.

56) 『中國軍の國民會彈壓狀況報告書』, 1920年 9月 9日字(大韓國民會長代理副會

림도 이미 독립군이 이동한 이후여서 아무런 성과없이 귀환하였다.[57]

그러나 1920년 8월 31일까지 아직 전혀 근거지 이동을 하자 반일부대는 북로군정서와 그밖에 몇 부대였다. 일제측은 맹부덕에게 왕청현 서대파에 근거지를 설치하고 있는 북로군정서군을 토벌하고 압력을 가하였다. 압력에 굴복한 맹부덕은 9월 6일에 200명의 중국군을 서대파에 파견하였으나, 북로군정서 사령관인 김좌진 등이 중국군을 맞아 큰 소 2마리와 돼지 1마리를 잡아 푸짐이 대접하면서 협상을 한 결과 원만한 교섭이 이루어져서 중국군은 9월 7일에 되돌아갔다.[58] 북로군정서와 중국군 사이의 협상내용은 1개월을 기한으로 하여 북로군정서 반일부대 전부를 다른 삼림 재역에 은둔시키거나 국내진공시키고 중국군도 1개월의 기한을 조건으로 避軍하여 북로군정서 반일부대를 추격하지 않기로 약정한 것이였다.[59]

북로군정서는 1920년 9월 9일 280명의 사관연성소 생도 필업식을 거행하고, 9월 12일에는 북로군정서 반일부대를 사관연성소 생도 중심으로 조직된 敎成隊(일명 여행대)와 그밖의 본대로 편성산 다음, 총기, 탄약 등을 우차에 적재하고 9월 17~18일 서대파의 근거지를 출발하여 서쪽으로 이동을 시작하였다.[60] 그리고 북로군정서는 화룡현 삼도구 청산리 방면을 향하여 행군해서 도착하면, 안도현경내이 삼림 지대에 새로운 근거지를 세울 것인가, 아니면 장백현 방면으로 향하여 서로군정서와 통합할 것인가를 정세를 보아 결정하기로 하였다.[61] 북로군정서의 반일부대는 10월 12~13일

長 徐相庸),『現代史資料』27,『朝鮮』3, 99쪽.

57)『間島地方に於ける支那官憲不逞鮮人討伐概要』,『現代史資料』28,『朝鮮』4, 94쪽.

58)『大韓軍政署と支那官憲關係に關する件』, 대정10년 1월 8일,『外務省警察史』(間島の部),『간도지역한국민족투쟁사』(2), 고려서림, 429쪽.

59)『對中國交涉に關する上申書』, 1920년 9월 18일자(春溪柳讚熙로부터 大韓國民會에게),『現代史資料』27,『朝鮮』3, 101쪽.

60)『軍政曙に拘禁せられ居り朝鮮人の談話に關する件』,『現代史資料』27,『朝鮮』3, 239쪽.

61)『軍政曙に拘禁せられ居り朝鮮人の談話に關する件』,『現代史資料』27.『朝鮮』3, 240쪽.

에 삼도구 청산리 부근에 도착하였다.

중국군은 북로군정서 반일부대가 서대파 근거지를 떠나 이동해 버린 후인 9월 19일에 맹부덕이 400명의 군대를 인솔하고 서대파로 향하다가, 반일부대가 이미 서대파 근거지를 떠났다는 보고를 받고 출동을 중지하였다.

이렇게 중국군은 1920년 8월 28일부터 9월 27일까지 1개월간 반일부대를 수색, 또는 토벌한다고 출동해서 반일부대들의 근거지 대이동이라는 결과만 가져온 채, 반일부대에 대한 토벌을 하지 못하고 이를 종결하였다. 사실 맹부덕의 500백명의 중국군은 반일부대를 토벌할 의사가 없었으므로 결국 일본군의 기도는 완전히 실패로 돌아가게 되었다.

중국군과 동행하면서 토벌을 감시하던 濟騰大佐도 맹부덕과 중국군의 이런 태도에 상당한 불만을 품고 그 상황을 일본군 본영에 비밀보고를 하였다. 그의 보고에 의하면 중국군의 전투를 회피하였으며, 중국군 간부들은 의견이 분열되어 토벌에 단결되지 않았으며, 중국군은 처음부터 토벌할 의사가 없었고 다만 근거지를 해산시키는데 만족해 하였다. 그러므로 맹부덕을 지방에 두면 일본에 큰 해가 있으므로 탄핵할 필요가 있으며, 앞으로 진정으로 토벌을 하려면 일본군이 주체가 되고 중국군을 참관자로 하여야 한다고 지적하였다.[62]

Ⅴ. 맺음말

앞에서 청산리전역 직전 조선족반일부대들의 근거지이동에 대해 고찰해 보았다. 즉 간도지역에 근거지를 설치한 조선인반일무장단체들이 수시로 조선국내로 진공하면서 일본식민지통치에 위협을 주자 일제는 그들에 대한 토벌을 하도록 중국중앙정부로부터 지방관헌에 이르기까지 압력을 가하였다.

---

62)『濟情 第12-23號』,『現代史資料』28,『朝鮮』4, 105〜116쪽을 참조.

　중국에 대한 압력으로 일제는 처음에 공동수사를 요구하였다. 그러나 중국관헌은 이에 대해 완전히 지역책, 보호책으로 비협조적이였으며, 오히려 반일무장단에 대해 비호하고 동정하였다. 즉 중국관헌은 물론 일제의 압력에 의해 공동수사에 동의하였지만 수사에 임한 중국관헌의 태도는 완전히 눈속임이였고 그 건성건성 해치우는 이른바 수사는 일제의 애간장을 태울 지경이었다. 그러나 일제가 감히 수사대를 파견하여 불법적으로 간도에 침입하여 오면 무력으로 그것을 저지하였다.

　물론 1920년 6월 봉오동전투 이후 상황은 변하였다. 일본군 추격대가 봉오동에서 반일부대에게 골탕을 먹은 후 일본군은『間島地方不逞鮮人勦討計劃』을 세우고 일본군 단독으로 토벌대를 조직하여 반일근거지에 대해 소탕하려 계획하였다. 그러자 황급해 난 중국관헌은 濟藤을 군사고문으로 하고 중국군 토벌대를 조직하였는데 처음으로 조선인반일단체에 대한 군사행동을 개시하였다. 그러나 이것도 사전에 정보를 제공하는 등 수단으로 그들의 피해를 최대한으로 줄였고 반일부대가 안전하게 청산리, 라자구 방면으로 근거지 이동하는데 조건을 지어 주었다.

　상술한 사실에서 우리들은 간도지역 조선인반일무장투쟁과 청산리전역을 단순한 조선독립전쟁의 일환으로만 볼 수 없다는 것을 느낄 수 있다. 환언한다면 간도지역에서 조선인반일무장투쟁과 청산리전역은 조선과 중국동북에 대한 일제의 침략을 반대하는 중, 조양국간의 공동한 투쟁이라고 할 수 있다.

　물론 당시 간도지역에서 일제와 싸우는 주체는 조선인들로 이루어진 반일무장단체였다. 그러나 이들의 간도지역에 근거지를 설치하고 무장대오를 조직하며 군사학교를 설립하는 등 일련의 군사행동은 만약 중국관헌의 묵인과 동정이 없었더라면 그 존재는 아마 상상조차 못하였을 것이다. 그리고 이보다 더욱 중요한 문제는 중국관헌이 무엇때문에 이들을 동정하고 묵인하면서 일조하였는가 하는 것이다.

　앞에서 이미 지적한 것처럼 동북지역은 일찍 일제의 침략을 받고 유린을 당한 지역이므로 동북지역 관민들의 반일정서는 매우 강했다. 1894년 청일전쟁, 1905년 노일전쟁, 그리고 1909년 『간도협약』과 1915년 『만몽조약』 등으로 중국인들의 일제에 대한 원한은 조선인들보다 못지 않게 거세었다. 특히 일제는 명치유신 이래 대륙정책의 일환으로 먼저 조선을 정복하고 다음으로 만몽을 정복하려 한다는 사실은 중국인들은 너무나 잘 알고 있었다. 이런 원인으로 중국동북지역에서 민간인뿐만 아니라 지방관리까지 반일감정이 매우 농후하였다. 예컨대 연길도윤으로 있었던 장세전과 도빈은 사실상 모두 반일정서가 심한 지방관리였다. 특히 도빈은 1920년에 연길도윤으로 임명되였지만 사실 1905년부터 연길에 있으면서 『간도협약』이 체결되는 전후 과정을 잘 알고 있으며, 또 도윤으로 있으면서 조선인에 대해 회유정책을 실시하고 조선인들의 반일단체인 간민회도 거의 도빈의 지도와 지원하에 이루어 졌던 것이다. 이런 인물이 1920년 7월에 재차 연길도윤으로 임명되자 일본측에서는 대단히 신경을 쓰게 되였다.

바로 이런 간도지방 중국관리들은 한일합방 이후 일제와 간도문제에 대한 교섭에서 간도가 두번째 조선으로 될 가능성이 있다는 것을 너무 잘 알고 있었다. 그러므로 그들은 손에 쥔 권리를 이용하여 음으로 양으로 조선인반일부대를 동정하고 묵인, 심지어 비호까지 하였으며, 일제가 간도를 침략하려는 불법적인 행위에 저지해 나섰다.

일제는 물론 조선국내를 진공하였던 반일부대를 추격하기 위해 간도에 토벌대를 파견한다고 하지만 이것은 다른 한 주권국가에 대한 유린이며 국제법상으로 보아도 명백한 침략행위다.

중국관헌들도 바로 일본군의 이런 행위를 일종의 중국영토에 대한 침략으로 보았기 때문에 그들과 맞서 싸우는 조선인반일무장단체를 동정, 지지하였으며 그들의 반일무장투장을 중국영토인 간도를 지키는 정의로운 사업으로 간주하였다.

어떤 경우 중국인들이 직접 나서서 조선인반일무장단을 도왔다. 예컨대 훈춘현 牡丹溝 부근의 산속에 근거지를 둔 의군부는 군수품을 길림, 봉천 등 지방에서 구매하였는데 훈춘에 거주하는 중국인 임모(독립군용달상인)가 조선인 20여 명과 함께 길림으로 갔으며, 길림에서는 徐鳴岐, 孫華堂이란 중국인들이 대신하여 필요한 군수품을 구매해 주었다.[63] 그리고 국자가에 거주한 중국인 王澤普는 조선인들의 반일투쟁을 동정한다면서 대한독군부에 官帖 1千吊와 신발 한탓을 증정하였다. 그리고 자기와 밀접한 관계에 있는 육군제1영장 陸氏로부터 월내에 독립군에 대한 진압이 있고 일본군도 동행해 철저히 진압한다는 소식을 듣고 조선인반일부대에 속히 소식을 전하여 준비를 하도록 하며 최선책은 먼 곳에 피하는 것이라고 전달해 왔다.[64]

연변에 거주하는 조선족들도 이 시기 반일무장투쟁을 위해 누구보다도 더 많은 희생을 하였다. 당시 간도에 근거지에 설치한 조선인반일무장대오는 대부분 동북조선족의 아들 딸들을 주체로 구성되였으며, 군비, 생활용품 등 같은 것들도 모두 조선인들의 후원하에서만 가능하였다.

그러므로 중화민족의 성원으로, 56개 민족 가운데 하나인 조선족들이 10년대, 20년대 연변을 지키기 위해 일제와 피를 흘리면 싸운 역사는 반침략역사의 한 부분이며 또 이런 의미에서 본다면 이 시기의 반일투쟁도 당연히 중국조선족역사의 일부분이고 더 나아가 중국역사의 일부분이다.

---

63) 『不逞鮮人軍需品購求の件』, 대정9년 6월 30일자, 『外務省警察史』(間島の部), 『간도지역한국민족투쟁사』(2), 고려서림, 814쪽.
64) 『大韓軍政署と支那官憲關係に關する件』, 대정10년 1월 8일, 『外務省警察史』(間島の部), 『간도지역한국민족투쟁사』(3), 고려서림, 446쪽.

A Study on the Transfer of Basic Camp of Anti-Japanese Struggle Organization prior to ChungSanRi(靑山里)Battle

Son, Chun Il

As this thesis analysed the transfer process of basic camps of anti-Japanese struggle organization prior to ChungSanRi(靑山里)Battle, it has revealed the characteristics of anti-Japanese struggle organization from 1910 to 1920's. And I studied anti-Japanese struggle organization in KanDo(間島) and process of ChungSanRi(靑山里)Battle. Therefore I insisted that its products not only effected Independent movement of Korea but made common struggle of Koreans and Chinese authorities.

At first, as Chinese authorities provided main informations for Independent armies, they had Independent armies move to new post safely. Secondly, they tolerated that Independent armies have constituted Army schools and exercised armed soldiers. Thirdly, they supported Independent armies directly. Se, Myung-ki(徐鳴岐), Son, Wha-dang(孫華堂), Wang, Taek-bo(王澤普), so on, for instance, helped purchase of munitions of war. Also Chinese officer, Mr. Youk(陸氏) delivered informations which Independent armies could be attacked by Japanese armies in advance. So Independent armies could protect Japanese one.

Why did Chinese or Chinese authorities support Independent armies positively? Because Chinese recognized obviously that Japanese' invasion policy on continent could capture Korea, and then extend upon Manchuria and Mongolia.

Whereas Chinese authorities regarded infringement on sovereignty that Japanese dispatched aggressive armies to them, they justified Independent armies of struggle organization for defending KanDo(間島). By and large owing to these reasons, It was possible to Korean and Chinese authorities' common struggle.

As the result, It resisted Japanese armies to Korean Independent armies of struggle organization at YenBen(延邊) from 1910's to 1920's in these senses. Therefore their struggles were anti-invasion of Japanese, partly history of Korean-Chinese as well as partly Chinese history.

烏石 金赫의 생애와 활동에 대한 일고찰

김 쌩 기[*]

Ⅰ. 머리말
Ⅱ. 초기의 독립활동
Ⅲ. 신민부에서의 활동과 역할
Ⅳ. 재만독립운동단체의 유일당운동과 오석
Ⅴ. 맺음말

* 성결대학교 교양학부 교수.

Ⅰ. 머리말

현재 우리 한국사학계에서 한국현대사 부분 중 가장 중점적으로 활기있게 논의되는 분야는 독립운동사 분야라 하겠다. 그것은 일제의 식민주의사관을 극복하는 가장 중차대한 요소이기 때문이다. 그 결과 지금까지 많은 연구성과가 축적되어 왔고, 이제는 확실한 한 연구분야로서 정착되게 되었다. 그러나 그럼에도 불구하고 아직 연구상에 있어서 미약한 부분이 있으니 바로 인물연구 분야이다.

모름지기 인물연구라는 것은 역사를 이끌어 왔던 주체자들에 대한 연구만을 의미하는 것이 아니라, 각 분야에서 나름대로의 역할을 했던 인물 개개인에 대한 종합적인 연구를 의미한다. 그렇게 해야만이 역사의 실질적인 행보가 구체적으로 어떻게 전개되어져 왔나를 살필 수가 있기 때문이다. 그렇기 때문에 우리의 주변국 뿐만이 아니라, 세계 각국에서도 역사연구에 있어서 가장 중점을 두는 분야가 바로 인물연구분야인 것이다. 비록 반역사적 활동을 했던 인물이라 할지라도 그에 대한 정확한 연구를 통해 무엇이 반역사적이었는지를 밝혀 세상에 알림으로서, 당대 사람들로 하여금 정확한 삶의 길을 행보할 수 있는 가르침을 줄 뿐만 아니라, 상대적으로 역사를 주도해 갔던 인물들에 대한 존경과 신뢰감을 배가시켜 그의 사상과 행동에서 나오는 진리를 교훈삼아 자신의 길 내지 민족의 길을 가는데 동참할 수 있는 바로미터를 제공해 줄 수 있기 때문이다.

그럼에도 불구하고 우리 역사계의 현실은 이러한 인물연구에 대해 그다지 중요성을 두고 있지 않은 것 같다. 비록 자료가 부족하여 그에 대한 충분한 평가를 할 수 없다는 한계점이 있다 하더라도, 역사상 중요한 지위를 차지하는 인물에 대해서는 최소한 그가 어느 위치에서 어떤 일을 했는지에 대한 단순 평가라도 해 놓는 것이 기본이고, 또한 그러한 연구가 출발점이 되어 다른 연구자들의 관심을 불러일으켜 자료수집이나 공동연구를 할 수 있는 환경을 조성할 수 있기 때문이다. 그런 차원에서 이 논문의 대상인 烏石 金赫(이하 「오석」으로 칭함)도 평가하고자 하는 것이다.

오석 연구에 있어서 가장 곤란한 점은 역시 자료상의 문제이다. 유족들조차 그에 대한 자료를 학보하지 못하고 있는 데다가 일반 사료 등에서도 거의 찾아볼 수 없기 때문이다. 그렇기 때문에 본 논문에서는 깊이 있게 그의 행동과 사상을 분석할 수 없었는데, 이는 앞으로 더 많은 그에 대한 자료수집과 보충을 통해 해결해 나가야 할 과제로서 남겨두고 싶다. 본고에서는 다만 그의 일대기를 정리한다는 차원에서 그가 어떤 행로를 걸었으며 어떤 위치에서 독립운동을 했는가에 대한 전반적인 상황을 제시하는 수준에서 그치고자 한다. 물론 이러한 연구가 논문으로서의 가치를 갖는지 아닌지에 대한 문제는 일단 차치하고, 다만 최초로 오석에 대한 연구라는 점에 의의를 두고자 하는 것이다.

Ⅱ. 초기의 독립활동

오석은 경기도 용인 사람으로 1875년 10월 16일에 출생하여 1939년 4월 23일 나라를 위해 독립운동에 헌신하다 일제에 피체되어 옥중생활에서 얻은 고통의 누적으로 한 많은 세상을 떠난 살신성인한 애국투사이다. 그의 어린시절의 행적은 본명이 學韶라는 것만 알 뿐 아무것도 알려져 있지 않다. 다만 그가 대한제국 육군 參領으로 근무하다가 1907년 8월 군대가 해산되자 비분강개하여 항일투쟁을 결심하고 고향으로 내려 갔다고 하는 사실에서, 그의 집안이 평범하지만은 않은 집안이었다는 것으로 생각되며, 비분강개하여 항일 투쟁을 결심했다는 점에서 국내외 정세에 대한 남다른 감각과 의분이 넘치는 강직한 소유자였음을 알 수 있다.

고향에 내려간 그는 1919년 3·1독립운동 만세시위가 일어나자 고향에서 만세시위에 참가한 후 신변이 위태로워지자 일경의 눈을 피해 만주로 망명하게 되었다. 그리다가 3월 하순 각지의 독립단 지도자들이 상해에 집합하여 오석·呂運亨·李光洙·徐丙浩·玄楯·崔昌植 등이 獨立臨時事務所를 상해 프랑스 조계에 두고 현순을 대표로 각국에 독립을 선언하였는데[1], 이로 미루어볼 때 그는 만주로 망명한 직후 곧바로 상해로 가서 이미 이곳에 모여 있던 뜻있는 지도자들과 접촉하며 자신의 향후 문제를 숙고하면서 이런 활동부터 시작하는 것이 아닌가 생각된다. 독립임시사무소에 참가한 사람들의 면모를 보면 모두 대한민국임시정부를 조직하는데 참여했던 중요 멤버들이었고, 특히 현순과 최창식 등은 한말 조선왕실과 깊은 관계를 맺고 있었다는 사실에서 볼 때[2], 오석의 이들과의 접촉은 그냥 우연만이 아니라 일련의 사전 접촉이 있었던 것이 아닌가 추측된다.

그러나 그가 언제 만주지역으로 왜 이동하게 되었는지에 대해서는 알 수 없으나, 그는 1920년대초에 이미 북로군정서와 대종교인들과[3] 밀접한 관계를 맺으면서 興業團의 부단장으로서 활동하는 것을 보면, 독립임시사무소의 일에는 깊이 관여치 않고 일찌감치 만주에서의 독립활동이 중요하다고 보고, 1919년 3월 이후에 만주지역으로 와서 활동하게 되는 것이 아닌가 여겨진다.

특히 대종교의 교도였던 그는 이미 1919년 3월 撫松縣에서 조직되어 각 현에 支團을 설치하고 국내와 국외에서 대활동을 개시하고 있던 홍업단과

---

1) 『民族獨立鬪爭史史料 —海外篇—』, 輿論社, 12쪽.
2) 『玄楯自史』 第16節, 「三·一運動과 나의 使命」(SOON HYUN HISTORICAL COMMITTEE 『SOON HYUN』 EARLY YEARS TO MARCH 1ST MOVEMENT 1879~1919 참조.
3) 대종교는 단군숭배사상을 중심으로 한 구국항일의 성격을 띤 종교였다. 1909년에 서울에서 羅喆에 의해 설립된 이후, 일제의 탄압으로 1914년에 총본사를 북간도의 화룡현 靑波湖로 이전하고 만주지역을 전도의 주된 대상지역으로 하였다. 1922년 4월에는 總本司를 북만지역의 영안현 南關으로 이전하여 북만지역에 포교한 결과 1929년에는 寧安·穆陵·密山 등지에서 2만여명의 신도를 확보하기에 이르렀다. 朝鮮總督府警務局, 『北滿地方思想運動概況』, 1929, 6, 42쪽.

접촉을 하고 있었고, 상해에서의 활동이 여의치 않자 곧바로 만주지역으로 가서 이 團에 참가하여 활동하는 것이 아닌가 한다.

홍업단은 농민과 군인이 따로 없이 낮에는 밭을 갈고 밤에는 행군하는 兵農兼行의 방책을 취하여 동포사회의 안녕과 질서를 확립하는데 공헌하던 단체인데, 그 직원 조직은 團長에 金虎, 부단장에 오석, 總務 尹世復, 재무 李源一, 경호 吳濟東, 교섭 全星奎 등으로 모두가 대종교인이었다.4)

홍업단은 본단의 조직·군사 훈련과 함께 각지방에 지단·지부 조직을 확대하였는데, 이들의 활동과 그 성격은 1921년 2월 장백현 등 각지의 단원 동포들에게 반포한 공시문에서도 그 일면을 확인할 수가 있다.5)

이러한 단체에서 부단장 임무를 수행한 오석은 대종교내에서 그의 위치가 상당히 높았고, 동시에 이후의 행적과 연계하여 보면 실무적으로 이 단체를 직접 이끌어갔던 인물이었음을 알 수 있다.

홍업단은 활동하는 동안 이들 지역에 주둔하는 중국군의 위협을 받기도 하고, 혹은 일경의 꼬임에 넘어간 중국 군경들의 습격으로 청년 훈련소생들이 중국 관청에 감금당하는 일도 있었으나 오석 등 간부들의 현지 관헌들과 교섭을 펼쳐 일을 해결하기도 하였다.

한편 홍업단은 가까운 곳에 있는 대한독립군비단·광복단·太極團·大震團 등 같은 목적으로 건립된 무장단체들과 언제나 긴밀한 연락을 취하면서 협력하는 가운데 군사활동을 전개하기도 하였다. 예를 들어, 1921년 가을 군비단·태극단과 함께 의용대를 甲山·新興 등지에 보내 적 경찰대를 습격 섬멸한 일이나, 이후 겨울에 들어 군비단·태극단·광복단 등 장백·

---

4) 愛國同志援護會,『韓國獨立運動史』, 270쪽.
5) 본단은 사업의 성취와 사회의 보전을 위하여 좌항의 규칙을 특정한다.
   1. 사회에 헌신하는이상 嗜酒·貪色·雜技의 악습을 절대 금한다.
   1. 신정부에서 우리 동포의 자치제를 명령하였으니 단원된 자는 죄과에 따라
   형 및 사형 처리 한다.
   1. 외국인과 비밀리에 사통하는 자는 사형에 처한다.
   1. 본단의 명령에 복종하지 않는 자는 형에 처한다.
   기원 4254년 정월 초 5일 홍업단 사무소(1921년 3월 30일자 高警 제8587호).

무송 지구의 무장 단체들과 연합하여 대한국민단의 대군단을 이루어, 1922
년 8월에는 朴俊赫·姜承京이 이끄는 1대가 三水郡의 영성주재소를 습격하
여 승리를 거두기도 하였으며, 1923년에는 다시 군비단·태극단·광복단
등 세 단체와 합하여 광정단을 조직하고 보다 더 큰 일을 도모하기도 하였
다.6)

이러한 군사활동의 기반은 청년훈련소인 鍊武所에서 배출된 청년군사들
이었는데, 이들의 교육은 북로군정서에서 파견된 참모와 군인들에 의해서
이루어졌다. 즉 全盛鎬·姜承卿이 파견되어 와 군사교육을 시켰고, 또 오석
을 비롯한 박장빈·이옥규·최시언·한승제 등이 파견되어 와 조직·훈
련·작전 등을 지도하였다.7)

이처럼 홍업단이 발전 활동할 수 있게 된 배경에는 북로군정서와의 협
조가 중요한 작용을 하였는데, 북로군정서의 내력을 보면 자세하지는 않지
만 오석의 초기 활동을 대략이나마 유추할 수가 있다. 즉 3·1독립운동이
후 동만 汪淸縣에서는 정의의 깃발을 들고 조국광복운동에 앞장서자는 취
지하에 조직된 正義團이라는 단체가 있었다. 그러나 이보다 앞서 白圃 徐一
을 단장으로 한 大倧敎人 중심의 단체인 重光團이 만들어졌는데, 이 단체가
정의단의 기초가 되었다. 이 중광단은 광복운동을 위한 청년동지들에게 교
육훈련을 시키는 것이 주요 목표였고, 이를 실천하던 중 당시 국내정세가
반전되게 되자 무력전투를 목적으로 하는 정의단을 창단하게 되는 것이다.
이 단의 단원들은 민족종교인 대종교사상으로 정신무장을 하고 있었기 때
문에 단원들의 復讐獨立精神은 아주 강렬하였다.8) 그 결과 많은 동포 청장
년들의 호응을 얻어 단의 세력은 날로 확대되어 만주 각지에 5개 분단과
70여 개소의 지단이 설치될 정도였다. 그리고『一民報』와『韓國報』를 펴내

---

6)『동아일보』, 1921년 10월 14일자.

7) 이현익「대종교인과 독립운동 실기」『대종교인과 독립운동연원』(『독립운동
  사』제5권, 독립군전투사(상), 325쪽 참조)

8) 이러한 단원들의 정신은 그들의 강령과 격문에서 볼 수 있다. 국사편찬위원
  회,『한국독립운동사』3권 자료편 43, 항일단체에 관한 자료 참조.

어 항일독립전쟁을 강조하였다. 그러다가 만세운동의 열정을 토대로 1919년 7월에 軍政會를 조직하고 인재모집과 군대훈련에 주력하였고, 8월에는 金佐鎭을 맞이하여 군정부를 확대하여 독립전쟁의 조직기반을 튼튼히 하였으며, 그러는 가운데 노령방면에서 무기를 대량 구입하여 실전훈련을 본격화하여 후일 청산리전투에서 승리할 수 있는 기초를 닦아 놓았던 것이다. 이러한 군정부의 본영은 왕청현 西大坡에 있었는데, 이해 12월 상해 대한민국임시정부의 지시에 의해 북로군정서로 개편되게 된 것이다.

북로군정서는 1920년봄에 약 3백명의 군사를 더 모집했고, 李成奎를 국내에 보내 대한제국시대의 육군장교로 유능한 인물인 김규식·홍충희·김찬수·박형식 등을 동반해 왔는데, 이때 한말 군대의 참영이였던 오석도 이러한 움직임의 일환으로 柳佑錫과 함께 撫松縣으로부터 와 군무에 종사하게 되는 것이다.

이후 오석은 북로군정서를 실질적으로 주도해 가는 일원이 되었다. 즉 한 때 북로군정서가 장병들이 흩어지고 총재 서일이 자결하는 등 비운을 겪게 되자 온갖 난관을 현천묵·나중소 등과 함께 극복해 가며 군세를 수습정비하여 다시 병력을 양성하는 등 전투력 보전에 힘을 아끼지 않았다. 그러나 내부의 난관을 극복하기란 그리 쉬운 것만은 아니었다. 그 결과 군사적 세력은 계속 약해지는데다 鳳梧洞전투와 靑山里전투 등에 의해 처음으로 참담한 패배를 맛본 일제가 전 병력을 동원하여 이에 대한 보복을 강구하며 재만 한인들에 대한 무차별한 학살을 강행하기 시작하자, 무기와 병력면에서 열세를 면치 못한 북로군정서를 비롯한 재만독립단체들은 이를 피해 러시아령으로 이동하여 일시적으로 일제의 탄압을 피하는 한편 전선을 재정비하고 무력배양을 도모하였던 것이다. 그러나 이 또한 기득권을 지키려는 러시아에 거주하고 있던 한국인들로 구성된 한인부대와 만주지역에서 이동한 독립군이 高麗革命軍政議會와 大韓義勇軍으로 갈라져 싸운 자유시참변 때문에 제대로 진행되지 않았다.9)

---

9) 신재홍, 「자유시참변에 대하여」, 『백산학보』 14, 1973, 173~189쪽.

이 사건을 계기로 재만독립군의 주력부대가 속한 대한의용군은 赤軍 제 29聯隊에 의해 무장해제를 당하고 말았다. 그러자 독립군들은 하는 수 없이 1922년 말경부터 만주지역으로 복귀하여 각 독립운동단체를 통합하는 일에 주력하여 힘을 한데로 모으면서 효과적인 대일투쟁을 전개하게 되는 데, 러시아령으로 잠시 이주했던 오석을 비롯한 군정서 요원들도 이러한 흐름에 따라 보다 만주지역으로 다시 와 결집력있는 항일무장투쟁을 기도 하게 되는 것이다.

Ⅲ. 신민부에서의 활동과 역할

1922년 8월 30일 桓仁縣 南區 馬圈子에서 서로군정서·대한독립단·韓僑會·대한광복단군영·대한정의군영·대한광복군총영·평북독판부대표·통군부대표 등 8개단체 대표 71명이 참석한 가운데 統軍府를 조직하게 되었다. 이후 통군부는 중앙기구로부터 지방기구에 이르기까지 구체적이고 짜임새 있는 조직을 정비하고, 지방자치행정과 군사양성기구를 제정하며 본격적인 활동에 들어갔는데, 2개월 후인 10월에는 이름을 고쳐 統義府로 고치고 직제를 委員制로 하여 제반 업무를 확대해 나갔다.10) 그리고 통의부의 군대를 義勇軍이라 칭하였는데, 오석은 이 단체의 군사부감으로 선출되어 군사부장 梁圭烈·사령장 金昌煥 등과 함께 항일투쟁에 적극 참가하게 된 것이다.

이러한 과정에서 前大韓軍政署 局長인 오석은 대한독립군 총재 대리의 명의로서 汪淸·延吉 두 현에 심복 부하 金官永을 파견하여 大韓軍司 探査員을 모집하였는데, 이를 위해 전 대한군정서 사관 연습생들과 밀접한 연락을 취하는 등 무장투쟁을 위한 군사모집에 전력을 기울였다.11)

---

10) 愛國同志援護會, 『韓國獨立運動史』, 262쪽.
11) 『독립운동사자료집』, 제9집, 임시정부사자료집, 832쪽.

  그러나 오석은 1924년 초에 다시 북만지역으로 돌아와 玄天默을 총재로 하는 대한독립군정서를 조직하고, 曺成煥·羅仲昭·김규식·이장녕·金弼·權寧瀋 등과 함께 참모로서 활약하였다.

  이렇게 통의부에서의 활동을 그만두고 북만으로 돌아와 다시 대한독립군정서를 조직하여 활동하게 되는 원인에 대한 구체적인 원인은 알 수 없으나, 보다 큰 조직인 신민부를 조직하기 위한 방편에서 다시 북만으로 돌아온 것이 아닌가 한다. 왜냐하면 이러한 점은 그의 그동안의 행정을 통해 추측할 수 있기 때문이다.

  즉 1923년 1월 상해에서 국민대표회의가 개최되었는 데, 이때 만주지역의 각 단체도 희망을 안고 이 회의에 참석하였다. 그러나 참가단체들은 대한민국임시정부를 둘러싸고 창조파와 개조파로 나뉘어 대립이 격화되어 결국 독립단체들은 통합되지 못하고 5월 16일 결렬되고 말았다. 이에 창조파의 수뇌인 김규식·신숙·윤해·원세훈 등 30여 명은 1923년 8월에 블라디보스토크로 향하여 제3국제공산당의 양해하에 1924년 2월 국민위원회를 조직하고 회합하였으나, 조직에 앞서 원동 고려공산당 선전위원 이동휘 등 일파의 반대와 모략 중상으로 勞農政府로부터 추방되어 3월 길림을 경유하여 상해로 돌아왔다. 이후 수뇌인 김규식은 상해 프랑스조계 東方大學에서 영어교사로 취직하고 윤해 등은 북경과 상해를 왕래하며 國民委員會 公報 등을 발행하는 등의 일을 도모하였는데, 본부는 북경에 있었던 것 같다. 이 단체는 상해 임시정부와는 전혀 반대의 위치에 있었는데, 아마도 1923년 말 북경에 있던 노동대표 카라한의 초청에 의해 여운형 등이 북경에 있었는데 아마도 이들과 어떤 연계가 있었던 것이 아닌가 사료된다.[12] 당시 이 국민위원회 집행위원으로 金奎植·申肅·李青天·金應爕·尹海·姜九禹·韓馨權·吳昌煥·金世晙 등이 있었다는 점에서도 알 수 있다.

  이 회의에는 오석도 참여하고 있었음이 사료에서 보이는데, 그가 언제 이 회의에 가입했는지에 대해서는 알 수 없지만, 이 회의의 위원으로 있다

____

12) 國會圖書館, 『韓國民族運動史料(中國篇)』, 1976, 512쪽.

가 해임되는 명단에 오석이 끼어 있다는 사실에서 알 수 있다. 당시 해임된 자는 오석을 포함해 13명이었는데, 고문으로 있던 박은식·이동녕·이동휘 등 3인도 함께 해임되었다. 그리고 곧바로 이들을 대신하여 10명의 위원이 선출되고 다시 후에 오석과 일을 함께하는 황학수 등 10명이 후보 위원으로 보선됨을 알 수 있다.13)

이러한 일련의 상황을 통해 볼 때 오석은 자신이 원해서 입회하게 된 것인지, 아니면 이들 집행위원회에서 자기들 임의대로 그를 선출했는지는 명확하지 않지만, 김홍일·한창걸·김창숙 등과 함께 해임되는 것을 보면 북로군정서와 대종교에서 활동하며 임시정부를 지지하고 있던 공화주의자인 오석이 임시정부의 반대편에 서 있던 이 단체에 대해 그다지 적극적으로 관여하지 않음으로 해서 해임된 것이 아닌가 한다.

이러한 상해와 북경 등에서의 단체별 독자적 활동 및 그들간 비협조적 상황에 실망하고, 또 공화주의와 반대입장에 있는 그들과 함께 활동할 수 없다고 느낀 오석은 다른 만주지역 대표들과 함께 만주지역에서만이라도 통합을 이루어 대일항전에 총력을 기울이자는 생각으로 북만지역 독립운동 단체들을 통합하는데 초점을 맞춘 扶餘族統一會議가 1925년 1월 穆陵縣에서 개최되자 여기에 참석하게 된 것이 아닌가 한다.

이 회의 결과 1925년 3월 10일 북만지역의 寧安縣 寧安城內에서 大韓獨立軍團·大韓獨立軍政署·中東線敎育會 및 北滿 16개 지역의 民選代表·10개의 국내단체 대표 등이 참가한 가운데14), 新民府란 단체가 조직되게 되는 것이다.15)

이 단체는 東滿地域의 敦化縣과 安圖縣 일대와 哈爾濱에서 綏芬河를 연결하는 中東線의 연변일대에 조직망을 갖고 있었고, 재만 동포에 대한 자치활동과 아울러 북만지역에 거주하는 친일한국인에 대한 암살 및 국내에 사람을 파견하여 조선총독을 암살하려 하는 등 활발한 활동을 하여 결성 이

---

13) 위의 책, 516쪽.
14) 국사편찬위원회, 『한국독립운동사』 4, 1968, 807쪽.
15) 위와 같음.

후 해체될때까지 군사·문화·행정 등 각 방면에서 많은 공적을 올렸다.[16]

신민부는 1920년대 후반에 이르게 되면 북만지역에서 가장 큰 규모의 독립단체가 되어, 남만지역에서 활동하고 있던 正義府·參議府와 함께 동일 세력을 형성하면서 약 5년간 독립활동을 전개하게 되는 것이다.[17]

이 단체가 활동하는 동안 특히 주목되었던 점은 북만지역에서 공산주의 단체들이 발호하고 있을 때 홀로 민족주의 노선을 표방하면서 남만지역과 국내독립운동과 연계하면서 활동하였다는 점인데, 이는 오석이 관계하고 있던 단체인 大韓獨立軍政署가 추구하는 노선과 일치하는 것이었다.

大韓獨立軍政署는 1924년 3월에 玄天默·曹成煥·金圭植 등을 중심으로 同賓縣을 근거로 조직된 단체였다.[18] 이들은 대개 北路軍政署 출신으로 오석도 여기 출신으로 이 단체에서는 最高參謀로써 활약하였다.[19]

북로군정서 출신들은 대부분이 대종교 신자였으며, 민족주의자들이었기에,[20] 북만지역에 근거지를 두고 있던 赤旗團 등 공산주의 단체에는 가입하지 않았다. 비록 대한독립군정서의 이념을 알려주는 기록은 없지만, 북로군정서는 대한민국임시정부를 지지하고 있던 단체였고, 북로군정서원들이 주축이 되고 있다는 점에서 共和主義를 이념으로서 표방하고 있었음을 알 수 있다.[21]

신민부의 조직은 삼권분립제도였는데, 행정기관인 중앙집행위원회·사법기관인 檢査院·입법기관인 참의원으로 이루어졌다. 그러나 검사원은 대한민국임시정부나 정의부 등에서도 그랬듯이 실제로 운영하지는 못했고, 참의원 또한 독립전선에서는 유명무실할 수밖에 없었다. 그렇기 때문

---

16) 이강훈 전광복회장 회고록, 「金九, 金佐鎭, 그리고 六三亭 의거」, 『新東亞』 1993년 6월호(제36권 6호), 624쪽.
17) 박환, 「신민부에 대한 일고찰」, 『역사학보』 제108집, 1985년 12월 참조.
18) 『독립신문』 <상해판>, 1924. 3. 20일자.
19) 『독립신문』 <상해판>, 1924. 3. 28일자.
20) 중앙집행위원회 위원들 가운데 종교를 파악할 수 있는 11명 중 10명이 대종교 신자였고, 오석도 이에 포함되었다. 李顯翼, 『大倧敎人과 獨立運動淵源』, 84쪽(金赫)
21) 박환, 앞의 논문, 96쪽.

에 중앙집행위원회에 모든 권력이 집중되어 있었는데[22], 그런 점에서 중앙
집행위원장을 맡고 있던 오석이 실질적으로 이 단체를 움직이던 주체 인물
이었음을 알 수 있다.[23] 이렇게 오석이 중앙집행위원장에 선출되었던 것은
북로군정서원들이 중심이 되어 조직된 단체가 대한독립군정서였고, 이 회
의 대표자인 오석·曺成煥·鄭信 등이 이 회의 주요 인물이었기에 이들은
자연히 신민부 조직의 핵심이 되었던 것이다.

이러한 것은 대한독립군정서가 추구했던 독립운동 방법론이 북로군정
서 운동 방법론과 마찬가지로 무력투쟁을 통한 국권회복에 있었다는 점에
서도 확인할 수 있다.[24] 즉 대한독립군정서는 자금을 모집하여 무기를 구
입하고, 이를 바탕으로 일제의 밀정을 사살하는 한편, 국내로 진격하여 일
제를 완전히 축출한다는 것이었다. 또한 이 독립단체는 이의 실현을 위해
黑龍江省 烏雲縣에 사관학교를 설립하여 군인을 양성하고자 하였다.[25]

이러한 방법을 추구했던 대한독립군정서의 핵심인 오석이 중앙집행위
원장이 되자 자연히 이러한 방법을 추구하는 정책으로 이어지게 되었고,
그 결과 군인의 질적 향상을 위해 穆陵縣 小秋風에 城東士官學校를 설립하
게 되는 것이며, 이 학교의 교장으로 오석 스스로가 부임하게 되는 것은
자연스런 결과였다.

이 학교에서는 초기에 150명의 청년을 선발하여 다음과 같은 기구를 구
성하며 인재배양에 힘썼다. 즉 교장에 오석, 부교장에 김좌진, 교관에는 박
두희·백종렬·오성세 외에 5명이 있었고, 고문으로는 이범윤, 조성환이
임명되었다. 그리고 교육은 매년 2회씩 속성으로 교육하였다. 그리하여 양

---

22) 『獨立運動史』 5, 514쪽.

23) 신민부원 생존자 공동기록. 『新民府略史』, 1954, 206쪽. (최홍규, 「1920년대
   북만주 항일독립운동의 증언-신민부 활동과 그 자료 해설」, 『자유공론』
   184호, 1982, 204~213쪽).

   24) 이는 1924년 4월 하순에 寧安縣 寧古塔에 있는 大倧敎 敎堂 내에서 개
   최된 軍政署聯合會 총회 결의안에 잘 나타나 있다. (『朝鮮獨立運動』 II, 民族
   主義運動篇, 1080쪽.)

25) 『朝鮮獨立運動』, 앞의 책, 1078~1079쪽.

성된 총 사관생도는 500여명이었다. 이 사관생도들은 신민부 군인의 중견
간부로서 민족운동의 기둥이 되었다. 신민부 조직의 중심이 중앙집행위원
회에 있었고 위원제를 채택한 것은 민주주의 혁명조직을 본받았던 것이며,
군사행동 일체는 김좌진 1인에게 위임하여 530명의 군인이 군사훈련을 받
았다.[26]

　이러는 가운데 오석이 가장 중점을 두었던 것은 신민부의 세력확대였다.
그리고 세력범위에 들어 있는 지역의 동포들을 독립운동 선상으로 끌어들
이는 것이었다. 당시 신민부는 북으로 밀산현과 남으로 장백산맥의 주봉인
백두산지역을 실력양성소의 예정지로 지정하고 오석도 이를 위해 밀산으
로 갔다. 그러나 이 지역 원로들은 독립단체의 알력 등에 대한 반발로 신민
부에 대해 등을 돌리려 했으므로, 결국 이 지역을 활동거점지역으로 하려
했던 전략을 수정하지 않으면 안되었고[27], 대신 신민부는 屯田制의 실시를
계획하고는 백두산 삼림지대인 安圖縣에 조사단을 보냈다.[28] 그 결과 1926
년 5월 신민부는 남쪽의 장백산맥 주봉인 백두산지역을 실력양성소의 예
정지로 지정하고 첫사업으로 신민부 본부의 심판원장인 弄俗과 이강훈을
파견하였고, 얼마 후 오석도 휘문고등학교출신인 嚴宇泳을 대동하고 갔다.
이강훈으로부터 그동안 견문한 각지의 실정을 보고받으면서 동포들이 가
장 필요로 하고 있는 것이 교육기관의 설치임을 알자, 오석은 이를 쾌락하
고 엄우영을 우선 교원에 임용한 후[29], 이강훈도 그에 대한 보조역할을 하
도록 했다. 그러자 이곳 동포들도 자진하여 사옥을 건축하는 등 적극적으

---

26) 「金九, 金佐鎭, 그리고 六三亭 의거」, 『新東亞』 1993년 6월호(제36권 6
　　호)623쪽.
27) 일설에는 당시 이곳에 살고 있던 동포들의 생활상이 차츰 소련화 되어 갔고,
　　소련식 혁명풍조에 무비판적으로 휩쓸려 들어가는 것 같았으며, 밀산에 몰려
　　든 예수회의 일부 교역자들이 교인들만의 안일과 편안함에 급급하여 민족문
　　제니 사회문제니 하는 운동을 은근히 배척하는 분위기였으므로 이런 분위기
　　를 감지한 오석이 먼저 본부로 귀환하여 이에 대한 대책을 강구하게 되었다
　　고도 한다.
28) 파견책임자는 林崗이었다.
29) 이강훈, 「金九, 金佐鎭, 그리고 六三亭의거」, 앞의 글, 627쪽.

로 협조해 왔다.

이처럼 북만지역 독립운동단체 통합체인 신민부의 가장 중요한 부서인 중앙집행위원장인 오석은 신민부의 기반확충과 동포들의 관심을 유도하며 항일운동에 매진하는 일에 전력을 기울였으나, 1927년 중앙집행위원장 오석을 비롯한 여러 중앙간부들이 적에게 매수된 만주경찰대에 의해 적에게 넘겨져 장기형을 받게됨에 따라 신민부는 위기에 봉착하게 되었고[30], 오석의 활동도 더 이상 기대할 수 없게 되었으므로 이러한 신민부의 위기상황은 재만독립운동계의 전체적인 위기감을 초래하여 독립운동계의 통합운동인 유일당운동으로 전환되는 계기를 가져오게 되었던 것이다.

Ⅳ. 재만독립운동단체의 유일당운동과 오석

신민부의 왕성한 활동에 공포를 느낀 일제는 '반동분자'와 합작하여 신민부원들을 체포하기 시작하였다. 그러나 이러한 탄압속에서도 신민부는 혈전태세를 갖추고 조선총독부가 권업회·보민회 등의 이름을 내걸고 잠입한 주구배들을 숙청하는 공작을 행하면서 친일 기관인 하얼빈 조선인 거류민회에 대한 파괴공작 등 눈부신 활약을 전개해나갔다.

그러나 이같은 과정에서 신민부 자체의 피해가 가중되게 되어 존립자체에 큰 위협을 주게 되었고, 여기에 내홍까지 겹치게 되었다. 그 내홍이란 1927년 12월 25일에 石頭河子에서 개최된 총회에서 軍政派와 民政派로 양분된 것으로[31], 분열의 발단은 동년 2월에 일본경찰과 중국군 1개 중대의 습격으로 중앙집행위원회의 위원장인 오석과 총리부위원장인 兪政根, 그리고

---

30) 이강훈 전광복회장 회고록, 「金九, 金佐鎭, 그리고 六三亭 의거」, 『新東亞』 1993년 6월호(제36권 6호), 624쪽.

31) 朝鮮總督府警務局, 『高等警察關係年表』, 1930, 1927年 12月 25日 條 ; 『高等警察要史』, 120~121쪽.

본부 직원인 金允熙·朴敬淳·韓慶春·南重熙·李正和·南極 등이 피체되면서 시작되었다.[32]

이 사건이 신민부에 큰 타격을 주자 이에 대한 대책을 숙의하는 과정에서 군사위원장 겸 총사령관인 김좌진은 이러한 희생을 계기로 보다 적극적인 무장투쟁을 주장한 반면에 민사부위원장인 崔灝는 이에 반대하며 먼저 교육과 산업을 발전시키는데 치중해야 한다고 주장하였다.[33] 이런 일련의 대립 양상으로 인해 결국 신민부는 두 파로 나뉘어 서로 자신들이 신민부라고 주장하기에 이르렀다.[34]

이처럼 오석의 피체는 신민부에 있어서 아주 중요한 사건이고, 또한 새로운 국면으로 전환되는 계기를 가져다 줄 정도였다. 그는 중앙집행위원장으로서 가장 중심적인 인물이었고, 또한 그의 실질적인 행동과 평소의 인격은 많은 대원들로부터 존경과 추종을 받았기 때문인데, 이러한 그의 인격은 그의 부하였던 이강훈과의 대화 속에서도 엿볼 수 있다.

> 오석이 이강훈에게 「금후에는 혁명대열에서 어떤 일을 어떻게 하고 싶은가?」하고 묻자, 이강훈이 「직접행동으로써 적괴를 무찌르고 세상에 큰 충격을 줄만한 기회를 만들고 싶습니다.」라고 대답하였다. 그러자 오석은 「젊은 혁명가의 당연한 포석일 것이나, 군은 교육가로서 많은 혁명투사를 배출시키고 마지막에 지금 말한 직접행동을 실천하도록 의지를 굳히고 있음이 어떨까?」하면서 그 자리에서 그에게 별호를 하나 지어주었으니, 그 별호는 「청구반도의 우뢰」 또는 「청천백일하의 우뢰」라는 의미로 「靑雷」라 하였다.[35]

---

32) 『동아일보』, 1927, 1, 28일자와 2, 1일자.

33) 그러나 이러한 내홍의 실제 원인은, 신민부에 참여했던 李白虎라는 자가 평소 총을 잘 쏘는 것으로 소문났었는데, 그가 지방 출장차 동빈지방으로 갔다가 거류동포들이 말을 잘 듣지 않는다는 핑계로 총을 난사하여 여러 사람들을 사살했다. 그는 김좌진의 부하였기에 김좌진에 대한 비난의 화살이 퍼부어져 결국 민정위원회와 군정위원회로 나뉘어 대립하게 되었고, 이는 신민부 해체의 한 원인이 되었다. 이강훈 전광복회장 회고록, 「金九, 金佐鎭, 그리고 六三亭 의거」, 『新東亞』 1993년 6월호(제36권 6호), 626쪽.

34) 박환, 위의 논문 참조.

35) 이강훈, 「金九, 金佐鎭, 그리고 六三亭의거」, 『신동아』, 재36권 6호, 동아일보

이처럼 부하 한사람 한사람에게 신뢰감과 존경을 받을 만한 인격을 갖춘 그였기에 그의 피체는 실질적으로 신민부의 주체가 사라진 것과 같은 것이었다.

이처럼 신민부가 나름대로 활동하는 시기에는 만주 동삼성지역에 근거지를 두고 있던 각 독립운동단체들을 나름대로 통합하고 있던 참의부·정의부 등과 함께 세 개의 부로 나뉘어져 여러 독립단체를 이끌어 가는 형식으로 발전해 가고 있었다. 그러나 이러한 통합도 결국 보다 효율적인 독립운동을 하는데에는 한계를 맛보고 있었다. 그런데 이러한 한계를 절감하게 인식하게 되는 사건이 일어났으니, 바로 1925년 중국동삼성 당국의 권력자인 장작림과 조선총독부 경무국장 三矢宮松 사이에「在滿韓人取締方法」이라는 이름으로 맺어진 三矢協約이 그것이었다. 이 조약으로 말미암아 항일운동이 많은 면에서 제약을 받게된 데다가, 또 조선공산당의 성립으로 말미암아 민족주의 세력과의 분열히 현저하게 나타나기 시작했기 때문이었다.

그리하여 정의부에서는 이러한 문제들을 해결하기 위한 차원에서 유일당 촉성운동을 획정하여 전개하기 시작하였다.[36] 그러나 이러한 일을 하면서 모든 것이 순조롭게 이루어질 수는 없었다. 그렇지만 당면한 현실적 한계성에 의해 아무런 결론 없이 무산될 수 없다는 급박함을 느낀 일부 인사들은 유일당조직 준비기관으로「시사연구회」를 조직하기로 하고 이 운동을 관철시키려 하였다.[37] 그러한 일환으로 1927년 8월 정의부에서는 길림현 東道溝에서 제4회 중앙의회를 개최하고 첫째, 만주운동선통일을 위하여 신민부·참의부와의 연합을 적극적으로 도모할 것 둘째, 전민족운동통일을 위하여 유일당 촉성을 준비할 것을 결의하게 되었다.[38]

그리하여 시사연구회는 유일당조직촉성회의의 개최를 결의한 후 12월 盤石에서 남만혁명동지 연석회의를 열고 1928년 3월 1일을 기하여 촉성회

사, 1993. 6. 625쪽.
36)『高等警察要史』「在支不逞鮮人ノ狀況」, 民族主義運動 참조.
37) 동주 17) 참조.
38)『동아일보』, 1927년 11월 23일 참조.

의를 열 수 있도록 대표를 파견해 달라는 공문을 재만 32개 단체에 통지장을 보냈던 것이다.[39]

이처럼 유일당운동이 많은 제한적 요소에 부딪치면서도 촉성되게 되었던 데는 만주지역에서의 두가지 중대 사안이 일어났기 때문이었으니, 하나는 정의부가 주도하던 고려혁명당 내에서 당내 민족주의와 공산주의간의 이념대립으로 자신들이 정립한 이상을 실현하지 못한 채 해산되는 일이 일어났다는 것과, 다른 하나는 신민부의 핵심 간부인 오석·유정근 등 8명이 哈爾賓駐在 일본영사관 경찰에 의해 피체된 사건이었다.[40]

이 사건은 오석이 朝鮮革命軍을 창설하여 中國救國軍과 합세케 하여 한중연합군을 조직한 다음 일본군에 항전하고 있었는데, 이러한 대일항전이 그의 피체로 말미암아 점차 쇠약해지면서 만주 동포사회의 동요를 가져왔던 것이다. 조선혁명군은 1926년 경에 길림성 伊通縣을 중심으로 金赫·李鍾洛·張小峰·金誠柱·車光洙·崔孝乙 등이 조직한 청년층 단체로서 그 운동 상황은 대단히 용감했다. 특히 이들의 투쟁은 격렬하여 많은 희생자를 냈지만, 반면에 그 영향력은 대단히 커서 일본 입장에서는 아주 두려운 상대였던 것이다. 그리하여 일제의 탄압은 더욱 가중되어 長春의 金剛館事件에서는 白信漢이 아깝게 희생되었고, 1927년에는 결국 중동선 석두하자에서 오석 등이 왜경에게 체포되고 말아 비록 그 후에도 계속 군무를 발전시키며 洪原 端川의 적 기관을 습격한 것을 비롯하여, 평북 각방면에서 용감한 투쟁을 전개하였지만, 오석 등 중요 지휘 계통이 체포된 이후 전략 전술상의 문제점이 노출되어 최효을·김형책·김원우가 체포되고, 또 간부 이종락·장소봉이 장춘에서 왜경에게 체포됨으로서 1928년 겨울 경에는 조선혁명군의 활동이 중지되지 않으면 안되었던 것이다.[41]

이처럼 위의 두 사건은 재만독립운동단체들로 하여금 독자적인 활동만으로는 한계가 있음을 더욱 절실하게 느끼게 하여 각단체의 지휘통일을 신

---

39) 『高等警察要史』 「在支不逞鮮人ノ狀況」, 民族主義運動 참조.
40) 『조선일보』, 1928년 1월 28일, 2월 1일.
41) 愛國同志援護會, 『韓國獨立運動史』, 261쪽.

속히 하지 않으면 안된다고 하는 위기의식이 형성되게 되었던 것이다. 그
결과 1928년 4월에 삼부 연합회의가 개최되었던 것이고[42], 1929년 봄부터
3부 통합운동이 본격적으로 일어나게 되는 계기가 되었던 것이다.

　1928년 3월 16일 피체된 신민부원 오석 등 12명이 新義州로 호송되어[43],
1929년 6월 14일 신의주지방법원에서 정의부 간부인 오석은 징역 10년형을
선고받고[44], 복역 중 병으로 가석방되었다. 그러나 그의 독립에 대한 헌신
은 식을줄을 몰라 요양을 하는 가운데서도 그의 투쟁활동은 계속되었다.
1929년 7월 2일에는 간도 노두구에서 老頭溝靑年聯盟 제4회 임시대회를 열
고 오석이 사회를 맡아 제반사항을 결의하는데 이바지 하기도 하였다.[45]
그러나 그의 그러한 열정적인 활동은 이미 쇠약해질대로 쇠약해진 상태에
서 건강상의 무리를 가져와 고향으로 돌아가지 않으면 안될 상태에 이르게
되었다. 그리하여 고향에 돌아간 오석은 1937년 결국 병사하고 말았다.

V. 맺음말

　오석의 생애는 그야말로 모든 것이 베일에 싸였다고 할 수 있다. 그와
관련된 단체나 활동 범위는 상당히 많고 넓었지만, 그의 행적이 남아 있는
자료는 극히 드물어 그의 활동과 사상을 조명하는 데에는 많은 한계점이
있었다. 그러나 본고에서는 그러한 여러 제한적 요소를 가지고 있음에도
불구하고, 나라의 독립을 위해 희생하려 했던 그의 뜻과, 또한 온몸을 바쳐
독립투쟁에 매진하는 그의 용감성을 그대로 묻어놓을 수만은 없기에 그의
생애와 활동을 개략적으로나마 논술한 것이다.

　서론에서도 제시한 바와 같이 자료상의 한계 때문에 아직 연구되지 않

---

42) 丁原鈺, 「在滿 正義府의 抗日獨立運動」『한국사연구』(34), 133～135쪽.
43) 『조선일보』, 1928년 3월 16일.
44) 『동아일보』, 1929년 6월 14일.
45) 『조선일보』, 1929년 7월 2일.

는 많은 훌륭한 독립지사들이 알려지지 않은 채 시간은 흘러가고 있는 실정이다. 특히 아쉬운 것은 이제 그나마 당시 그들과 함께 독립운동에 참여했던 지사들이 점점 사라져가고 있다는 사실이다. 따라서 이들에 대한 연구는 이제 더 이상 지체될 수 없는 상황에 와 있다고도 할 수 있다. 비록 그들에 대한 전반적이고 구체적인 진면목을 분석해 낼 수는 없다고 하더라도, 이제는 최소한 그들과 관계있는 자료들을 정리하여 개략적으로나마 그들에 대한 조명이 시도되어야 할 것이다. 그렇게 되었을 때 새로운 논문들이 그러한 부족한 부분을 보충해 갈 것이고, 그러한 가운데 새로운 자료도 밝혀지게 될 것이기 때문이다.

이러한 생각을 가지고 이제 한국독립운동사 연구에 있어서 인물연구가 적극 추진되기를 기원하는 것이고, 그러한 일련의 기도로서 본고를 서술한 것이다. 따라서 오석의 일생을 조명하는데 있어서 시간적·공간적 활동의 연계가 어색하고, 동시에 그의 활동의 구체적 사실과 그가 그런 활동에 임하는데 있어서의 의지와 사고가 무엇인지를 명확히 밝히지는 못했지만, 새로운 인물에 대한 연구를 시도했다는 점에서 평가되었으면 하는 바램이다.

▌ A study about OH SUK(鳥石) Kim Hyak(金赫)'s life and working

kim, saing kee

The field of independent movement history became the most major part in the modern korean history because it contains the factor of overcoming Japanese colonial view of history and of strengthening security sense.

This paper will just show his general information about his way of independent movement. He was born in yaeungin kaengi-do on 6 October 1875, dedicated to independent movement, arrested by Japan and died for collective fatigue of prison on April 1939. Many part of his life was not herald. Although the number of the organization and party taht he took part in was so many, the materials and data about him is just small. So we have a many difficulties in studing about him. But this paper tries to show his life and activity because his holy spirit and bravery toward Korean independence is so valuable. Many fighters for national independence have not been studied in the limitation of the materials. Especially the regrettable thing is that the memory about fighters for national independence is gradually disappeared. So we must concern about this part and take more intention to discover and study their activities. Though it is difficult to find out many materials and analyze perfectly about them, we must try to classify and discover materials that we can take. As we proceed these efforts, we can discover new materials and truth.

In this concept, I expect to proceed the study about many fighters for national independence and this paper is the one in this process.

This paper summarized his life and working because his life would show his bravery to strengthen independent movement.

「滿洲國」의 '民族協和' 運動과 朝鮮人

尹 輝 鐸[*]

Ⅰ. 머리말
Ⅱ. 治外法權의 撤廢與否와 朝鮮人의 位相
Ⅲ. 國家組織上의 民族構成과 朝鮮人
Ⅳ. '民族協和' 運動과 朝鮮人의 自我認識
Ⅴ. 맺음말

* 한국정신문화연구원 초빙연구원.

I. 머리말

주지하듯이 토착적인 몽고족과 만주족, 그리고 回族은 일찍부터 만주에 거주하고 있었고, 청조 중기 이후에는 주로 화북 지역 출신의 한족이 滿洲(중국 東北地區)로 이주하기 시작했으며 뒤를 이어 조선인과 러시아인도 만주로 이주하기 시작했다. 더욱이 1905년 러일전쟁 이후에는 일본인도 만주에 진출하기 시작했다. 그 결과 20세기에 들어서 만주에는 상술한 6개의 주요 민족이 雜居하는 현상이 도출되었다. 「만주국」은 바로 그와 같은 민족 구성을 바탕으로 건립된 '複合民族國家'라고 할 수 있다.[1]

따라서 「만주국」은 대외적인 국제 관계에서 볼 때, 기본적으로 일본의 이해 관계에 의해 좌우되는 동시에 일본의 '內面指導'를 받는 '괴뢰 국가'였다고 할 수 있다. 그렇지만 대내적인 민족 관계에서 볼 때, 「만주국」은 당시 동아시아 각국의 민족적 모순이 집약된 '복합 민족 국가'라고 할 수 있다. 결국 상술한 '괴뢰 국가'적 성격과 '복합 민족 국가'적 성격이 뒤엉켜서 형성된 「만주국」은, 제국주의와 反제국주의, 식민주의와 反식민주의, 봉건성과 근대성, 서구적 패권과 동양적(혹은 日本的) 패권 등을 둘러싸고 격동 속에 휘말려 있던 당시의 동아시아 국제 질서 혹은 세계 질서의 축소판이었다고 할 수 있다.

이러한 상황에서 소위 '民族協和'는 '日滿一體', '王道樂土' 등과 더불어 「만주국」의 건국 이념이 되었다. '민족협화'란 「만주국」에 거주하는 자는 종족적인 우열을 초월해서 모두 평등하다는 전제 하에 한족·만주족·몽골

---

1) 참고로 1940년 「만주국」의 臨時國勢調查에 의하면, 「만주국」의 총인구는 4,300만 명에 이르렀고, 그 가운데 漢族이 3,700만 명(86%), 만주족이 270만 명(6%), 回族(이슬람族)이 200만 명(5%), 몽고족이 100만 명(2%), 조선인이 150만 명(3%), 일본인이 82만 명(2%), 러시아인이 7만 명이었다고 한다(滿洲國史編纂刊行會 編, 『滿洲國史(各論)』, 東京, 滿蒙同胞援護會, 1971, 58쪽).

족·조선 민족·일본 민족이라는 '五族'이 일률적으로 공존공영을 도모해 나간다는 이념이다. 따라서 「만주국」의 '민족협화' 운동은 다양한 민족 간의 이질성과 민족적 특수성을 완화해서 각 민족 간의 대립 감정을 억제하고 각 민족으로 하여금 「만주국」의 구성원으로서 의무를 다하게 하여 궁극적으로 「만주국」 식민 통치 기반을 공고히 하려는 것이었다. 이 이념은 제1차 세계대전 전후부터 중국에서 대두한 民族自決主義에 대항하기 위해 만들어진 것으로써, 만주에서의 反日·排日 운동의 기초인 민족 의식의 개념적 성격을 폄하하려는 것이었다.[2] 즉 각 민족의 개별성(혹은 특수성)을 주장함으로써 제국주의에 대항한 민족주의나 민족 자결주의에 맞서기 위해, 일제는 민족의 개별성(혹은 특수성)보다도 각 민족이 협력해서 하나의 이상 국가를 건설하자는 '민족협화'를 제기했던 것이다.[3]

따라서 '민족협화'의 성공 여부는 「만주국」의 식민 통치 기반의 강약과도 밀접한 관련을 맺을 수밖에 없었다. 왜냐하면, 만일 '민족협화'가 성과를 거둔다면 「만주국」 내의 항일 세력의 투쟁 명분은 약화될 것이고 그들의 인적·물적 자원, 즉 항일 투쟁에 필요한 병력·식량·무기·탄약·약품 등의 수급 역시 곤란해질 터이지만, 일제의 제국주의 전쟁 수행에 따른 「滿洲國」民의 인적·물적 동원은 그만큼 수월해질 것이겠기 때문이다. 이와는 달리 만일 '민족협화'가 성과를 거두지 못한다면 항일 세력의 투쟁 명분은 강화될 것이고 그들의 투쟁 여건은 제고될 터이지만, 「만주국」 내 각 민족 사이의 알력과 마찰이 증폭되면서 사회적 불안정이 야기됨은 물론이고 일본 민족 이외의 민족의 협력을 이끌어내는 것이 어려워지면서 식민 통치 기반이 약화될 것이겠기 때문이다.

상술한 것처럼 「만주국」 시기에는 '민족협화'가 중요한 비중을 차지하고

---

2) 山室信一, 『滿洲國の肖像』, 東京, 中央公論社, 1993, 131쪽.
3) 蘭信三, 『滿洲移民'の歷史社會學』, 京都, 行路社, 1995, 302쪽. 참고로 그러나 이 이론은 東亞協同體論과 결부되면서 기묘한 모순을 파생시키고 있었다. 즉 서양에 대해서는, '서양과는 다른 아시아'라는 개별성을 주장하면서도, 아시아에 대해서는, 민족이라는 개별성보다도 '서양에 대한 아시아'라는 차원에서의 동질성과 협동성을 주장하는 모순을 지니고 있었다 (위의 책, 303쪽).

있었기 때문에, 관계 당국에서는 일반적으로 '민족협화'에 손상을 줄 수 있
는 각 민족 간의 생활상·권력상의 우열이나 이들 사이의 갈등·대립·충
돌 등과 관련된 내용들을 보도·출판하는 것을 엄격하게 통제하고 있었다.
그 결과 「만주국」 시기 각 민족 간의 위상을 분별하는 작업은 결코 쉽지가
않은 실정이다. 재만 조선인의 생활사나 여타 민족과의 제 관계, 그들의 정
치적·민족적 위상 등과 관련된 연구가 대부분 「만주국」 수립 이전 시기
로 머물러 있는 이유도 바로 여기에 있다고 할 수 있다. 바꾸어 말하면, 「만
주국」 내 조선인의 생활상이나 여타 민족과의 제 관계, 그리고 그에 따른
정치적·민족적 위상 등을 밝힌 연구는 거의 없다.[4]

한편 혈통상 조선 민족인 조선인은 일제의 조선 강점을 계기로 國籍上
'日本帝國의 臣民'이 되었다. 이들 가운데 만주로 이주한 조선인은 「만주국」
의 수립과 治外法權의 철폐를 계기로 '「만주국」의 국민'이 되었다. 그렇지
만 「만주국」이 일제의 괴뢰 국가라는 성격을 벗어나지 못하는 한, 그리고
조선이나 「만주국」 모두 일제의 식민 체제로부터 벗어나지 못하는 한, 재
만 조선인 일반은 사실상 '일본 제국의 신민'이라는 관념과 「만주국」의 국
민이라는 관념이 서로 交織된, 이중의 國籍 의식을 강요당할 수밖에 없었
다. 게다가 재만 조선인 자신이 '조선 민족'이라는 강한 자아 의식을 지니고
있을 때, 그들은 '조선 민족', '일본 제국의 신민', '「만주국」의 국민'이라는

---

4) 이것과 관련된 대표적인 연구물로는 한석정, 『만주국 건국의 재해석―괴뢰국
  의 국가효과, 1932~1936』(동아대학교 출판부, 1999) ; 申奎燮, 「在滿朝鮮人
  の'滿州國觀'および日本帝國像」(『朝鮮史硏究會論文集』 제38집, 2000. 10, 綠
  蔭書房)을 들 수 있다. 전자는 중일전쟁(혹은 치외법권 철폐) 이전까지 재만
  조선인의 민족적 위상을 규명한 것이다. 후자는 주로 몇몇 조선인 '有職階級
  者'의 인식을 중심으로 재만 조선인의 「만주국」관 및 「일본제국」상을 밝힌
  것이다. 그런데 전자는 "재만 조선인은 '2등 국민'이었다."는 종래의 견해에
  이의를 제기하고 있다. 이 글에서는 조선인 자신의 인식이 어떠했는지에 대
  해서는 제대로 규명되고 있지 못하다. 후자는 일부 친일적 지식인 몇 명의
  견해만을 다루었기 때문에, "그들의 견해를 당시 재만 조선인 일반의 인식으
  로 대체할 수 있을 것인가?"라는 비판에서 자유로울 수 없을 것 같다. 그럼
  에도 불구하고 후자는 「만주국」 시기 일부 조선인 지식인의 '국가관'을 최초
  로, 그리고 치밀하게 다루고 있다는 점에서 높이 평가될 수 있을 것 같다.

3중의 정체 의식 속에서 정신적 혼돈을 겪을 수밖에 없었다. 더 나아가 전술했듯이, 「만주국」은 조선인뿐만 아니라 한족·만주족·몽골족·러시아인·일본인 등으로 구성되어 있었기 때문에, 재만 조선인은 정치적인 국적 문제뿐만 아니라, 동일 국가 내부의 다양한 민족 간의 경쟁·嫉視·경멸·마찰·주도권 싸움 속에서 엄청난 정체성의 혼돈을 경험해야 했다. 그 결과 재만 조선인은 「만주국」 내 여타 민족보다도 민족 정체성에 더 많은 의문을 제기하지 않을 수 없었다. 바로 이러한 점이 본고의 연구 동기이기도 하다.

따라서 본고에서는 「만주국」의 ‘민족협화’ 운동과 그 속에서 피동적으로 위치지워졌던 조선인의 민족적 위상과 정체성을 밝히기 위한 차원에서, 「만주국」 내의 여타 민족의 조선인에 대한 인식 빛 평가, 조선인 자신의 자아 인식, ‘민족협화’ 운동 속에서 조선인이 지니고 있는 위상, 그리고 이러한 제 측면에 입각한 ‘민족협화’ 운동의 본질과 그 한계를 밝히고자 한다. 더 나아가 본고에서는 ‘민족협화’ 운동을 통해서 본 「만주국」 및 ‘大日本帝國’의 성격을 드려다 보려는 의도도 작용하고 있다.

Ⅱ. 治外法權의 存廢와 朝鮮人의 位相

일반적으로 「만주국」의 수립과 더불어 치안 질서가 자리잡게 되면서 재만 조선인은 적어도 표면적으로는 중국 관민의 박해와 탄압에서 벗어날 수 있게 되었다. 왜냐하면 우선 그들을 박해할 중국 관헌, 다시 말해 중국 동북 정권이 關內로 철수했기 때문이다. 그리고 「만주국」이 건국 이상의 하나로 ‘민족협화’를 내걸면서 적어도 국적상으로는 일본 제국 臣民의 일원이었던 재만 조선인에게도 치외법권이 부여되었기 때문이다. 그로 인해 재만 조선인은 일본인과 더불어 「만주국」에서 예외적인 존재로 취급받았던 것이다. 비록 재만 조선인 가운데 일부는 일본의 조선 강점과 만주 침략에 맞서 항일 무장 투쟁을 벌이고 있었지만, 나머지는 적어도 표면상 일본의 보호막에 둘러싸이게 되었던 것이다.

그렇지만 과거 오랜 항일 운동의 역사로 인해, 특히 항일 遊擊區에 산재하고 있던 조선인 부락은 「만주국」에 의해서도 밀착 감시를 받았다. 그리고 이들 부락의 조선인들은 때로는 항일 분자로 몰려 혹독한 탄압을 받기도 했다. 특히 「만주국」의 '1935년도 秋冬季 治安肅正工作'을 계기로 집단부락에 수용된 조선인들은 기아·추위·질병·노역·부채에 시달렸을 뿐만 아니라, 정치적인 탄압과 감시 속에서 정신적·육체적으로 엄청난 고통을 겪고 있었다.5) 「만주국」이 '민족협화'를 주창할 때 재만 조선인은 일본인과 동일한 제국의 신민이었다. 그러나 일제가 치안을 확립하려고 할 때 재만 조선인은 의심하고 감시해야 될 被統治 민족이었다.

하여튼 1937년 12월 「만주국」에서 일본인 및 조선인에 관한 치외법권이 철폐6)되기 이전까지, 재만 조선인 가운데 일부는 비록 일제에 의해 조국을 강탈당했지만, 「만주국」의 수립과 더불어 '민족협화'가 주창될 때, 「만주국」의 국적을 취득해서 '「만주국」 국민'이 되기를 바랬다고 한다. 이때 「만주국」 국적의 취득은 제국 일본의 법률적 영역으로부터의 이탈을 의미하는 것인 동시에, 제국 일본의 지배로부터의 해방을 의미하는 것이기도 했다.7) 더 나아가 그들은 완전한 '일본 제국의 臣民'으로서 '內地人'과 하등의 차별 없이 동일한 선상에서 납세는 물론 병역 의무를 부담하는 동시에 모든 국민적 권리를 획득하기를 바랬다고 한다.8) 이것은 일본인으로서의 법적 지위를 획득해서 자연스럽게 일본인의 차별로부터 벗어나려는 것인 동시에,

---

5) 여기에 관해서는 尹輝鐸, 『日帝下 滿洲國硏究─抗日武裝鬪爭과 治安肅正工作』, 一潮閣, 1996, 363~434쪽을 참조하라.

6) 치외법권 철폐의 배경·과정·의의·특징 등에 관해서는 副島昭一, 「滿洲國統治と治外法權撤廢」(第4章)(山本有造 編, 『滿洲國の硏究』, 京都, 京都大學人文科學硏究所, 1993)을 참조하라.

7) 趙悅, 「在滿朝鮮人の當面の要求」, 『全滿朝鮮人民會聯合會會報』 제6호, 12~13쪽.

8) 金義用, 「朝鮮思想界回顧在滿鮮人指導問題」, 『全滿朝鮮人民會聯合會會報』 제27호(1935. 5), 3~4쪽.

「만주국」에서 일본인과 같은 지배 민족으로의 지위 상승까지를 내면적으로 바라는 것이었다. 그러나 그것은, 중국인의 입장에서 볼 때, 일제가 만든 「만주국」에 의존하겠다는 것이며 중국인 자신들의 생존권을 침범하는 것으로 인식되었다.9)

또한 재만 조선인은 자신들에 대한 중국인의 압박을 완화하고 자신들을 보호하기 위해 「만주국」 정부에 다수의 조선인 관리를 임명하기를 기대하였다고 한다. 그렇지만 실제로 조선인 관리는 적었기 때문에 「만주국」의 ‘민족협화'에 대해 실망감을 나타내는 사람들이 많았다고 한다.10) 게다가 그들 중에는 ‘제국 신민'으로서의 지위에 대해서도 의문을 품게 된 자가 많았다고 한다. 그러한 이유로 南滿洲鐵道株式會社의 재만 조선인에 대한 인식 부족, 즉 차별적인 인식을 거론할 수 있는데, 이것은 당시 재만 조선인에 대한 재만 일본인의 인식을 잘 대변해 주고 있었다는 것이다. 또한 「만주국」의 日本系 관리 역시 조선인에 대해서는 냉담한 태도를 취하고 있었다는 것이다.11) 그밖에 제국 일본측이나 「만주국」의 대응 태도 역시 재만 조선인의 ‘제국 신민'으로서의 지위에 의문을 품게 만들고 있었다는 것이다. 그 대표적인 사례가 몽골인 보호를 위해 興安省에 이주해서 水田 경작에 종사하고 있던 조선인을 내쫓고 조선인의 홍안성 이주를 금지한 조치와, 일본인 土地商租權 소유자에게는 水利權을 부여하면서도 조선인에게는 그 권한을 제한한 조치, 그리고 교육 문제 등에서의 조선인 차별 정책 등이다.12) 심지어 당시 「만주국」의 위정자들은 재만 조선인을 ‘농민이나 불량분자' 정도로 인식하고 있었다고 한다. 그 결과 「만주국」 정부의 재만 조선인 정책에 불만을 품고 있거나, 「만주국」의 ‘민족협화' 정책에 대해 비관적

---

9)　申奎燮, 「在滿朝鮮人の'滿州國'觀'および日本帝國'像」, 『朝鮮史硏究會論文集』 제38집(2000. 10), 106쪽, 99쪽.

10)　林漢龍, 「滿州移民と朝鮮人問題一束」, 『全滿朝鮮人民會聯合會會報』 제2호 (1934. 4), 118쪽.

11)　趙悅, 「在滿失業朝鮮人如何　附無料宿泊所宿泊者調」, 『全滿朝鮮人民會聯合會會報』 제10호(1933. 12), 11~16쪽.

12)　申奎燮, 같은 글, 102쪽.

으로 생각하는 사람이 많았다고 한다.[13)

　한편 재만 조선인을 상징적으로 '內地人'의 반열에 올려놓았던 「만주국」의 치외법권은 1937년 12월부로 폐지되었다. 치외법권의 철폐는 대외적으로 「만주국」이 독립국임을 과시함으로써 대외적인 신임을 얻으려는 것이었으며, 대내적으로는 침략 전쟁의 확대에 따른 「만주국」 내 각 민족 간의 파열음을 최소화함으로써 식민 통치를 강화하려는 것이었다. 치외법권의 철폐는 표면상 「만주국」이 독립 국가로서의 제도나 법제가 일단 완성된 동시에 관동군의 '內面指導' 체제가 확립되었음을 시사해주는 것이기도 하다. 그리고 치외법권의 철폐는 영사관을 통한 일본 외무성 계통의 「만주국」에의 關與 여지를 매우 좁혀 놓은 반면에, 관동군의 일원적인 「만주국」 지배 체제의 심화를 가져왔다. 치외법권의 철폐는 적어도 제도상으로는 주로 「만주국」 내의 중국인·일본인·조선인의 사회 경제 생활상의 차별을 철폐한 것이었다. 그러나 현실적으로 神社 행정·교육·兵事 분야는 여전히 일본인의 손에 남겨 두어졌으며 재판권 역시 일본계는 일본인 재판관에게 심리를 받도록 되었다. 따라서 실질적으로 일본계는 여전히 특권을 지니는 등 민족 간 차별이 잔존하고 있었던 것이다. 이것은 「만주국」이 제도상으로나 형식상으로나 '독립성'을 관철시키지 못했음을 말해 주는 것이다.[14)

　치외법권 철폐는, 여전히 핵심적인 특권을 지니게 된 일본인과는 달리, 재만 조선인에게는 정치적·법률적·민족적 제 위상에 커다란 변화를 야기한 획기적인 일제의 정책적 전환이었다고 할 수 있다. 우선 치외법권이 철폐되기 전까지만 해도 재만 조선인은, 상징적인 의미이기는 하지만 일본 국적을 지닌 '天皇의 臣民'으로서 만주에서 특수한 지위를 가지고 있었다. 특히 종래의 치외법권은 중국인의 '불법 행위'로부터 재만 조선인을 보호하는 일정한 '보호막' 역할을 하고 있었다. 또한 그것은 어쩌면 재만 조선인을 중국인보다도 우월한 지배 민족으로서의 '內地人'(즉 일본인)과 같은 반열에 올려놓음으로써, 재만 조선인으로 하여금 '자신들이 중국인보다 우월

---

13) 林漢龍, 같은 글, 2~9쪽.
14) 副島昭一, 「'滿洲國'統治と治外法權撤廢」, 같은 논문집 『滿洲國の硏究』, 155쪽.

하다'는 잠재 의식을 불어넣어 주는 작용을 했다.[15] 그런데 치외법권의 철
폐로 재만 조선인은 「만주국」 국민으로서 「만주국」의 직접적인 행정 관할
하에 놓이게 되었다. 즉 치외법권의 철폐로 재만 조선인의 국적은 일본 제
국의 '鮮系 臣民'에서 '「만주국」 국민'으로 전화된 것이다. 이것은 재만 조선
인에 대한 중국인의 반감을 분출시키는 계기로 작용할 가능성도 있었다.[16]

　다음에 치외법권의 철폐로 조선인, 특히 오지에 거주하는 조선인 농민에
대한 실질적인 행정 관할 주체와 행정적 성격도 달라지게 되었다. 치외법
권이 철폐되기 전까지 재만 조선인에 대해서는, 일본 영사관이 행정권을
관할하고 있었으며, 영사관의 하부 기구로써 만주 각지에 조직된 朝鮮人民
會와 영사관 경찰의 주재소가 그 역할을 보조하고 있었다. 그런데 치외법
권의 철폐로 영사관 내의 朝鮮課가 폐지되었고 상술한 두 개의 하부 기관
도 해체되었다. 그 결과 조선인, 특히 奧地에 있는 조선인 농민만을 대상으
로 하는 행정 기관은 朝鮮人金融會를 제외하고 모두 사라지게 되었다. 그
대신 「만주국」의 행정은 中國人을 주요 목표로 하는 일반 행정으로 전화되
어 오지의 조선인 농민은 실질적으로 「만주국」의 일반 행정으로부터 유리
되었다.[17] 그 결과 이들 조선인 농민에 대한 행정적 침투 문제가 초미의
관심사로 떠오르게 되었다. 그래서 「만주국」에서는 임시방편으로 滿洲帝國
協和會(이하에서는 協和會라 약칭) 산하에 '朝鮮人分會' 혹은 '朝鮮人輔導部',
'朝鮮人工作幹事會' 등의 명칭을 지닌 하부 기구를 만들어 조선인 농민에 대
한 행정적 장악을 시도하였다.[18]

---

15)　田中武雄(朝鮮總督府外事課長), 「在滿朝鮮人同胞に寄す」, 『全滿朝鮮人民會聯
　　　合會會報』 제23호(1935. 1), 19쪽 (여기에서는 申奎燮, 같은 글, 102~103쪽
　　　에서 재인용).

16)　申奎燮, 같은 글, 106쪽.

17)　참고로 治外法權撤廢 전까지 朝鮮人民會의 알선으로 간편하게 되던 在滿 30
　　　만 조선인 漏籍者의 就籍手續은, 치외법권의 철폐로 말미암아 재만 조선인은
　　　그 수속에 필요한 領事의 증명서와 거주증명서를 직접 받아서 하게 되었다.
　　　그런데 치외법권 철폐에 따라 領事館이 폐쇄된 곳이 많은 관계로 재만 조선
　　　인이 증명서를 얻는데 많은 불편이 초래되었다고 한다(「在滿朝鮮人漏籍者의
　　　就籍手續이 簡便化」, 『滿鮮日報』 1940년 6월 6일자, 7면).

그렇다면 '민족협화' 운동과 관련해서 재만 조선인의 위상은 구체적으로 어떻게 달라졌고 어떻게 인식되었는지를 살펴보자. 이 문제는 당시 치외법권 철폐에 따른 제 문제를 해결하기 위해 개최된 관계 기관 회의록에서 잘 드러나고 있다. 즉 이 회의록에 의하면, 관계 기관에서는 치외법권 철폐 후에도 재만 일본인에게는 지도적인 역할을 부여할 것을 분명히 한 반면에, 같은 '일본 제국의 신민'인 재만 조선인에게는 일본인을 제외한 다른 민족과 동등한 지위를 부여할 것을 명확히 밝혔다. 즉 재만 조선인을 재만 일본인과 같이 특별 취급한다면, 「만주국」 내 다른 민족과의 알력이 야기되어 '민족협화'를 저해할 것이라는 것이다.[19] 이러한 방침은 1936년 8월 5일 關東軍司令部에 의해 제정된 「在滿朝鮮人指導要綱」에서도, 재만 조선인으로 하여금 「만주국」의 중요한 구성분자임을 자각시켜 「만주국」민으로서의 의무를 이행케 하고 치외법권 철폐 이후에도 '타민족과 協和融合해서 균등한 조건 하에' 발전하도록 지도한다는 점을 분명히 하고 있었다.[20]

상술한 것처럼 치외법권의 철폐에도 불구하고 여전히 민족적 특권을 보유한 재만 일본인과 달리, 재만 조선인은 그들에게 상징적인 특권으로 부여되었던 치외법권을 상실하면서 '민족협화'라는 그늘에 가려지기 시작했던 것이다. 그 결과 그들은 국적상 명실공히 '「만주국」의 국민'으로서 확고한 정체성의 정립을 요구받기 시작했다. 그렇지만 그들이 '「만주국」의 국민'으로서 자각하고 거기에 걸맞게 살아가기에는 모든 여건이 너무나 열악했다. 그들은 「만주국」의 중추적인 조직에서 미미한 비중만을 차지하고 있었던 것이다.

---

18) 「鮮系國民의 諸問題－康德六年度의 批判的 回顧(上)」, 『滿鮮日報』 1939년 12월 28일자, 1면 및 金子弘, 「金融會의 精神－滿洲朝鮮農民의 特殊事情(完)」, 『滿鮮日報』 1940년 7월 29일자, 1면 참조.

19) 「治外法權撤廢現地委員會決定要綱說明關對滿事務局關係各省事務官及現地主任者會議會議錄」, 『大野綠一郎關係文書』, 日本國立圖書館憲政資料室 所藏 (여기에서는 申奎燮, 같은 글, 103쪽에서 재인용).

20) 滿洲帝國協和會中央本部調査部, 『國內に於ける鮮系國民實態』, 1943, 101쪽.

Ⅲ. 國家組織上의 民族構成과 朝鮮人

한편 제4장에서 후술하겠지만, 당시 재만 조선인이 「만주국」의 소위 '민족협화' 운동에서 소외 받는 처지에 놓이게 된 데에는, 상술한 조선인 자체의 생활상의 한계에서 비롯된 측면이 있었지만, 「만주국」 자체의 식민 전략 차원에서의 민족적·행정적 정책이나 제도상의 한계에서 야기된 측면도 있었다. 즉 「만주국」의 소수 민족으로는 日·鮮·蒙·白系露人·오로촌 등이 있었지만, 日本系는 量에서 소수이나 質 즉 정치적·경제적·문화적 방면에서는 다른 민족에 비해 우월한 입장에 있었기 때문에 소수 민족이라고 할 수가 없었다.

실제로 「만주국」의 통치 체계를 살펴보면, 國制上으로는 입헌 공화국을 채택하고 민본주의를 내걸면서도 실제로는 國務院總務廳을 중심으로 하는 寡頭的 독재 체제에 의해 강력한 정치를 추구하는 이중적인 정치적 지배 구조를 지니고 있었다. 국정의 중추를 담당하고 있던 총무청은 總務長官을 비롯해서 핵심 부서가 대부분 일본인들로 구성되어 있었는데, 이들이 국정상의 機密·인사·재정 등을 장악하고 있었다. 이처럼 강력한 중앙 집권 체제의 성격을 지니고 있는 「만주국」은, 경우에 따라서는 일본의 통치 의사를 벗어나는 정책을 수립하거나 통치의 틀을 벗어날 가능성이 있었다. 따라서 「만주국」 통치의 堡壘라고 할 수 있던 관동군은, 그것을 방지하고 일본의 통치 의사를 철저하게 관철시키기 위해 중앙과 지방 정부에 관리·顧問·參議라는, 서로 다른 권능을 지닌 일본인을 배치함으로써 「만주국」에 대한 內面指導를 행하고 있었다. 지방 정부 역시 각 省長에는 중국계가 임명되었지만, 각 성에 설치된 총무청의 청장에는 대부분 일본계가 임명되었고, 縣에도 縣長에는 대부분 중국계가 임명되었지만 縣參事官(후에 副縣長)·經理指導官·産業指導官·警務指導官 등에는 일본계가 임명되어, 이들이 지방 정부의 정치·경제·경찰 권한을 장악하고 있었다.[21]

<표 1> 「만주국」 관료의 기관별 · 민족별 점유 상황　　　　　(단위: 명, %)

中央機關	尙書府	宮內府	參議府	立法院	國務院	民政部	外交部	軍政部	財政部	實業部	交通部	司法部	文敎部	蒙政部	最高法院	最高檢察廳	監察院	合計
총수	7	108	18	22	492	1148	144	222	1406	344	583	132	100	72	35	33	73	4939
中	6	96	9	18	90	610	76	124	773	158	344	66	60	7	3	3	31	2474
日	1	12	9	4	402	500	68	87	633	186	239	66	40	35	#32	##30	42	2386
蒙	-	-	-	-	-	-	-	11	-	-	-	-	-	30	-	-	-	41
露	-	-	-	-	-	38	-	-	-	-	-	-	-	-	-	-	-	38
日系	14.3	11.1	50.0	18.1	81.7	43.6	47.2	39.2	45.0	54.1	41.0	50.0	40.0	48.6	91.4	90.9	57.5	48.3

<출전> 『僞'滿洲國'官吏國籍統計表』, 1935, 출판자 등 미상, 上海 復旦大學 소장(여기에서는 山室信一, 「'滿洲國'統治過程論」(第3章), 山本有造 編, 『滿洲國の硏究』, 京都, 京都大學人文科學硏究所, 1993, 114쪽에서 재인용).

<비고> #는 원래 30으로, ##는 원래 40으로 잘못 표기된 것을 합계와 日本系의 점유 비율 등을 대비해서 바로잡았다. 日系는 일본계의 점유율을 말한다.

상술한 것처럼 일본계가 「만주국」의 통치권을 장악하고 있었다는 것은 관리 수에서 차지하는 비중에서도 잘 입증되고 있다. <표 1>에 의하면, 「만주국」 중앙 기관의 관리 가운데 일본계가 대체로 절반 가량을 차지하고 있었고 특히 권력의 중추부라고 할 수 있는 국무원 · 최고 법원 · 최고 검찰청의 경우 90% 가량을 차지하고 있었다. 또한 지방 기관 관리의 경우에도 전체 관리 수 7,100명 가운데 중국계는 3,517명(49.5%), 일본계는 3,249명(45.8%), 몽고계는 282명(4.0%), 러시아계는 14명(0.2%)이었다.[22] 물론 일본계 관리 수에는 조선계도 일부 포함되어 있었겠지만, 1935년 당시 일본계가 「만주국」 전체 인구 3,286만 9,054명 가운데 7만 6,429명(약 0.2%)[23]에 불과했음을 고려해 볼 때, 일본계의 점유율은 파격적이라고 할 수 있다.

다른 한편 「만주국」에서의 조선인의 정치적 위상을 살펴보면, 우선 당

---

21) 이 분야에 대해서는 山室信一, 「'滿洲國'統治過程論」(第3章), 『滿洲國の硏究』, 京都, 京都大學人文科學硏究所, 1993 및 姜念東 外, 『僞滿洲國史』, 長春, 吉林人民出版社, 1980, 156~182쪽을 참조하라.

22) 『僞'滿洲國'官吏國籍統計表』, 1935, 출판자 등 미상, 上海 復旦大學 소장(여기에서는 山室信一, 「'滿洲國'統治過程論」(第3章), 山本有造 編, 『滿洲國の硏究』, 京都, 京都大學人文科學硏究所, 1993, 115쪽에서 재인용).

〈표 2〉 間島省 관리의 민족 집단별 인구 현황(1935년 말)　　　　　　(단위: 명, %)

部署別	조선인	일본인	[만주국]인	계
省公署	24	27	23	74
縣公署	4	18	5	27
警察廳	2	11	6	19
합계(점유율)	30(25.0)	56(46.7)	34(28.3)	120(100.0)
間島省 총인구	452,246(73.6)	8,461(1.4)	153,387(25.0)	614,094(100.0)

〈출전〉 관리수는 滿洲國 國務院 總務廳 編, 〔滿洲國官吏錄〕, 新京, 同總務廳, 1936, 341~
345쪽에서 ; 총인구는 滿洲帝國 民政部 編, 〔滿洲帝國民政部統計年報〕, 新京, 同民政部,
1936, 32~33쪽에서 인용.

시 조선인 관리 수는 매우 적었다. 실제로 1935년 말 통계에 의하면, 「만주
국」의 전체 인구 약 3,287만 여명 가운데 중국계는 3,205만 여명(97.5%), 일
본계는 약 7만 6천 여명(0.2%), 조선계는 약 66만 2천 여명(2.0%)이었는
데,[24) 「만주국」의 전체 관리 인원수 가운데 「滿洲國」人(주로 중국계를 지
칭함) 관리 수는 22만 384명(전체 재만 중국인의 0.7%), 일본계는 1만 7,431
명(전체 재만 일본인의 13.8%)이었는데 비해 조선인 관리 수는 1만 1,898명
(전체 재만 조선인의 1.6%)에 불과했다.[25) 대다수 조선인들이 모여 살던 간
도성에서도 조선인 관리는 25%에 불과했으며(〈표 2〉 참조),[26) 전체 주민의
7할이 조선인인 간도성에서조차 省長·縣長·경찰청장 등의 직책은 모두
중국인에게 주어졌다. 상징적인 수준이기는 하지만, 조선인들은 몽골인들
이 누린 ‘자율성’, 즉 중앙 정부의 몽고인 담당 부서인 蒙政府의 大臣이나,
몽고인의 거주 지역인 興安省의 성장직을 몽고인이 차지하고 있었던 것 따
위를 얻지도 못했다.[27)

---

23) 大連商工會議所 編, 『滿洲經濟統計年報』(1935년판) 下編, 1935, 1쪽.
24) 大連商工會議所 編, 『滿洲經濟統計年報(昭和 10年)』下篇, 1935, 1쪽.
25) 滿洲帝國 民政部 編, 『滿洲帝國民政部統計年報』, 新京, 同民政部, 1936, 46쪽
　　; 한석정, 『만주국 건국의 재해석 - 괴뢰국의 국가효과, 1932~1936』, 동아대
　　학교출판부, 1999, 171쪽.
26) 滿洲國 國務院 總務廳 編, 『滿洲國官吏錄』, 新京, 同總務廳, 1936, 341~45
　　쪽; 같은 책, 『만주국 건국의 재해석』, 171쪽.
27) 같은 책 『만주국 건국의 재해석』, 171쪽.

<표 3> 「만주국」 경찰의 민족별·계급별 현황(1937년 9월) (단위: 명, %)

구 분	警 正		警 佐		巡 官		警 長		警 士	
	日本系	中國系	일계	중계	일계	중계	일계	중계	일계	중계
실 수	50	160	358	1,659	805	4,738	1,648	9,620	650	71,673
점유율	31.3	68.7	17.8	82.2	14.5	85.5	14.6	85.4	0.9	90.1

<출전> 『滿洲年鑑』(康德五年版), 新京, 滿洲日日新聞社, 1938, 81쪽.

게다가 일반 행정 최말단의 세포 조직이요 기본 단위인 村의 경우, 村民의 절대 다수가 中國系인 관계로 村長을 위시하야 村吏員·屯長·牌長의 거의 전부가 중국계였다. 당시 조선계도 동일한 村民이었지만 언어·문자·풍속·습관·풍습을 달리하는 관계로 사실상 촌의 행정 조직에서 배제되었다.28) 그래서 일반적으로 재만 조선인은 「만주국」의 법규·법령이나 국가 건설의 趣旨 등에 대한 인식을 결여하게 되었다. 이처럼 「만주국」에 대한 이해를 결여한 재만 조선인에게서 의무를 이행해야겠다는 의식이 솟아날 리가 없었다. 그 당연한 결과로서 재만 조선인은 이단시되었고 '하찮은 존재'로 비추어지게 되었다.

경찰 행정에서도 주민의 절대 다수가 중국계인 관계로 경찰관의 대다수가 중국계였다. <표 3>에서도 알 수 있듯이, 일본계는 최고위직인 警正의 30% 이상을 차지하고 있었는데 비해, 중국계는 警士 이하 하위직의 거의 대다수를 차지하고 있었다. 일본계 가운데 조선계는 어느 정도인지는 정확하게 알 수 없지만 그 수는 상대적으로 적었을 것으로 추정할 수 있다. 그리고 1940년 당시 首都警察廳에서 朝鮮系警察官으로 최고급자는 警衛에 불과했다29)는 사실에서도 알 수 있듯이, 조선계로서 고위급 경찰관직을 수행

---

28) 참고로 "縣公署·興農合作社·新京市內 各警察官派出所·全滿 各主要驛·各特殊會社 등은 공적으로 혹은 사적으로 朝鮮系와의 接觸面이 상당히 넓고 깊은데 지식 정도가 저급한 조선계들은 언어 소통 관계 등으로 많은 不利不便을 맛보고 있었다고 한다(「各機關에 鮮系職員配置와 敎育機構擴充을 討議―首都鷄林分會主催 協和懇談會記錄(一)」, 『滿鮮日報』 1940년 6월 3일자, 2면).

29) 「各機關에 鮮系職員配置와 敎育機構擴充을 討議―首都鷄林分會主催 協和懇

<표 4> 「만주국」 사법부 직원의 민족별·직급별 연황(1935년 말)

구 분	大臣	司長	理事官	參事官	事務官	秘書官	技佐	衛生官	屬官	技士	합계
중국계	1	1	4	-	5	-	-	-	41	-	52
일본계	-	3	7	5	8	1	1	1	30	1	57
합 계	1	4	11	5	13	1	1	1	71	1	109

<출전> 『滿洲國現勢』(康德3年版), 新京, 滿洲國通信社, 1936, 109쪽.

하고 있었던 사람은 극소수에 불과했을 것으로 추측된다. 상술한 것처럼 일반 민중들과 직접 대면하는 기회가 많은 하위직 경찰관의 대부분이 중국계였기 때문에 오히려 조선인은 여러 가지로 어려움을 더 겪고 있었다. 즉 중국계 경찰들은 조선의 언어와 풍습을 몰랐기 때문에 조선인에 대한 사정에 어두웠고, 어떤 때에는 도리어 치외법권 철폐 전에 품고 있었던 민족적 대립 감정을 가지고 조선인 부락민에게 대하는 일까지 발생하고 있었다.30)

사법 분야의 경우에도, <표 4>에서 알 수 있듯이, 비록 고위직은 일본계의 비중이 높았지만, 중국계는 사법부 대신을 비롯해서 이사관·사무관 등의 고위직을 차지하고 있었다. 또한 「만주국」 司法部에서는 중국계의 간부 인재를 육성하기 위해 司法官과 刑務官에 대해 유학 제도를 도입했다. 사법관에 대해서는 유능한 자를 선발해서 1년간 일본 司法省에 위탁 교육을 시켰고, 형무관에 대해서는 4개월 간 日本刑務協會·刑務官訓練所·刑務所 등에서 실습을 시켰다.31) 이렇듯이 사법 분야에서도 조선인은 나름대로의 위상을 확보하지 못하고 있었던 것이다.

기타 문화적 방면에서도 신문·연극·영화·라디오의 거의 전부가 중국어 혹은 중국인을 主體로 하여 발행되었거나 작성되었다.32)

결국 재만 조선인은 인구 구성에서뿐만 아니라 「만주국」의 중추 기구인

談會記錄(一)」, 『滿鮮日報』 1940년 6월 3일자, 2면.
30) 韓昌雲, 「少數民族輔導의 必要性(上)」, 『滿鮮日報』 1940년 1월 5일자, 1면 참조.
31) 副島昭一, 「滿洲國統治と治外法權撤廢」(第4章), 山本有造 編, 『滿洲國の研究』, 京都, 京都大學人文科學研究所, 1993, 143쪽.
32) 韓昌雲, 같은 글 「少數民族輔導의 必要性(上)」, 1쪽 참조.

행정·사법·경찰 조직 내에서도 극히 작은 비중을 차지하고 있었던 것이다. 게다가 문화 방면에서조차도 주도적인 인물이나 매개 언어가 일본인(어) 혹은 중국인(어)으로 이루어져 있었기 때문에, 재만 조선인은 「만주국」의 주변인으로 남아 있을 수밖에 없었다. 그러한 상황에서 대다수 재만 조선인들이 절감하고 있던 것은 깊은 좌절감이나 실망감 혹은 자기 비하 의식이었다. 그리고 그들에게 가해진 것은 「만주국」 내 타민족으로부터의 멸시와 경멸이었다.

Ⅳ. '民族協和' 運動과 朝鮮人의 自我認識

한편 「만주국」 초기에 일부 조선인들은 '일본 신민'이라는 특권, 즉 치외법권을 지니게 된 점에 도취해서 교만한 태도를 보이면서 自重과 謙讓을 잃고 오만불손하게 행동함으로써 「만주국」 내 다른 민족과의 사이에 분쟁을 야기해서 비난을 받거나 기피 대상으로 된 일이 많기도 했다.[33] 이러한 조선인의 행태가 빌미가 되어서인지, 하여튼 치외법권의 철폐를 계기로 유독 조선인, 특히 奧地에 산재해 있던 조선인 농민에 대한 소위 '輔導' 문제가 「만주국」 행정의 관심사로 대두되었다.

재만 조선인에 대해서만 유독 '보도' 문제가 제기된 것은, 상술한 조선인 자신의 처신에서 비롯된 측면도 있었겠지만, 「만주국」의 '민족협화' 정책의 모순에서 빚어진 측면도 있었다. 특히 후자와 관련하여 재만 조선인에 대한 관계 당국의 차별적 태도 및 정책은, 조선인들을 「만주국」의 '주변적 존재' 혹은 '하찮고 귀찮은 존재'로 만들어 결국 그들로 하여금 「만주국」의 국민으로서 적극적으로 '민족협화' 운동에 뛰어들지 못하도록 한 측면도

---

33) 田中武雄(朝鮮總督府外事課長), 「在滿朝鮮人同胞に寄す」, 『全滿朝鮮人民會聯合會會報』 제23호(1935. 1), 19쪽 (여기에서는 申奎燮, 같은 글, 102~103쪽에서 재인용).

강했던 것이다.

그렇다면 치외법권의 철폐를 계기로 조선인의 ‘보도’ 문제가 제기된 점과 관련하여, 「만주국」의 ‘민족협화’ 운동에서 차지하고 있던 조선인의 위상이 어떠했었는지를 살펴보자. 이것은 당시의 조선인 신문에 투영된 그들의 자아 인식에서 잘 드러나고 있다.

<사료 1> 複合民族國家를 구성한 日滿鮮蒙露의 각 민족 중에서 하필 조선인의 輔導가 論議의 대상이 되는 것은…… 조선인은 올치 못한 일만 하고 늘 注意와 교훈을 주지 안으면 아니 되는 “하치안혼 존재”로만 되어 잇는 듯한 不快한 음성으로 들립니다. 뿐만 아니라 조선인 輔導問題라는 글字가 되어 신문에나 雜誌에 나타나면은 일부 誠意와 理解가 업는 이들은 내용은 읽기도 전에 “과연 조선인은 갓잔혀”하고 되려 在滿朝鮮人에게 대한 인식을 그릇치게 할 것 같타야 근심스러운 경우도 잇습니다.[34]

<사료 2> 行政的 내지 教化的으로 만주국의 諸施策으로부터 隔離되여 잇는 滿洲朝鮮人에 대하야서는 우선 현실적으로 여하간의 輔導가 필요하다. 금년도 만주조선인 보도에 잇서 新京을 模型地로 하야 마침내 全滿에 파급되여 가장 주목을 끈 것은 소위 “自淨運動”이다. 이 운동은 “自淨”이란 말이 주는 語感이 일종 卑屈한 것을 聯想케 하고 또 그 운동의 내용이 여러 가지로 해석되여 그 목표하는 바가 일반 人間性 이상의 것을 요구한다면 하필 조선인에만 限한 것이냐 하는 의미로 일부의 異議가 섯든 것은 아니나 …… 여하간 이 자정운동은 民族雜居生活에 잇서 유달리 나타내지는 조선인의 모든 不名譽한 것을 숙청하야…… [35]

즉 「만주국」이 日·漢·滿·鮮·蒙·露의 다수 민족으로 구성된 복합민족 국가임에도 불구하고 유독 조선인만이 ‘輔導’의 대상으로 설정되어

---

34) 金榮秀, 「血緣的 一體完成코 國家와 興亡을 가치하라」, 『滿鮮日報』 1940년 1월 1일자, 1면.
35) 「鮮系國民의 諸問題—康德六年度의 批判的 回顧(中)」, 『滿鮮日報』 1939년 12월 29일자, 1면

'自淨運動'이 요구되고 있었음을 알 수 있다(<사료 1>, <사료 2>). 이처럼 조선인만이 '보도' 및 '자정'의 대상으로 된 배경은, 조선인은 항상 옳지 못한 일만 하고 늘 주의와 교훈을 주지 않으면 안 되는 '하찮은 존재'로만 비추어졌기 때문일지도 모른다는 재만 조선인의 자아 인식과 무관하지 않은 것 같다(<사료 1>).

<사료 3> 종래 조선인의 만주에 건너오게 된 동기는 여러 가지라 하겠지만 과거와 현재에서 이것을 본다면 정치적인 동기와 생활적인 동기 두 가지로 말할 수가 잇슬 것이 아닙닛가. 정치적인 동기는 日韓合倂에 대한 시대적인 불만(?) 때문에 不平(?)을 품고 지금부터 수십 년 전에 건너온 이들이 대부분이 그것이고, 그 다음에는 단순히 생활적 동기 즉 농사를 지어서 평안하게 생활을 하여 가겟다든지 돈을 버러가지고 역시 생활의 안정을 도모하겟다든지 하는 그것인데 …… 前者는 …… 일본제국 신민이라는 의식이 확실치 못하며 滿洲國國民으로서도 특별한 恩惠를 입고 잇다고 스스로 생각하는 者外에는 소위 滿系國民의 국가의식의 정도일 것이라고 볼 수 잇스며, 후자는 …… 만주에 와서는 돈을 버는 것이 최대의 목적이니 돈벌이하는 데는 수단방법을 갈일 필요가 업다하야 국경지방에 안저서 密輸業을 하야 먹고사는 사람도 만헛습니다. …… 전자에 속하는 대부분의 사람은 지금까지 제국의 治政과 격리되어 잇섯든 까닭에 일본 정치의 은혜와 실상을 모르고 따라서 建國事業에 대하야도 당초에는 적극적인 성의를 다하지 못하얏슬 뿐 아니라 어느 때에 잇서서는 도로혀 大勢에 逆行하야 무모한 반항까지 하얏고 후자의 대부분은 그 가진 바 경향 때문에 만주국의 官憲에게 憎惡도 밧고 土着國民인 만주인에게도 오해를 초래하는 일도 잇습니다. …… 일부 誠意 업는 指導者階級에서도 "조선인은 귀찬흔 존재"라고 말하지 안습니까.36)

<사료 4> 근일 新京特別市의 各區 懇談會에 나타난 話題內容을 종합하여 보면 어느 區임을 막론하고 조선인이 거주하고 잇는 곳은 조선인의 8할 이상이 町會費를 납입치 안는다는 점을 지적하야 조선인이 公民으로서 공

---

36) 金榮秀, 「血緣的 一體完成코 國家와 興亡을 가치하라」, 『滿鮮日報』 1940년 1월 1일자, 1면.

공생활을 하여 나갈 소질이 업다는 것을 비난하고 잇다. 이 점을 명확히 하
기 위하야 本社에서 사실을 조사하여본 결과에 의하면 정회비 不納이라는
점은 일부분의 무책임한 鮮系市民 때문에 이 비난의 이유는 확실히 제공되
여 잇는 것이 판명되엇다. 國都鮮系住民의 대부분이 확실한 생활토대 우에
서지 못한 浮動層인 때문에 시민으로서의 의무수행에까지 馳念할 精神的餘
力이 업다든지 또는 移動이 甚기 때문에 거주장소의 변동이 만하서 町會멤
버로서 소외되기 쉬운 처지에 잇다든가 또는 居住不安定에 의한 屆出不能
이라든가 하는 이유……37)

  그렇다면 재만 조선인이 '하찮고 같잖은 존재'로 비쳐지고 있다는 인식
은 어디에서 배태되었는가. 이 문제와 관련하여 <사료 3>을 살펴보면, 우
선 일제의 조선 강점에 대한 불만 등의 정치적 동기로 入滿한 사람들은「만
주국」 국민으로서의 의식이 없었고 일본 정치의 은혜(?)와 실상을 모르고
있었으며 건국 사업에 대해서도 적극적인 성의를 다하지 않았을 뿐만 아니
라 때로는 무모한 반항(?)까지 하고 있었다는 것이다. 다음에 생활의 안정
이나 돈벌이 같은 경제적 동기로 입만한 사람들은 수단 방법을 가리지 않
고 돈만 벌면 된다는 出稼的 기분에서 밀수업 등에 종사하면서「만주국」
관헌의 증오를 받거나 토착 중국인들로부터 오해를 사는 짓을 하고 있었다
는 것이다. 그 결과 재만 조선인은「만주국」의 지도 계층으로부터 '귀찮은
존재'라는 소리를 듣고 있었다는 것이다.
  또한 <사료 4>에 의하면, 출가적 기분에 사로잡혀 있던 재만 조선인 대
부분은 확실한 생활 토대 위에 서지 못한 부동층이었기 때문에 시민으로서
의 의무 수행에까지 몰두할 정신적 여력이 없었거나 이동이 심해서 町會
회원으로서 소외되기 쉬운 처지에 있었고 거주 불안정에 의해 회비를 납부
할 수 없는 처지에 있었으므로 町會費의 납부 실적이 매우 저조했다는 것
이다. 그 결과 재만 조선인은 다른 민족으로부터 비난을 받고 있었다는 것
이다. 따라서 재만 조선인에게는 출가적 기분의 일소를 요구받고 있었던

---

37)「公民의 義務—町會費를 納入하라(社說)」, 『滿鮮日報』 1940년 5월 1일자, 1
   면.

것이다.38)

    <사료 5> 생활건설의 방법은 設計와 그 實踐에 잇다. 설계 업는 생활에 발전을 기대할 수 잇슬까? …… 보통 우리는 資本을 가지지 못하엿고 技術을 가지지 못하엿고 土地를 가지지 못하엿다. 소위 생산수단이란 것을 하나도 가지지 못하엿스니 무슨 정밀한 설계니 外界現象의 認識이니 할 여지가 업다고 생각하게 된다.39)

    <사료 6> 우리 半島人이 만주에 잇서서 물론 先進內地人에게 指導를 밧고 잇스며 先住滿洲人에게 신세를 지고 잇는 것이 사실이다. …… 조선 안에 잇서서는 한 가지 잘못이 잇서도 더퍼기 쉬웁고 서로 관용할 수 잇지만 複合民族으로 성립된 우리 만주국에 잇서서는 우리 한 사람의 一擧手一投足이 즉시 半島全體를 評價하고 반영하는 목표가 되어 한 사람의 不良이 …… 40)

    <사료 7> 安東市聯(滿洲帝國協和會 안동시연합협의회)는 오후 1시 반부터 속개되었다. …… 종래 鮮系 기타 소수민족은 日滿系와 가튼 다수 민족과 갓치 협화운동이 활발치 못하고 멀리하는 경향이 잇섯다. 협화회는 …… 中田씨 발언을 구하야 日滿鮮系를 구분하지 말고 민족을 차별치 말고 나아가면 협화회가 발달되지 안켓느냐고 말하엿다. 조선민족이니 소수민족이니 言辭가 만어지고 제국신민의 하나인 鮮系로서 너머 민족이라는 언사가 만허지니 회의는 미묘한 공긔가 잇는 듯하엿다.41)

    <사료 8> 만주국은 …… 협화회기구를 직접 대중의 實效機關이 되기에는 아직 요원한 將來의 感이 업지 안타. 금년 全聯에 대표로 출석한 어느 日系의 評을 듣건대, 日 全聯은 '陳情會', '物乞會'라고. 과거 7년간 實績에 證하야 協和工作이란 指導民族 又는 다수민족을 상대로 하기 쉬운 까닭으

---

38) 「鮮系國民의 公民生活(社說)」, 『滿鮮日報』 1940년 4월 9일자, 1면.
39) 濱江稅務監督署事務官 李東鵬, 「回顧와 展望－滿洲 우리들의 生活(16), 優秀性을 再認識하자(下)」, 『滿鮮日報』 1940년 4월 5일자, 2면.
40) 「滿洲의 半島先憂諸賢에게 訴함(社說)」, 『滿鮮日報』 1940년 4월 11일자, 1면.
41) 「深刻한 朝鮮人의 住宅難」, 『滿鮮日報』 1940년 3월 29일자, 3면.

로 소수민족은 此所謂上 下等 不及으로 협화회 혜택을 밧기 어려윗슴이 사
실이다. 협화회는 전체주의를 표방하면서 기실 "協和"란 字句에 拘碍되야
민족별 會合이면 무엇이나 지도원리에 背馳된다고 생각하여 왓다. 그 결과
는 有口無足의 현실을 짓고 만 것이다. …… 예를 들면 협화회의 常用語는
日滿 兩語가 되야엇다. 일어 滿語를 解得할 수 업는 여타 민족은 소위 奉師
丹靑구경이다. 複合民族國家로서 어느 정도의 불편은 불가피한 일이겟지만
은 指導工作에까지 그 필요는 업는 것이다. …… 소수민족의 하나인 鮮系 輔
導問題도 이 모순을 제거하기 전에는 해결할 수 업는 것이다.[42]

<사료 9> 그러면 民族協和의 國是를 수행하고 잇는 我滿洲國에 잇서서
그 구성분자가 되고 잇는 조선인의 책무는 엇더한 것일가? 數에 잇서서 절
대다수를 점유하고 잇는 漢滿人에 비하야 중심적인 존재가 못되고 日本國
民으로서의 一部分임은 틀림업지마는 質에 잇서서 그 일반적 民度의 低位
로 인하야 內地人과 억개를 겨누고 잇지 못한 조선인은 量에 잇서서나 質에
잇서서나 자칫하면 중심에서 疏外되기 쉬운 처지에 잇기 때문에 民族協和
運動에 잇서서 鮮系는 그저 "남하는 대로 따라하기나 하지." 하고 극히 자포
자기적인 소극적인 견해를 가지는 사람이 만히 잇는 것이 가리울 수 업는
사실이다. 협화회의 직무에 종사하는 鮮系나 指導級人物들을 내놋코는 대
체로 建國理想인 民族協和의 대의명분에 냉담하야 구태의연한 出嫁根性에
서 국가목적을 위한 아모런 自覺도 熱意도 업는 사람이 만혼 것을 도처에서
본다.[43]

<사료 10> 其外 協和運動及 즉 國民運動에서도 …… 주민의 절대다수를
占하는 …… 민족을 주체로 한 會運動이 행하여질 것은 당연하고 …… 役員
중에 소수의 鮮系가 들엇다 하여도 氣를 펴지 못하는 感이 잇는 彼等 鮮系
가 타의 多數役員을 향하여 강렬히 의견주장을 할 수 잇슬까. 설령 할 수
잇다 한들 언어가 許할 수 잇슬까. 또 현재의 分會役員으로 그 의견을 채택
하고 혹은 鮮系의 특수사정을 고려한 會運動을 진전시키려는 會精神의 體
得者가 멧며치나 될까. 동시에 인간은 기계가 아닌 이상 자연 그러한 흥미

---

42) 夢庭生, 「鮮系輔導의 現實性－우선 民族別輔導機構를 整備하라」, 『滿鮮日報』
    1940년 1월 5일자, 2면.
43) 「民族協和에 在한 朝鮮人의 責務(社說)」, 『滿鮮日報』 1940년 5월 25일자, 1면.

를 느낄 수 업는 會合 등에 출석하는 것을 실혀하고 회운동에서 낙오자로
되고 국민운동에서 제거되어 드디어는 귀찬케 생각케 되는 결과로 되는 것
이다. 이상 述한 바는 엄연한 만주국의 현상이며 소수민족이 직면하고 잇는
현실이다.[44]

　　<사료 11> 그들의 (協和運動에 대한) 認識程度는 엇더한가
　　농민이란 대개가 무식계급의 사람들이다. 그들은 자기 집에 온 편지를 이
곳저곳으로 알 만한 사람을 차저다니며 보이는 터이니 新聞雜誌 하나 볼 만
한 學力을 가진 사람은 한 부락에서 한 두 명을 추리기가 어려울 것이다.
그러니 그들 스스로 시국에 대한 눈이 떠올리 업고 두뇌가 열닐 수 업다.
게다가 그들은 교통이 불편한 산간벽지가 아니면 曠遠한 野外에 거주하기
때문에 통신연락이 불충분하야 紙上報道는 바랄 수 업슬뿐더러 도시에서
웨치는 소리가 그들의 귀에 들려질 기회도 그리 업다. 그럿타고 그들이 잇
는 곳을 항상 차저다니면서 가르처 주는 지도자도 업다. 그러니 그들의 두
뇌가 개명할 수 잇스랴. 만주국을 창건한 지 9개 風霜을 지낫것만 그들 중에
建國精神을 대체라도 깨다를 만한 자가 과연 멋사람이나 되는고? 협화회에
서는 아무리 精神普及認識促進을 위한 운동을 철저히 한다고 하나 이 거리
에서 소리처저 거리에 멈출 뿐이오. 奧地農民의 귀에 닷는 것 갓지 안타. 나
는 만주에서 數十縣의 조선농민을 상종하엿스나 그들은 모다 건국정신에
대한 인식이 업는 듯하며, 만주인 농민은 민족협화란 소리를 듯지도 못한
사람이 태반이다.[45]

　　결국 「만주국」의 國是인 '민족협화' 운동과 관련지어 볼 때, 재만 조선인
은 수적으로 절대 다수를 점유하고 있던 漢・滿人에 비하야 중심적인 존재
가 못 되었다. 게다가 그들은 치외법권의 철폐 이전까지만 해도 '일본 제국
의 신민'임에는 틀림없었지만은 질적으로 특히 자본・기술・토지 등이 거
의 없었기 때문에 일본인과 어깨를 겨누지 못하고 있었던 것이다(<사료
5>, <사료 9>). 이러한 상황에서 재만 조선인은 "일본인에게 지도를 받고

---

44) 韓昌雲, 「少數民族輔導의 必要性(下)」, 『滿鮮日報』 1940년 1월 7일자, 2면.
45) 吉甲壽, 「農村民族協和問題－특히 鮮農對滿農關係의 考察」, 『滿鮮日報』 1940
　　년 8월 30일자, 4면

있는 동시에 先住 중국인에게 신세를 지고 있다.”는 인식 하에 다른 민족의 눈치나 살피고 있었다(<사료 6>). 게다가 재만 조선인은 소수 민족의 위상을 지니고 있었고 일본계와 중국계는 다수 민족으로서의 위상을 지니고 있었다. 또한 소수 민족의 위상을 지니고 있던 재만 조선인은, 다수 민족의 위상을 지니고 있던 일본계 및 중국계와 달리, 協和會運動에 적극 참여하지 않고 기피하는 경향이 있었다. 게다가 회의 분위기가 미묘할 정도로 조선인은 소수 민족이라 하여, 혹은 제국 신민의 嫡統인 일본계와는 다른 민족이라 하여 차별적인 언사를 듣고 있었다(<사료 7>). 더 나아가 협화회가 조직되어 활동한 이래 協和工作, 즉 식민 통치를 공고히 하기 위한 제반 공작은 주로 지배 민족인 일본인과 다수 민족인 중국인을 대상으로 하였고 협화회의 상용어 역시 일본어와 중국어였기 때문에, 이들 양 민족은 「만주국」 시기에 비중 있게 취급되어 혜택을 누린 반면에, 소수 민족인 조선인은 「만주국」의 통치 행위상에서 파트너로 인정받지 못하고 있었고 그 때문에 상대적으로 소외된 채 집중적인 輔導의 대상이 되어 있었다(<사료 8>). 결국 생산 수단을 소유하지 못하고 일확천금을 꿈꾸고 만주로 흘러 들어온 재만 조선인은 뜨내기 기분을 일소하지 못한 채 소외되기 쉬운 처지에 있었던 것이다. 그래서 소위 '민족협화' 운동에 대해서 재만 조선인은 협화회에 종사하는 일부 조선계를 제외하고 대부분 그저 “남하는 대로 따라하기나 하지.” 하는 극히 자포자기적인 심정으로 임하거나 냉담한 태도를 취하고 있었던 것이다(<사료 9>).

<표 5>에서도 알 수 있듯이, 결국 지배 민족과 다수 민족의 틈바구니에 끼여 기를 쓰지 못하고 무력감에 빠져 있던 재만 조선인은 '민족협화' 운동에 대해 흥미를 느낄 수 없게 되면서 會合 등에 출석하는 것을 싫어하게 되었던 것이다. 그로 인해 재만 조선인은 결국 '민족협화' 운동에서 낙오자로 전락되었고 국민운동에서 배제되어 마침내 '귀찮은 존재'로 낙인찍혀 버렸던 것이다(<사료 10>). 조선 사람만이 유독 말썽꾸러기로 낙인찍혀[46]

---

46) 「回顧와 展望(一)－滿洲 우리들의 生活」, 『滿鮮日報』 1940년 3월 7일자, 2면.

〈표 5〉민족별 協和會 會員數 및 人口現況(1939년, 1940년)

지역별		민 족 별						
		일본계	중국계	조선계	몽골계	러시아계	기 타	합 계
회원	실수	124,108人	1,023,979	48,796	5,965	2,961	478	1,204,980
	%	10.3%	85.0	4.0	0.5	0.2	-	100.0
인구	실수	821,111人	39,792,681	1,450,384	1,065,792		72,912	43,202,880
	%	1.9%	92.1	3.3	2.5		0.2	100.0

〈출전〉협화회 회원수는 『滿鮮日報』 1940년 1월 1일자, 2면; 인구는 大連商工會議所 編, 『滿洲經濟統計年報』(昭和 16년), 1943, 6-7쪽, 「滿洲國人口(地方別)」에서 인용.

〈비고〉협화회 회원수는 1939년 3월 말 통계이고, 인구는 1940년 10월 1일자 통계이다.

버렸던 것이다. 그리고 대부분 산간의 奧地에서 통신 및 교통 수단이 없이 생활하고 있던 조선 농민들은 '민족협화' 운동의 취지를 인식할 수 있는 처지에 있지도 않았고 그들 또한 그것을 알려고도 하지 않았다(〈사료 11〉). 그들은 그저 「만주국」의 국민이라는 對自的인 인식 없이 하루하루 목숨만을 연명해 나가면 족한 것이었다.

이처럼 재만 조선인은 표면상 「만주국」 국민의 일원이었지만 그들이 끼여들 수 있는 공간은 별로 없었던 것이다. 결국 조선인들은 「만주국」에서 일본제국의 신민으로서 일본의 후원 하에 중국인보다도 우월한 지위를 누리고 있던 2등 국민이 결코 아니었다. 재만 조선인은 중국인보다도 우월한 지위를 누릴 수 있는 정치적·경제적·사회적·문화적 위상을 차지한 적이 결코 없었다. 그들에게는 그러한 지위를 차지할 만한 경제적 富도, 정치적 권력도, 군사적 무력도, 사회적 평판도, 문화적 우월성도 없었다. 그들은 「만주국」에서 '하찮고 귀찮은 존재'에 불과했던 것이다.

<사료 12> "滿洲는 점점 滋味가 업서진다. 우리의 安住處는 어데가 될가. 아마도 在滿朝鮮人의 장래는 희망이 적다." 이것이 都市人의 소위 識者階級에서 하는 말이다. "애써 일하면 무엇하나. 運命에 맛기고 爲先 잇는대로 먹고 쓰고 놀아보자." 이것이 농촌 대중의 소위 자포자기에서 오는 悲鳴의 一曲이다. …… 도시인은 살맛이 업스니 다시 安住處를 차즈려 하고 農村人은

모든 것을 운명에 맛기고 될대로 되라는 비관론에 빠져잇스니 과연 이것이
재만조선인의 장래에 대한 赤信號가 아니고 무엇인가. 그러면 이후 更生의
觀喜와 希望의 熱意로 힘차게 뒤놀든 百萬大衆이 一朝에 서리마즌 풀닙과
가치 시들어가는 원인이 奈邊에 잇는가. (治外)法權撤廢, 敎育權移管, 民會
기타 제 團體解消, 水田開墾取締, 移民地區 제한, 旣耕地 買收 등등 接踵하
야 일어나는 新事態에 대응하야 정신차릴 여가도 업시 在滿朝鮮人과 지대
한 관계를 가지고 잇는 米穀統制의 바람에 도시인은 거개 자미를 일케 되고
農村人은 매수가격의 大廉, 麻袋求得難, 運賃大高, 賣渡手續 不圓滑 등등으
로 직접 生孝上 威脅을 밧게 되어 都鄙를 물론하고 上記와 如한 적신호를
揭하게 된 것이다.[47]

<사료 12>에서 잘 드러나고 있듯이, 결국 재만 조선인은 도시인이건 농
민이건 사포사기의 비관론에 사로잡혀 모든 것을 운명에 맡긴 채 되는 대
로 살아가고 있었던 것이다. 그들에게는 어떠한 희망도 장래도 보장되어
있지 않았던 것이다. 특히 1937년 12월 치외법권의 철폐와 더불어 敎育權이
「만주국」 정부에 이관되고, 朝鮮人民會·農務契 등의 민족 권익 團體들의
解消 등 소수 민족으로서 누리고 있던 조그마한 특권마저 사라지게 되면
서, 그리고 1937년 중일전쟁의 발발과 그에 따른 경제 통제 정책 등의 실시
로 고물가 및 각종 물자의 품귀 현상과 더불어 재만 조선인의 水田開墾의
단속, 移民地區의 제한, 旣耕地의 買收가 취해지면서, 그들은 마치 '서리맞
은 풀잎'처럼 시들어가고 있었던 것이다.

V. 맺음말

일반적으로 재만 조선인은 「만주국」이 수립되기 전까지는 중국 지방 당
국과 일본 사이에 끼여 '중국인'으로서 혹은 '大日本 제국의 臣民'으로서 이

---

47) 夢庭生, 「鮮系輔導의 現實性—우선 民族別輔導機構를 整備하라」, 『滿鮮日報』
    1940년 1월 5일자, 2면.

중의 법적 제한을 받으면서 이들 양자로부터 이용을 당하거나 배척·탄압을 받았다. 이때 조선인을 통한 일제의 만주 침략이 노골화되면서 재만 조선인에 대한 중국 당국의 배척과 탄압은 심화되었고, 재만 조선인의 항일 투쟁은 중국 및 일본 모두로부터 혹독한 탄압을 받았다. 이 시기 그들은 '고래 싸움에 새우 등 터지는 신세'에 처해 있었던 것이다.

「만주국」이 수립된 후 재만 조선인은 치외법권을 지닌 '제국의 신민'으로서 표면적으로는 일본의 보호를 받고 있었던 것처럼 비쳐졌지만, 실제로는 대륙 침략을 위한 이용 가치가 상실되면서 멸시나 받는 '하찮고 귀찮은 존재'로 인식되었고, 이러한 인식은 재만 조선인의 위상에 그대로 반영되어 탄압으로 이어지기도 했던 것이다. 더욱이 형식적이나마 그들을 일본인 (?)의 반열에 올려놓아 주고 있던 치외법권이 1937년 12월 철폐되자, '「滿洲國」民'으로 국적이 바뀐 재만 조선인들의 위상은, 그들에 대한 중국인들의 경멸과 비난이 가중되면서 더욱더 추락하기 시작했던 것이다. 그렇지만 그들이 비록 공식적으로는 치외법권의 철폐를 전후로 일본인 또는 「만주국」민'으로 분류되었다 하더라도 그들은 심리적으로 일본이나 「만주국」을 자기들의 국가로는 받아들이지 않고 있었다.48) 그렇다고 그들의 조국이었던 조선은 이미 사라진지 오래였다. 바로 이점에서 그들의 정체성 혼란은 가중될 수밖에 없었던 것이다. 그들이 안주할 곳은 아무 데도 없었던 것이다.

결국 제국주의적 침략을 계기로 '다민족 국가'로 전화되었던 '대일본 제국'은 실은 천황을 정점으로 하는 차별적 민족 질서를 그 근간으로 삼고 있었던 것이다.49) '대일본 제국'의 일원이었던 「만주국」 역시 국가 이념으로써 각 민족의 평등을 전제로 한 '민족협화'를 제창했음에도 불구하고 일본인을 주도적인 민족으로 체현시킴으로써 민족 차별을 불식시키지 못하고 있었던 것이다.

재만 조선인은 「만주국」의 '민족협화' 운동과 더불어 國籍上 '대일본 제

---

48) 한상복·권태환, 『중국 연변의 조선족—사회의 구조와 변화』, 서울대학교출판부, 1993, 93쪽.

49) 尹健次 著, 鄭道永 譯, 『現代日本의 歷史意識』, 한길사, 1990, 175쪽.

국'의 신민으로써 '內地人'(즉 일본인)과 하등의 차별 없이 그들과 같은 반열에서 똑같은 지위와 권리를 획득하기를 바랬다. 그리고 그들은 그것을 통해 일본인의 차별로부터 벗어나고 싶어했다. 그렇지만 재만 조선인은 배후에 주권을 지닌 조국을 가지고 있지 못했기 때문에, 게다가 「만주국」 수립 이전부터 '일제의 앞잡이'라는 부정적 이미지를 지니고 있었고, 「만주국」의 정치·행정·경찰·사법 조직상에서 차지하는 비중도 극히 미미했기 때문에, 「만주국」 내에서 그들의 자주적 역할을 뒷받침해 줄 수 있는 정치적 역량을 발휘할 수가 없었다. 이와 아울러 재만 조선인 대부분은 조선 땅에서조차 가난에 허덕이다가 渡滿한 자들이었기 때문에, 「만주국」 내에서 경제적인 우월성을 발휘하는 것은 且置하고라도 생존 자체마저 고민하지 않을 수 없었다.

설령 재만 조선인이 '민족협화' 운동에 적극적으로 참여하려고 했다 하더라도, 협화회 조직의 전체 구성원수 및 지도부에서 조선인이 차지하고 있는 비중이 매우 낮았기 때문에 그들의 발언권이나 영향력은 거의 없었다. 게다가 협화회 조직 속에서 일상적으로 통용되고 있는 언어 역시 일본어와 중국어였기 때문에, 조선인은 언어상의 장벽을 지니고 있었다. 더욱이 「만주국」의 민족 정책 역시 '민족협화'의 기치 하에서도 차별성을 완전히 불식시키지 못하고 있었기 때문에, 재만 조선인은 '민족협화'운동을 주도하고 있던 일본인 및 중국인과 대등한 입장에서 '민족협화' 운동에 참여할 수가 없었다. 그것은 「만주국」의 주요 구성원인 조선인에게 심한 소외감을 심어주는 요인으로 작용할 수밖에 없었다.

결국 상술한 점들을 고려해 볼 때, 피식민지 민족의 민족주의에 대한 대응 논리로써 「만주국」의 식민 통치 기반을 공고히 하기 위해 등장한 '민족협화' 운동은, 적어도 재만 조선인의 민족적 위상과 그 속에서 표출되고 있던 정체성의 혼란상에서 보여지듯이, 차별적 민족 질서를 근간으로 한 제국주의적 식민지주의에 의해 제 기능을 발휘하지 못했던 것이다. 그것은 「만주국」의 '민족협화' 운동이 사실상 실패했음을 의미하는 것이다.

▌ 'Cooperation and Harmony among Nationalities'(民族協和) of 「Machukuo」 and Koreans in Manchuria

Yoon, Hwy tak

Before 「Machukuo」, Koreans in Manchuria were legally double-restricted by Chinese local authorities as well as Japanese government. They exploited and ostracized Koreans. After invasion of Japanese into Manchuria, Chinese authorities oppressed Koreans, whom is suspected to be Japanese secret agents. Korean independent struggle was also repressed by Chinese and Japanese authorities at the same time.

After founding of 「Manchukuo」, Koreans in Manchuria seemed to have extraterritoriality as 'subjects of the empire.' However, in fact, Koreans were treated as trivial people whom were useless any more for Japanese authorities. In 1937, as extraterritoriality of Koreans in Manchuria were abolished, they became people of 「Manchukuo」. Koreans in Manchuria experienced identity crisis as either people of 「Manchukuo」 nor Japanese.

'The Great Empire of Japanese', transformed into multinational state by imperial invasions, had discriminatory and hierarchial coercion over nationalities. Although 「Machukuo」 had ideology of 'Cooperation and Harmony among Nationalities'(民族協和), it treated Japanese as superior nationality.

Koreans in Manchuria wanted to have equal rights with Japanese. However as Koreans did not have their own government and were treated as Japanese secret agents, they failed to have appropriate political power of 「Machukuo」. They were even hard to survive because of their bad economic condition as immigrants.

Koreans in Manchuria had difficulties in participating 'Cooperation and Harmony among nationalities' committee because of language barrier and small portion of their political rights. In addition, the committee retained its discriminatory policy. Therefore, Koreans in Manchuria were alienated. It also denoted failure of 'Cooperation and Harmony among nationalities'

In conclusion, 'Cooperation and Harmony among nationalities' as counter ideology toward colonial nationalism was, in reality, imperialistic discrimination over nationalities. As we saw identity crisis and national deprivation of Koreans in Manchuria, 'Cooperation and Harmony among nationalities' has failed.

東北抗日聯軍의 民族運動史的 性格

황민호[*]

Ⅰ. 머리말
Ⅱ. 동북항일연군의 평가에 대한 연구경향
Ⅲ. 동북항일연군의 성립과정과 그 성격
Ⅳ. 항일유격대 내 한인들의 활동과 성격
Ⅴ. 맺음말

* 숭실대 사학과 강사.

Ⅰ. 머리말

1931년 9월 18일 만주사변이 발발한 이후 만주지역에서의 항일무장투쟁은 다양한 세력들에 의해 전개되어 왔다. 이중 중국공산당 산하의 항일조직으로 체계화되었던 세력들은 대체로 초기의 항일유격대을 거쳐 동북인민혁명군과 동북항일연군으로 조직의 내용과 명칭을 변경해가 면서 비교적 오랜 기간동안 적극적인 무장투쟁을 전개하였다. 그리고 공산진영의 항일무장투쟁에 있어서 재만한인들의 역할과 성과가 대단히 큰 것이었다는 점은 주지의 사실이다. 그러나 이들의 항일무장투쟁이 공산주의 이념을 바탕으로, 중국공산당 산하에서 중국혁명의 일환으로 전개되어졌으며, 그 참여자의 일부가 북한정권의 핵심부를 장악했던 인물이거나, 그들과 함께 투쟁했던 사람들이라는 점에서 이들에 대한 평가는 여전히 민감한 문제로 남아있다.

현재 이 문제에 대해서는 심도 있는 논의가 이루어지고 있는 것은 아니지만, 여러 연구자들에 의해 다양한 견해들이 제기되고 있다. 과거에는 이들의 항일무장투쟁이 궁극적으로 중국공산당의 혁명활동을 위해 전개된 것이기 때문에 우리민족을 위한 독립운동사로 이해하는 것은 문제가 있다는 견해가 지배적이었다.[1]

반면에 1980년대 후반 이후에는 이들의 활동에 대해 우리 민족의 독립운동의 일환으로 평가해야 한다는 견해가 적극적으로 제기되어 왔다. 그리고 이러한 경향의 연구자들 중에서는 동북항일연군에 대해 긍정적으로 평

---

1) 李命英, 『在滿韓人共産主義運動硏究』, 성균관대학교 출판부, 1975.
 ______, 「1930年代 在滿韓人의 抗日武裝鬪爭」, 『亞細亞學報』 11, 1975.
 ______, 『權力의 歷史』, 성대출판부, 1983.
 申一澈, 「中國의 "朝鮮族抗日烈士傳" 硏究」, 독립기념관, 『한국독운동사연구』
 제2집, 1988.

가해야할 뿐만 아니라, 동북항일연군의 조직적 성격에 대해도 '朝中 兩民族間의 民族聯合的 部隊'로 보아야 한다는 주장을 제기하기도 하였다.[2]

　북한에서도 역시 동북항일연군 대해 긍정적으로 평가하고 있다. 그러나 북한에서는 동북항일연군 내에서 활동하고 있던 한인대원들에 대해 중국공산당이나 코민테른과는 전혀 무관한 독자적 조직체로 개념화하는 한편, 1932년 4월 김일성이 창건한 조선인민의 첫 항일무장유격대가 1934년 3월 조선인민혁명군으로 발전하여 꾸준히 항일투쟁을 전개한 것으로 설명하고 있다.[3] 그러나 북한의 이러한 주장은 여러 연구자들로부터 그 문제점이 지적되고 있다.[4]

　한편, 동북항일연군에 대해서는 중국에서의 연구가 많은 참고가 되고 있는데, 중국학계에서는 항일연군과 관련된 많은 자료를 발굴·정리하였을 뿐만 아니라, 항일연군은 물론, 그 안에서 활동했던 한인대원들에 대해서도 대단히 높이 평가하고 있다. 그러나 중국에서의 연구는 대체로 항일무장투쟁에 있어서의 중국공산당의 영향력을 강조하고 있는 반면에, 한인들의 활동에 대해서는 그들이 중국 내 소수민족의 일원으로 참여한 것이라는 관점을 견지하고 있기 때문에 우리와는 상당히 다른 입장을 나타내고 있다

---

2) 이재화,『한국근대민족해방운동사』, 백산서당, 1988.
　역사문제연구소,『쟁점과 과제 민족해방운동사』, 역사비평사, 1990
　姜在彦,「南滿韓人抗日武裝鬪爭-東北人民革命軍 제1군을 중심으로-」,『朴永錫敎授華甲紀念韓民族獨立運動史論叢』, 1992.
　역사문제연구소,『역사비평』, 1993년 겨울호.
　張世胤,「1930년대 만주지역 독립군의 무장투쟁」,『한국독립운동사사전』(총론편), 1994.
　강만길,『고쳐 쓴 한국현대사』, 역사비평, 1994.
　辛珠柏,『滿洲地域 韓人의 民族運動 研究(1925~1940)』, 성균관 대학교 박사학위 논문, 1995.
3) 과학·백과사전출판사『조선전사』18, 1981. 76쪽.
4) 和田春樹,『김일성과 만주항일전쟁』, 창작과 비평사, 1992, 141쪽.
　金成鎬,『1930年代 延邊民生團事件研究』, 백산자료원, 1999, 522~525쪽. 김성호의 경우는 1934년에 조선인민혁명군이 조직되었다고 하는 북한의 주장에 대하여 김일성 본인의기억상의 착오이거나 집필진의 어떤 착오에 의한 것이 아닌가 의심하지 않을 수 없다고 하고 있다.

고 하겠다.5) 그럼에도 불구하고 연변에서의 연구는 동북항일연군에 대한 자료집으로서의 성격을 갖는 연구6)와 인물연구7) 등에서 많은 성과를 내고 있다고 하겠다.

이상의 내용을 통해서 보면 동북항일연군에 대해서는 국내와 북한, 그리고 연변 등지에서 매우 다양한 시각에서의 연구가 이루어지고 있으며, 지역별 또는 연구자별로 서로 다른 견해가 존재하고 하고 있어서 우리의 이해를 혼란스럽게 하는 면이 있는 것으로 생각된다.

따라서 본 고에서는 이러한 문제의식을 바탕으로 하여, 동북항일연군을 중심으로 만주사변 이후 항일무장투쟁에 참가했던 한인공산주의자들의 역사적 성격에 대해 살펴봄으로써 이 문제에 대해 보다 분명하게 접근해 보고자 한다.

이를 위해 본 고에서는 첫째, 동북항일연군과 관련한 기존의 연구성과에 대해 가능한 한 구체적으로 비교 분석해 봄으로써 우리가 살펴보고자 하는 주제의 문제점에 대해 확인해 보고자 한다.

---

5) 황용국 주편, 『조선족혁명투쟁사』, 요녕민족출판사, 1988.
   조선족약사편찬조, 『조선족약사』, 백산서당, 1989.
6) 東北抗日聯軍史料編寫組編, 『東北抗日聯軍史料』上·下, 中共黨史料出版社, 1987.
   楊昭全·李鐵环, 『東北地區朝鮮人人民革命鬪爭資料編』, 遼寧人民出版社, 1990.
   東北抗日聯軍史料編寫組編, 『東北抗日聯軍鬪爭史』, 北京人民出版社, 1991.
   中共黑龍江省黨史研究室編, 『東北抗日鬪爭史論文集』, 吉林大學出版社, 1992.
   등이 있으며, 이밖에 1985~1986년에 걸쳐 동북항일연군 제1군부터 11군까지를 총 8권의 책으로 정리하여 黑龍江省 人民出版社에서 정리하였다.
7) 黑龍江省社會科學院地方黨史研究所·東北抗日紀念館編, 『東北抗日烈士傳』 2輯, 黑龍江人民出版社, 1981.
   연변조선족자치주 민정국편, 『장백의 투사들』, 연변인민출판사, 1982.
   길림성 연변조선족자치주위원회 문사자료위원회편, 『문사자료선집』 1-6집, 연변인민출판사.
   朴昌昱, 『조선족혁명열사전』, 요녕인민출판사, 1988.,
   현용순 외, 『조선족백년사화』 1·2·3, 거름, 1989.
   중국조선민족발자취총서 편집위원회 편, 『봉화』·『결전』·『승리』, 북경인민출판사, 1989·1991·1992.
   한준광, 『중국조선족인물전』, 연변인민출판사, 1992. 등을 들 수 있다.

둘째, 1920년대 후반 이후 한인공산주의자들이 어떤 상황에서 운동노선을 전환하여 중국공산당에 입당하게 되었으며, 동북항일연군은 어떠한 과정을 통해 결성되었는가를 필자 나름대로 정리해 보고자 한다. 또한 동북항일연군과 관련되어 나타나는 선언서나 강령의 내용에 대해 살펴봄으로써 동북항일연군의 성격문제와 관련한 논쟁에 대한 분명한 이해에 접근해 보고자 한다.

셋째, 연변지역의 연구성과를 중심으로 만주사변 이후 중국공산당 산하의 유격대와 동북인민혁명군, 그리고 동북항일연군에서 활동했던 한인 '抗日烈士'들의 개인별 활동에 대해 가능한데로 정리해 봄으로써 항일무장투쟁에 참가했던 한인대원들의 활동을 이해하는데 도움을 주고자 한다. 대체로 이러한 논의는 1930년대 이후 만주지역에서 활동했던 한인공산주의 활동이나 성격을 보다 객관적으로 이해하는데 기여할 수 있을 것으로 생각된다.

Ⅱ. 동북항일연군 평가에 대한 연구경향

동북항일연군의 평가문제에 대해서는 본격적인 연구가 이루어지고 있다기보다는 연구자들이 해당 주제를 연구하는 과정에서 각각의 입장을 나타내고 있는 경우가 대부분이라고 할 수 있다. 따라서 본 장에서는 기존의 연구경향을 정리해 봄으로써 동북항일연군의 평가문제에 대한 이해의 폭을 넓혀보고자 한다.

우선 한인공산주의자들의 항일무장투쟁에 대해 그들의 활동을 우리의 독립운동사의 일환으로 볼 수 없다고 하거나 제한적 의미밖에 가질 수 없다고 보는 견해의 연구자들이 있는데, 대체로 李命英과 申一澈의 경우가 대표적이라고 할 수 있다.

이명영은 우선 한인공산주의자들이 중국공산당에 입당에 대해서는 한인공산주의자들과 중국공산당이 하나의 黨이 되기 위해 취해진 조치가 아

니라, 한인공산주의자들에 대한 중국공산당의 일종의 統一戰線에 불과하다
고 보고 있다. 뿐만 아니라 그는 중국공산당에 끝까지 남아있던 한인들은
중국공산당의 ‘外人部隊’로서 아까운 목숨만 잃었다고 하거나, 民生團事件
이후에도 동북항일연군에 남아있던 사람들은 ‘민족의식이 마비된 완전히
중국인화한 사람들’이라고 함으로서 동북항일연군에 대한 역사적 성격을
극단적으로 낮게 평가하는 경향을 보이고 있다.8)

　다음으로 신일철의 경우는, 연변에서 출간된 ‘朝鮮族抗日烈士傳’의 내용
을 분석하면서 나름대로의 견해를 제시하였다. 그는 동북항일연군에 의해
전개된 항일투쟁이 韓·中兩民族에 의해서 전개된 항일투쟁사라는 것에
대해서는 동의하지만, 전반적으로 이들의 활동은 우리나라 독립운동사에
있어서 보완적인 의미밖에 갖지 못한다고 보고 있다.

　그는 1928년 12월 이후 코민테른은 一國一黨主義原則을 명분으로 중국공
산당으로 하여금 한인공산주의자들의 모든 조직을 恰수되도록 했으며, 東
北抗日聯軍의 總司令은 모두 중국인이었고, 투쟁목표나 강령에 있어서도
한국의 독립이나 해방이 명시되어 있지 않고 있기 때문에 이들의 활동을
한국독립운동의 범주에 넣는 것은 문제가 있다는 주장하고 있다. 뿐만 아
니라 자신의 분석에 따르면, 동북항일연군 내에서 상당수의 韓人들이 지도
급 간부로 활동하고 있었음에도 불구하고, 항일연군은 우리가 상상하는 것
과 같이 韓·中聯合의 성격을 가진 抗日武裝組織이 아니었으며, 연변에서의
연구는 이러한 점을 분명하게 반영하고 있다고 하였다.9)

　이밖에도 동북항일연군 내에서 활동했던 한인들에 대해 긍정적으로 평
가하는 것에 회의적이기는 하지만, 이 문제에 대해 검토할 단계가 되었음
을 인정하는 견해가 있으며10), 이러한 경향의 연구자들은 대체로 동북항일

---

8) 李命英,「1930年代 在滿韓人의 抗日武裝鬪爭」,『亞細亞學報』11, 1975. 163쪽.
9) 申一澈,「中國의“朝鮮族抗日烈士傳”研究」, 독립기념관 독립운동사연구소,『한
　국독립운동사연구』2, 1988, 549쪽.
10) 李炫熙,「1930년대 中國地域 韓人獨立運動의 研究成果와 課題」,『한국민족운
　동사연구』16집, 1997.

연군 내에서의 김일성의 역할에 대해 아예 그 자체를 부정하거나 소극적으로 평가하는 경향을 특징적으로 나타내고 있다고 하겠다.[11]

이들 연구자들은 주로 한인공산주의자들이 중국공산당원의 자격으로 중국의 공산혁명을 위해 투쟁했기 때문에 이들의 활동을 우리나라의 독립운동사에 있어서 긍정적으로 평가하는 것에는 문제가 있으며, 동북항일연군을 중국민족과 조선민족간의 민족연합부대로 이해하는 것에 대해 부정적인 견해를 보이고 있다고 하겠다.

한편, 동북항일연군이 朝·中兩民族間의 民族聯合的 部隊로 창설된 것이 아니라 중국공산당이 코만테른의 反帝聯合戰術에 기초하여 階級聯合的 性格의 부대로 창설한 것으로 보아야 한다는 견해가 있는 李德一의 경우가 대표적이라고 할 수 있다.[12]

그의 주장에 따르면 한인공산주의자들은 1930년 이후 중국공산당에 입당함으로써 중국공산당의 지도하에 활동하고 있는 상황이었기 때문에 동북항일연군이 한·중 양국의 민족연합부대로 창설되었다고 보는 것은 형식논리에 있어서 문제가 있는 것이라고 주장하고 있다. 뿐만 아니라 그는 동북항일연군의 성립을 전후해서 중국공산당이 발표한 문건의 내용을 분석해 보아도 한인공산주의자들이 항일연군 내에서 중국공산당과 동등한 위치에 있음을 밝히는 내용은 어디에도 없으며, 실제로 한인공산주의자들은 중국내 연합 가능한 모든 세력 가운데 하나로 항일연군에 참여한 것으로 보는 것이 올바른 파악이라고 주장하고 있다.

대체로 그는 동북항일연군에서 활동했던 한인들의 민족적 성격에 대해서 부정하지는 않으면서도 항일연군을 민족연합적 성격의 항일부대로 이해하는 것은 항일연군에 대한 역사적 실체를 왜곡하고 있는 것이라는 견해

---

11) 동북항일연군 내에서의 김일성의 역할에 대해 아예 부정적인 입장을 나타내고 있는 글로는 다음과 같은 것들이 있다. 李命英, 『김일성 열전』, 신문화사, 1974, 허동찬, 『김일성 평전』(속), 북한연구소, 1988, 金昌順 외, 『韓國獨立戰爭史』, 三光出版社, 1989.
12) 李德一, 앞의 논문 참조.

를 나타내고 있다고 하겠다.[13]

　다음으로 동북항일연군에서 활동했던 한인들의 민족적 성격에 대해 보다 적극적으로 평가해야 한다고 주장하는 견해가 있는데 이는 주로 1980년대 이후 연변학계와의 교류가 활발하게 진행되면서 대두되어, 현재는 상당수의 연구자들에 의해 적극적으로 수용되고 있는 상황할 수 있다.[14]

　우선 강재언의 견해를 들 수 있는데 그는 한인공산주의자들의 항일무장투쟁이 중국공산당의 지도하에 전개되기는 하였지만, 한인공산주의자들은 항일무장투쟁을 통해 궁극적으로 일제에게 일정한 타격을 주는데 기여하였으며, 따라서 그들의 활동은 긍정적으로 평가할 수 있다고 주장하고 있다. 그러나 그는 동북인민혁명군이 1933년 9월 제1군에서 이후 제11군으로 확대될 때까지 많은 한인들의 노력이 있었으며, 그들의 항일무장투쟁은 중국공산당에 의해 유일하게 지도되고 있었기 때문에 김일성이 1932년 4월 東滿 安圖縣에서 항일유격대를 창건하고 이후 만주에서의 항일투쟁을 유일하게 지도했다는 북한의 견해는 신화에 불과하다고 보고있다.[15]

　장세윤의 경우는 동북항일연구에서 활동했던 대표적인 한인에 대한 인물연구를 통해서 통일을 전망하는 거시적 시야에서 역사인식의 범위를 확대하고, 접근방법의 다양화를 통해 한인공산주의자들의 활동을 우리 나라 민족운동의 범주에 포함시키는 것이 바람직하다는 취지의 견해를 나타내

---

13) 「爲抗日救國告全體同胞書」, 東北抗日聯軍史料編寫組, 『東北抗日聯軍史料(上)』 北京, 中共黨史資料出版社, 1978, 165쪽.
14) 이재화, 『한국근대민족민족해방운동사』, 백산서당, 1988.
　　정창현, 「항일무장투쟁사연구」, 『남북한의 역사인식 비교강의』, 일송정, 1989.
　　김광운, 「항일무장투쟁과 조국광복회」, 『쟁점과 과제 민족해방운동사』, 창비사, 1989.
　　망원한국사연구실, 『한국근대민중운동사』, 돌베개, 1989.
　　한국사특강편찬위원회 편, 『한국사특강』, 서울대학교출판부, 1990.
　　한국역사연구회, 『한국여사』, 역사비평, 1992.
　　강만길, 『고쳐쓴 한국현대사』, 창작과 비평사, 1994.
15) 姜在彦, 「南滿韓人의 抗日武裝鬪爭」, 朴永錫敎授 華甲紀念, 『韓民族獨立運動史研究論叢』, 1992, 715~716쪽.

고 있다. 그는 1930년대 초기 이른바 '좌경화' 시기에도 한·중양국의 공산주의자들은 일제타도라는 공동의 목표를 위해 투쟁했기 때문에 긍정적으로 평가해야 하며, 적어도 1935년 중반 이후 중국공산당의 朝鮮獨立에 대한 지원이 표면화되는 시기부터 1940년대 초까지는 한·중 양 민족의 연대가 실현된 공동투쟁기로 보아야 한다고 주장하고 있다.[16]

한편 이러한 경향의 연구자 중 가장 많은 연구성과를 내고 있는 것은 신주백이라고 할 수 있는데, 그의 주장을 정리해 보면 다음과 같다. 그는 우선 한인공산주의자들이 중국공산당 산하의 유격대로 참가한 것은 만주에서 일제를 몰아 내는 것이 우선시 되는 상황에서 조선의 혁명이나 독립에 대한 전망을 전제로 실천된 것이기 때문에 긍정적으로 보아야 한다고 주장하고 있다.

또한 동북항일연군의 성격에 대해서도 한인들의 활동을 '事大나 從屬의 측면에서 보아서는 않되며, 連帶의 측면'에서 바라보아야 하기 때문에 동북항일연군은 韓·中抗日聯合軍의 性格을 띤 민족연합적 부대인 것으로 볼 수 있다고 주장하고 있다.[17] 뿐만 아니라 1930년대 후반 이후 항일유격대가 일제와의 전면적인 대결을 피하면서 소부대 활동으로 전환한 것은 적절한 조치였으며, 1940년부터 유격대가 본격적으로 소련으로 월경한 것도 유격대의 기본역량을 보존할 수 있었다는 점에서 올바른 선택이었다고 옹호하고 있다.[18]

---

16) 장세윤, 「李紅光 硏究」, 독립기념관 민족운동사연구소, 『한국독립운동사연구』 8집, 1~3쪽.

17) 신주백은 이러한 설명에도 불구하고 민생단 사건의 와중에서 한인공산주의자들은 '조선 혁명이라는 말조차 꺼낼 수 없었음을 고려'해야 하며, 동북항일연군은 이중의 임무 차원에서 활동한 '한인들의 입장에서 볼 때' 조중항일연합군의 성격이라고도 볼 수 있다'고 라고 함으로써 동북항일연군이 실제적 형식에 있어서 민족연합부대라고 설명하는 것에 한계가 있다고 보는 듯한 인상을 주고 있다. 역사문제연구소 편, 『한국공산주의운동사연구-현황과 전망-』, 아세아문화사, 1997, 245~246쪽.

18) 신주백, 앞의 박사학위 논문, 『역사비평』 계간 57호, 1999, 「논문서평」, 403~405쪽 참조.

개설서이긴 하지만 강만길의 경우도 동북항일연군은 "조선인부대의 단독활동이 전략상 유리하지 않다는 판단에 의해 군사조직상에서는 완전히 불리하지 않고 연합형식을 취하여 '항일연군'이라고 불렀다"라고 함으로써 동북항일연군이 한인과 중국인의 민족부대인 것으로 기술하고 있다.[19]

따라서 이상의 견해를 종합해 보면 이러한 경향의 연구자들은 대체로 동북항일연군 내에서 활동했던 한인들에 대해 긍정적으로 이해하는 한편, 일부의 연구자들의 경우는 동북항일연군이 한·중 양민족의 민족연합적 부대였음을 강조함으로써 전자의 연구자들과 서로 다른 입장을 나타내고 있는 것으로 생각된다.

다음으로 동북항일연군의 성격에 대한 중국에서의 견해를 살펴볼 필요가 있을 것으로 생각된다. 대체로 연변학계에서는 만주사변 이후 전개된 한인 공산주의자들의 항일무장투쟁에 대해, 이들의 투쟁에는 중국민족의 해방이라는 목표 이외에, 조선의 독립과 해방이라는 목표도 함께 내포하고 있었다는 관점을 나타내고 있는 것으로 보인다. 따라서 연변에서는 동북항일연군에 많은 수의 韓人들이 참가하고 있었으며, 이들은 공동의 적인 일본에 대항하여 싸웠기 때문에 적어도 한인들이 상당 수 포함된 1·2군의 역사는 우리 나라의 독립운동사에 포함시키는 것은 당연하며, 1·2군 이외의 부대에서 활동했던 한인들에 대해서도 같은 수준에서 평가해주어야 한다고 주장하고 있는 것으로 생각된다.[20]

한편 중국학계에서는 동북항일연군의 조직적 성격에 대한 이해에 있어서 우리와는 다른 견해를 나타내고 있는데, 이러한 경향은 아래의 인용문을 통해서도 확인할 수 있을 것으로 생각된다.

> 동북항일연군의 투쟁사는 中朝 兩國 共産主義者와 양국 인민의 피로서 맺어진 깊은 우정의 기록이다. 이 항일군대는 實質上 中朝兩國人民의 聯合部隊이다. 조선 인민의 위대한 領袖 金日成이 영도한 항일부대는 이 항일부

---

19) 강만길, 『고쳐쓴 한국현대사』, 창작과 비평사, 1994, 106쪽.
20) 역사문제연구소, 『역사비평』, 1993년 겨울호, 271~272쪽.

대의 중요한 助成部分이며 이후 抗聯 第二軍과 抗聯 第一路軍의 순서로 편
입되었다. 이외에도 崔用健(崔石泉)·金策 등 조선공산주의자는 여전히 항
일연군 기타부대 가운데 중요 領導工作을 담당하였다. 中朝 양국동지는 친
밀한 단결로 다함께 전투에 임하였다. 이는 조선공산주의자 조선인민이 중
국인민에게 제공한 귀중한 國際主義의 원조이다.[21]

이 기록에서 보면 중국에서는 동북항일연군의 조직적 성격에 대해 이
부대가 중·조 양국인민의 연합부대였음을 인정하는 하는 듯 하지만 '실질
상'이라는 단서를 붙이고 있거나, 김일성이 참가했던 항일연군 제2군이나
제1로군의 활동만을 강조하고 있으며, 그 이하의 내용에서도 최용건·김
책 등 북한정권의 핵심인물들에 대한 이름만을 거명함으로서 중국측의 입
장이 다분히 북한과의 정치적 관계를 고려하고 있다는 인상을 강하게 나타
내고 있다고 하겠다.

그런데 이러한 경향은 周恩來가 중국의 총리로 있으면서 동북항일연군
에 대해 '중국 국내적으로 말하면 중국공산당이 영도하는 무장부대와 중국
구국군과의 연합을 말하며, 대외적으로 말하면 중국과 조선의 무장부대가
연합한 부대를 말한다'라고 규정한데에서도 나타난다고 하겠다.[22] 실제로
주은래는 1963년 崔鏞健과의 대담에서도 '동북항련은 실제상에서 조·중
두나라 인민의 연합군이라고 인정해야 한다'고 함으로써 중국이 1960년대

---

21) 東北抗日聯軍鬪爭史編寫組, 「出版說明」, 『東北抗日聯軍鬪爭史』, 人民出版社, 1991.
22) 앞의, 『역사비평』 계간57호, 271쪽. 한편 周保中의 경우도 1960년의 談話를
통해 1935년 항일유격대는 한인들을 중심으로 조선인민혁명군을 조직하려고
했으나 '객관적으로 당시 투쟁형세가 긴박하고 적들이 용이하게 이간을 도발
할 수 있었고 주관적으로도 군대 내에 이미 민족간의 융합이 적었고 한족이
다수였기에 조선인이 단독으로 활동하면 고립되기 쉬웠다. 그리하여 조직상
완전히 분류하지 않고 여전히 연합의 형식을 취하여 抗日聯軍이라고 불렀다'
라고 하여 동북항일연군이 중국인과 조선인의 연합에 의해서 이루진 것으로
설명하고 있다. 그러나 이러한 기록도 주보중이 항일연군에서 활동했던 당대
의 기록이 아니라 1960년의 회고담에서 말하고 있는 것이라는 점에서 중국
측의 다른 기록과 함께 검토의 여지가 있는 것으로 생각된다. 『周保中同志의
回憶談話』(1960년), 金東和, 『中國朝鮮族獨立運動史』, 느티나무, 1991, 39쪽.

이후 북한과의 정치적 관계를 고려하여 항일연군에 대해 다분히 2중적인 기준에 의해 설명하고 있음을 나타내기도 하였다.[23)]

그런데 최근 연변에서의 연구는 동북인민혁명군이 조선인과 중국인이 함께 싸운 무장부대라는 의미에서 '조·중항일연합군'이라고 할 수는 있지만, 북한의 주장처럼 1934년 김일성의 지도하에 한인들이 독자적인 항일유격대로 조선인민혁명군이 조직되었다는 것은 잘못된 것이며, 따라서 동북인민혁명군이 마치 조선인민혁명군과 동북인민혁명군의 연합에 의해 편성된 '항일연합군'인 것처럼 설명하는 것은 잘못된 것이라고 주장하고 있다. 뿐만 아니라 이 연구에서는 동북항일연군에 대해서도 항일연군 내에도 조선인민혁명군이라는 독립적인 조직편제는 결코 없었으며, 따라서 동북항일연군이 조선인민혁명군과 동북항일연군의 연합군으로 형성되었다고 보는 것은 잘못이라고 주장하고 있다.[24)]

이밖에 이 연구에서는 1930년대의 여러 문헌에 東滿의 한인유격대에 대해 고려공산당[25)]이라고 하거나 조선인민혁명군[26)]·중한유격대[27)]·중한적색유격대[28)]·중한공농유격대[29)]·동북韓華인민혁명군[30)] 등의 명칭으로

---

23) 예를들어 연변에서 출판된 각종 '人物傳' '烈士傳' 등에는 동북항일연군에서 활동했던 한인대원들에 대해 '중국공산당의 우수한 당원'이었음을 강조하거나 '영광스럽게 중국공산당에 입당하게 되었음'을 강조함으로써 그들을 평가하는 데 있어서 우리와는 다른 입장에 있음을 분명히 하고 있다고 하겠다.

24) 金成鎬, 앞의 책, 529~535쪽.

25) 「團省委特派員鐘關於東滿鬪爭情況的報告」, 1934. 12. 4, 『文件匯集』(甲20), 1990. 3, 229쪽.

26) 於偉, 「三年來東北義勇軍鬪爭的總檢閱」, 『東方學誌』 第32卷 第6號, 民國 24(1935)年 3月16日. 57~58쪽.

27) 「延吉, 汪淸, 琿春, 和龍中韓遊擊隊與汪淸反日遊擊隊告反日兵士書」, 1933. 3 『文件匯集』(甲44), 1990. 4, 1~5쪽.

28) 「琿春縣中韓工農遊擊第二大隊告反日兵士書」, 1933. 5. 3, 『文件匯集』(甲44), 1990. 4, 7~10쪽.

29) 「別動隊和汪淸, 延吉, 琿春, 和龍中韓工農遊擊隊爲走狗同山好進攻別動隊事件告中韓民衆書」, 1933. 5. 31, 『文件匯集』(甲44), 1990. 4, 11~12쪽.

30) 「昭和 10年 4月5日附在間島龍井總領事發信, 在滿南大使宛報告摘錄」, 『外務省警察史(間島の部)』(2-2), 外務省, 9098쪽. 이상 중국측 기록은 金成鎬의 책에

부르는 기록이 나타나기도 하는데 이 것은 실제적으로 한인공산주의자들의 독자적인 조직이 존재했기 때문에 붙여진 이름이 아니라, 유격대 내에 한인대원들이 참가하고 있다는 의미에서 붙여진 이름으로 보아야 한다고 주장하기도 하였다.[31]

따라서 이상의 연구경향을 종합해 볼 때 동북항일연군의 민족적 성격을 이해하는데 있어서는 전제되어야 할 문제점이 있는 것으로 생각된다. 그것은 중국이 북한과의 입장을 고려해 동북항일연군에 대해 2중적인 기준으로 설명하고 있고, 북한은 동북인민혁명군과 동북항일연군 내에 김일성이 조직한 조선인민혁명군이라는 독자적인 조직체계가 있었던 것으로 설명하면서 이를 정치적으로 이용하고 있는 상황에서, 우리는 이점을 염두에 두면서 동북항일연군의 민족적 성격에 접근하는 것이 바람직할 것으로 생각된다는 것이다.

Ⅲ. 동북항일연군의 성립과정과 그 성격

1) 한인 공산주의자들의 중국공산당 입당

본 절에서는 한인공산주의자들이 중국공산당에 입당하는 과정에서 나타나는 특징과 성격에 대해 살펴봄으로써 동북항일연군의 조직적 성격문제에 대해 구체적으로 접근해 보고자 한다.

한인공산주의자들이 중국공산당 입당 문제를 논의하게 된 것은 표면적으로 1929년 초 코민테른의 12월테제를 접하면서부터이지만, 근본적으로는 1920년대 후반이후 만주지역의 정치정세가 급변하고 있었다는데 중요한 원인이 있었다.

서 재인용하였음.
31) 金成鎬, 앞의 책, 529~535쪽.

먼저 만주지역에서의 공산주의운동은 1928년 7월 이후 만주군벌 張學良이 蔣介石의 남경정부로 합류한 후 강도 높은 반공정책을 추진하는 동시에, 소련이 관할하고 있던 中東路鐵道[32]를 강제로 회수하기 위해 이른바 중동로전쟁을 일으킴으로써 소련과의 관계를 극단적으로 악화시키자 이러한 정세의 변화에 커다란 영향을 받고 있었던 것으로 생각된다.

중도로사건으로 인한 양측의 전쟁은 장학량의 패배로 끝나기는 하였지만[33], 한인공산주의자들은 물론, 중국공산당에서도 이 사건에 대해 '자본주의진영이 중국을 사주하여 일으킨 소련에 대한 침략전쟁인 것으로 인식하고 있었다.[34] 이러한 상황에서 양측은 만주지역에서 소련을 옹호하는 투쟁을 강력하게 전개하기 위해 조직을 통합 투쟁역량을 강화할 필요가 있는 것으로 인식하고 있었던 것으로 여겨진다.[35]

한편 1928년 7월에 개최된 코민테른 제6차 대회 이후 공산진영의 운동노선도 급격히 좌경화되고 있었는데 코민테른에서는 민족진영에 대해 '계급대 계급 전술'을 채택함으로써 그들과의 투쟁을 강조하는 한편, 1928년 9월에 채택한 「인터내셔날 강령」에서는 소연방을 프롤레타리아의 유일한 조국이자 모든 수단을 동원해서 방어해야 할 대상으로 규정함으로써 그 위상을 극단적으로 강화시키고 있었다.[36]

그런데 코민테른의 이러한 좌경적 노선은 중국공산당이나 한인공산주의자들 모두에게 영향을 끼치고 있었던 것으로 보이며, 특히 중국에서는 1928년 6월 이후 李立三體制를 출범시켜 코민테른의 전술적 변화를 적극적으로 수용하고 있었다.[37]

---

32) 金璟載, 「滿蒙鐵道問題의 實際」, 『彗星』 1-3, 1931. 5, 77쪽. 중동로 철도의 건설비는 약 2억 6천만 루불이었고, 자본금은 6억 2천만 루불이었으며, 건설 이후 다년간 구러시아 정부에서 막대한 보조를 하였다. 이 자금은 불란서가 제공하였다고 한다

33) 「日露中三國의 勢力」, 『新東亞』 2-5, 1932. 5, 49쪽.

34) 黃敏湖, 『在滿韓人社會와 民族運動』, 국학자료원, 1998, 171~214쪽 참조.

35) 황민호, 앞의 책, 193~195쪽.

36) 村田陽一, 『コミンテルン資料集』 4, 大月書店, 1981, 357쪽.

37) 황민호, 앞의 책, 82~83쪽.

이러한 상황에서 한인공산주의자들도 대체로 중국혁명의 성공은 일본 제국주의의 기초를 소탕하여 조선혁명을 촉진시킬 것이며, 지리적 관계에서 볼 때도 조선의 혁명운동에 비상하게 유리한 조건을 제공할 수 있기 때문에 한인공산주의자들이 중국혁명에 직접 참여하는 것은 정당하다는 인식을 갖고 있었던 것으로 생각된다.[38]

그리하여 재만 ML파 공산주의자들은 '중동로전쟁이 일어났을 때 소련을 옹호하는 투쟁을 전개하지 못한 것과 만주에서 민족별 조직을 견지해 중국공산당과 공공연히 대립하고 있는 것은 잘못이며, 따라서 자신들은 만주총국을 해산한 후 중국공산당에 입당할 것임을 밝히는 선언서를 발표하기도 하였다.[39] 뿐만 아니라 화요파나 서울-상해파의 경우도 중동로사건에서의 소련의 입장을 지지하거나, 대중들에게 소비에트 옹호 투쟁에 참가할 것을 호소하는 선언을 발표하기도 하였다.[40]

따라서 이상의 내용을 통해서 보면 재만한인공산주의자들의 중국공산당 입당은 장학량 정권의 극단적 반공정책과 코민테른의 운동 노선전환이 맞물리면서 급격히 진행되었던 것으로 생각된다.

한인공산주의자들의 입당이 본격적으로 추진된 것은 1930년 1월 하얼빈에서 韓斌과 李春山, 그리고 중국공산당 중앙간부인 蘇文이 중국공산당 만주성위원회 간부 14명과 한인공산주의자 각 파벌의 대표 10여명과 함께 在滿中國人共産黨聯席會議를 개최하면서부터였다.[41] 이 회의에서 한인공산주

---

38) 司空杓, 「조선의 정세와 조선공산주의자의 당면임무」, 배성찬 앞의 책, 68~69쪽.

39) 이반송·김정명 지음, 한대희 편역, 『식민지시대 사회와 운동』, 한울림, 1986, 218~221쪽. 이것은 1930년 3월에 발표된 ML파 한인공산주의자들의 '해산선언서'에 나타나는 내용이다. 이밖에도 이 선언서에는 중국공산당에 개인자격으로 입당하라, 조선연장주의 조직을 지양하라, 각파 조직을 해체하라, 투쟁으로 조선혁명을 후원하라, 재만 조선인 노동자·농민은 중국공산당의 영도 하에서만 해방된다, 중국공산당 만세, 코민테른 만세 등의 구호가 있었다.

40) 위의 주장은 1930년대에 각각 서울-상해파와 화요파가 강령이나 선언서를 통해서 발표했던 주장들이다. 황민호, 앞의 책, 177~214쪽.

41) 앞의, 『現代史資料』 29, 581쪽.

의자들 각 파벌은 조직을 해산하고 중국공산당에 가입할 것을 결의하였으
며42), 이때부터 한인공산주의자들의 중국공산당입당은 대세로 받아들여지
고 있었던 것으로 보인다.

　그런데 한인공산주의자들의 입당문제가 구체화되자 중국공산당에서는
한인공산주의자들의 파벌적 경향을 문제삼아 한인공산주의자들에 대한 중
국공산당의 정치적 우위를 분명히 하고자 하였다. 그리하여 만주성위원회
에서는 1930년 7월 1일 발표한 「在滿洲朝鮮共産主義者諸同志들」이라는 문
건을 통해, 한인공산주의자들에게 입당을 위해 필요한 다음과 같은 전제조
건을 제시하였다.

　첫째, 한인공산주의자들은 중국공산당에 가입하여 중국공산당의 규칙을
준수하며 중국혁명의 실제 행동에 참가할 것. 둘째, 중국공산당은 절대로
어떤 일파를 '兄弟黨'으로 인정하지 않으며, 따라서 입당방법은 파벌을 불
문하고 개인 자격으로 가입할 것. 셋째, 입당 후에도 파쟁 분파활동을 행하
는 자는 조사 후에 제명한다는 것 등이었다.

　따라서 이렇게 보면 한인공산주의자들은 입당과정에서 자신들의 역량
에 상응하는 정당한 대우를 받지 못한 것으로 보이며43), 이후 1930년 5월에
시작된 붉은 5월 투쟁을 통해 '실제 투쟁과정에서 용감한 희생정신을 갖춘
것으로 입증된 자만이 중국공산당에 입당하게되는 증명 절차를 거치게 되
었던 것으로 생각된다.44)

　그러나 한인공산주의자들에게 있어서의 붉은 5월투쟁은 사회주의적 민
족해방투쟁의 연장선상에서 시도된 대규모의 봉기였다고 할 수 있는데 이
는 5·30봉기의 주 공격대상이 주로 일제의 시설과 친일세력에 집중되고
있었다는 것과 해방직후의 기록에서 5·30봉기에 대해 '조국해방투쟁사에
있어서 壯烈無比한' 사건이었다고 평가하고 있는 것 등에서 확인할 수 있다

---

42) 앞의, 『당대중국조선족연구』, 9쪽.
43) 앞의, 『現代史資料』 29, 716~717쪽. 한인공산주의자들의 중국공산당 입당
　　에 관한 내용에 대해서는 황민호, 앞의 책, 192~222쪽을 참조할 것.
44) 滿洲國 軍政部顧問部, 『滿洲共産匪の研究』, 1936, 69쪽.

고 하겠다.[45]

따라서 이상의 내용을 통해서 보면 한인공산주의자들은 중국공산당으로의 입당과정을 통해 양자의 관계가 지금까지의 대등한 동지적 관계에서 상하관계로 변질되는 상황을 맞게 된 것으로 보이며, 중국혁명을 위해 노력해야 한다는 임무를 제1차적 과제로 부여받게 되었던 것으로 생각된다. 그리고 이같은 현실은 이후 한인공산주의자들의 투쟁이 중국공산당과 동등한 위치에서 민족연합적 성격으로 이루어졌다고 볼 수 없게 하는 중요한 요인의 하나가 되었을 것으로 판단된다고 하겠다.[46]

그러나 이러한 한계에도 불구하고 한인공산주의자들은 조선의 독립을 위한 일제와의 투쟁 강화라는 의도에서 중국공산당 입당문제를 수용하고 있었던 것으로 보이며, 붉은 5월투쟁 역시 항일투쟁적 차원에서 전개하고 있었다는 점을 고려한다면 한인공산주의자들의 운동노선 전환에는 긍정적으로 평가해 주어야 할 부분이 있는 것으로 생각된다.

2) 동북항일연군의 결성과정

본 절에서는 만주사변 이후 항일유격대로 출발한 공산진영의 항일무장투쟁이 동북항일연군으로 확대·개편되어 가는 과정에 대해 한인들의 활동을 중심으로 살펴보고자 한다.

일제의 만주침공이 시작되자 만주성위원회에서는 1931년 9월 19일 「일본제국주의가 만주를 점령할데 대한 선언」을 발표하여 만주지역 각계 각층들에게 유격전을 개시할 것을 호소하였으며[47], 10월 12일에는 중국공산당 중앙에서 만주성위원회에게 「만주병사공작에 관한 지시」를 보내 '유격대를 창건하고 유격구를 개척할 것'을 지시함으로써 본격적인 항일무장투

---

45) 李錫台, 『社會科學大辭典』, 文友印書館, 1948, 11쪽.
46) 이덕일, 앞의 논문, 40~41쪽.
47) 중공연변주위당사연구소, 『중국연변당조직활동연대기』, 연변인민출판사, 1989, 45쪽.

쟁이 전개될 수 있는 계기를 마련하였다.[48]

  이후 東滿에서는 1931년 12월 동만특위 서기인 童長榮이 연길현에서 '동만 각 縣·黨·團 열성자회의를' 개최한 것을 기점으로 조직적인 항무장투쟁이 시작되었으며, 남만과 북만에서도 비슷한 시기에 적극적인 항일무장투쟁의 전개를 결정하였다. 특히 北滿에서는 만주성위원회가 李福林·許亨植·金策 등의 한인공신주의자들을 각 지역에 파견하여[49] 항일무장투쟁의 전개를 독려하기도 하였는데 한인유격대원의 활동에 대해서는 <표 1>에서 정리하였다.[50]

  <표 1>에서 보면, 만주사변 이후 초기 유격대의 활동은 주로 한인들에 의해 주도되었음을 알 수 있으며, 특히 동만의 경우 유격대의 중심인물이 대부분 한인들로 구성되어 있어서 이 지역에서의 한인들의 활동이 두드러졌음을 나타내고 있다고 하겠다. 뿐만 아니라 남만과 북만에서의 활동 또한 활발한 것이어서 전체적으로 이 시기의 항일유격대는 한인들을 기반으로 확대·발전되어 가는 시기였다고 할 수 있을 것이다.

  그러나 항일유격대의 발전과정은 여러 가지 이유에서 어려움에 직면하고 있었는데 우선 중국공산당 중앙이 1932년 6월 북방회의를 개최하고 만주성위원회에 지주에 대한 토지의 몰수와 구국군과 산람대의 와해를 통한 홍군의 건립정책 등을 추진하게 함으로써 결과적으로 공산진영의 유격대가 약화되는 중요한 원이 되고 있었다.[51]

---

48) 연변주위당사연구소, 앞의 책, 45쪽.
49) 신주백, 「1930년대 만주항일무장투쟁」, 『한국사』 16, 한길사, 1993, 275~281쪽.
50) 아래의 도표 작성에는 다음과 같은 자료가 참고되었으며, 자료마다 유격대의 조직연대나 활동내용 규모에 대해서는 약간씩 차이를 보이고 있다.
    황용국 외, 『조선족혁명투쟁사』, 요녕민족출판사, 1988.
    연변주위당사당사연구소, 『중공연변당조직활동연대기』, 연변인민출판사, 1989.
    김창국, 『동북항일근거지사연구』, 연변인민출판사, 1992.
    김동화 외, 『연변당사 사건과 인물』, 연변인민출판사, 1988.
    신주백, 「1930년대 만주항일무장투쟁」, 『한국사』 16, 한길사, 1993.
51) 연변주위당사연구소, 앞의 책, 67쪽. 앞의, 『1930년대의 만주지역항일무장투

그리하여 1932년 8월에는 남만반일유격대가 지주무장부대와 산림대로 부터 습격을 받는 일이 발생하기도 하였으며[52], 공산당의 토지정책에 반대하는 반일적 성향의 지주나 부농들이 유격근거지에서 도망하는 사건이 일어나기도 하였다.

이후 북방회의 좌경적 방침은 1933년 1월 26일 중국공산당 중앙이 채택한 1월 서한('만주 각급당부 및 당원에게 주는 서한')에 의해 어느 정도 해소될 수 있었는데, 1월 서한은 주로 노동계급이 주도하는 항일통일전선의 강화와 유격대의 인민혁명군으로의 개편과 소비에트정권의 인민혁명정부로의 대체를 지시함으로써 항일무장투쟁의 새로운 발전방향을 제시하였다.[53] 1933년 9월 동만특위가 산하 각 현위에 통지한 아래의 지시 내용에서도 이러한 경향은 분명히 나타나고 있다.

> 첫째, 소비에트정부를 해체하고 인민혁명정부를 수립할 것.
> 둘째, 적위대·유격대를 기초로 하여 인민혁명군을 성립시킬 것
> 셋째, 종래의 복잡한 조직을 정리하고 반일투쟁을 활발히 할 것(예를 들면
>   농민위원회의 성립, 반일회의 확충 등)
> 넷째, 다른 반일부대와의 공동전선 확립[54]

위의 내용을 통해서 보면 만주성위원회는 1월서한 이후 유격대와 적위대를 인민혁명군으로 전환하는 한편, 다른 반일부대와의 공동전선의 강화에 주력했던 것으로 보이며, 이는 동북인민혁명군의 전투력이 크게 강화되는 결과를 가져왔던 것으로 생각된다. 실제로 동만의 경우 혼춘현과 왕청현유격대가 柴世榮·史忠恒 등의 구국군부대와 동녕현성에서 연합작전을 전개하여 승리하였으며, 1933년 9월 580명이었던 당원이 1934년 4월에는

쟁』, 284쪽.

52) 김창국,『남만인민항일투쟁사』, 연변 인민출판사, 1986, 67쪽.

53) 日本國際問題硏究所中國部會 編,『中國共産黨資料集』 6. 勁草書房, 1974, 174~191쪽.

54) 軍政部顧問部, 앞의 책, 86쪽.

1,200명으로 확대되기도 하는 등 만주전역에 걸쳐 항일투쟁을 강화하는 계기가 되었다.[55]

그러나 이 시기에도 중국공산당은 동북인민혁명군 내의 한인들에 대해 1932년 11월부터 1936년 2월까지 이른바 '반민생단투쟁'을 일으켜 항일 무장투쟁에 참가하고 있던 많은 한인공산주의자들을 무고하게 살해하거나 운동전선에서 이탈하게 하는 극단적인 민족배타주의적 경향을 들어내는 등 여전히 좌경적 노선에서 완전히 벗어나지 못하고 있었다.[56]

이후 중국공산당의 항일통일전선운동은 1935년 7월에 개최된 코민테른 제7차 대회를 통해 보다 강화된 형태를 띄게 되었으며, 만주지역에서는 東北抗日聯軍의 성립을 보게 되었다. 대체로 이러한 경향은 1935년 8월 1일 중국공산당 중앙위원회의 명의로 발표된 8·1선언('항일구국을 위해 전국 동포에게 고하는 글')을 통해서 구체化되고 있었다고 할 수 있는데, 8·1선언에서는 우선 항일구국을 위해 전중국을 통일하는 국방정부와 항일연군이 조직되어야 함을 강조하는 한편, "망국의 노예가 되기를 원치 않는 일체의 동포"와 "애국적 양심을 갖고 있는 군관과 사병" 그리고 "일체의 당파와 "국민당과 藍衣社 중 민족의식을 지닌 열혈청년", "조국에 관심이 있는 해외동포" 및 "중국경내의 일체의 피압박민족(몽고족·回族·韓族·藏族·苗族·猺族·黎族·香族) 등이 여기에 참가할 수 있는 대상임을 강조함으로써 항일연군이 광범한 계급의 연합을 통한 항일전선의 구축을 목적으로 하고 있음을 분명히 하였다.[57]

한편, 1936년 2월 10일 楊靖宇·王德泰·趙尙志·周保中 등 동북항일연

---

55) 앞의, 『조선족혁명투쟁사』, 278~280쪽.

56) 민생단 사건은 1932년 8월 宋노인이라는 별명으로 불렸던 현길현 老頭溝委書記가 일본헌병대에 체포되었다가 일주일만에 풀려난 것을 의심한 현위원회에서 이를 심사하는 과정에 발생하였으며, 1936년 2월까지 친일단체인 민생단에 연루되었다는 명목으로 431명의 한인공산주의자들이 살해되었다. 현재는 이 사건에 연루되어 살해되었던 한인들의 죽음이 억울한 것이었다는 것에 대해 모든 연구자들이 동의하고 있다.

57) 이덕일, 앞의 논문, 83쪽 재인용.

군의 간부들은 공동명의로 建制宣言('東北抗日聯軍統一軍隊建制宣言')을 발표하였는데. 이 내용에서도 항일연군이 전 중국내의 연합 가능한 모든 계급을 연합의 대상으로 하고 있음을 분명히 하고 있다.[58]

> 우리 각군 군대건제가 다를 뿐만 아니라 명칭도 다르므로 군대건제를 완전 일률적으로 동북항일연군 제1·2·3·4·5·6군 및 항일연군 ○○유격대로 개조하고 동시에 아래의 각조를 선포한다.

> ② 무릇 중국동포 및 일체 반일무장군대는 종교를 나누지 않고 정치파벌을 불론 하며, 어떤 사회단체나 개인을 막론하고, 성별과 빈부를 나누지 않고 다만 항일구국 하겠다면 우리 동북항일연군은 그 행동을 함께 한다.
> ④ 무릇 피압박민족, 고려인, 내몽고인, 대만인의 개인 혹은 단체나 군대는 모두 우리 항일연군에 참가하는 것을 환영하며, 약소민족 연합전선을 결성하여 일본 강도 제국주의에 대항할 것이다.

위의 내용에서 보면 동북항일연군의 지도자들은 기존의 항일부대를 동북항일연군으로 통일할 것과, '종교, 정파, 단체, 개인, 빈부를 불문하고 항일구국 하겠다면 동북항일연군은 그 행동을 함께 하겠다'고 함으로써 중국 내의 가능한 모든 계급이 연합의 대상임을 강조하고 있음을 알 수 있다고 하겠다. 뿐만 아니라 한인들에 대해서는 대만인이나 몽고인 등과 함께 연합 가능한 중국 내의 피압박민족에 하나임을 분명히 하고 있었던 것으로 생각된다. 따라서 8·1선언과 건제선언의 내용을 종합해 보면 동북항일연군이 중국공산당 항일부대가 조선공산주의자들을 연합의 대상으로 상정한 후 朝·中聯合의 '민족연합적 성격의 부대로 결성된 항일부대가 아닌 것은 분명한 것으로 생각된다.[59]

---

58) 「東北抗日聯軍統一軍隊建制宣言」, 『東北抗日聯軍史料(上)』, 169쪽, 이덕일 앞의 논문 재인용.
59) 이 문제에 대해 이덕일은 특정군대를 민족간의 연합으로 보려면 군대운영의 핵심사항인 군정권과 군령권이 상호합의에 의해 공유되어야 하는데 동북항일연군은 군정권과 군령권은 물론, 군의 실질적 상부인 黨까지 모두 타국인

8·1선언을 계기로 결성된 동북항일연군은 기존의 동북인민혁명군의 조직을 개편하는 과정을 거쳐 조직을 확립하였으며, 동북항일연군이 성립되는 과정에 대해서는 <표 2>에서 정리하였다.[60]

이후 동북항일연군은 1936년 7월 1·2군을 통합하여 동북항일연군 제1로군으로 개편하였으며(이후 1개의 경위려와 3개의 방면군으로 개편됨), 1937년 10월에는 4·5·7·8·10군을 통합하여 제2로군으로, 1939년 5월 3·6·9·11군으로 제3로군을 조직하고 소련으로 퇴각할 때가지 항일무장투쟁을 전개하였다.

Ⅳ. 항일유격대 내 한인의 활동과 성격

본 장에서는 만주사변 이후 항일유격대에서 활동했던 한인들의 성격과 활동내용에 대해서 검토해 보고자 한다.

1920년대 후반 이후 만주지역 중국공산당에게 있어서 재만 한인과 한인 공산주의자들은 언제나 강력한 투쟁역량을 갖고 있는 혁명의 동지이거나 동조세력이었다. 따라서 중국공산당에서는 한인공산주의자들 뿐만 아니라 재만한인 모두에게 반제투쟁이나 중국혁명에 참여할 것을 강력하게 요청하고 있었다. 실제로 만주성위원회에서는 1930년 4월 9일 일제와 국민당정권을 뒤엎기 위해 반드시 조선족 농민을 쟁취하여 공동 투쟁할 것임을 밝히는 선언서를 발표하는 한편, 조선농민은 유력한 혁명부대라고 하여 만주지역 반제투쟁에 있어서 한인들이 대단히 중요한 존재임을 확인하고 있음을 볼 수 있다.[61]

들이 장악한 무장부대를 민족연합부대라고 부를 수는 없다고 주장하였다. 이덕일, 앞의 논문, 196쪽.

60) 이 표는 앞의 『東北抗日聯軍鬪爭史』, 550~553쪽을 토대로 작성하였다.

61) 이는 당시 만주성위원회에서 발표한 「전만투쟁강령과」, 「재만조선족노농군중운동결의 초안」의 내용이다. 현용순 외, 『조선족백년사화』 2, 거름출판사,

만주사변 이후에도 이같은 상황은 마찬가지였을 것으로 보이는데, 1933년 9월에 발표된 '東北人民革命軍 政綱'에서는 '중국·한국·몽고의 피압박 민중과 친밀하게 연합하여 공동의 적 일본제국주의 및 그 주구인 만주국정부를 타도하자'고 하고 있었다.[62] 또한 1935년 3월 하순에 결정된 '東北臨時革命政府 綱領'에도 이러한 경향이 분명하게 나타나고 있다고 있는데,

> 인민혁명정부는 동북경내의 소수민족(몽고인·조선인 韃靼人)에 호소하여 일본제국주의 및 만주국에 대한 공동작전을 진행하고 일본제국주의 구축 후에는 각개 민족의 자유권을 인정한다. 다만 인민혁명정부는 일본제국주의 및 그 주구의 민족자주를 구실로 하는 제국주의 병탄 기도에 반대한다.[63]

이를 통해서 보면 임시혁명정부는 한인을 포함한 동북경내의 소수민족에게 호소하여 일제와 만주국에 대해 공동투쟁 할 것임을 밝히는 동시에, 이들을 구축한 후에는 각 민족에게 자유권을 인정한다고 함으로써 재만한인의 입장을 보다 적극적으로 수용하는 정책을 표명하고 있었던 것으로 보인다.

한편 이러한 경향은 당시 중국공산당 간부였던 楊松[64]의 글에서도 확인할 수 있다고 하겠다. 그는 1936년 1월에 발표한 글에서 현재의 인민혁명군 제2군과 다른 항일유격부대는 조선의 독립을 위해 싸우겠다는 과제로 향해야 할 것이며, 간도의 현재상황에서 한인공산주의자들에게는 민족의 독립을 위해 싸우려는 모든 조선인을 받아드려 조선의 독립을 위해 싸우는 민족혁명당의 결성이 필요하다고 주장하였다.[65] 또한 1938년 5월에 발표한

1989, 96쪽.

62) 金正明, 『朝鮮獨立運動』5, 原書房, 1967, 1017쪽.

63) 앞의, 『滿洲共産匪の硏究』附錄, 104쪽.

64) 양송은 1936년 1월에는 만주성위 순시원과 길동특위서기로 동북에서의 통일전선 공작을 현지지도 하고 있었으며, 1935년 5월에는 연안에서 중국공산당 선전부 비서장으로 활동하고 있었다. 앞의, 『1930년대 민족해방운동론연구』II, 33·35쪽.

글에서는 만주에서 계급·당파·신조·종교 및 민족의 차이를 묻지 않고 항일민족통일전선을 부분적으로 수립한 것은 받아드릴 만한 경험이었으며, 이를 통해서 동북항일연군 2군과 7군내에는 많은 조선인이 포함되었을 뿐만 아니라, 중국공산당원은 조선민족해방운동에 대해서 커다란 동정을 나타내고 있다고 하였다.[66]

그런데 중국공산당의 이러한 태도 변화는 근본적으로는 코민테른의 노선이 반제인민전술로 바뀌었다는데 그 원인 있었다고 하겠지만, 다른 측면에서 보면 한인공산주의자들의 투쟁 역량이 그만큼 왕성했음을 반영하는 것이라고 볼 수도 있을 것이다.[67]

그리고 이러한 분위기에서 李紅光은 1935년 2월 13일 일제의 만주침략에 있어서 군사적 요충지에 하나였으며, '銅牆鐵壁'으로 불리던 평안북도 후창군 동흥읍을 기습하여 커다란 전과를 올리기도 했으며[68], 1937년 6월 이후 동북항일연군 제2군 제4사와 제6사가 함경북도 무산과 갑산으로 진출하여,

---

65) 日本國際問題硏究所 中國問題部會編,「滿洲에 있어서 反帝國主義 統一戰線에 대하여」,『中國共產黨史資料集』8, 116~117쪽.

66)「재차 東北抗日遊擊運動의 經驗과 敎訓에 대하여」, 앞의,『中國共產黨史資料集』9, 167~168쪽.

67) 이밖에도 일부연구에서는 동북항일연군 내에서의 한인들의 활동을 설명하고 있는 문건 중에 제2군에 대해 '이것은 민족연합의 무장부대이며, 대개 제2군의 인원의 반수가 조선인으로 채워져 있고 그들은 일본제국주의의 타도라는 일치된 목표 아래 동북의 동포와 연합하고 있다'.라는 내용이 있으며, 일부의 연구에서는 이것을 동북항일연군이 민족연합부대였음을 입증하는 증거인 것으로 설명하고 있다. 그러나 이 문건은 동북항일연군 전체의 상황을 설명하고 있는 문건으로서 제2군에 대해서만 제한적으로 민족연합부대라고 함으로서 전체적으로 동북항일연군 자체가 조선민족과 중국민족의 민족연합을 상정하고 결성된 항일부대가 아니었음을 반영하고 있다고 하겠다. 또한 이 문건은 총 11의 聯軍을 총 12개라고 기술하고 있으며, 이 문건이 작성된 1937년 9월은 동북항일연군 제1군과 2군이 抗日聯軍 第1路軍으로 통합 된지(1936년 7월) 1년이 지났음에도 불구하고 여전히 동북항일연군을 1군·2군·3군 하는 식으로 설명하고 있는 등 내용의 정확성에도 문제가 있다고 하겠다. 앞의,『中國共產黨史資料集』8, 526쪽.

68) 이홍광의 국내진공작전에 대해서는 앞의,「李紅光硏究」, 25~29쪽을 참조하였다.

김일성의 존재가 국내에 알려지는 계기가 되기도 하였다.[69]

이상의 내용을 종합해 보면 1920년대 후반 이후 만주지역 공산진영의 항일투쟁에 있어서 재만한인들은 가장 강력한 투쟁력을 확보하고 있는 핵심적 존재였던 것으로 생각된다. 그리고 재만한인은 이러한 자신들의 역할을 충실히 수행하고 있었던 것으로 생각되는데, 이는 한인공산주의자들의 활동이 비록 중국공산당과 코민테른의 노선변화에 중대한 영향을 받는다는 한계가 있음에도 불구하고 그들의 활동을 긍정적으로 이해할 수 있는 중요한 토대가 될 수 있을 것으로 생각된다.

다음으로 동북항일연군에서 활동했던 한인들의 평가 문제에 대해 간단하게 언급해 보고자 하는데 우선 이들에 대해 긍정적으로 평가할 경우, 이들의 항일무장투쟁은 동북항일연군에서만 이루어진 것이 아니라, 만주사변 이후 줄기차게 계속되고 있었기 때문에 각 시기에 활동했던 모든 한인들이 평가의 대상이 될 수 있을 것으로 생각된다.

또한 1차적으로 중국측에서 '抗日烈士'로 분류하고 있는 인물들이 평가의 대상이 될 수 있겠지만, 공산진영의 항일무장투쟁에 가담하기 이전에 민족진영에서 활동했거나 교육구국운동 등을 전개했던 인물들도 평가의 대상이 될 수 있을 것이다. 그러나 이 경우 현재 연변에서 발행된 출판물들에는 중국공산당 입당 이전의 경력에 대해서는 지나치게 소략하게 서술하고 있거나, 전혀 서술되고 있지 않는 경우도 많아서 이 부분에 대한 적극적인 조사가 필요할 것으로 생각된다.

이밖에 동북항일연군 내에서 활동했던 한인들의 평가에 있어서는 앞에서도 언급한 바와 같이 중국과 북한, 그리고 우리의 견해와 입장이 서로 상충되는 부분이 있기 때문에 신중하게 고려해야 할 점들이 있는 것으로 생각되며, 본고에서는 抗日烈士들을 중심으로 항일무장투쟁에 참가했던 한인들의 활동에 대해 <표 3>으로 간단히 정리해 보았다.[70]

---

69) 앞의, 『조선족혁명투쟁사』, 428쪽.
70) 아래의 도표는 다음과 같은 자료들을 이용하였다.
　　黑龍江省社會科學院　地方黨史研究所·東北抗日紀念館編, 『東北抗日烈士傳』

V. 맺음말

   지금까지 본 고에서는 기존의 연구성과를 바탕으로 동북항일연군의 조직적 성격과 한인대원들의 평가문제를 중심으로 그 민족적 성격에 대해 살펴보았다. 지금까지의 논의에 대해 간단하게 정리해 보면 다음과 같다. 동북항일연군의 조직적 성격에 대해서는 조·중민족 간의 民族聯合 부대로 보아야 한다는 견해와 중국 민족내의 階級聯合의 성격을 갖는 항일부대로 보아야 한다는 견해가 대립하고 있는 것으로 보이며, 역사적 성격에 있어서는 부정론과 긍정론의 연구경향이 제시되고 있다고 하겠다. 그런데 동북항일연군의 결성을 전후하여 발표된 여러 문건의 내용과 그간의 연구성과를 검토해 보면 항일연군은 조·중민족간의 민족연합을 상정하고 결성된 항일부대가 아니라, 중국공산당이 모든 연합 가능한 항일세력의 연합을 목표로 결성을 추진한 계급연합적 성격의 항일부대였던 것으로 생각된다.

   또한 항일유격대 내에서 한인대원들이 활발한 항일무장투쟁을 전개하였다는 점에서 그들의 적극적인 항일무장투쟁에 대해서는 긍정적으로 평가해주어야 할 것이라는 점은 대부분의 연구자들이 동의해 가는 추세인 것으로 생각된다.

   항일연군 내에서의 한인들은 왕성한 활동으로 커다란 영향력을 갖고 있

2, 黑龍江人民出版社, 1981.
연변조선족자치주 민정국편,『장백의 투사들』, 연변인민출판사, 1982.
朴昌昱,『조선족혁명열사전』, 요녕인민출판사, 1988.
한준광,『중국조선족인물전』, 연변인민출판사, 1992.
김동화 외,『연변당사 사건과 인물』, 연변인민출판사. 1988.
金昌順,「滿洲抗日聯軍研究」,『國史館論叢』11집, 1990.
박용옥,『한국여성항일독립운동사』,「1930년대 만주지역 抗日 女戰士」, 지식산업사, 1997. 이 논문에서는 '抗日女戰士'들에 대해 구체적으로 분석하고 있어서 많은 참고가 되었다. 본 고에서는 중복을 피하기 위해 여전사들의 인적 사항에 대한 분석은 가능한 한 생략하였다.

었던 것으로 보이며, 이는 항일연군이 결성될 당시 중국공산당에서 한인들의 중요성에 대해 여러 차례 언급하고 있는 것에서도 확인할 수 있다고 하겠다. 또한 항일유격대 성립이후 항일연군에 이르기까지 항일무장투쟁에 참여했던 한인들은 일제의 만주침략에 일정한 타격을 주었으며, 그들이 조선의 독립이라는 전망을 염두에 두면서 활동한 측면이 있다는 점에서 긍정적으로 평가해 주어야 할 부분이 있는 것으로 생각된다.

　다만 동북항일연군에 대한 서술 태도와 역사적 성격에 대한 이해와 평가에 있어서 중국과 북한 그리고 우리의 입장차이가 크게 다른 부분이 있기 때문에 이 문제에 대해서는 역사적 사실에 입각한 보다 객관적인 접근이 요구된다고 하겠다.

〈표 1〉 1930년대 초기 항일 유격대의 현황
1. 동만 유격대의 현황

유격대 명칭	결성 날짜	중요 인물	중요 활동 내용
연길현 유격대	1932. 10	대장 박동근 정치위원 박길 의란구 유격대장 박춘 로도구 유격대장 박주철 해란구 적위대 김순덕	① 의란구와 로도구 유격대가 연합하여 결성됨. ② 1933. 1 화련리 적위대를 편입시켜 유격대대로 확대 편성함(4개 중대 총인원 130명으로 확대됨) ③ 왕우구 · 석인구 · 부암 등지에서 활동함.
화룡현 유격대	1932. 12	중대장 김세 대대장 장승환, 부대장 김창섭 정치위원 차용덕 개산툰 권총대 대장 채규진	① 1932. 7. 개산툰 유격대《권총대》가 건립됨(대장 채규진) ② 1932. 여름 대립자구에서 유격대《장총대》가 건립됨(대장 김창섭) ③ 1932. 여름 평강구 유격대가 건립됨(대장 김세 · 지도원 장승한) ⑤ 1932. 12. 화룡현위에서 유격대를 통일적으로 지도하기 위해 유격중대를 건립함. ⑥ 1933. 봄 유격대대로 확대편성 됨.
왕청현 유격대	1932. 2	중대장 김철 별동대 대장 이광 대대장 양성룡 정치위원 김명균	① 1932. 2 김철을 대장으로 왕청현 유격대가 건립됨 ② 1932. 봄 왕청현위에 의해서 오의성부대에 파견 된 대원이 이광을 중심으로 별동대로 편성됨 ③ 1932. 11 안도 유격대와 영안현 유격대 일부를 흡수하여 유격대대로 확대 개편함 (총인원 90명) ④ 1933. 5 별동대장 이광이 피살된 후 왕청현 유격대대에 편입됨.
혼춘현 유격대	1933. 4	연구유격대 대장 강일무 정위 임청(한족) 제1중대장 김태준 제2중대장 구선일 대황구유격대 대장 강석환 혼춘현유격총대 총대장 공헌침(한족) 부대장 심양동(한족) 정치위원 박태익	① 1932. 3 연통라즈 서골에서 돌격대가 조직됨 ② 1932. 6 돌격대를 기초로 연구유격대(령남유격대)가 조직됨 ③ 1932. 6 대황구유격대(령북유격대)가 조직됨 ④ 1933. 1 2개의 유격대를 연합하여 혼춘현 유격총대를 건립 함.

2. 북만유격대의 현황

유격대 명칭	결성 날짜	중요 인물	중요 활동 내용
영안 유격대	1934. 5. 20	북민노농의용군 대장 김근 영안유격대 대장 백전정(한족)	① 1932. 6 김근을 중심으로 북만노농의용군이 조직됨 ② 1933. 4 의용군이 이연록의 항일구국유격군 지휘부에 편입됨 ③ 1934. 5 조선족이 다수를 차지하는 영안유격대로 재편됨
요하 항일 유격대	1933. 4. 21	대장 최석천 정치부주임 김문형. 박진우.	① 1932. 10 김문형외 6명의 한인당원들이 특무대를 조직함. ② 1933. 4 특무대를 요하농로의용군(요하항일유격대)로 재편성함. ③ 1933. 6 유격대의 독립성 보존을 전제로 동북국민구국군제1려 특무대로 편입됨 (영장 강문영 · 정치위원 박진우) ④ 1935. 9 동북인민혁명군 제4군 제4단으로 편성됨. ③ 1936. 3 독북인민혁명군 제4군 제2사로 재편성됨.
주하 항일 유격대	1933. 10. 10	대장 조상지(한족) 정치위원 겸 서기 이복림 경제부장 이계동	① 1933. 10. 10 주하현 삼고류에서 결성됨 ② 1934. 6. 29 동북반일유격대 합동지대로 편성됨 ③ 1935. 1 동북인민혁명군 제3군으로 건립됨.
밀산 유격대	1934. 3. 20	대장 장보산 부대장 최성호(김백만)	① 1934. 3. 20 자위군 26군에 있던 최성호등 4명의 당원이 돌격대를 결성한 것을 기초로 결성됨. ② 동북항일연군 6군으로 발전함.
탕원 항일 유격대	1932. 10. 10	중대장 이복신 참모장 이인근 3개소대 소재장 대홍빈, 안경림, 손반철	① 1932. 10. 10 중국노농홍군 제33군 탕원민중반일유격대 성립 ② 1933년 말 조직을 개편하여 청년대와 중년대를 둠 ③ 1933. 12 동북인민혁명군 제6군으로 평성됨.

3. 남만유격대의 연황

유격대 명칭	결성 날짜	중요 인물	중요 활동 내용
반석항일유격대 중국노농홍군 제32군 남만유격대	1932. 5 1932. 11	대장 장진국(한족) 정치위원 양군무(한족) 제2분대 정위 이홍광 대장 맹걸민(한족) 정위 초향신(한족) 교도대 정위 이홍광 제1대대장 박한종 제2대대장 한 호 만주성위 순시원 양정우	① 1931. 말 이홍광이 打狗隊를 조직하고 대장이 됨. ② 1932. 2 이홍광을 중심으로 반석노농적위대가 건립 됨 ③ 1932. 11 이홍광이 지도한 적위대를 기초로 반석반일유격대(반석로농의용군)를 건립. 남만반일유격대개로 발전함 ④ 1932. 11 노농홍군 제32군 남만유격대로 재편성 됨.(총인원 약 250명 정도임 ⑤ 1933. 1 이홍광 양정우가 중심이 되어 구국군·대도회등과 연합작전을 전개 함. ⑥ 동북인민혁명군 제1군 독립사로 발전함
유하유격대 중국노농홍군 제37군 해룡유격대	1932. 봄 1932. 11	유하유격대 대장 인수의(한족) 유하현 유격대 지도원 김산 대장 왕인재(한족) 제1련 련장 인수의(한족) 제2련 련장 유산촌(한족)	① 1932. 봄 인수의가 유하현위의 지시에 따라 조직 함 ② 1932. 8 류산촌이 조직한 해류노농의용군을 조직한 이후 유하현유격대가 이 부대에 합류 함. 이후 해류노농의용군은 요녕민중자위군 제9로군에 편입되어 활동함. ③ 1933. 1경 남만유격대에 일부병력이 편입 됨 ④ 1935. 8 동북인민혁명군 제1군 독립사 제5단으로 재편 됨.
농민자위대	1933. 봄	대장 이민환	① 농민자위단은 이후 동북인민혁명군 제1군 독립사 소년련로 재편성 되었고, 이민환은 소년련의 정치위원이 됨

<표 2> 동북항일연군 각군의 결성과정

명칭	성립일	중요 인물	유격대 및 동북인민혁명군과의 관계
제1군	1936. 7	군장 겸 정치위원 楊靖宇 정치부주임 宋鐵岩	① 반석반일유격대와 해룡반일유격대가 기초가 됨 ② 1934년 11월 동북인민혁명군 제1군으로 개편 됨(군장 겸 정치위원 양정우, 정치부주임 송철암, 2個師)
제2군	1936. 3	군장 王德泰, 정치위원 魏拯民, 정치부 주임 李學忠	① 연길현유격대·화룡현유격대·왕청현유격대·혼춘현유격대가 기초가 됨 ② 1935년 5월 동북인민혁명군 제2군으로 개편됨(군장 王德泰, 정치위원 魏拯民, 정치부주임 李學忠, 4個團)
제3군	1936. 1	군장 趙尙志 정치부주임 張壽籛	① 주하현유격대가 기초가 됨 ② 1935년 1월 동북인혁명군 제3군으로 개편됨(군장 趙尙志, 정치부주임 馬仲雲, 6個團)
제4군	1936. 3	군장 李延祿, 정치부주임 黃玉淸	① 항일구국유격군·밀산반일유격대가 기초가 됨 ② 1934년 가을 동북항일동맹 제4군으로 개편됨(군장 李延祿, 정치부주임 河忠國)
제5군	1936. 2	군장 周保中 부군장 柴世榮 정치부주임 任胡仁	① 綏寧反日同盟軍·寧安反日遊擊隊가 기초가되어 결성 됨 ② 1935년 2월 동북반일연합군 제5군으로 개편됨(군장 周保中, 부군장 柴世榮, 정치부주임 任胡仁)
제6군	1936. 9	군장 夏雲杰 정치부주임 張壽籛	① 탕원항일유격대가 기초가 됨 ② 1936년 1월 동북인민혁명군 제6군으로 개편됨(군장 夏雲杰, 정치부주임 張壽籛)
제7군	1936. 11	군장 陳榮久 참모장 崔石泉	① 饒河抗日遊擊隊가 기초가 됨 ② 1935년 8월 동북인민혁명군 제4군 제4단으로 개편됨
제8군	1936. 9	군장 謝文東 정치부주임 劉曙和	① 동북민중구국군이 기초가 되어 성립됨
제9군	1937. 1	군장 李華堂	① 자위군 吉林混成旅 제2지대가 기초가 됨
제10군	1936. 冬	군장 汪雅臣 부군장 張忠喜 정치부주임 王維宇	① 반만 항일구국의용군이 기초가 됨 ② 1936년 초 동북인민혁명군 제8군으로 재편 됨(군장 汪雅臣, 정치부주임 侯啓剛)
제11군	1937. 10	군장 郭致中 정치부주임 金正國	① 동북산림의용군이 기초가 됨 ② 1936년 5월 우선 항일연군독립사로 편성됨

<표 3> 동북항일연군 및 항일무장투쟁에 참여한 한인대원의 활동

本名異名	生沒年	출생지	교육 직업	무장투쟁 이전의 활동	무장투쟁 관련 활동의 내용
具成泰 구보	1895 ~ 1933	경북 영일군	숭신중학 학감	1930. 5·30봉기·추수투쟁·춘황투쟁 참가 1931. 6 중국공산당 입당	1932. 3 적위대를 지휘 조선 회령경찰서 습격. 1933. 1 교전 중 전사
金 根	1903 ~ 1937	함북 경흥군	화룡양정중학졸.길림공업학교졸. 남경대학 중퇴 소학교 교장 ·대성중학교사	1926. 승지 부채골 화룡현 제14학교 교장 재직 중 사회주의 운동 시작 1928. 겨울 鐵血團의 일원으로 활동 1930. 6 중국공산당 입당	1930. 10 왕청현 노농유격대 건립 1934. 2 노농의용대를 밀산유격대로 개편, 지도원 겸 참모장이 됨 1934. 10 동북항일동맹군 제4군 참모장 1935. 제4군 제2단 단장 대리. 1936. 8 항일연군 제8군 제1사 정치부 주임 1937년 말 김동한 등 친일파 16명 처단 1937. 10 제8군 1사의 반역자에 의해 피살(36세)
金明均	1899 ~	화룡현	국자가사범학교 1년 수학· 태평구관립 소학교 교사	1913. 독립운동에 참가 1929. 초기공산주의 운동에 가담 1930. 중국공산당 입당	1932. 1 왕청현위 군사부장 1932년 초 왕청현 유격대 조직 1933. 5 민생단 분자로 몰려 체포후 도망 백초구 일본영사관 분관에 체포 1934. 8 서울 서대문형무소로 압송
金明柱 김경만	1912 ~ 1969	함북 명천군	야학	1930. 5 만성위의 농민협회와 공청단에 가입 1930. 10 보안대에 의해 투옥	1935 연길감옥에서 탈옥 동북인민혁명군 제2군 에 참가. 1937. 7. 7 중국공산당 입당 1940. 9 항일연군을 따라 入蘇 1943. 4 연길현에서 군사정보 수집활동 전개 1945. 8 만주로 돌아와 길동군구 경비대 련장 등으로 활동 문화혁명기간 중에 박해를 받음
金成道	1900 ~ 1933	혼춘현	용정 은진중학 졸업 대황구 北一學校 교사	1926. 北一學校 교사로 학생들에게 사회주의 사상 선전. 학교에 親睦會등 선전단체 조직	1930 중국공산당 입당. 가을 중공 혼춘현위 건립사업에 참가 1931. 6 중공연화현위 서기 1931. 8 연길현위 초대 서기 1932 가을 혼춘현 대황구·연통라즈 항일유격 근거지 창설 1933. 12 민생단분자로 몰려 처형됨

이름	생몰	출신지	학력	경력	활동
金順德	1911 ~ 1934	왕청현	야학·중학교 졸업	소년선봉대의 중대장 혁명호제회·반제동맹·농민협회 등에 참가	1931년 여름 적위대를 조직하고 대장이 됨 1932 중국공산당 입당. 가을 연길현 유격대 대장 1934 봄 동북인민혁명군 제2군 독립사 제1단 단장 1934 여름 길청령 고개에서 교전 중 전사
金權一	1901 ~ 1933	왕청현			1930. 5 중국공산당 입당 1933. 5 왕청현위 서기. 1933. 11 민생단사건에 연루되어 처형됨
南昌益 남 일	1910 ~ 1934	연길현	명신소학교졸업	1930. 5·30봉기에 참여	1931년초 연길현 화련리 적위대 소년장 추수투쟁·춘황투쟁 전개 1932. 5 중국공산당 입당 1932. 7 해란구 적위대에 참가 1933년초 연길현 항일유격대 제2중대 정치지도원 1934년 봄 동북인민혁명군 제2군 독립사 제3단 정치위원 1934. 9 북하마탕 집단부락 습격 작전 중 전사
梁成龍 양병진	1906 ~ 1935	왕청현	서당에서 구학 교육	부친과 외할아버지가 독립운동을 하다기 피살됨 1927경 초기공산주 운동에 참가	1930 여름 중공당 입당. 라자구유격대 조직에 참가 1932년초 왕청현유격대 대장(만주국 공안국과 자위단 과 교전) 1933. 9 오의성 등 항일구국군부대와 연합하여 동녕현성 전투에 참가 1933년말 민생단분자로 몰려 보통전사로 강등 1935년초 토벌대와 교전 중 전사
이명춘 李 光 이승룡	1904 ~ 1933	연길현	의란소학교졸업 연길사범학교 졸업 왕청현 하마탕 갑장.	1931 중국공산당 입당	1931. 11 구국군 오의성부대에 들어가 군사조직을 확보하기 위한 활동 전개 1932. 2 구국군내에서 별동대를 조작 대장이 됨 1932. 가을 왕청현유격대와 연합하여 마록구매복전투에 참가 1932년 겨울 오의성부대의 전방사령관이 됨 1933. 3 별동대를 거느리고 소왕청유격근거지 보위전투에 참가 1933. 5 동녕현 토비들에 대한 공작활동 중 피살됨
李用國	1904 ~ 1933	함 북 성진군	용정은진중학졸	1925년경 초기 공산주의 운동에 참가 1927 봄 연길현 봉림동에서 청년회 조직 사립대동학교 설립 1930. 6 중공당 입당	1932 초 왕청현 유격대 건립을 위한 활동 전개 1933. 9 민생단사건과 관련하여 처형됨

이름	생몰	출신지	학력	활동	주요 경력
朴東根	1901 ~ 1933	연길현		1930 중공당 입당	1932. 4 연길현 의란구 유격대 소대장 1932 여름 개산툰 공안국과 지주의 집을 습격 무기 탈취 1932. 10 연길현 항일유격대 대장 1933. 1 연길현 항일유격대대 대대장 1933 가을 민생단 분자로 몰려 처형
장일용 張承煥	1904 ~ 1933	화룡현		1928 초기공산주의 운동에 참가 1930 중공당 입당	1931 봄 평강구 유격대 참가 1932. 11 화룡현 항일유격중대 제2소대장 1933. 3 화룡현 항일유격대대 대대장(팔가자 등지에서 유격전 지휘) 1933. 8 교전 중 사망
정필국 鄭弼國	1911 ~ 1935	전 남 강진군	4년제 보통학교 졸, 보습반 2년 수학	1925. 겨울 의병출신의 가정에서 출생 1928 소황구에서 야학 을 통한 계몽운동 전개 1931 추수투쟁 전개	1932. 12 중공당 입당 1932. 겨울~1933.초 토벌대가 연통라즈 항일유격근거지를 공격했을 때 후방지원 활동을 전개 1933. 여름 공청단 혼춘현위 서기 1935. 3 민생단분자로 몰려 처형
趙仁默	1912 ~ 1939	불 라 디 보스톡	야학	1934 중공당 입당	1936. 7 동북항일연군 제1군 교도 2단 단장 1938. 7 동북항일연군 제1로군 총부 경위려 제2단 단장 1939. 11 교전 중 전사
車龍德	1906 ~ 1934	화룡현	邱山中學 卒業 소학교 교원	1930 중공당 입당	1931 화룡현 항일유격대 대장 1932 가을 화룡현 반일유격대대 정치위원 1934 봄 동북인민혁명군 제2군 독립사 제2단 정위 1934. 8 교전 중 전사(29세)
崔相東	1901 ~ 1933	러 시 아 연해주		1930 중공당 입당 1932 봄 춘황투쟁 참가	1932. 5 화룡현위 서기 1932 말 어랑촌 근거지 창설 1932 음력 정월 교전 중 전사
崔哲寬	1915 ~ 1939	연길현	야학	1932 추수투쟁 참가	1933 봄 연길현 유격대 전사로 참가 1937 중공당 입당 1938 동북항일연군 제1로군 제2군 4사 경위려 지도원 1939 동북항일연군 제1로군 총부 경위려 제3단 단장 1939. 8 교전 중 전사

이름	생몰	출신지	학력	활동	주요 경력
李紅光 李弘奎 李弘海 李義山	1910 ~ 1935	경 기 도 용인군		1930 중공당 입당	1931. 말 반석중심현위 적위대 조직(打狗隊) 1932. 2 반석노농적위대 대장 1932. 5 반석로농의용군 제2분대 정위 1933. 9 동북인민혁명군 제1군 독립사 참모장 1934. 11 동북인민혁명군 제1로군 제1사장 겸 정치위원 1934 말 국내의 何城地域의 경찰서들을 습격함 1935 초 평안북도 동흥성을 습격함 1935, 5일본군 수비대와 교전 중 전사(26세)
徐 光	1899 ~ 1933	함 북	용정 대성중학 졸업	초기공산주의운동에 참가 1930 중공당 입당	1931. 9경 대황구ㆍ연통라즈에서 항일유격 근거지 창설 활동 전개 1933. 5 위문단을 거느리고 혼춘현 삼도구 마영툰 에 갔다가 교전중 전사
김만홍 朴鳳南 김동만 강철산 오만복	1907 ~ 1936	함 북 명천군	숭신향 오도구 공립 학교 중퇴 보진학교 졸 동흥중학 4년 중퇴	1928. 10(음)고려공산청년회 남만도 위 원회 서기 1930. 6 중공당 입당 1930. 10 추수폭동시 '農民益報' 편집발 행	1934. 4 밀산항일유격대 창립 주도 1934. 10 산림대와 연합하여 동북항일동맹군 제4군 건립을 주도, 제4군 당위 서기 겸 조직부장이 됨. 1936. 3 무기구입을 위해 최부자 집에 갔다가 교전 중 사망
朴洛權	1917 ~ 1946			1934 공청단가임 1935 중국공산당입당	1934 왕청현 유격대에 참가 1938 동북항일연군 제5군 제2사 5단 제2련 연장 항일연군 2로군 지 휘부 경위대 대대장 1942~1945. 8 入蘇, 이후 동북항일연군 교도려 제4영 제7련 패장,(3 차에 결초 만주에 들어와 소부대활동 전개) 1946. 4. 18 장춘에서 교전 중 사망
郭池山	1904 ~ 1944	연길현		1931. 3 농민협회에 가담 1931. 7 중공당 입당 추수투쟁ㆍ춘황투쟁 참가	1932 장재소비에트정부 회장 1934. 9 동북인민혁명군 제2군독립사 제1단 부관 1938 이후 위중민과 함께 활동 1940 入蘇 1940. 9 로도구 개산툰 지역에서 정보수집 활동 1944. 9 혼춘현 랑가탕자에서 교전중 전사

이름	생몰	출신지	학력	입당·가입	주요 활동
李桂荀	1914 ~ 1937	화룡현 금곡촌	금곡촌 소학교		1932 어랑촌에서 적위대에 가입 1932. 초 항일열사 金日煥과 결혼 1932. 8 중국공산당 입당 1936 동북항일연군 제6사 8단에서 활동 1938. 1토벌대에 의해 총살당함
李光林	1910 ~1935	연길현	소학교 졸업	1929 중국공산주의청년단 가입	1935. 2 동북항일연군 제5군 2사 정치위원
黃正海	1917 ~ 1941	혼춘현		1932 춘황투쟁에 참가	1934. 가을 유격대에 참가 1935. 2 동북인민혁명군 제2군 4단에서 활동 1935 중국공산당 입당 1936. 3 항일연군 제2군에서 활동 1937. 5 항일연군 1로군 경위려에 소속됨 1941. 교전중 전사
韓浩 韓豪	1905 ~ 1935	국 내		1930 중공당 입당	1933. 1 중국로농의용군 제32군 남만유격대 제2대대 대장 1933 동북인민혁명군 제1군 독립사 제3단 단장 1934. 11 동북인민혁명군 제1군 제1사 부사장 1935. 7 일본군 수비대와 교전 중 전사(30세)
柳萬熙	1916 ~ 1940	경 북 안동군			1933. 공산주의 청년단에서 활동 1935 동북인민혁명군 제5단 청년과장 1936 동북항일연군 제1군 제3사 정치부 주임 1940. 3 변절한 金增順에 의해서 살해됨
李敏煥 韓敏煥 金敏煥	1913 ~ 1936	함 북	龍井大成中學 入學	1930 중공당 입당	1930년 청원현위 위원 1933년 가을 동북인민혁명군 제1군 독립사 소년려 정치위원 1934 동북인민혁명군 제1군 제1사 참모장 1936. 3 교전중 전사(36세)
李明海	1900 ~ 1935	충청도			1932. 봄 반석현 항일유격대에 참가 1932. 11 중국노농홍군 제32군 남만유격대 교도대장 1934. 11 동북인민혁명군 제1군 제1사 제5단 단장 1935. 4 신빈현에서 만주국군과 교전 중 전사

성명	생몰	출신지	학력	입당	주요 활동
김용석 金日煥 김성호	1902 ~ 1938	강 원 도 양양군	동흥중학졸	1927 초기공산주의운동 참가 1930 중공당 입당	1933. 11 안도현에서 구국군 쟁취사업 전개 1934. 11 민생단사건에 연루되어 사망
리송일 宋 一	1901~ 1933				1933. 11 왕청현위 서기 1935. 3 민생단사건의 주범으로 몰려 처형
金周賢	1904 ~ 1938	화룡현			1934 봄 동북인민혁명군 제2군 독립사 군수과 1935 동북인민혁명군 제2군 6사 부관 1937. 6 보천보전투에 참가 1938 동북항일연군 제1로군 제2방면군 사령부 부관 1938. 가을 교전 중 사망
李學萬 李學福 이보만	1901 ~ 1938	연길현		1933 중공당 입당	1933. 5 최석천등과 요하로농의용군 군정훈련반을 저직 반장으로 활동 1934. 2 요하현민중반일유격대 대대장 1935. 8 동북인민혁명군 제4군 제4단장 1936. 4 동북인민혁명군 제4군 제2사 부사장 1936. 11 동북항일연군 제7군 제2사 사장 1938. 1 동북항일연군 제7군 군장 1938. 8 병사(38세)
許成淑	1915~ 1939	길림성 연길현			1935 동북인민혁명군 제2군 독립사단 기관총수 1939. 8. 24 교전중 전사(24세)
徐光海 徐丙仁	1907~ 1938	慶 南 密陽郡		1930 중공당 입당	1939. 6 동북항일연군 제6군 제1사 제6단 정치 부주임 1938. 11 제6군 제1사 정치부 주임, 同月 교전 중 전사
金東植 李成林 金大倫 孫靖海	1904 ~ 1936	함 남 咸州郡	김림성 제4중학졸업 廣州 中山大學入學 영안현 小學師範班敎員	1930. 7 중공당 입당	1932. 1(음력) 항일구국총군부 왕덕림부대에서 활동 1932. 10 密山反日遊擊隊 창건에 주력 1934 중공당 勃利縣委서기 1936. 3 중공당 松江省委 書記 1936. 6 土匪에게 살해됨.
黃玉淸	1899 ~ 1940	함 북 吉 州			1938 동북항일연구 제4군 제1사 정치부 주임 1939. 12 동북항일연군 2군 撫部政務處主任 1940. 2. 20 교전중 전사(40세)

성명	생몰	출신	학력	입당	활동
裵致雲	1893 ~ 1933	咸 北 慶興郡		1930 중공당 입당	1932. 4 湯源中心縣委書記 1932. 10 탕원반일유격대장 1933. 9 叛徒에 의해 피살됨 최용건의 지도를 받음
李福林	1907 ~ 1937	함 북 온성군		1930. 6 중공당 입당	1932. 9 김책과 함께 주하현 하동에서 반일시위 주도 1934. 6 동북반일유격대 합동지대 당위원회 서기 1935. 9 동북인민혁명군 제군 제1단 정치부 주임 1936. 8 동북항일연군 제3군 제1사 정치부 주임 1937. 4 일본군과 만주국군 연합부대와 교전 중 전사
李東光 李相俊 張世賢 李東一 李東日	1904 ~ 1937	함 북 慶源郡	1922 龍井興中學 입학·중퇴 1926 동흥중학 복학 소학교 교원	1927. 10 제1차간도공당사건으로 체포·탈옥 1929 중공당 입당	1932 盤石勞農義勇軍 창설 참가 1933 中共黨 盤石縣 中心縣位 書記 1937. 중국공산당 남만성위 조직부장. 同年 교전중 전사(34세)
許亨植	1909 ~ 1942	경 북 선산군		1930 중공당 입당	1935. 1 동북인민혁명군 제3군 제1독립사 제2단 단장 1936. 초 동북인민혁명군 제3군 제3사 정치부 주임 1936. 9 동북항일연군 제3군 제1사 정치부 주임 1938. 6 동북항일연군 제3군 제1사 사장 1939. 4 동북항일연군 제3로군 총참모장 겸 제3군 군장 1942. 8 북만주 慶城縣 青風嶺에서 전사(33세)
李啓東	1896 ~ 1934	平 北	1921 雲南講武堂入學(졸 업미싱) 소학교 교원	新興武官學校入學((연대미상) 1930 중공당 입당	1932 중공당 珠河中心縣委委員 1934. 6 동북반일유격대 哈東支隊 유격대장 1934. 7 피살(33세)
金 哲 김철호	1907 ~ 1932	함 북		1930 중공당 입당 1929 초기공산주의자들과 접촉	1932 왕청현로농항일유격중대 대장(대감자 공안국 습격·친일파 김일산, 김인연 등 처단) 1932 가을 만주국군 맹영부대와 교전 중 전사

성명	생몰년	출신	학력	입당	경력
李雄善 李一平 李哲秀 李昌海	1910 ~ 1939	咸 南 洪源郡	1926 龍井大成中學入學	1931 중공당 입당	1935 饒河中心縣委委員 1936 동북항일연군 제7군 제3사 정치부주임 1939 동북항일연군 제7군 當委집행위원 1939 교전중 전사
朴振宇	1908 ~ 1935	咸 北 明川郡	1927 龍井大成中學入學	1931 중공당 입당	1933 饒河中心縣委書記 1934. 1 饒河반일유격대 정치위원 1934. 9 요하반일유격대 副大隊長 1935. 8 동북인민혁명군 제4군 제4부단장 1935. 9 교전 중 전사
吳應龍	1910~ 1939	平 北 熙川郡			1936. 11 동북항일연군 제7군 제2사 2連長 1939. 겨울 교전 중 전사
金相周 金正國 金相奎 金振國	1912 ~ 1938	慶 北 醴泉郡		1930 중공당 입당	1932 湯源반일유격대 總隊지도원 1937 동북항일연군 제8군 독립사 정치부 주임 1938. 5 叛徒에 의해 피살(26세)
吳世英	1913 ~ 1940	咸 北 隱城郡			1932 日軍에 체포되어 투옥 1936. 4 동북인민혁명군 제3師連 정치지도원 1940. 9 교전중 전사(27세)
金亨國 金白萬 崔成浩 崔山東	1906 ~ 1935	목릉현	팔면통소학교 졸업	1929.2 반일회 가입 1931 중공당 입당	1934. 3 밀산유격대 부대장 1934. 11 동북항일동뱅군 제4군 衛隊連 連長 1935. 9 변절자에게 피살됨
安昌俊	1914 ~ 1937	황해도		1931 중공당 입당	1934. 11 동북인민혁명군 1군에 참여 1936 동북항일연군 제1군 교도단 정치위원 1937. 6 교전중 전사
金明八	1910~ 1938	함 북 부녕군	소학교졸업 동명보습중학	1932 중공당 입당	1937 동북항일연군 제1로군 2군 2단 단장

A Study on the Characteristics of DongBukHangIlYenKun(東北抗日聯軍)

Hwang, Min Ho

This thesis has revealed organic characteristics of DongBukHangIlYenKun(東北抗日聯軍) and its historical appraisal. To study on the organic characteristics of DongBukHangIlYenKun(東北抗日聯軍) has two opposite points of views. On one hands, several scholars insisted on armies of nations-cooperations between the Koreans and the Chines. Some historians, on the other hands, asserted classes-unions of anti-Japanese armies belonged to the Chines one. I have, however, researched several materials on announcements which drawn from making DongBukHangIlYenKun(東北抗日聯軍) in that times and reviewed studies lately. And then I have a conclusion that I have accepted the latter view on the characteristics of DongBukHangIlYenKun(東北抗日聯軍).

Also most of scholars have mentioned that Korean members took energetic activities in DongBukHangIlYenKun(東北抗日聯軍) and evaluated their parts positively. I have agreed with this opinion. While DongBukHangIlYenKun(東北抗日聯軍) was organized, Korean members were very important roles in the Communist party of Chines. So I think that Korean members accomplished main parts in the anti-Japanese armies. In 1930's Korean Communists participated in the anti-Japanese struggles attacked against Manjurian invasion of Japanes partly, and they had a vision strongly that their works could be available for Independence of Korea. Therefore I have thought that their activities were very significant.

Since It was greatly different for views of China, North, and South Koreas to understanding and appraisal of descriptive way and historical characteristics on DongBukHangIlYenKun(東北抗日聯軍), I thought that It need to hold more objective approach on these subjects.

In conclusion, I hope to help readers' understanding through this thesis on main Koreans' activities in DongBukHangIlYenKun(東北抗日聯軍). I think that by and large this study can contribute to more objective study on the works and the characteristics of Korean communists in Manjuria in the late of 1930's.

일반논문

한말·일제초기(1897~1915) 목포일본인상업회의소의 구성원과 의결안건

박재상[*]

Ⅰ. 머리말
Ⅱ. 일본인의 목포 이주
Ⅲ. 목포일본인상업회의소의 설립과 임원 구성
Ⅳ. 목포일본인상업회의소의 의결 안건
Ⅴ. 맺음말

---

* 전남대 사학과 박사과정.

I. 머리말

이 글의 목적은 한말·일제초기(1897~1915) 일제의 목포에 대한 경제 침략을 「목포일본인상업회의소」(이하 목포상업회의소)라는 하부조직을 통해 밝히려는 것에 있다. 이 단체의 고찰은 일본인이 일제 식민정책에 편승하여 어떻게 조선에 정착했는지, 조선인과의 관계는 어떠하였는지, 그리고 식민지 조선 경제에 어떠한 영향을 주었는지 등에 대한 이해의 단서를 제공할 것이다. 일제는 침략정책의 일환으로 자국민을 조선에 이주시켰다. 이렇게 일제 식민지 정책에 편승하여 이주한 일본인은 식민지 조선에서 경제력을 급속히 확대해 나갔다. 목포상업회의소는 이러한 과정에서 그 첨병 역할을 하였다. 목포상업회의소의 구성원과 이 단체의 의결 사항, 그리고 그들의 조선인에 대한 태도 등의 검토는 한말·일제초기에 전개되었던 일제의 경제침략의 구체적 사례를 밝힐 수 있을 것이다.

목포는 1897년 10월 1일 고종의 칙령이라는 대한제국의 주체적 결정 형식을 빌어 개항되었다.[1] 1894년부터 논의되기 시작한[2] 목포의 개항이 이

---

1) 개항기의 목포에 관련된 연구로는 아래의 논문이 있다.

배종무, 『목포개항사』, 느티나무, 1994.

김종선, 「暗使日商民 무안감리서 난입점거에 관한 고찰」, 『목포대학논문집』 4-1, 1982.

김종선, 「목포항에 있어서의 러·일간의 조차지 획득과정」, 『목포대학논문집』 5, 1984

배종무, 「일제의 목포경제 침략에 관한 연구」 (1), 『목포대학논문집』 6, 1985.

양상현, 「한말 부두노동자의 존재양태와 노동운동」, 『한국사론』 14, 서울대 국사학과, 1986.

2) 최초의 목포 개항 요구는 일본 대리공사 近藤眞鋤의 주장에서부터 시작되었다. 그는 1889~1890년 사이에 대동강 하구와 전라도 연안 두 곳에 그들만의 전관거류지 확보를 주장하였다. (木浦誌編纂委員會, 『木浦誌』, 1914. ; 韓國

렁듯 늦어지게 된 까닭은 조선과 일본의 당사자간 문제와 함께, 청과 러시아라는 외부적 요인 때문이었다.[3] 일제의 목포 개항 의도는 목포가 갖는 지리적 장점에서 그 이유를 찾을 수 있다. 목포는 나주평야의 풍부한 농산물을 영산강 수운을 통해 유출시키고, 일제의 값싼 공산품을 호남지역 내부에 판매하는 물류기지로 활용하기에 적격이었다.[4] 더구나 이 지역은 미개발 지역이었으므로 개항장 확보의 경쟁상대였던 서양 열강의 관심밖에 있었다. 이 때문에 일제는 목포의 도시개발에 따른 이익을 독점할 수 있다고 보았다.

일본인은 목포 이주 직후부터 그들의 수가 많지 않았음[5]에도 불구하고 그들의 이익옹호와 상호부조를 위해 여러 단체를 조직하였다. 목포상업회의소는 이렇게 조직되었던 각종 상인단체의 통합으로 이루어진 단체였다. 목포상업회의소의 활동은 크게 3시기로 구별할 수 있다. 제1기는 澁澤榮一이 상업회의소를 동경에 설립(1877년)한 이후 內地會議所法으로 정리된 1915년까지이고, 제2기는 商業會議所令에 의거하여 법인화된 이후 1930년까지이며, 제3기는 조선상공회의소령에 의거하여 조선상공회의소로 개칭한 1930년 이후 해방까지이다.[6]

地理風俗誌叢書 97, 경인문화사, 1989, 43~50쪽.)

3) 일제는 목포와 진남포가 고종의 칙령으로 개항되는 것을 반대하였다. 그 이유는 칙령에 의한 개항은 상호 조약의 결과가 아닌 조선의 주체적 결정의 형식이므로, 고종이 언제든지 철회할 가능성이 있다고 생각했기 때문이다. 여기에 청과 러시아는 새로 개항될 목포와 진남포의 주도권을 일제에게 빼앗기지 않을까 우려하였다. 이 때문에 목포는 1894년부터 본격적으로 개항을 논의하였으나 계속해서 지연되었다. 그러나 일제는 영국 총세무사 브라운의 개입과 계속되는 일본내의 경제불황에서 파생된 그들의 내부 사정 때문에 입장을 굽힐 수밖에 없었다. (機密 第39號 「朝鮮 新開港場 條款 談判 件」, 『駐韓日本公使館記錄』 11輯, 국사편찬위원회, 1994, 132~139쪽.)

4) 배종무, 『목포개항사연구』, 느티나무, 1994, 15~17쪽.

5) 개항 당시 목포의 일본인은 206명에 불과하였다. (木浦商業會議所, 『木浦商業會議所統計年報』, 1916, 80쪽.)

6) 조선에 설치된 제1기의 일본인상업회의소는 일본 본토의 상업회의소 규정에 따라 설립되었다. (釜山日報社, 「第2編 朝鮮商工會義所」, 『全鮮商工會義所發達史』, 1935, 3쪽.)

이 글은 제1기의 목포상업회의소에 초첨을 맞추고 있다. 그 이유는 첫째, 이 시기가 일제의 對 조선 식민 지배 정책의 기본방향이 결정된 기간이라고 할 수 있고, 둘째, 이 기간 동안 목포의 도시 성격이 호남 지역의 면화와 쌀 수탈의 전진기지로 확실하게 드러나고 있기 때문이다.[7] 목포는 개항 이후 20년도 채 안되는 단기간에 일제의 쌀 수탈 창구이자 일제 공산품의 물류기지로서 도시의 성격이 탈바꿈되었다.[8] 이 시기에 목포의 도시성격이 일제의 경제침략 정책에 따라 개발된 도시, 그리고 식민지 수탈의 전진기지로 확정되었던 것이다. 목포상업회의소는 그러한 과정을 검토하는데 중요한 일본인 경제단체라고 할 수 있다.[9]

이를 위해 Ⅱ장에서는 목포 이주 추이를 살펴보겠다. 이 장은 목포의 개항장 설치 규모, 일본인의 목포 이주 상황, 그리고 그들의 직업 등을 통해 목포에 거주한 일본인의 성향을 알아보는데 목적이 있다. Ⅲ장은 목포상업회의소 설립을 주도한 이들의 생활상, 목포상업회의소 회장단에 속해 있던 임원진의 직업 등을 고찰하고자 한다. 이를 통해 목포가 갖는 도시적 특성과 이 단체의 주도 인물들의 일정한 경향성이 드러날 것으로 생각한다. 마지막으로 Ⅳ장에서는 이 단체의 의결 안건을 분석하여 그들이 어떠한 일에 관여하였는지 살펴보려 한다.

---

7) 개항 당시 156호에 불과한 한적한 어촌이었던 목포가 (『務安報帖』, 光武 2年 8月 16日 報告 第62號) 陸地綿의 대일 수출이 본격화되고 나주평야의 쌀을 일본으로 유출하는 물류기지가 되면서 조선의 대표적인 대일 수출 무역도시 중의 하나로 탈바꿈되었다.

8) 1915년 현재 목포는 조선의 도시 가운데 7위의 무역도시가 되었다.(『朝鮮總督府統計年報』 1915, 265쪽.)

9) 현재 이 시기의 일본인 단체 연구는 비교적 적은 편이다.
安秉珆, 「朝鮮の經濟的開化運動と日本帝國主義形成の一特質」, 『朝鮮社會の構造と日本帝國主義』, 龍溪書舍, 1977.
古川昭, 「群山各國居流地(共同租界)の硏究」, 『朝鮮學報』 160, 1996. 7.
韓哲昊, 「한말(1897~1910) 목포 개항과 무역구조에 관한 연구」, 고려대석사논문, 1987. 그러나 이들 연구도 일본인 단체의 간단한 소개나 혹은 한 장에서 일본인의 여러 단체를 약술하는 정도에 머물러 있다.

Ⅱ. 일본인의 목포 이주

일제는 강화도조약(1876) 이후 인천과 원산, 부산을 개항시켰다. 그들은 개항 직후 서울의 관문인 인천에 그들이 원하는 면적을 어느 곳이나 선점할 수 있는 기득권이 있었음에도 불구하고 작은 규모의 전관거류지[10]를 설정하는 실수를 저질렀다. 반면 나중에 들어온 구미제국은 최혜국조관에 따라 막대한 자금을 동원하여 그들의 거류지를 광범위하게 설정·선점하였다. 그 결과 각국거류지의 중요한 지역은 소수의 서양인과 중국인에게 매점되었고, 일본인은 비싼 지대나 집세를 지불하고 거류지를 사용할 수밖에 없었다. 그리고 구미제국 관할 내의 일본인은 일제의 경찰권과 행정권에서 벗어나, 서양인의 법률에 의해 처벌받았다.[11] 인천에서의 이러한 실패를 되풀이하지 않기 위해, 일제는 구미제국이 관심을 갖지 않는 미개발의 개항장에 관심을 가졌다.

개항 당시 목포의 도시기반 시설은 매우 취약하였다. 첫째 도시 확장에 필요한 시가지 면적이 절대적으로 비좁았다. 배후의 유달산은 도시 확장에 큰 장애물로 작용하였고, 남쪽의 광대한 개펄은 대규모 간척사업이 필요하였다. 이 때문에 도시 확장을 위해서는 많은 비용과 인력이 투입되어야만 했다. 둘째 만성적으로 식수가 부족하였다. 바닷물이 역류하는 영산강 하구에 위치하는 지리적 결함과 일상용수를 개발할 수 있는 지하수 자원의 부족으로 식수로 사용할 수 있는 양은 극히 부족하였다. 이로 인해 식수배급은 다반사였다. 충분한 양의 식수 확보를 위해서는 방대한 규모의 수원지 축조가 필수였다. 셋째 각종 배의 접안에 필요한 수심이 얕았다. 영산강

---

10) 전관거류지는 한 국가만의 특권을 인정한 개항장이고, 각국거류지는 여러 국가의 사람들이 같이 살 수 있는 개항장을 말한다. (이현종, 구한말 외국인 거류지의 종별과 성격, 『진단학보』 31, 1961, 26~36쪽.)

11) 木浦誌編纂委員會, 『木浦誌』, 1914.; 韓國地理風俗誌叢書 97, 경인문화사, 1989, 70~71쪽.

<표 1> 1910년 현재 각 조계지 면적 비교[12]   (단위 : ㎡, %)

지역	면 적	지역	면 적	지역	면 적
목포	726,024.00(32.1)	군산	336,669.00(14.9)	성진	97,698.00(4.3)
마산	268,935.00(11.9)	진남포	480,060.00(21.3)	인천	295,354.15(13.1)
부산	20,833.60(0.9)	원산	33,266.20(1.5)	계	2,258,839.95(100)

※ 괄호 안은 조선의 전체 조계지 면적에서 각 조계지가 차지하는 면적 비율이다.

이 범람할 때마다 밀려오는 토사는 목포 해안선을 따라 퇴적되었다. 대형 선박의 접안은 바다 밑에 쌓여 있는 토사의 준설을 통해서만 가능했다.[13]

이렇듯 일제가 한 때 염두에 두었던 장흥에 비한다면[14], 목포의 도시 개발 조건은 매우 불리하였다. 그럼에도 불구하고 일제는 장흥 대신 목포를 선택하였다. 심지어 그들은 조계지를 타 지역에 비하여 적게는 2배, 많게는 36배나 넓게 설정하기까지 하였다. 이는 <표 1>를 보면 알 수 있다.

앞에서 언급했던 것처럼 목포가 도시 개발 조건이 취약했음에도 불구하고, 일제는 조선의 8개 개항장 전체 면적 가운데 1/3이나 되는 면적을 개항장으로 설정하였다. 일제가 목포 개항장을 이처럼 넓게 설정한 이유는 무엇보다도 식량과 공업 원료 확보, 그리고 산업화 과정에서 발생한 사회 불만 세력의 조선 이주라는 일제의 제국주의 정책 때문이었다. 이것은 나주평야를 끼고 있는 목포와 호남평야를 낀 군산이 1910년 현재 조선 전체의 개항장 면적의 47%를 차지하고 있음에서 짐작할 수 있다. 나주평야와 호남평야를 끼고 있는 영산강과 금강 유역에는 아직 개간되지 않은 넓은 면적의 하천변 토지와 벌판, 그리고 낮은 구릉지 등의 황무지와 조수간만의 차에 의해 형성된 갯펄(干瀉地) 등이 널려 있었다. 특히 영산강 유역에는

---

12) 朝鮮總督府, 『朝鮮總督府 統計年報』, 1910, 12~13쪽.

13) 木浦誌編纂委員會, 『木浦誌』, 1914.; 韓國地理風俗誌叢書 97, 경인문화사, 1989, 58~64쪽.

14) 일제는 목포를 개항장으로 선택하기에 앞서 일본과의 해상 교통로가 가깝고 도시기반도 좋은 장흥에 관심을 갖기도 하였다. 그 이유는 장흥이 조선의 수군사령부가 있었을 만큼 良港이었고 섬진강 수계의 입구였기 때문에 교통상으로도 편리하였기 때문이다.

적은 자본과 노력만으로도 농경지로 개간할 수 있는 땅이 전체 경지 면적의 1/3이상을 차지하고 있었다.[15] 이 때문에 일본 본토에서 진행된 제국주의 산업화 과정에서 소외된 소자본의 일본인은 적은 자본만으로도 넓은 면적의 농토를 소유할 수 있는 이 지역에 관심을 가졌다.[16]

둘째, 목포는 일본 공산품의 소비시장 확보에 편리한 영산강 수운[17]의 입구에 위치하였다. 이 때문에 이 지역은 영산강 뱃길을 통해 나주를 비롯한 무안·영암·함평·영광·광주·화순·장성·담양 등 전남 內地로 쉽게 들어갈 수 있는 통로가 되었다. 아울러 인천·부산을 잇는 삼각무역의 중개지로 적당했다. 이러한 지리적 잇점은 이곳의 무역 구조를 통해서도 알 수 있다. 목포의 무역 구조는 첫째 외국 제품의 비중이 국내 생산물의 거래량보다 월등히 많고, 둘째 목포 移入額이 移出額을 초과하는 것으로 나타났다.[18] 이것은 외국의 공산품이 이곳을 통해 밀려들어온 대신, 나주평야의 농산물과 서남해안의 수산물이 공산품에 비해 낮은 가격으로 유출되었음을 의미한다. 다시말해 목포가 조선의 농산물과 일제의 공산품 사이에 이루어지는 부등가 교역의 창구, 그리고 국내 개항장 사이에 이루어지는 중개 무역의 장소로 이용되었음을 알 수 있다.

---

15) 1907년 현재 영산강 유역의 경지 및 미개간지 면적은 다음 표와 같다.

(단위 : ㎡, %)

	耕地		未開墾地		
	논	밭	하천변	산림·벌판	干潟地
면적	121,650	125,911	1,948	97,251	40,251
계	247,561 (64%)			139,450 (36%)	
합계	387,011 (100%)				

(木浦誌編纂委員會, 『木浦誌』, 1914. ; 韓國地理風俗誌叢書 97, 경인문화사, 1989.)

16) 大石嘉一郎·宮本憲一 編, 『日本資本主義發達史の 基礎知識』, 有斐閣, 1975.

17) 목포는 전남지역의 농수산물과 일제 공산품의 集散地를 이루고 있다. 이는 목포가 일제의 물류기지적 성격을 갖는다고 할 수 있다. (朴光淳, 「목포경제-성장·성격·전개」, 『목포대학논문집』 1, 1979.)

18) 韓哲昊, 앞의 논문, 20~53쪽.

셋째, 구미제국과 淸, 그리고 러시아 등은 도시의 주도권을 놓고 인천과 부산에서 일본과 치열하게 경쟁하였으나[19], 황무지나 다름없고 도시 성장 기반이 취약한 미개발의 목포에는 관심이 적었다. 반면 청일전쟁을 전후한 시기부터 일제는 조선의 경제 지배력과 對 조선 무역규모면에서 서구열강에 결코 뒤지지 않는다는 자신감이 있었다.[20] 그들은 황무지나 다름없던 목포의 넓은 면적을 조계지로 설정하고, 목포에서의 정치·경제면의 주도권 장악을 추진하였다.

먼저 정치면을 보자. 일제는 목포가 개항(1897. 10. 1)되자마자 書記生과 警部 각 1명을 파견(1897. 10. 4)하고 일본영사관을 공식적으로 개청(1897. 10. 26)하였다. 그들은 목포 개항 후 한 달도 되지 않아 무력과 함께 그들의 이익을 대변할 수 있는 공공기관을 속속 설치하였다.[21] 반면 러시아 등 서구열강은 일본을 견제하기 위해 넓은 지역을 조계지로 설정하고서도 토지대금을 납부하지 않아 조계지에 대한 그들의 권리가 박탈되었다. 특히 러시아는 군사적 목적의 부동항 확보를 위해 이곳에 적극적으로 관심을 가졌으나 재정면에서 뒷받침되지 못해 일본에게 일방적으로 밀렸다.[22] 더구나 각국거류지인 목포에는 각국의 영사관을 설치할 수 있었음에도 불구하고, 러시아를 비롯한 서구열강은 이곳에 그들의 영사관을 설치할만한 여력이 없었다. 목포에 거주하던 외국인은 이곳에서 분쟁이 발생했을 경우 일본영

---

19) 각주 11) 참조.

20) 木浦誌編纂委員會, 『木浦誌』, 1914.; 韓國地理風俗誌叢書 97, 경인문화사, 1989, 70~71쪽.

21) 木浦誌編纂委員會, 『木浦誌』, 1914.; 韓國地理風俗誌叢書 97, 경인문화사, 1989, 65~66쪽.

22) 대표적인 것이 고하도 사건이다.(『務安報牒』 광무 3년 6. 21~11. 2 ; 國史編纂委員會, 『各司謄錄』 20. 342, 351~352, 355~359쪽.) 고하도는 목포에 들어오는 입구에 있는 작은 섬으로 남해에서 서해로 가는 기선항로의 요지에 있다. 이 섬은 隔海地로서 외국인의 토지매입이 불가능한 지역이었다. 일제는 澁谷龍郎이라는 상인을 내세워 조선인 高官(贊政 李允用)의 명의로 고하도의 토지를 매입한 후 30년간의 장기 임대받는 형식을 취하여 러시아의 영향력을 제거했다.

사관에 도움을 청할 수밖에 없었으며, 일본영사관도 이곳에서의 주도권 장
악을 위해 이러한 업무 대행을 거부하지 않았다. 그 결과 목포의 외국인은
조선총독부의 인구 및 호구조사표에 의하면, 극소수의 淸國人을 제외하고
대부분 일본인이었다.[23] 이는 일제가 처음 의도했던 바대로[24] 목포를 자기
들만의 專管居留地로 만드는 데 성공하였음을 의미한다. 이처럼 그들은 구
미제국과 淸, 그리고 러시아 등 다른 열강과 별다른 경쟁없이 조선 경제
침략의 발판으로 삼을 수 있는 창구를 확보할 수 있었다.

　다음으로 경제면을 보자. 일제는 일본 본토의 금융기관을 통한 低利 융
자를 실시하였다. 목포 이주 일본인은 이 低利 융자금으로 목포의 垈地 불
하에 적극 참여하여 토지불하 공고가 있을 때마다 싹쓸이하였다.[25] 이 저
리 융자금은 일본 상인에게도 융자되었다. 이 때문에 상대적으로 수자본인
조선 상인은 대자본의 일본 상인과의 경쟁 상대가 되지 못하였다.[26] 이러
한 일제의 금융정책은 많은 일본인이 보다 쉽게 목포에 정착할 수 있었으
며, 그들이 목포의 경제권을 장악할 수 있는 계기를 마련해 주었다.[27]

　일본인의 조선 이주 추세는 이상과 같이 조선에서 그들의 정치·경제에
서의 위상 변화에 밀접한 영향을 받았다. 조선 이주 일본인은 조선의 개항
후 조선에서 정치·경제·군사면에서 절대적 우위를 차지하지 못한 일정
기간 동안 완만한 증가세를 보이다가, 그들이 조선 사회 전반에 걸쳐 우위
를 차지하는 1900년 이후부터 급증하는 현상을 보였다. 이런 특징은 <표
2>를 보면 알 수 있다.

　<표 2>에 의하면, 일본인의 조선 이주는 1900년 이후 1916년까지 10여년

---

23) 朝鮮總督府,『朝鮮總督府統計年報』, 1907~1914.
24) 각주 2) 참조.
25)『務安報牒』, 國史編纂委員會,『各司謄錄』20, 297~299, 305, 309, 331쪽.
26) 목포 부두노동자 파업은 조선인 부두노동자가 일본상인의 일방적인 임금인
　　하에 반대하여 발생하였다. 이에 조선인 객주는 일본상인에 대한 그들의 위
　　기감로 전폭적인 지원을 하였는가 하면, 자금력의 열세로 내부분열을 일으키
　　기도 했다. (배종무,『목포개항사 연구』, 느티나무, 1994. 169쪽.)
27) 일본 상인과 금융기관과의 관계는 Ⅲ장에서 언급하겠다.

〈표 2〉 목포의 일본인 이주자 시기별 변동상황[28]　　　　　　　(단위 : 명)

연도	전국				목포			
	남	여	계	%*	남	여	계	%*
1876	52	2	54	0.3				
1884	3,574	782	4,356	27.5				
1886	408	201	609	3.8				
1894	5,629	3725	9,354	59.1				
1897	7,871	5,744	13,615	86.0			206	23.6
1900	8,768	7,061	15,829	**100.0**	539	333	872	**100.0**
1904	19,330	11,763	31,093	196.4	792	650	1,442	165.4
1906	48,028	35,287	83,315	526.3	1,346	1,018	2,364	271.1
1910	92,751	78,792	171,543	1083.7	2,544	2,182	4,726	542.0
1916	171,713	149,225	320,938	2027.5	2,419	2,246	4,665	535.0

* %는 1900년을 기준으로 산출하였다.

동안 20배가 넘게 증가하였다.　이 시기의 일본인 조선 이주 격증의 원인
은 일본 본토의 상황변화와 조선에서 일제의 영향력 강화에 있다. 즉 조선
개항 이후 점진적 증가세이던 일본인 이주가 일본 본토 농촌의 소농·소
작농·빈농층의 해체와 일제의 산업화 과정에서 파생된 경제 상황 변화,
그리고 일제의 청일·러일전쟁 승리 이후 조선에서 정치·경제·군사·
외교적 영향력 강화로 급증하였다.

먼저, 일본 본토의 사회·경제적 상황을 보자. 일제는 급속한 산업화 정
책의 실시 과정에서 노동생산성 제고를 위해 노동자의 저임금 정책을 실시
하였다. 이러한 저임금 정책 유지는 식량의 低米價 정책이 필수였으며, 실
제로 일제는 이 정책을 실시하였다. 이는 농업의 경쟁력 상실을 의미하며,
농업이 더 이상 산업의 한 축으로써 남아 있을 수 없다는 것을 뜻한다. 여
기에 일본에는 1900년대 초 극심한 흉작이 이어지면서 많은 소농·소작

---

28) 朝鮮總督府,『조선に於ける內地人』, 調査資料제2집, 1924. 2~5쪽.
　　朝鮮總督府,『朝鮮總督府統計年報』, 1916. 22~23쪽
　　木浦商業會議所,『木浦商業會議所統計年報』1916. 80쪽
　　위 자료들에서 통계의 수치상 차이가 발견된다. 따라서 목포는『목포상업회
　　의소통계연보』를 기준으로 작성하면서『조선총독부통계연보』로 보완하였다.

농 · 빈농층이 농토에서 遊離되었다. 이들은 광범위한 빈민층을 형성하여 도시로 유입되어 사회불안을 야기하였다. 그리고, 이 시기 일본의 산업계는 청일전쟁과 러일전쟁 뒤의 경제공황을 겪고 있었다. 그 와중에 실업자가 된 노동자는 대규모의 노동쟁의를 일으켰다. 경제공황과 노동쟁의의 격화는 제국주의 산업화 진행과정에 있는 일제로서는 시급히 해결해야 할 과제였다.[29]

일제는 이처럼 농촌의 붕괴와 도시빈민층의 형성, 노동쟁의 격화 등 일본 본토의 위기 상황 타개를 시도했다. 그것이 사회불만 세력의 해외 유출이었다. 그들은 경제공황 탈출과 그들 내부의 사회안정을 위해 주변 국가로 침략하는 제국주의 정책을 실시하였다. 특히 러일전쟁은 조선에서 정치 · 경제 · 군사 · 외교상으로 구미제국에 대해 배타적인 영향력을 확보하는 계기가 되었다. 이는 한일의정서[30]와 을사조약[31]으로 구체화되었다. 일본인은 이러한 일제의 정책에 편승하여 청일전쟁과 러일전쟁 이후 그들의 정치적 · 경제적 우위를 확보해 나가고 있던 조선으로 밀려 들어왔다. 조선 내에서 일제의 영향력 강화는 일본본토에서 생활기반을 상실한 농촌의 소농 · 소작농 · 빈농층과 도시빈민층에게 새로운 기회의 땅으로 인식되게 하였다.

목포의 일본인 이주 실태도 전국적인 일본인 이주 추세와 비교할 때 대

---

29) 각주 16) 참조.

30) 일제는 한일의정서(1904. 2. 23)와 이것의 부칙인 「對韓方針」, 「對韓施設綱領」, 「對韓施設細目」을 통해 일본군의 영구 주둔과 조선의 국방 장악에 필요한 조선 영토 및 연안지역의 조차 인정, 조선의 외교권 감독, 조선의 재정권 장악, 친위대를 제외한 조선군 해산, 재외공관 철수, 조선내 모든 철도 및 교통기관 · 통신기관 장악, 농업 · 임업 · 광업 · 어업 등 모든 척식방안 독점 등 조선의 군사 · 외교 · 재정 · 교통 · 통신 · 拓植 등을 장악하였다. (尹炳奭, 乙巳五條約의 신고찰, 『國史館論叢』 23, 국사편찬위원회, 1991, 33~36쪽.)

31) 제2차 영 · 일동맹과 가스라태프트밀약, 포츠머드조약 등을 통해 미국 · 영국 · 러시아 등 제국주의 열강으로부터 독점적 지위를 인정받은 일제는 조선의 외교권을 완전히 장악하는 내용의 이 조약을 체결하였다. (윤병석, 앞의 논문, 43~51쪽 참조.)

체로 비슷한 경향이었다. 1897년 개항 당시 206명에 불과하던 일본인의 숫자는 러일전쟁, 을사조약, 차관정치, 한일 강제병합이라는 정치적 격변과, 토지·가옥저당규칙의 제정(1906년)과 외국인 토지소유를 개항장 10리 이내로 제한하는 조치의 철폐(1907년) 등의 경제상황 변화의 영향으로 급증하였다. 그러나 목포는 전국적인 상황과 다른 양상을 보이기도 한다. 일본인의 목포 이주가 1900~1916까지 5배정도 늘어난 것에 비해, 같은 기간의 조선내 일본인 이주는 20배정도 늘어났다. 이것은 일본인이 개항장 및 일본인 밀집지역에서 벗어나 점차 조선의 內地로 침투하고 있던 상황을 반영한다.

일본인의 조선 內地 침투는 도로와 철도 등 교통로 확보로 가속화되었다. 일제는 호남선과 경부선 철도의 건설 과정에서 정작 철도건설에 필요한 면적보다 훨씬 넓게 수용, 일본인에게 헐값으로 불하하였다. 철도가 통과하는 각 지역의 驛은 일본인의 생활거점이 되었으며, 일제의 조선 침략 거점이 되었다.32) 도로와 철도 건설은 단순히 교통망의 확충이라는 의미만이 아니라 일본인의 조선 내지 침투의 결정적 계기가 되었다.

이제 목포에 이주해 온 일본인들은 어떤 업종에 종사했는가하는 점이 궁금하다. 목포 일본인의 직업을 분석하는 방법에는 두 가지가 있을 것이다. 목포 이주 이전의 직업을 살펴보는 방법과 목포 거주 이후의 직업을 살펴보는 방법이 그것이다. 하지만 목포 이주 이전의 일본인 직업은 각종 단체 임원·공무원 등 소수의 유력 인사를 제외하고는 알 수 없기 때문에 목포 거주 이후의 직업을 중심으로 살펴보고자 한다. 이를 위해 그들의 직업을 정리하면 아래 <표 3>과 같다.

<표 3>에서 보듯이 일본인 직업분포는 상업·교통업 종사자(31~33%)가 가장 많고, 다음으로 하층민이라고 할 수 있는 有業者33)·무직자(27~31%), 그 다음이 공무원·자유업(10~17%), 공업(11~14%), 농업·목축업(6~8%), 어업(2~8%) 순이라는 것을 알 수 있다.

상업·교통업 종사자는 목포가 조선내의 연안무역과 일본 본토와 나주

---

32) 朴萬圭, 「韓末 日帝의 鐵道 敷設·支配와 韓國人動向」, 『韓國史論』 8, 서울대 국사학과, 1982, 260~264쪽.

〈표 3〉 목포 거주 일본인의 직업[34]   (단위 : 명, %)

연 도		1907			1910			1913	
상업·교통업		1,518	31.1(%)		1,206	33.3(%)		1,910	31.2(%)
공무원·자유업	공무원	461	9.5		371	10.2			
	교원	23	0.5		19	0.5			
	언론인	8	0.2		16	0.5			
	종교인	5	0.1	10.9	15	0.4	12.9	1,068	17.4
	변호사	0			4	0.1			
	의사	30	0.6		39	1.0			
	산파	4	0.08		2	0.05			
어업		425		8.7	85		2.4	167	2.7
공업		596		12.2	423		11.7	873	14.2
농업·목축업		388		8.0	243		6.7	432	7.0
有業者 (단순노동자)	雜業	194	4.0		663	18.4			
	酌婦	84	1.7		68	1.9			
	노동자	1,047	21.5	29.0	399	11.0	31.2	1,532	27.3
	기타	90	1.8						
무직					55	1.5		139	
계		4,870		100	3,612		100	6,121	100

평야를 잇는 중계무역의 중심[35]이었다는 점으로 미루어 충분히 납득이 가
는 일이다. 이들은 주로 연안해운과 영산강 수운, 국도1·2호선[36], 호남선
등의 교통망을 통해 조선 내륙지역에서 목화·쌀 등의 농산물을 수집하여

---

33) 有業者는 단순노동자를 말한다.
34) 목포상업회의소,『목포상업회의소통계연보』, 1913. 64~67쪽
   조선총독부,『조선총독부통계연보』, 1907, 46쪽
   조선총독부,『조선총독부통계연보』, 1910, 87~92쪽
  『조선총독부통계연보』와『목포상업회의소통계연보』는 1913년부터 직업군의
   분류 방법의 변화가 있었다.
35) 목포는 진남포·인천·군산·목포·부산으로 연결되는 연안무역과 일본 본
   토와 연결되는 대외무역의 중개지 성격을 갖고 있다. (韓哲昊, 앞의 논문 참
   조.)
36) 광주-목포간 국도 1호선은 1906년 공사가 시작되어 1909년 완공되었다. 국
   도 2호선은 일명 폭도도로라 불렸다. 그 이유는 1909년부터 시작된 이 공사
   에 체포되거나 투항한 의병들을 동원하여 건설했기 때문이다. (木浦誌編纂委
   員會,「第9編 交通運輸 第3章 道路」,『木浦誌』, 1914. ; 韓國地理風俗誌叢書
   97, 경인문화사, 1989, 367쪽.)

외부로 반출하는 대신, 그들의 공산품을 조선 내륙지역으로 반입하는 일에 종사하였던 것으로 믿어진다.[37] 이렇게 상업과 무역업에 종사했던 이들은 목포 일본인거류민회를 비롯하여 상업회의소, 각종 조합 등 단체를 조직하여 활동하였다. 그리고, 이들은 잡화상, 무역업, 정미업, 농지개간 등으로 축적한 富를 기반으로 1907년 이후부터 각종 제조업에도 관심을 갖기 시작하였다. 다시 말해 이 업종에 종사했던 부류가 목포의 도시 성장 과정에서 주도권을 갖고 참여했음을 알 수 있다.

다음으로 관심을 끄는 것은 유업자와 무직으로 분류된 도시하층민이 25~30%에 이른다는 점이다. 이들은 일본의 대외침략을 근간으로 하는 제국주의 추진 과정에서 확실한 직업이나 자본도 없이 유입된 부류이다. 그들은 소자본으로 고리대금업을 하거나, 무뢰배로 활동하거나[38], 부두노동자·점원 등으로 생계를 이어나갔다. 이들은 무계획적인 한탕주의를 노리는 자들이라고 할 수 있다.[39] 조선인은 도시하층민이라고 할 수 있는 이들에 의해 가장 많은 피해를 입었다. 그 중에서도 토지약탈이 두드러졌다. 조선의 토지는 일본 본토의 그것에 비해 매우 헐값에 거래되었기 때문에, 이들 하층민은 조선의 토지에 깊은 관심을 가졌다. 일본인은 高利貸와 폭행 등 강압적 방법을 통해 조선인의 토지를 약탈하였다. 이 과정에서 조선인의 근대적 토지 소유 지식이 결여되었다는 점도 그들의 토지약탈을 부추켰 다.

그런데 일본인의 조선 內地 토지소유는 원칙적으로 불가능하였다.[40] 그

---

37) 한철호, 앞의 논문 참조.

38) 무뢰배들은 목포부두노동자 파업(1898. 2.~1904. 3.)과 무안감리서 습격사건(1903. 11. 21.) 등에서 보인다. (배종무, 『목포개항사연구』, 느티나무, 1994, 155~174쪽).

39) 초기 일본인 이주민은 극빈 농어민 출신이거나 낭인출신이었다. 그들의 최고 목표는 최대한 빨리 富를 축적하여 귀향하는 것이었다. (박철헌, 개항기 부산항을 중심으로 본 일본인의 상업활동, 부산대 교육대학원, 1985. 17~18쪽 참조.)

40) 외국인의 토지소유는 각 개항장을 제외한 지역의 官有·私有의 토지, 산림, 가옥 등 일체의 토지소유가 불허되었다. 만약 이를 어기고 외국인에게 潛賣 혹은 명의를 대여한 자는 絞에 처한다고 규정하고 있다. (『刑法大典』, 「國權

럼에도 불구하고 이들은 매매증서에 買受人의 이름을 공백으로 해 놓거나, 한국인을 소유자로 들러리 세우기도 하였다. 그외에도 저당계약을 설정하고 훗날 元利金返濟 혹은 저당권해지가 될 수 없게 증서상의 금액을 과대하게 해 놓는 방법, 표면상으로는 장기저당계약을 설정하고 계약연한이 경과하면 소유권을 이전하게 하는 방법, 저당증서와 함께 방매증서 혹은 조건부 방매증서(법률이 외국인 부동산 소유를 인정하게 되면 즉시 매도한다는 조건)를 교환하는 방법 등을 이용・토지를 매집하였다.41)

　세번째로 <표 3>에서 주목되는 사실은 목포로 이주한 일본인 가운데 10% 내외가 공무원이었다는 점이다. 일제는 개항 당시 156호의 소규모 도시42)에 불과하였던 목포를 경제수탈 창구로의 역할을 할 수 있는 무역항으로 개발하기 위해 이들이 필요하였다. 이들이 차지한 직업구성상의 비율은 목포의 도시성장을 일제가 官주도로 추진하였다는 특징을 반영한다.43) 그 결과 목포는 자주적인 경제적 기반이 구축되지 못한 채 일본과의 무역에 의존할 수밖에 없는 식민지 경제수탈의 전진기지가 되었다.44)

　이처럼 목포로 이주한 일본인은 조선에서의 정치・군사적 우위를 바탕으로 목포영사관과 경찰서의 비호를 받았다. 목포의 도시성장 주도층은 상업・무역업 종사자, 그리고 공무원이었다. 목포의 도시발달 과정에서 그들은 폭력과 불법・합법을 넘나드는 수단을 동원하여 목포의 상업・무역・경제를 주도하였다. 그 결과 목포는 일제 식민지 초기에 조선의 7대도시 가운데 하나로 포함될 만큼 성장하였다. 다만 도시의 산업구조는 상업과 무역에 편중된 소비・유통도시로서 일제 식민지 경제구조에 철저하게 예

懷損律」, 제200조 5항.)

41)『韓國土地農産調査報告』,「慶尙・全羅道編」, 543쪽.

42) 주 7) 참조.

43) 목포의 도시성장에서 공무원의 역할은 이 글의 Ⅳ장에서 다시 언급된다.

44) 山本美越乃는 식민지 활동에서 얻어지는 경제적 이익에 대해 1) 식량과 원료 공급 2) 자본투자지의 확보 3) 노동효과의 증진 4) 특수생산물의 확보 5) 通商이익의 확보 등이라고 하였다. 목포는 통상에 적합한 교통의 요지로서 각종 산물의 集散處 역할을 하였다.(山本美越乃,『植民政策研究』, 弘文堂書房, 1920, 122쪽 참조.)

속되었다.[45]

Ⅲ. 목포일본인상업회의소의 설립과 임원진

일제는 1894년부터 목포의 개항 준비를 위해 비밀리에 목포 주변의 측량과 실지조사 등을 실시하였다. 그러자 일본인들은 목포가 머지않아 개항될 것이라는 소식을 듣고 이곳에 몰려들기 시작하였다. 목포에는 개항 이후 일본거류민들이 증가하면서 다양한 형태의 일본인 단체들이 조직되었다. 목포에 설립된 최초의 일본인 단체는 鷄林獎業團이었다.[46] 이 단체의 제4大區는 개항 이전인 1897년 6월 목포에 사무소를 설치하였다. 이 단체의 임원진은 이사 荒井德一, 서기 山下次太夫, 山本好太郎 등이었다. 계림장업단은 일본인의 안전을 도모하고, 그들의 재산권을 확보하며, 생활상의 모든 편의를 모색하면서, 동시에 목포주변의 경제사정 조사 등의 일을 하였다. 이후 목포의 일본인 단체는 계림장업단을 계승한 斡旋係가 조직되었고, 다시 1898년 9월 일본거류민회가 결성되었다. 즉 일본영사관이 목포에 들어오기 이전에 이미 상인 중심의 권익보호 단체가 활동하고 있음을 알 수 있다.

목포상업회의소는 일본인의 여러 단체들 가운데 수출업자 중심의 木浦商話會와 수입상 중심의 雜貨商組合, 일용품 판매업자 중심의 小賣商組合 등이 통합(1900. 1. 25)되면서 이루어졌다.[47] 목포상업회의소의 창립위원은 西川太一郎(제일은행 목포지점 主任), 木村健夫(釜山大池 목포지점), 松崎文

---

45) 주 8) 참조.

46) 이 단체는 일본인들의 상권확장과 내지행상들의 보호·장려를 위해 조직된 단체로써, 목포에 조직된 최초의 일본인 단체이다. (木浦誌編纂委員會, 『木浦誌』, 1914.; 韓國地理風俗誌叢書 97, 경인문화사, 1989, 144~145쪽.)

47) 木浦誌編纂委員會, 『木浦誌』, 1914.; 韓國地理風俗誌叢書 97, 경인문화사, 1989, 180~181쪽.

六(대판상선주식회사 목포지점), 福田有造, 木村福次郎(釜山版田 목포지점), 藤森利兵衛[48], 大河原源吉, 道山龜藏(肥前陶器社 목포지점), 河村織太郎, 川村佐太郎(大阪三浦 목포지점), 棚橋仙之助(大阪五百井長 목포지점), 井出淸造, 鈴木安太郎(愛知縣夏目 목포지점) 渡邊彌太郎(石見大澤 목포지점), 澁谷龍郎[49] 등이고, 초대회장은 西川太一郎이 맡았다. 목포상업회의소의 전체 임원진에 대해서는 자료의 한계 때문에 그들의 출신계층이나 직업·출신지역 등이 잘 드러나지 않는다. 다만 이 단체의 회장을 역임한 바 있는 역대회장의 자료가 소수 남아 있을 뿐이다. 이러한 한계에도 불구하고 이 단체 조직원의 특성을 알기 위해 다음 <표 4>를 작성하였다. <표 4>는 목포상업회의소 제1기에 해당하는 1915년까지 회장을 역임했던 西川太一郎과 福田有造, 木村健夫의 행적을 중심으로 작성하였다.

<표 4>는 목포상업회의소 초창기 회장들의 직업이 금융업과 미곡 무역업, 상업이었음을 보여준다. 그런데 이 단체의 초대 회장인 西川太一郎이 목포상업회의소의 초기 정착 단계에 자본의 원활한 조달을 위해 영입되었음을 감안한다면, 목포상업회의소 제1기에는 미곡무역과 상업에 종사했던 福田有造와 木村健夫가 이 단체를 주도하였다고 할 수 있다.

福田有造는 곡물상조합, 수출상조합, 수출미개량조합, 우피검사조합 등의 조합을 이끌었다. 그는 목포상업회의소의 회장을 7년, 부회장을 3년 역임하면서 목포상업회의소 제1기에 가장 오랜 기간동안 회장단에 있었다. 그의 행적은 제1기 목포상업회의소의 활동 성격 규정에 중요한 단서를 제공한다고 할 수 있을 것이다.

그는 쌀 무역을 주업으로 하는 무역업자였다. 그러므로 그가 목포상업회

---

48) 藤森利兵衛는 谷垣嘉市, 村上直助, 宇津木兢, 平岡寅次郎 등 4명의 주동자와 함께 무안감리서에 난입하였다. (『務安報牒』, 國史編纂委員會, 『各司謄錄』 20, 481~488쪽.)

49) 澁谷龍郎은 鷄林獎業團의 일원으로써 목포 개항 이전에 들어와 三鶴島를 潛賣(1895년)하였고, 高下島 토지침탈 사건도 일제의 위임을 받아 주도하였다. (「7. 木浦高下島買收書類」, 『駐韓日本公使館記錄』 13輯, 국사편찬위원회, 1995, 165~217쪽.)

<표 4> 목포상업회의소 역대 회장의 행적[50](1900~1913)

이름	출신지	이전 정착지	이주 시기	회장 재임기간	부회장 재임기간	활동단체	정착초 기업종
西川太一郎				1900 1902~1904 (4년)		제일은행 목포지점장	금융업
木村健夫	大阪縣	경성 · 인천	개항 초기	1901 1912~1913 (3년)	1902 1904~1905 1907~1908 1911 (6년)	거류민단의원 거류민단장	상업
福田有造	長崎縣	부산	개항 초기	1905~1911 (7년)	1900~1901 1903 (3년)	籾摺조합장 곡물상조합장 수출상조합장 수출미개량조합장 우피검사조합장 거류민단의원	미곡 무역 정미업

의소의 부회장으로 있을 때 발생했던 목포 부두노동자 파업은 그와 전혀
무관하지 않았다. 이 파업은 목포의 도시기능을 마비시켰을 뿐만 아니라
그의 쌀 무역업에도 커다란 장애로 다가왔다. 그에게 부두노동자 파업의
신속한 처리는 가장 시급한 현안이었다. 이를 위해 그는 무안 감리서 난입
을 배후 조정하였다.[51] 아울러 1909년에 결성된 湖南鐵道期成會[52]에 위원
장을 맡아 호남선 철도 부설에도 주도적 역할을 하였다. 호남철도는 앞서
언급했던 것처럼 조선의 농산물을 외부로 반출하고 그들의 공산품을 조선
의 내륙 곳곳으로 실어 나르는 간선망이었다. 호남철도의 개통은 목포의
도시성장에 시급한 요소였으며, 이후 유통중심의 소비도시라는 목포의 도
시성격을 결정짓게 하는데 결정적 역할을 담당했다.[53] 그러나 福田有造는

---

50) 釜山日報社,『全鮮商工會議所發達史』, 1935.
　　木浦誌編纂委員會, 『木浦誌』, 1914.; 韓國地理風俗誌叢書 97, 경인문화사,
　　1989.
51)『務安報牒』제5책 광무 7년 4월 4일~11월 26일까지 金星圭의 보고서 참조.
52) 호남철도기성회는 일본인거류민단, 목포일본인상업회의소, 전남농회를 주축
　　으로 결성되었다.(木浦誌編纂委員會, 『木浦誌』, 1914.; 韓國地理風俗誌叢書
　　97, 경인문화사, 1989, 371~380쪽.)

1920년대에 이르러 그의 활동무대를 군산으로 옮겼다. 활동무대를 군산으로 옮긴 그는 목포의 경험을 살려 그곳에서도 식민지 경제침략 활동을 계속하였다.

　이제 목포상업회의소 제1기의 회장들이 관여했던 사업체를 알아보자. 이를 정리하면 아래 <표 5>와 같다.

　<표 5>에서 보는 바와같이 福田有造·村上直助·木村健夫 등이 목포의 초장기 사업체를 많이 보유하고 있음을 알 수 있다. 그런데 福田有造·木村健夫의 직업은 1915년까지 무역업과 정미업, 村上直助는 西洋雜貨 및 자전거판매상으로 나타나는 등 제조업과는 무관한 것처럼 보인다.54) 이렇듯 이들이 제조업에 자본투자를 시작하였음에도 불구하고 여전히 그들의 직업이 무역과 상업관련 업종으로 기록되고 있었다. 이것은 목포의 초창기 사업체의 자본 영세성을 보여준 것으로 생각된다. 그들은 여전히 상업·무

<표 5> 목포상업회의소 역대 회장이 관여했던 주요 사업체[55]

회사	업종	간부	창립연도
木浦水産株式會社	위탁판매	青木十三郎(사장) 山野瀧三(전무) 高根信禮, 福田有造	1897
木浦殖産株式會社	영농,농지개간	山野瀧三, 福田有造, 高根信禮, 藤森利兵衛	1906
全南印刷株式會社	신문,인쇄	山野瀧三(사장) 福田有造, 村上直助, 青木十三郎, 山口米太郎, 木村健夫	1907
木浦電燈株式會社	전기공급	青木十三郎(사장), 松井邑次郎(전무), 村上直助, 平岡寅次郎, 松村德治郎, 福田有造	1911
朝鮮棉花株式會社	繰棉	喜多又藏(取締役) 左藤重治(社長) 本多正(專務) 木村健夫, 山野瀧三, 手丸喜一	1913

---

53) 박만규, 앞의 논문 참조.
54) 木浦商業會議所,『木浦商業會議所統計年報』1915, 부록편 25쪽.
55) 木浦商業會議所,『木浦案內』, 1922, 부록 1~14쪽 ; 韓國地理風俗誌叢書 283, 景仁文化社, 1995.
　　山口精 編著,『朝鮮産業誌』中, 1910, 556~563쪽.
　　부산일보사,『全鮮商工會議所發達史』, 1935.
　　위 자료들의 내용 가운데는 업종·간부·창립일 등이 서로 다르게 나타나기도 한다. 이 표는 업종과 간부는 모두를, 창립일은 가장 빠른 것을 수록하였다.

역업·정미업 등을 주업으로 하면서 제조업에 소규모 자본투자를 시작하였다고 해도 과언은 아니다.

그러면 이들 회사에 대해 알아보자. 목포에서 주식회사 형태를 갖춘 최초 회사는 위탁판매를 대행하던 木浦水産株式會社였다. 이 회사의 이사진은 거류민단 회장을 여러차례 역임한 高根信禮를 비롯하여, 福田有造·山野瀧三 등이 포진하였다. 주된 업종은 곡식·어류·잡화 등의 위탁판매였다. 이 회사는 각종 창고를 운영하면서 일본인의 무역과 상업 행위를 조정하는 한편, 목포의 조인인 객주의 영향력 축소에 결정적 역할을 하였다.

1906년에는 영농과 농지개간을 업종으로 하는 木浦殖産株式會社가 설립되었다. 이 회사는 토지·가옥저당규칙과 외국인 토지소유를 개항장 10리 이내로 제한하는 조치가 철폐되면서 본격적으로 조선 농지를 매집·경작하였다. 농지의 매집에는 앞서 언급한 방법56) 외에도 하천부지, 갯펄, 그리고 낮은 구릉의 황무지 등을 헐값에 불하받아 개간하는 방법을 사용하기도 했다. 이렇게 얻은 넓은 농지에 그들은 화학비료를 사용하거나 그들의 입맛에 맞는 종자를 들여와 심는 등 새로운 農法으로 상업작물을 재배하였다. 결국 농지 개간에 비교적 적은 비용을 투입하고서도 그 농지에 상업작물을 재배함으로써 막대한 경제적 이득을 얻을 수 있게 되었다. 목포에서의 이러한 성공은 군산을 중심으로 한 금강유역의 호남평야에서도 그대로 활용되어 조선의 국부 유출은 가속되었다.

全南印刷株式會社와 木浦電燈株式會社는 명실상부한 제조업체라고 할 수 있다. 먼저 전남인쇄주식회사는 전남지역 최초 신문인 木浦新報와 목포상업회의소통계연보 등 각종 인쇄물을 만들었다. 이 회사의 사장인 山野瀧三은 인천에서 이주해 온 언론인이다. 그는 언론과 인쇄물을 통해 홍보함으로써 일본인 서로의 단결과 화합이 가능하다고 주장하였다. 그러나 목포신보의 발행부수 격감으로 경제적 어려움에 봉착하자 그는 다시 인천으로 돌아가고 말았고 목포상업회의소에서 그 일을 대신하였다. 목포전등주식회

---

56) 각주) 41 참조.

사는 각 공장에 전력을 공급하는 한편 거류지내 가로등과 각 가정에 전력을 공급하였다. 전력소비는 목포의 도시성장과 같이하여 증가해 갔다. 그러나 날로 증가해 가는 전력소비에 비해 공급능력은 계속 부족했다.

이처럼 1906·7년 이후부터 목포의 일본인 자본투자는 토지와 제조업 등 고정자산 쪽에 관심을 갖기 시작하였다는 것을 확인할 수 있다. 개항 이후 목포의 도시 성장은 1907년 통감부 통치를 기점으로 한 전후시기에 약간의 차이가 보인다. 전기는 쌀을 매개로 한 商行爲 중심이었다면, 후기는 조선에 자본투자가 시작된 시기였음을 알 수 있다. 이는 외국인에 대한 토지소유제한이 철폐되고 정미조약 이후 일본의 조선에 대한 영향력이 확고해지면서 나타난 변화였다. 그러나 이러한 일본인의 투자도 그들의 이익을 극대화하기 위한 수단이었을 뿐, 對日 무역창구라는 목포의 기본적 성격에는 변함이 없었다.

다음으로 목포를 비롯한 여러 개항장의 일본인상업회의소 임원진의 직업을 알아보고자 한다. 그 이유는 상업회의소 임원이 각종 조합과 사업체를 이끌면서 그 도시의 주도층 역할을 하고 있었음을 앞에서 확인했으며57), 아울러 그 도시의 주도층을 살펴보면 그 도시의 성격도 드러날 것으로 믿기 때문이다.

<표 6>을 통해, 먼저 개항된 부산·인천의 일본인상업회의소 임원진은 회사원을 비롯하여 언론, 제조업, 포목상, 곡물상 등 다양한 직업군으로 구성되었음을 알 수 있다. 이들 도시는 목포·군산에 비해 다양한 계층으로 그 도시의 주도층이 형성되었다고 할 수 있을 것이다. 즉 이들 개항장은 도시 성장 구조가 다원화되었다고 보아도 무리가 없을 것이다.

반면 목포·군산 등 늦게 개항된 도시는 제조업 등 생산분야보다는 무역업·상업 등 3차 산업에 종사하는 임원이 많음을 알 수 있다. 목포·군산은 잡화상·무역상·화물하역업·미곡상·정미업 등 무역과 쌀에 관련된 업종 종사자가 상업회의소 임원의 대부분을 차지하고 있다. 특히 목포

---

57) <표 4>, <표 5> 참조.

<표 6> 각 개항장의 일본인상업회의소 임원의 직업별 구성[58]　　　　(단위 : 명)

직업	부산	인천	군산	목포	계	직업	부산	인천	군산	목포	계
잡화상	1	3	3	3	10	제조업	3	5			8
무역상	9	5	5	3	22	철물		1	1		2
貸金業				1	1	고물		1			1
화물하역업	1	1		1	3	운송업		1			1
미곡상	1		1	2	4	포목상	1	1			2
회사원		1			1	석탄		1			1
정미업	1	1		1	3	곡물	3				3
금융	2	3	2	1	8	繩叺	1				1
材木	1	1	1		3	관리		2	1		3
船具		1			1	書記長	1	1	1	1	4
언론		2			2						
합계							25	31	15	13	84

의 경우는 무역과 상업관계 업종인 3차 산업분야에 집중되어 있어, 목포보다 개항이 늦은 군산에 비해 도시 생산기반이 뒤떨어져 있음을 보여준다. 이처럼 목포가 상업중심의 소비도시이라는 성격은 식민지시기는 물론 해방 이후에도 크게 변화가 없이 지속되었다.[59]

　한편 <표 6>은 금융기관을 이용한 조선 경제 수탈의 한 단면을 보여준다. 일제는 항구를 개항시킨 후 곧바로 금융기관을 각 개항장마다 설치하였다. 목포에도 1898년 7월에 제일은행 목포출장소가 설치되었다. 이들 금융기관은 막대한 자금을 일본인 상인과 무역업자 등에게 저리로 융자해 주었다.[60] 이러한 방법으로 거대자본을 갖춘 일본인은 종래에 조선인 객주를 통해 간접적으로 생산자와 거래하던 방식에서 벗어나, 이제는 조선 내륙으로 들어가 직접 생산자와 거래하는 방식으로 전환하였다.[61] 조선인 객주는

---

58) 京城新報社, 『朝鮮紳士錄』 1909.

59) 박광순, 앞의 논문 참조.

60) 초기의 일제 금융기관은 농공은행을 중심으로 주로 상인에게 투자를 하였다. (정병욱, 1918~1937년 조선식산은행의 자본형성과 금융활동, 『한국사연구』 79, 1992, 80~81쪽.)

61) 이는 목포부두노동자 파업을 지지하였던 조선 士商會社(객주조합)를 제압하는 과정에서 확인된다. 일본인 상인은 조선인 상인의 韓錢어음을 추심하고,

소자본으로 그들과 경쟁해야 했으므로 그들과의 경쟁에서 밀려나기 시작하였다.

특히 일제 주도로 실시된 화폐개혁은 조선 상인의 존립기반을 붕괴시켰다. 그 동안 소액환으로 사용되던 백동화가 시장에서 사라짐으로써 극심한 錢荒상태가 초래되었다. 현물을 교환할 수 있는 수단이 없어진 것이다. 더구나 그 동안 현금융통 수단으로 이용되어왔던 조선인의 어음지급이 정지되면서 조선 상인의 자금경색은 더욱 심해졌다. 자금이 현물에 묶인 조선 상인은 속속 파산할 수밖에 없었다.[62]

이처럼 조선 상인은 금융기관을 통해 막대한 자금을 융통할 수 있었던 일본인 상업자본과 화폐개혁에서 파생된 錢荒이라는 위협 속에서 더욱더 존립기반을 상실해 갔다. 일본 상인은 이러한 절호의 기회에 편승하여 조선내 깊숙히 침투, 조선의 상권을 완전히 장악해 갔다.

이러한 상황에서 목포는 일제의 호남평야 쌀·면화의 수탈과 내륙지방의 소비시장 확보의 창구로 활용되었다. 그 결과 목포의 도시성격은 일제의 식민지 경제거점도시·소비도시에서 식민지시기 내내 벗어나지 못했다.[63]

Ⅳ. 목포일본인상업회의소의 의결 안건

목포상업회의소는 목포 거주 일본인이 당시 900여명에 불과[64]함에도 불

그동안 조선인 객주를 매개로 荷主와 거래해왔던 관례를 무시하고 荷主와 직접 거래하였다. 이러한 商行爲 방식의 전환은 조선인 상인보다 우월한 자본력을 이용하여 추진하였다. (木浦誌編纂委員會, 『木浦誌』, 1914. ; 韓國地理風俗誌叢書 97, 경인문화사, 1989, 614~686쪽.)

62) 배영목, 『식민지 조선의 통화 금융에 관한 연구』, 서울대 경제학과 박사학위 논문, 113~121쪽.

63) 박광순, 앞의 논문 참조.

64) 각주) 28 참조.

구하고 설립이 인가되었다. 이 단체의 설립 목적은 부산·인천·원산 등지의 例에 따라 民·官의 지속적인 협조체제 구축, 그리고 상인의 공동이익 도모와 정치·외교상의 교섭력 강화에 있었다.65) 이 단체는 정치·사회·경제 등을 망라한 분야에 관여하였다. 목포의 사회기반시설은 물론 상거래 질서, 노동정책, 농업정책, 조선의 대외관계, 교육 등에 대해 목포영사관·木浦理事廳·통감부·조선총독부 등에 청원하거나 자문에 응함으로써 그들의 이익을 관철시키는 한편, 그들의 이익에 반하면 폭력을 동원하기도 하였다.

그럼 목포상업회의소가 어떠한 일을 했는가 알아보자. 이를 위해 이 단체의 의결 안건을 아래 <표 7>로 정리하였다. 1900년부터 1913년까지 목포 상업회의소에서 의결된 안건은 1) 정치분야(5건) 2) 사회분야(16건) 3) 경제 분야(23건) 4) 교통 및 사회기반시설(25건) 5) 농업(6건) 6) 교육(1건) 7) 기타(9건)의 7개 분야에서 총 86건이 의결되었다. 가장 많은 안건은 교통 및 사회기반시설(29.1%)이며, 다음으로 경제분야(26.7%), 사회분야(18.6%)의 순이었다.

먼저 정치분야의 의결 안건을 보자. 목포상업회의소는 통상조약에 그들의 의견을 개진하는가 하면, 조선의 행정구역 개편에 청원을 냈다. 러일전쟁 와중에는 러일간의 時局을 설명함으로써 전쟁을 지지하는 입장에 섰다. 그리고 광주지방재판소의 나주 이전과 觀察府 및 지방재판소의 이전을 청원하였다. 물론 일제 통감부 정책에 대한 적극적인 의견개진 혹은 청원은 목포상업회의소에서만 했던 것은 아니다. 그럼에도 불구하고 그들의 의견이 일제의 對 조선 정책 수립에 이용되었다점에서 중요하다. 사회 주도층의 의견은 일제의 식민지 정책 방향 설정에 영향을 주었을 것이기 때문이다. 일제는 이러한 의견 수렴과정을 통해 얻어진 정보를 기반으로 그들의

---

65) 일본 본토의 상업회의소가 기성도시의 발전을 위해 설치되었다면, 조선의 상업회의소는 미완의 도시에 대해 일제의 식민정책에 부합하도록 이끌기 위해 설립되었다. (木浦誌編纂委員會, 『木浦誌』, 1914. ; 韓國地理風俗誌叢書 97, 경인문화사, 1989, 180~181쪽.)

<표 7> 목포 일본인상업회의소 의결 안건[66]

분야	안건 \ 년도	1900	1901	1902	1903	1904	1905	1906	1907	1908	1909	1910	1911	1912	1913	계
정치분야	통상조약자문			1												1
	러일관계 자문					1										1
	행정구역 개편							1								1
	행정기구 移轉 청원									2						2
경제분야	화폐(韓錢, 제일은행권)			1	1	1		1	1							5
	화물하역(부두노동자 파업)	1		1												2
	수출품 검사 · 관리			1				1			1	2	2	1	1	9
	도량형										1	2	1		1	5
	쌀 반출 분쟁		1										1			2
사외분야	한일 · 중개인 분쟁	3				1			2							6
	상거래 規則	1		1						1						3
	한 · 일 노동자 분쟁		1													1
	조선 상인 단체 설립 청원								1				2			3
	의병										2					2
	해적				1											1
교통 및 사회기반시설	도시시설(창고, 부두)	1							6			1		1		9
	육상교통(도로, 철도)				1		1	1	1	1	1				2	8
	해상교통(애로, 준설)				1	1	1		1	2					1	7
	토지 · 가옥 저당권					1										1
농업	農法개량(벼, 면화)		2										1	1	1	5
	産物조사													1		1
교육	학교설립 요청							1								1
기타	보험									1						1
	상업회의소 내부 업무		2	1										1	4	8
	계	6	6	6	4	5	3	5	12	7	5	5	7	5	10	86

정책 방향을 결정했던 것이다.

목포상업회의소의 경제분야 안건은 화폐와 무역에 관한 안건이 대부분이었다. 화폐에 대한 안건은 조선의 화폐개혁이 단행되기 전인 1902년부터 나타난다. 이 당시 조선의 개항장에서 교환수단으로 이용된 화폐는 일본의 제일은행권이었다. 제일은행권은 銀본위 화폐로 일본내에서는 사용되지 않는 화폐였다. 이 화폐는 무역을 통해 아무리 많은 양이 일본내로 유입 혹은 유출되어도 일본내의 화폐정책과 무관하였다. 즉 제일은행권의 화폐가치를 필요에 따라 마음대로 조정하여도 일본내의 경제에는 영향이 미치지 않는 반면, 조선의 개항장에서는 제일은행권의 양에 따라 物價에 민간한 영향을 받았다.67) 이 때문에 일제의 입장에서는 제일은행권이 조선의 부 약탈에 더없이 좋은 수단으로 이용하고자 하였다.

조선 정부는 제일은행권의 유통을 금지(1903)시키려 하였다. 이에 대해 목포상업회의소는 오히려 상업거래에서 韓錢어음의 할인을 거부(1904)하고 대신 제일은행권 할인을 장려하는 안건을 의결함으로써 조선 정부 화폐정책에 반발하였다. 이러한 그들의 반발은 그대로 일제의 對 조선정책에 받아들여졌다. 이로 말미암아 조선의 화폐제도는 錢荒 상태에 빠져 극심한 혼란이 초래되었다.68)

또한 목포상업회의소는 대외무역이 활발해지자 화폐 문제뿐만 아니라 화물의 하역, 度量衡器 검사 및 통일, 상품의 검사·포장 등에 관해 그 규격을 결정하고 시행하였다. 특히 이들은 조선의 전통적인 도량형이던 磅枰衡을 금지시키고, 그들에게 편리한 斤量枰을 도입하였다. 그리고 현미, 수출미, 해초, 면화, 우피 등의 검사법 정비와 상품포장을 규격화시켰다. 이러한 변화는 조선인에게 익숙한 전통적인 상거래 질서를 붕괴시킨 반면, 일본인

---

66) 釜山日報社,『全鮮商工會議所發達史』, 第7編 木浦編, 1935, 18~23쪽.
67) 나애자,「이용익의 화폐개혁론과 일본제일은행권」,『한국사연구』45, 1984.
　　김재순,「노일전쟁 직후 일제의 화폐금융정책과 조선상인층의 대응」,『한국사연구』69, 1990.
68) 각주) 62 참조.

에게 편리하고 익숙한 상거래 방식으로 바뀌는 계기가 되었다. 일본인 중심으로의 상거래 질서 변화는 개항장의 상거래를 그들이 완전히 장악하였음을 보여주는 것이다. 이렇게 개항장에서 조선의 전통적인 상거래 방식이 금지되고 일본식 상거래 방식이 정착됨으로써 경제적 富의 유출은 한층 더 가속화되었다.

그리고 이 단체는 사회분야에도 관심을 가졌다. 한·일 중개인 분쟁과 노동자 분쟁, 목포의 상거래, 조선인 단체, 의병 등의 안건이 의결되었다. 중개인 분쟁의 경우 일본인의 토지소유가 개항장 10리 이내로 제한되었던 1907년까지에 집중되었다. 이 시기는 일본인과 조선인 상인(객주) 사이에 중개료를 비롯한 화물하역 노임, 부동산 매매 중개료 등에 대해 분쟁이 있었다. 특히, 노동자 파업과 무안감리서 난입사건이 있었던 1898~1904년 사이를 보면, 그들간의 갈등이 심각했음을 알 수 있다.

그러나 일본인이 목포의 상거래에서 우위를 확보하게 된 1907년부터는 의결안건에 변화를 보인다. 조선 상인과 일본 상인 사이의 상거래 분쟁 관련 안건은 완전히 사라진 것이다. 그 대신 조선 상인은 1907년에 목포이사청에 조선 중개인 단체 설립을 청원하는가 하면, 1911년에 토상회(조선인 객주 단체) 설립을 목포부청에 청원하는 등 일제의 권력기관에 의탁했다. 이것은 일본인이 목포의 상거래는 물론 정치력에서도 완전히 장악, 조선 상인을 압도했던 상황을 반영한다. 일본인 官吏는 조선인 중개인의 이러한 청원에 대해 목포상업회의소에 자문을 요청하였다. 이에 대해 목포상업회의소는 그들에게 유리하도록 정책 결정을 유도하였다.

제1기 목포상업회의소의 의결 안건 가운데 가장 많은 것은 도시개발과 직결되는 도시 기반시설과 교통 관련 안건이었다. 도시 기반시설 안건은 목포상업회의소 건물 낙성식이 있었던 1900년을 제외하고는 모두 1907년 이후에 집중되었다. 바다물의 역류를 막기 위한 해벽 보수, 상·하수도, 저수지, 시가지 내 도로정비, 각종 창고, 선박 접안을 위한 항만시설, 해관설비 등의 도시 기반시설의 확충 및 보수에 관한 사안들은 목포를 식민지 경제유출의 전진기지로 건설하는데 필수적인 사안이었다. 이 때문에 목포상업회의소와 일본인 거류민단은 이들 시설에 대한 확충·보수에 많은 노력을 하였다. 그러나 이러한 도시 기반시설 확충에 필요한 예산은 일부 목포상업회의소와 일본인 거류민단의 경상비에서 지출[69]되기도 했지만, 일제의 강제병합 이전에는 조선정부의 자금에서도 지출되었다.[70] 이것은 목포상업회의소가 목포의 해벽 붕괴 보수를 조선정부에 신청한 것(1907)에서 알 수 있다. 그럼에도 불구하고 각국거류지 내 조선인 주거는 條款에 따라 허용되지 않았다.[71] 조선인은 도시 기반시설에 조선의 예산이 지출되었음에도 불구하고 각국거류지 내에서 강제 퇴거당한 것에서 알 수 있듯이 그 수혜 대상에서는 완전히 배제되었다.

또한 목포상업회의소는 철도·국도·기선항로·영산강 수운 등 교통로 정비에 깊은 관심을 가졌다. 이들은 철도운임에 관한 사항을 비롯하여, 남한철도(호남선) 부설 청원, 거류지의 도로 개설권 획득(1913) 등의 안건을 처리하였다. 그 결과 목포는 호남선의 종착역 및 국도 1·2호선의 기점이 되었으며, 각종 화물선과 여객선이 기항하였고, 목포와 나주·영산포간의 정기선도 왕래하였다. 이렇게 정비된 교통망은 나주평야에서 생산된 쌀과, 1907년 이후 본격적으로 생산된 육지면의 對日 유출 통로가 되었다. 그 대신 일제의 공산품은 이 교통로를 통해서 조선전역으로 퍼져 나가게 되었고 그들의 활동무대도 조선 전역으로 확대되었다.

이처럼 민간인 단체인 목포상업회의소는 광범위한 사항에 대해 직접 혹은 간접으로 일제의 식민정책에 관여하였다. 일부 안건은 관청에 건의·청원하기도 하고, 목포이사청과 영사관의 요청에 의한 자문에 응하는 과정에

---

69) 木浦商業會議所,『목포상업회의소통계연보』, 1913~15, 회계보고 참조.

70) 각국조계장정에 조선정부는 목포의 海壁·埠頭 건설과 유지보수의 비용을 부담하고, 海關稅를 제외한 모든 세금을 면제한다고 규정하고 있다.(國會圖書館立法調査局,「鎭南浦及木浦各國租界章程」第1條,『舊韓末條約彙纂』하권, 1965, 311쪽.)

71) 조계장정은 목포 각국조계지 내의 조선인 가옥·묘지는 2년이내에 철거해야 하며, 특히 도로부지로 계획된 지역은 1개월 이내에 철거해야한다고 규정하였다.(國會圖書館立法調査局,「鎭南浦及木浦各國租界章程」第9條,『舊韓末條約彙纂』하권, 1965, 314쪽.)

서 그들의 이익을 추구하였다. 이러한 경향은 한일 강제병합 이후에도 계속되었으며, 조선총독부 역시 그들의 요구를 수용하였다.

V. 맺음말

일제가 목포에 관심을 가진 이유는 영산강 하구에 위치한 지리적 장점이 가장 컸다. 그러나 목포는 도시성장에 필요한 시가지 면적이 부족하고, 만성적인 식수부족에다가 낮은 수심 등으로 도시기반이 절대적으로 취약하였다. 그럼에도 불구하고 일제는 목포의 조계지를 다른 지역에 비해 적게는 2배, 많게는 36배나 넓게 설정하였다. 그 이유는 안정적인 물류기지를 확보하여 배후의 나주평야 물산을 유출시키면서, 아울러 서양인들의 관심을 피해 그들만의 전관거류지로 만들 수 있다고 보았기 때문이다.

그리고 일본인 조선 이주는 조선의 정치·군사적 상황변화에 영향을 받았다. 특히 일본 본토의 경제 상황 변화에도 관련이 있었는데 일본 본토의 농사 흉작과 산업의 불황이 그것이다. 그러나 일본인의 목포 이주는 전국적인 상황과 비교할 때 약간의 차이가 있음이 발견된다. 1910년 이후 목포의 일본인 이주가 전국의 일본인 이주 증가추세에 비해 현저하게 더디게 나타난다. 이는 육상교통(도로·철도)이 발달되면서 그들이 일본인 밀집지역에서 벗어나 점차 조선의 內地로 침투하고 있는 상황을 반영한 것이다.

다음으로 일본인 직업분포를 통해 상업·교통업 종사자와 공무원이 목포의 도시성장을 주도하였다는 것을 알 수 있었다. 특히 공무원이 목포 일본인 인구의 10% 내외를 차지하고 있는 것은 목포를 빠른 시일 내에 경제수탈 창구라는 물류기지로 활용하기 위해 정책적으로 개발하였음을 반영한 것이다.

한편 목포상업회의소 회장단의 초창기 직업은 금융업과 미곡무역, 그리고 상업 등으로 나타난다. 이는 목포가 무역을 기반으로 한 도시이며, 미곡

수출을 중심으로 성장하였다는 것을 암시한다. 그리고 목포의 초창기 대표적 사업체를 통해서 1906·7년경부터 일본인이 제조업 분야의 자본투자에 관심을 갖기 시작했음을 확인할 수 있었다. 그러나 이러한 일본인의 투자도 그들의 이익을 극대화하기 위한 수단이었을 뿐, 對日 무역창구라는 목포의 기본적 성격에는 변함이 없다.

목포상업회의소는 설립 당시 목포 거주 일본인이 900여명에 불과함에도 불구하고 인가되었다. 설립목적은 부산·인천·원산 등지의 例에 따라 民·官의 지속적인 협조체제 구축, 그리고 상인의 공동이익 도모와 정치·외교상의 교섭력 강화에 있었다. 이 단체의 의결안건은 정치·경제·사회·농업·교육·도시기반 시설 등 다양한 분야에 걸쳐 망라되었다. 이들 의결 안건을 살펴봄으로써 목포상업회의소가 시장의 질서유지, 창고 경영, 중요 농·수산물의 검사법 정비, 도량형의 통일 및 度量衡器의 검사 등을 주도하였음을 알 수 있었다. 그리고 이 단체는 조선인 부두노동자 동맹파업을 폭력을 동원하여 해산시키고, 필요에 따라서는 직접 한국관리와 담판하여 일본상인의 이권을 옹호하는 일에 관여하였다. 이러한 업무의 수행에는 목포이사청과 목포영사관에 건의·청원하거나 자문 요청에 응하는 방법을 사용하였다.

‖ A Constituent and Bills of the Mok-po Japanese Chamber of commerce in the Late Chosun Dynasty and the Early Period of Japanese Colony

Park, Jae Sang

It was pretending that the decision of opening a Mok-po port by Cho-sun's independent willing in October, 1, 1897. Japan interested in Mok-po that they sill make it a mediating land to import Na-ju plain's farm products and multiple island's marine products. And they made a plan to export the industrial products through the Young-san water traffic to all over the Ho-nam district.

This paper wants to prove the economic invasion to Mok-po by Japanese low part organization, the Chamber of Commerce in late Cho-sun, Early Japanese Colonial. This search for Japanese organization makes you understand that the Japanese invasion policy's way in that time and in this colonial policy brings the Japanese new comers : how to settle in Cho-sun and how to seize the colonial policy and their relationship with Cho-sun people and how to influence to Cho-sun people.

Mok-po's urban foundation was really weak urban area was narrow, chronic shortage of drinking water, low depth of water, etc. In spite of these weak points, Japan fixed the settlement land in Mok-po larger two times or Thirty-six times than the others district. The reason why they fixed much of land that they thought Mok-po was suited for the safety material base to Na-ju plain's products, export to Japan.

Japanese new settler had much influence to politic military in Japanese colony. Especially Japan's main land's economic situation had a great effect to colony. That time Japan was poor harvest and recession.

On the other hand, it was found that Japanese settler in Mok-po had a little different that it compared the whole nation. After 1910's the increase of Mok-po settler's rate much more gaps than the national settler's rate. This shows Japanese extended to inland from an open port or japanese intensive land. Japanese job distribution was like this. Commercial · transportation was over 30% the most part of Japanese and then the poor - the poor worker, an unemployed - is the second. And the next order was public servant, liberal profession, industrial, agriculture, stock farming, fishery. Commercial · transportation worker led the Mok-po's development. Public servant rate about Mok-po into economic exploit port as soon as possible.

Mok-po's Chamber of Commerce's committees led finance, grain trade, and commerce. This hinted Mok-po developed by grain trade and it's base on the trade. After 1906 · 1907 the almost all chamber for commerce's committees took part in manufacturing industry and Mok-po's japanese capital focused on that field.

1930년대 초반 혁명적 농민조합운동의 民族運動史上의 성격

박수현[*]

Ⅰ. 머리말
Ⅱ. 등장배경과 민족운동사상의 위치
Ⅲ. 혁명적 농민조합운동의 좌편향성 문제
Ⅳ. 민족운동사상의 한계
Ⅴ. 맺음말

* 중앙대 사학과 강사.

Ⅰ. 머리말

1930년대 혁명적 농민조합(이하 농조)은 사회주의자들이 주도한 비합법적 농민 대중조직을 일컫는다. 사회주의자들은 1930년대 들어 일제의 파쇼정치가 강화되고 모든 합법적인 대중운동이 개량화 되는 가운데 각지의 합법농조를 비합법 혁명적 농조로 전환하면서 일제의 탄압과 검거에도 불구하고 꾸준히 대중투쟁을 선도하였으며, 이를 통해 농민들은 적극적인 경제투쟁과 정치투쟁을 전개하였다. 이러한 1930년대 혁명적 농조운동 연구는 일제하 사회운동사, 나아가 민족운동사의 성격을 규명하는데 매우 중요한 위치를 점하고 있다.

주지하다시피 사회주의운동에 대해서는 그동안 냉전 이데올로기 하에서 그 의미를 지나치게 축소시키거나 의도적으로 부정적인 측면만을 부각시켜 왔다. 특히 1980년대 이전까지는 사회주의운동사 연구는 거의 이루어지지 않았고, 그나마 제한된 범위내에서 이루어진 몇몇 연구도 사회주의운동이 계급투쟁과 파벌투쟁으로 일관하여 민족운동에 악영향을 미쳤다는데에 초점을 맞춘 것이었다.[1] 이러한 부정적인 평가는 민족주의 계열만이 일제하 민족운동의 주류라는 인식에 기인한 것이다. 따라서 이 시기에는 사회주의 이념을 내건 노선이나 운동은 당연히 민족운동사의 범주에서 제외될 수밖에 없었다. 1930년대 초반의 혁명적 농조운동도 예외는 아니었다.

1980년대 들어 사회주의운동·민중운동에 대한 본격적인 연구가 이루어지면서 부정적 일변도의 인식은 점차 극복되기 시작하였다. 이 시기 민중적 관점에서 민족해방운동사 연구를 주도한 진보적 학자들은 종래의 단

---

1) 대표적인 연구로는 김준엽·김창순, 『한국공산주의운동사』1~5권(고대아세아 문제연구소, 1967~1976) ; 서대숙, 『한국공산주의운동사』(화다, 1985). 원제 는 『The Korean Communist』(프리스턴대출판부, 1967) 등을 들 수 있다.

선적인 민족해방운동 주류론을 비판하면서 사회주의운동도 민족해방운동
의 일환이었으며, 또한 3·1운동 이후 민족해방운동의 주체로 성장한 농
민·노동자 등 피압박 대중의 민족해방투쟁의 지도 이념이 사회주의사상
이었음을 강조하였다. 이들은 일제의 식민지 지배는 독점자본과 지주제를
근간으로 한 계급적 성격을 띠는 것으로 보고, 따라서 민족해방은 민족모
순과 계급모순을 동시에 해결하는 방향으로 전개될 수밖에 없었고 그 중심
이 사회주의세력이었다는 것이다.2) 이들 연구는 1970년대까지의 연구가
그러했듯이 당위성과 현실과 밀접한 문제의식을 지나치게 강조한 나머지
편향적인 시각을 나타내기도 하였지만, 민족운동사 영역을 확대시키는데
는 큰 공헌을 하였다.

　이후 일제하 민족운동의 주된 노선·지배 이념·주체를 어떻게 설정할
것인가에 대해서는 연구자들 간에 여전히 큰 시각차를 보이고 있지만, 적
어도 사회주의운동이 민족운동의 한 영역이었다는 인식은 점차 폭넓게 자
리잡아가고 있다. 이러한 인식은 특히 초기 사회주의운동사를 평가하는데
있어 많은 설득력을 얻고 있다. 실상 자본주의 발달이 미미했던 1920년대
식민지 조선에서 사회주의운동이 급속도로 확산될 수 있었던 것은 많은 지
식청년들이 사회주의사상을 단순히 계급투쟁만이 아닌 독립을 위한 새로
운 이념으로 받아들였기에 가능한 것이었다. 즉 사회주의는 하나의 가치로
서 도입된 것이 아니라 민족독립을 위한 수단으로 도입되었다고 할 수 있
다.3) 초기 사회주의자들이 대개 사회주의 수용 이전에 민족주의자로서 민
족운동에 헌신했다는 사실도 이러한 맥락에서 이해될 수 있다.4)

　그러나 일제하 사회주의운동이 시기에 따라 전략·전술이 달랐던 점을

---

2) 대표적 연구 성과로는 이재화『한국근현대민족해방운동사』(백산서당, 1988);
　　한국역사연구회·역사문제연구소,『3·1민족해방운동연구』(청년사, 1989) 등
　　을 들 수 있다. 연구사 정리로는 역사문제연구소『(쟁점과 과제)민족해방운동
　　사』(역사비평사, 1990) 참조.
3) 한홍구,「공산주의」,『한국사시민강좌』25집(일조각, 1999), 95쪽.
4) 이준식,「국내 사회주의 운동에 대한 역사적 평가」,『한국민족운동사연구』
　　23집, 1999. 12 참조.

감안하면 사회주의운동을 민족운동으로서의 적합성 정도를 일률적으로 평가할 수는 없다고 본다. 특히 1920년대 후반부터 사회운동을 주도한 사회주의자들은 국내외의 정세변화, 코민테른의 영향, 운동 역량의 내재적 발전 등에 따라 전 시기와는 차별화된 프롤레타리아 헤게모니를 강조하는 계급적·혁명적 노선으로 방향전환을 꾀하게 된다. 흔히 좌편향으로 이해되는 사회주의자들의 방향전환은 민족운동사 측면에서 파악할 때 논란의 소지가 있음을 부정할 수 없는 사실이다. 사회주의운동이 궁극적으로는 민족해방을 지향했다 하더라도 1928년 코민테른 12월 테제 이후 투쟁과정에서 계급성과 혁명성을 지나치게 강조한 나머지 민족적 측면을 간과한 경우가 많았기 때문이다. 때로는 민족독립이라는 과제가 무시되고 계급해방만을 강조하는 경향도 나타났다. 이러한 경향은 1930년대 초반에 가장 심하게 나타났다.

　1930년대 초반의 혁명적 농조운동의 대두는 곧 사회주의자들의 방향전환에 따른 것이었다. 따라서 민족운동사 발전과정에서 1930년대 초반의 혁명적 농조운동을 어떻게 평가하느냐 하는 것은 쉬운 문제가 아니다. 지금까지 혁명적 농조운동 연구에서의 가장 큰 쟁점사항은 등장배경과 노선상의 좌편향성 문제였다. 즉 혁명적 농조의 등장배경이 코민테른의 지시 등 외부의 영향에 의한 것이었는가 내적 발전과정이었는가, 노선상의 좌편향성이 타당한 것이었는가 하는 점이 논의의 초점이었다. 대개 외부적 영향을 중시하는 입장은5) 좌편향성을 강조하고 내적 발전과정을 중시하는 연구는6) 운동발전의 합법칙성을 강조하고 있는데, 최근의 동향은 대체로 내적 발전과정에서 보려는 시각이 우세하다. 하지만 농민운동의 내적 발전이

---

5) 이정식, 「농민혁명의 사회적 기초」, 『항일농민운동연구』(동녘, 1978) ; 박경식, 「한국민족운동과 민족통일전선」, 『신간회연구』(동녘, 1980).

6) 한도현, 「반제반봉건 투쟁의 전개와 농민조합―명천군 농민조합운동을 중심으로―」, 『일제하의 사회운동』(한국사회사연구회, 1987) ; 지수걸, 『일제하 농민조합운동연구―1930년대 혁명적 농민조합운동―』(역사비평사, 1993) ; 이준식, 『농촌사회변동과 농민운동―일제 침략기 함경남도의 경우―』(민영사, 1994).

라는 측면이 사회운동사 차원이 아닌 일제하 민족운동사의 흐름 속에서도
적용될 수 있는가, 또는 민족운동의 발전과정상 적합한 것이었는가에 대해
서는 여전히 논란의 소지가 많다.

　이 글에서는 이러한 문제의식에 입각하여 1930년대 초 혁명적 농조운동
의 민족운동사상의 위치와 성격을 기존의 연구성과를[7] 토대로 간략하게
정리해보고자 한다.

II. 등장배경과 民族運動史上의 위치

　1930년대 혁명적 농조운동이 전개되었던 지역은 80개의 郡·島지역으로
추정되고 있다.[8] 이는 전국 220개의 군·도 중 약 36%에 해당하는 지역이
다. 활동상이 불확실한 지역까지 포함한 수치이긴 하나 당시 일제의 사회
주의운동에 대한 탄압을 감안하면 혁명적 농조운동이 상당히 폭넓게 전개
되었음을 알 수 있다. 이렇게 전국적으로 혁명적 농조가 출현할 수 있었던
것은 기존의 합법적 농조를 토대로 하였기 때문이었다. 즉 혁명적 농조들
은 새롭게 조직된 경우도 없지 않으나 대개는 1920년대부터 사회주의자들
이 장악한 각 지역의 합법적 농조가 방향을 전환한 농조들이었다. 그렇다
면 합법농조가 혁명적 농조로 전환하게 된 배경은 무엇일까.

　우선 농조운동의 방향전환에 중요한 계기가 된 것은 「12월테제」, 「9월
테제」, 「10월서신」[9] 등 1930년을 전후한 시기의 국제혁명운동 지도기관의

---

7) 주로 위의 지수걸과 이준식의 책을 많이 참조하였다.

8) 지수걸, 앞의 책 167쪽 참조.

9) 12월테제는 코민테른 집행위원회의 「조선농민 및 노동자의 임무에 관한 결
　의」(1928년 12월 10일), 9월테제는 프로핀테른 집행위원회의 「조선에 있어
　서의 혁명적 노동조합운동의 임무」(1930. 9. 18), 10월서신은 범태평양 노동
　조합비서부의 「조선에서의 범태평양노동조합 비서부의 지지자에 대한 동 비
　서부의 서신」(1931. 10).

방침이었다. 이는 대다수 혁명적 농조들이 방향전환을 하면서 표방한 급진적인 노선이나 강령, 슬로건 등을 통해 확인할 수 있다. 특히 노동자계급 헤게모니하의 부르주아혁명, 토지문제의 혁명적 해결, 노농민주독재의 수립, 노동자·농민을 중심으로 한 당의 하부조직 건설 등을 강조한 「12월테제」는[10] 농조운동 방향전환에 가장 큰 영향을 미쳤다. 더욱이 「12월 테제」는 사회주의자들이 농업문제에 눈을 돌려 농업이론·농민운동론에 이론무장을 꾀하게 되는 계기가 되었다는 점에서 농조운동의 방향전환과 밀접한 관련을 맺고 있다. 즉 혁명적 농조 주체들에게 큰 영향을 미친 이론가들의 농업·토지문제에 대한 실천적 이론작업은 「12월 테제」 이후부터 본격적으로 전개되기 시작하였다.[11] 「12월테제」 이후 농민운동을 주도하던 활동가들은 이전과는 다른 노농소비에트정부 수립·민족개량주의 주요 타격론·혁명적 대중조직 건설 등을 주장하였으며, 농업·농민문제 있어서 '빈농 우의의 원칙'에 입각한 농업강령을 정립하기까지 하였다.[12]

또한 혁명적 노조활동의 구체적 방침을 담고 있는 프로핀테른의 「9월테제」, 범태평양노동조합비서부의 「10월서신」도 농조활동의 방향전환에 상당한 영향을 주었다. 특히 「10월서신」은 혁명적 노조들이 노동총동맹, 기

---

10) 임영태 편역 『식민지시대 한국사회와 운동』(사계절, 1985), 356~366쪽 참조.
11) 1930년대 농민운동의 전개방향에 큰 영향을 미친 박문병·박문규·인정식의 농업문제 논쟁도 실상은 「12월 테제」의 기본선 내에서 진행된 것이었다. 오미일, 『식민지시대 사회성경과 농업문제』(풀빛, 1991) 11~12쪽 참조.
12) 당시 대표적 이론가인 이호영의 농업강령을 살펴보면 다음과 같다.
　1. 일본제국주의 통치의 전복, 조선의 완전한 독립, 노동자·농민의 소비에트 정권 수립 2. 관공서·사원·회사 및 모든 대토지소유자의 소유토지 무배상 몰수, 그것의 농민소비에트에 의한 경지부족 농민에의 분배 3. 산림 및 하천의 국가 및 소비에트에 의한 관리, 그리고 농민의 이익을 위한 사용 4. 일제의 고리대적 계약 무효, 농민은행의 설립, 농촌금융조합의 농민소비에트에 의한 관리, 저리자금의 융통 5. 수리사업의 확장과 그것의 국가에 의한 관리, 수리조합비의 전폐 6. 일체 잡세의 폐지와 제거, 단일누진 소득세의 확립 7. 소비에트연방의 방위, 제국주의 약탈전쟁의 반제국주의 계급전쟁으로의 전환 金浩永, 「朝鮮ニ於ける土地問題」, 『朝鮮ニ於ける土地問題』(勞動者書房, 1930, 76~77쪽). 지수걸, 앞의 책, 141쪽에서 재인용.

타 개량주의적 대중적 노조를 충분히 활용하지 않았다고 비판하면서 합법적 단체를 토대로 할 것과 그 내부에 혁명적 반대파를 결성할 것을 강조하였는데[13], 대다수 혁명적 농조들이 이 방침을 수용하고 있었다.

이렇게 1930~1931년 경에 상당수의 농조가 혁명적 농조로 방향을 전환하고, 빈농우위의 원칙을 토대로 토지혁명·노농비에트 수립 등 계급적 노선을 표방하게 된 것은 바로 국제혁명기관의 방침과 무관하지 않다. 한 연구에 따르면 1930~1931년경 약 23개의 조합에서 합법 농조에서 혁명적 농조로의 전환투쟁 사례가 발견되는데 그 과정에서 토지혁명·노농소비에트 건설·소비에트 러시아 사수 등 혁명적 강령 또는 슬로건의 표방, 청년부 등 계급 계층별 독자부서의 설치, 혁명적 반대파의 결성, 전조선농민사 및 조선농민사의 박멸 혹은 비판 등의 특징이 나타났다고 한다.[14]

다음으로 농조운동이 방향전환을 하는데 간과할 수 없는 중요한 요인 최근의 연구동향에서도 나타났듯이 1930년대 초 국내정세 및 운동조건의 변화였다. 국제혁명기관의 방침이 방향전환에 큰 계기가 된 것은 분명한 사실이지만 1930년대 초반 일제의 철저한 탄압 하에서도 하나의 유행처럼 비합법적·혁명적 농조운동이 번질 수 있었던 것은 단순히 외부의 영향만으로는 설명될 수 없는 문제이다. 따라서 혁명적 농조운동이 국내정세 및 조건 변화에 대응하고 기존 농조운동의 한계와 오류를 극복하기 위한 농민운동발전상의 내적 필연성에서 대두된 것으로 파악하는 견해는 타당하다고 본다.

---

13) 혁명적노동조합은 모든 합법적, 半합법적인 가능성을 전적으로 이용하고 또 노동자들의 광범한 합법적 단체들을 토대로 해야한다. …… 노총 및 기타 개량주의적 노동조합 내에 있는 노동자들을 개량주의자들의 영향으로부터 해방시키고 또 그 대중을 전취하기 위해서 조선 노동조합운동 혁명적은 개량주의적 단체 내부에 혁명적 반대파의 조직을 이룰 적극적 활동을 전개해야 한다. 한대희 편역, 『식민지시대 사회운동』(한울림, 1986), 267쪽.

14) 지수걸, 앞의 책, 155~157쪽. 23개의 조합의 다음과 같다. 강원 : 양양농조, 경기 : 수진농조, 경남 : 김해·산천포·양산·언양·진주·거제·함안농조, 경북 : 안계농조, 충북 : 영동농조, 평남 : 강서·안주농조, 함남 : 고원·단천·문천·북청·신흥·영흥·이원·정평·홍원농조, 함북 : 성진농조.

1920년대 말~1930년대 초의 농업공황은 조선 농촌사회를 총체적 위기 상황으로 몰아넣는 결정적 계기였다. 공황으로 인한 농산물가격의 폭락, 일본내 미곡공급의 과잉현상 등에 따른 농가경제의 악화와 고율의 소작료·고리대·수세(수리조합비) 등의 과중한 부담은 농촌 전계층적인 몰락을 가속화시켰으며, 이에 따라 소작쟁의 및 수세반대투쟁이 격증하였고 그 과정에서 폭동적인 농민투쟁도 빈번하게 일어나게 되었다. 여기에 일제가 농촌지배의 근간으로 삼았던 식민지지주제의 모순 심화, 농업정책의 파탄 등은 계급적·민족적 모순의 격화와 함께 민족해방운동이 고양되는 계기가 되었다.

이에 대해 일제는 철저한 농촌통제와 개량화정책을 통하여 위기를 모면하고자 하였다. 즉 1930년대 초반 농촌사회 위기에 대한 일제의 대응은 농촌문제의 근본적인 해결을 위한 것이라기보다는 농촌사회의 통제와 개량화를 통한 체제내적인 안정을 도모하기 위한 것이었다. 특히 일제는 농민운동의 좌경화를 막기 위하여 개량적인 농민운동을 활성화를 촉진하였다. 이에 따라 사회주의자들이 중심이 된 조선농민총동맹 산하의 농민조합운동은 일제의 탄압으로 크게 위축된 반면 일제의 개량화정책에 편승한 개량적인 농민운동은 크게 활성화되었다. 1930년대 초반 종교계통(천도교·기독교)의 농민단체, 협동조합사 계열의 단체, 지방 유지들이 조직한 관변 농사개량 단체 등이 농사개량·생활개선·농민계몽·경제생활 향상 등을 표방하면서 상당한 세력을 형성할 수 있었던 것도 일제의 농촌개량화 정책의 소산이었다. 민족개량주의자들은 일제와 타협을 노골화하여 각종 단체를 만들어 문맹퇴치, 생활개선 운동을 전개하면서 공산주의자들이 대량 검거된 이후 그 기회를 틈타 농민총동맹 등 기존 단체의 지도부를 장악하기까지 하였다.15) 그러나 개량적 농민운동도 1932년 관제 농촌진흥운동이 시작되면서 점차 탄압을 받아 1933년 경부터는 종교계 및 협동조합사계열의 농민운동단체는 강제 해산되거나 관변단체인 농촌진흥회로 흡수되어가기

---

15) 이재화, 『한국근대민족해방운동사1』(백산서당, 1986), 286~287쪽.

시작하였다.[16)

이러한 1930년대 초반의 정세 변화는 농조운동 노선이 전환되는 중요한 계기였다. 각 지역 농조 주체들은 일제의 탄압으로 합법적 농조운동이 존립기반이 상실되어 가는 상황하에서 정세 변화에 대응하여 효과적인 농민투쟁을 수행할 수 있는 새로운 운동노선의 필요성을 인식하였다. 또한 운동조건의 변화에 따라 종래 합법 농조운동상에서 나타났던 오류를 비판하고 이를 극복하고자 했다. 농조 주체들이 인식한 합법 농조운동의 오류는 대체로 토지강령을 제기하지 못했다는 것, 빈농들의 투쟁이 가속화되었음에도 불구하고 그들의 요구를 반영하지 못했다는 것, 합법운동과 비합법운동을 올바르게 결합시키지 못했다는 점, 경제투쟁을 정치투쟁으로 전화시키지 못했다는 것 등이었다.[17)

이에 따라 각 지역 농조 주체들은 '빈농우위의 원칙'을 표방하며 경제투쟁과 정치투쟁, 합법투쟁과 비합법 투쟁을 결합시키기 위해 합법농조를 혁명적 농조로의 전환을 시도하거나 또는 새로운 농조를 건설하고자 하였다. 곧 1930년대 초반의 혁명적 농조운동은 1930년대 초반의 정세 및 운동조건의 변화에 능동적으로 대응하고 종래 농조운동의 한계를 극복하는 가운데 나타난 운동노선이었다고 할 수 있다. 이러한 내재적 요인을 모든 혁명적 농조에 일률적으로 적용시킬수 있는가에 대해서는 좀더 많은 연구를 통해서 밝혀져야 되겠지만, 상당수의 혁명적 농조가 출현하는데 내적 요인이 크게 작용했다는 사실은 몇몇 사례 연구를 통해서 확인되고 있다. 특히 혁명적 농조운동이 가장 활발하게 전개되었던 함남 지역에서는 대부분의 혁명적 농조가 농민운동의 발전 과정 속에서 등장한 것으로 이해되고 있다.[18)

이와 같이 1930년대 초반의 혁명적 농조운동은 국제 혁명기관의 영향과 국내정세 및 운동조건의 변화에 대응하면서 등장하였다. 혁명적 농조의 등

---

16) 지수걸, 앞의 책, 60~62쪽.
17) 지수걸, 앞의 책, 120~125쪽.
18) 이준식, 앞의 책.

장배경을 둘러싸고 외적 요인을 중시할 것인가 내적 요인을 중시할 것인가에 대해서는 여전히 쟁점이 되는 문제이지만, 분명한 것은 두 가지 요인 중 어느 한 쪽을 소홀히 할 수 없다는 사실이다. 외부적 요인만을 중시하여 혁명적 농조운동의 극좌 편향적인 측면만을 강조한다든가 또는 내재적 요인만을 내세워 국제혁명기관의 영향을 무시한 채 농민운동의 내적 발전과정으로만 이해하려는 태도는 옳지 않다고 본다. 내재적 요인을 중시한다 하더라도 당시 국내 사회주의운동이 국제혁명기관과 밀접한 관련을 맺고 있었음을 고려할 때 농조 주체들이 국제혁명기관의 영향을 받았다는 부인할 수 없는 사실이기 때문이다.

그렇다면 혁명적 농조의 등장은 民族運動史上에서 어떠한 위치를 지니고 있는가. 이에 대해서는 지금까지 혁명적 농조 출현의 배경으로서 외적 요인과 내적 요인 중 어느 쪽을 중시하느냐에 따라 평가가 달라질 수밖에 없었다. 그러나 위에서도 살펴본 바와 같이 1930년대 초반 혁명적 농조가 출현하게 된 데는 두 가지 요인과 밀접한 관련을 맺고 있는 만큼, 민족운동 사상의 위치도 두 가지 요인의 상호 관련 속에서 파악하는 것이 옳다고 본다.

종래 외부적 요인만을 중시한 관점에서는 혁명적 농조운동이 국제혁명기관의 극좌노선을 표방하여 민족운동에 악영향만을 초래했다는 점을 강조함으로써 민족운동의 범주에서 제외시키기까지 하였다. 하지만 혁명적 농조운동이 좌편향 노선을 표방했다고 하더라도 그것은 궁극적으로는 반제투쟁, 민족해방을 위한 것이었다. 혁명적 농조 주체들이 토지혁명·노농 소비에트 수립 등 코민테른의 좌편향 노선을 적극적으로 수용할 수 있었던 것도 그것이 제국주의 타도, 민족 해방을 달성하기 위한 전제조건이었기 때문에 가능한 것이었다.[19] 즉 혁명적 농조의 좌편향 노선도 실상은 민족

---

19) 이는 「12월 테제」의 다음과 같은 내용을 통해서도 확인할 수 있다. "토지혁명의 전개 없이는 민족해방투쟁의 승리 또한 있을 수 없다. 민족해방투쟁과 토지에 대한 투쟁과의 결합이 거의 없었기 때문에 최근의 혁명운동은 나약했고, 결국 실패했다. 제국주의 굴레에 대한 승리는 토지문제의 혁명적 해결

해방을 위한 전략·전술의 일환이었다. 따라서 혁명적 농조운동은 그 한계성은 있지만 민족운동의 한 축으로 이해되어야 하며, 중요한 것은 혁명적 농조운동이 민족운동이냐 아니냐 하는 문제가 아니라 민족운동으로서의 적합성이 어느 정도였는가, 또는 민족운동으로서 어떠한 한계를 지니고 있느냐에 있다고 본다.

더욱이 1930년대 초반 혁명적 농조운동이 출현하는데 외부적 요인뿐만 아니라 시대적 상황과 민족운동의 조건 변화라는 내적 요인이 크게 작용했음을 볼 때 민족운동사상의 위치는 더욱 분명해진다. 즉 혁명적 농조운동은 민족운동이 위기에 처한 시대적 상황에 대응한 노선으로 규정할 수 있을 것이다. 1930년대 초는 일제가 1920년대의 문화정치의 가면을 벗어던지고 본격적인 파쇼체제로 치닫던 시기였다. 문화정치의 공간에서 세한석이나마 민족독립을 지향하던 각 계열의 합법적 민족운동도 이 시기에 이르러 일제의 탄압으로 거의 불가능한 상태에 빠져들게 되었다. 혁명적 농조는 바로 일제에 대항하는 모든 합법적 운동이 좌절된 상황 하에서 등장한 민족해방·계급해방을 지향한 비합법적인 운동이었다.

또한 혁명적 농조가 등장하는 시기는 농민층의 빈농화가 가속화되고 이들의 일상적 투쟁이 점차 정치적 성격을 띠는 투쟁으로 변모되는 상황이었으며, 더욱이 민족운동 상층부가 민족운동 대열에서 탈락하거나 급속히 개량화되는 시점이었다. 이렇게 볼 때 1930년대 초 빈농을 주력군으로 한 비합법적인 혁명적 농조운동의 등장은 민족운동의 활로를 찾기 위한 새로운 대안으로 평가할 수 있을 것이다. 다만 혁명적 농조운동이 1930년대 초 민족운동의 유일한 대안이었느냐 하는 문제는 면밀한 검토가 있어야 될 것으로 보인다.

과 노농민주독재의 수립(소비에트의 형태로)을 전제로 하며 그를 통해 부르조아 민주주의 혁명은 프롤레타리아트의 헤게모니하에서 사회주의혁명으로 전화한다"「12월 테제」, 임영태, 앞의 책, 360쪽.

III. 혁명적 농민조합운동의 좌편향성 문제

혁명적 농조운동을 민족운동사 관점에서 이해할 때 또 하나의 중요한 문제는 좌편향적인 방침들이 운동 전개과정에서 그대로 적용되고 관철되는가 하는 것이다. 이에 대해서는 혁명적 농조의 상당수가 일제의 탄압으로 조직과정에서 와해되거나 또한 실질적인 활동상이 드러나지 않았기 때문에 그 전체적인 실상을 밝히기는 어렵지만, 최근 들어 이에 대한 사례연구가 축적되어 그 일단을 살펴볼 수가 있을 것이다.[20] 기존의 연구에서는 혁명적 농조가 출현할 때 표방한 계급적 노선 자체를 농조운동으로 이해하여 농조운동이 급진적인 계급투쟁만을 일관한 것으로 파악하는 경향이 강했다.

먼저 혁명적 농조운동은 대부분 토지혁명론을 전면에 내세움으로써 계급노선을 견지하고자 했으며, 그 구체적인 방안이 빈농우위의 원칙이었다. 빈농우위의 원칙은 혁명적 농조를 특징짓는 요소로서 기존의 합법 농조와 구분하는 지표이기도 했다. 또한 혁명적 농조의 성격을 파악하는 기준으로서 그동안 혁명적 농조운동을 부정적으로 평가하는 근거가 되기도 하였다. 즉 빈농우위의 원칙은 혁명적 농조운동이 계급성·혁명성을 띠고 좌편향으로 전개되었음을 입증하는 본보기였다. 하지만 그 동안 좌편향을 강조한 연구들은 대개 몇몇 활동가들의 문건을 토대로 한 것이어서 혁명적 농조의 실체를 파악하는데는 많은 한계가 있었다.

빈농우의의 원칙은 혁명적 농조운동로의 방향전환시 농조 주체들이 가장 강조하였던 부분이었던 것은 분명하다. 이 원칙을 수립하게 된 것은 코민테른의 12월테제의 방침과 농민층의 빈농화와 빈농층의 투쟁 고양되고 있다는 정세인식에 따른 것이었다. 그런데 당시 활동가들 사이에서는 빈농우위의 원칙을 강조하면서 부농을 배제할 것인가 또는 제한적으로 포섭할

---

20) 이에 대한 대표적인 연구성과로는 이준식, 지수걸 앞의 책.

것인가의 문제에 대해 입장 차이를 나타냈다. 그 중에서 초기 혁명적 농조운동에 영향을 미친 것은 부농배제론이었다. 당시 대표적인 이론가인 김민우[21]·이운혁[22] 등에 따르면 부농은 봉건유제와 제국주에 투쟁하기보다는 봉건적인 농민 착취에 의해서 자기경제를 실현해가고 있기 때문에 농민운동 역량에서 제외해야 한다는 것이었다.[23] 그리하여 정평농조는 조합원의 가입자격을 궁농·궁업노동자·소작농·소작겸 자작농으로 한정하였고[24], 단천농조는 순무산농민 또는 최하층 빈농을 조직의 본위로 할 것을 천명했으며, 완도·해남·강진·장흥 일대를 중심으로 결성된 전남운동협의회는 농민운동은 빈농·소농·중농의 성질에 의해 각기 지도방침을 달리하되 농민운동의 중심은 빈농층으로 할 것을 표방하였다.[25] 또한 양양농조도 방향전환시 빈농우위의 원칙을 재백하였으며[26] 이 외에도 상당수의 농조들이 부농배제론를 표방하였다. 이러한 각 농조 주체들의 빈농우위의 원칙에 입각한 부농배제는 1930년대 중반 이후에는 부농포섭론으로 전환되지만, 계급 대 계급 전술에 입각한 좌편향적인 노선이었고 그동안 혁명적 농조운동의 좌편향성을 부각시키는 근거로서 가장 많이 지적되던 문제였다.

하지만 부농배제의 방침이 실제 운동전개 과정에서 그대로 실천된 것은 아니었다. 각 농조들의 실제 조합원 구성이나 활동을 볼 때 부농배제는 다분히 선언적인 의미의 차원을 넘지 않았던 것으로 보인다. 예컨대 정평노

---

21) 김민우, 「조선에 있어서의 농민문제」, 박경식 편, 『1930년대조선혁명운동론』(조선문제자료총서 제7권, 1982), 103~104쪽.
22) 이운혁, 「현하 조선정세와 혁명의 특질에 관한 테제」, 신주백, 『1930년대 민족해방운동론 연구』1(새길, 1989), 71쪽.
23) 지수걸, 앞의 책, 142~143쪽.
24) 신주백, 「1930년대 함경남도지방 혁명적 농민조합운동에 관한 일 연구」, 『성대사림』 5집, 1989, 26쪽.
25) 이준식, 「세계대공황기 혁명적 농민조합운동의 계급·계층적 성격」, 『역사와 현실』 11호, 1994, 137쪽.
26) 조성운, 『일제하 영동지방 농민운동 연구』(동국대 사학과 박사학위논문, 1998), 67쪽.

조는 빈농 위주의 조직을 표방하면서도 비롯하여 중농을 비롯한 부농들도 일정하게 농조원을 구성하고 있었고, 영흥농맹에서 노선을 전환환 영흥농조도 영흥농맹의 조직원이 그대로 조합원으로 승계되고 있었다.[27] 다른 농조도 상황은 비슷했을 것으로 추측되고 있다. 대다수 혁명적 농조운동의 주체들은 빈농우위의 원칙을 실제 그대로 적용하였기보다는 당시 지역의 현실에 맞추어 적용하고자 한 것이다. 당시 혁명적 주체들이 강조하고자 했던 것은 부농층을 무조건 배제하자는 것이 아니라 빈농우위의 원칙에 입각한 투쟁을 전개하자는 것이었다. 따라서 각 농조가 조직체를 전환하는 과정에서 강조한 빈농위주의 원칙이란 곧 농민운동의 궁극적 지향점이었지 계급적 기준 자체를 엄격하게 적용하려 한 것은 아니었다.[28]

또한 농조 지도층의 구성을 살펴 볼 때도 부농배제론이 농조활동에 그대로 적용된 것은 아니었다. 지역에 따라 편차가 있긴 하나 농조의 지도층 중에는 중등학교 이상의 학력의 소지자가 많았고, 그 중에는 전문학교 이상의 고학력자도 다수 포함되어 있었다.[29] 당시의 생활 수준으로 보아 중등학교 이상의 학력자들은 대부분 지주나 부농층이었다. 이는 곧 혁명적 농조 지도층에 지주나 부농층이 많았다는 것을 반영하는 것이다. 실제로 강릉농조의 최선규, 함안의 조위식·변명섭·안창준, 나주의 한홍택, 영암의 최규문, 해남의 김홍배, 홍원의 강목구·강현일, 양양의 노병례, 통천의 박재순, 울진의 윤두현·주진황·전영경 등은 지주출신이었다. 또 강릉의 권인갑·강익선, 수원의 박승국, 안변의 이규운, 함흥의 한철환, 양양의 추교철, 울진의 이우정·주맹석·진기열·확택룡·최학소 등은 부농출신으로 확인되고 있다.[30] 이밖에도 상업 등을 통해 재력을 쌓은 유산층도 농조 지도층에 다수 포함되어 있었다. 이들이 농조활동에서 어느 정도의 위상을 차지하고 있는가에 대해서는 일괄적으로 파악할 수 없지만, 경남의 함안농

---

27) 이준식, 앞의 책, 440~441쪽.
28) 이준식, 위의 책, 441쪽.
29) 이에 대해서는 이준식, 앞의 글, 142~144쪽을 참조할 것.
30) 이준식, 앞의 글, 145쪽; 조성운, 앞의 책, 170~172쪽.

조나31) 영동지역의 통천·고성·강릉·양양·삼척·울진농조의 경우처럼32) 농조활동을 실질적으로 주도해나갔던 것으로 보인다. 이들은 대개 1920년대 유학생활 또는 독서회 활동 등을 통해서 사회주의 이념을 습득한 1920~30대의 젊은 지식인층들로서 지역사회운동에 상당한 영향력을 행사했던 자들이었다.33)

이와 같이 혁명적 농조운동이 방향전환시 표방했던 빈농우위의 원칙은 실제 운동 전개과정에 그대로 적용된 것은 아니었다고 보여진다. 따라서 혁명적 농조가 표방한 빈농우위의 원칙이 곧 민족해방의 과제를 방기하고 계급해방만을 지향했다는 근거가 될 수는 없다.

더욱이 다음의 <표 1>과 같이 혁명적 농조 지도층 중에는 농조운동 이전에 민족운동에 적극적으로 참여했던 자들이 많았다. 이전의 활동경력만을 토대로 농조 지도층의 민족문제에 대한 인식을 구체적으로 파악할 수는 없지만, 적어도 일제와 투쟁하며 민족운동을 전개했던 이전의 경험은 이들이 민족해방이라는 역사적 과제를 방기한 채 프롤레타리아의 해방만을 지향한 것은 아니라는 하나의 단서는 될 수 있다고 본다.

또한 혁명적 농조운동의 좌편향 특징으로서 흔히 지적되었던 점은 혁명적 농조가 농민들의 일상 이익을 무시한 채 목적의식적으로 급진적이고 폭동적인 정치투쟁을 전개했다는 것이었다. 그러나 이미 여러 편의 연구들을 통해서 밝혀졌듯이 혁명적 농조운동의 투쟁과정에서 나타나는 가장 큰 특징은 정치투쟁과 경제투쟁의 결합, 합법투쟁과 비합법투쟁의 결합 등이었다. 이러한 투쟁노선은 기존 농조운동의 한계를 극복하고 혁명적 대중조직의 역량을 강화하기 위해 채택된 것이었다.

경제투쟁과 정치투쟁의 결합 방침은 농민들의 일상 투쟁과 일제타도·

---

31) 지수걸, 앞의 책, 193~194쪽.
32) 조성운, 앞의 책, 170~174쪽.
33) 그렇다고 해서 항상 지식청년들 위주로 농조 지도부가 구성된 것은 아니었다. 단천·정평·영흥농조 등은 초기부터 빈농 또는 노동자 출신이 지도층이 되었으며, 또한 운동 전개과정에서 주도권이 점차 빈농층으로 전환되는 경향이 나타나기도 하였다. 이준식, 앞의 글, 148~150쪽.

〈표 1〉 혁명적 농조 지도층의 민족운동 경력

지역	농조명	이름	혁명적 농조 이전의 민족운동
경기	수원	박승국	신간회 중앙집행위원
강원	강릉	강익선	신간회 강릉지회 활동
	울진	주진황	상해 임시정부 활동
		이우정	신간회 울진지회 활동
		전영경	상해 임시정부 운동자금 기부
	삼척	정건화	신간회 삼척지회 활동
		심부윤	신간회 삼척지회 활동
	양양	김병환	신간회 양양지회 활동
충북	영동	김태수	신간회 영동지회 활동
		김용찬	광주학생운동 동맹휴학 주도
충남	부여	노명우	3·1운동 시위 주도
전남	담양	임종대	광주학생운동 당시 교사로 참여
		정동화	광주학생운동 동맹휴학 주도
		김재룡	광주학생운동 동맹휴학 주도
	보성	임종근	광주학생운동 동맹휴학 주도
		박기원	광주학생운동 동맹휴학 주도
	완도	박노원	3·1운동 시위 주도, 상해임시정부 연통제 관련 활동
		이기홍	광주학생운동 당시 희생자 구원을 위한 白紙동맹 조직
		문승수	광주학생운동 동맹휴학 주도
		황상남	광주학생운동 동맹휴학 주도
	장흥	왕재일	광주학생운동 동맹휴학 주도
	제주	부병준	1930년 서울서 반일 학생시위 계획
경북	경주	이치용	신간회 대구지회 활동
	김천	임종업	6·10만세운동에 관련
	영주	권태동	광주학생운동 동맹휴학 주도
	예천	한일형	6·10만세운동 당시 태극기와 격문 살포
경남	울산	신학업	3·1운동 참가, 상해임시정부 활동
	김해	배종철	신간회 중앙집행위원
함남	단천	이주연	신간회 중앙집행위원
	영흥	채수철	신간회 영흥지회 활동
	함흥	한철환	광주학생운동 동맹휴학 주도
함북	성진	이규송	3·1운동 참여, 신간회 성진지회 활동
		김재수	신간회 성진지회 활동
		김채룡	신간회 성진지회 활동

비고) 1. 농조 주체는 지수걸, 앞의 책, 부록 ; 이준식, 앞의 글, 143~145쪽 참조.

   2. 민족운동 경력은 강만길 외, 『한국사회주의운동사 인명사전』(창작과비평사, 1996)
      참조. 강원도 울진농조는 조성운, 앞의 글, 126쪽 참조.

노농 소비에트건설·토지혁명 등을 달성하기 위한 정치투쟁을 통일적으로 결합시키기 위한 투쟁 방침이었다.[34] 즉 농민들의 일상투쟁 강화를 통해 대중적 기반을 형성하고 그것을 바탕으로 하여 정치적 투쟁을 전개한다는 것이었다.[35] 이러한 방침은 실제 혁명적 농조운동에서 그대로 나타나고 있었다. 혁명적 농조운동에서 경제투쟁은 결코 방기되지 않았으며 오히려 농민들의 일상 이익을 위한 경제투쟁을 제1차적인 목표로 설정한 곳이 많았다. 예컨대 정평농조는 26개조의 행동강령 가운데 대부분이[36], 강릉농조는 15개 항목의 슬로건 가운데 대부분이 일상적 이익에 관한 것이었다.[37] 또한 혁명적 농조에서 실제로 전개한 활동 중에는 소작권 관계 투쟁, 강제부역 반대투쟁, 삼림조합 반대운동, 납세거부 운동 등 농민들의 일상 이익에 관한 투쟁이 많았다.

혁명적 농조 주체들은 경제투쟁을 정치투쟁과 결합하여 농민들의 일상적 요구를 일제에 대항하는 적극적인 정치투쟁으로 전환시켜나가면서 민족해방·토지혁명 등과 연결시키고자 하였다. 실제 단천·양양농조 등의 예에서와 같이 농업정책이나 강제부역에 반대하는 농민들의 투쟁이 면사무소 습격 등 총독부 권력기관에 대한 투쟁이나 시위 등으로 나타났던 것도 이러한 투쟁방침의 일환이었다. 이것은 1920년대 경제투쟁에 머물렀던 농민운동이 정치투쟁으로 질전인 전환을 하였다는 점에서 농민운동의 도달점일 뿐 아니라 민족운동상의 진전이었다고 평가할 수 있을 것이다. 또한 흔히 좌편향으로 지적되던 비합법 폭력투쟁은 일제의 탄압에 대응하여 혁명적 농조운동이 나갈 수밖에 없었던 불가피한 선택이었지 목적의식적

---

34) 경제투쟁과 정치투쟁의 결합 방침은 1921년 프로핀테른의 창립대회에서 등장한 것으로 그 본래 의미는"혁명적 대중들의 모든 일상적인 투쟁을 사회혁명과 프롤레타리아트 독재 수립을 향한 준비투쟁과 결합시켜야 한다"는 것이었다. 김영준 편역,『혁명적노동조합인터내셔널의 역사』(거름, 1988), 28쪽.

35) 혁명적 농조운동 주체들이 이러한 방침을 강조한 것은 당시의 상황이 자본주의의 전반적 위기가 고조되어 혁명운동을 위한 주객관적 조건이 성숙되었다는 낙관적인 정세 인식에 따른 것이었다. 지수걸, 앞의 책, 340~341쪽 참조.

36) 이준식, 앞의 책, 451쪽.

37) 조성운, 앞의 글, 187쪽.

으로 비합법 노선을 견지한 것은 아니었다.[38]

Ⅳ. 民族運動史上의 한계

이상과 같이 혁명적 농조운동은 1930년대 초반 정세 및 운동조건의 변화에 대응해서 등장한 민족운동의 한 흐름이었으며 흔히 지적되는 것처럼 민족해방의 과제를 무시한 채 계급해방만을 계급투쟁만을 내세운 것은 아니었다. 그러나 혁명적 농조운동은 그것이 지닌 민족운동사로서의 의의만큼이나 한계 또한 적지 않았다.

먼저 혁명적 농조가 국제혁명기관의 지침을 수용하면서 표방한 노농소비에트 건설·소비에트 러시아 사수 등의 정치적 노선은 실상 조선문제에 대한 정확한 정세인식에 따른 것이라기보다는 이른바 '국제주의'라는 명분 아래 소비에트 체제를 방호하려는 의도가 강한 것이었다.[39] 특히 소비에트 러시아 사수 방침은 프롤레타리아 국제주의에 입각한 계급의식을 지나치게 강조한 것이었다. 혁명적 농조가 표방한 '노농소비에트 건설'·'중국 소비에트 사수'·'노농러시아 사수'·'반전운동' 등의 슬로건이 선전슬로건이었지 행동슬로건은 아니었다는 지적처럼[40] 혁명적 농조운동의 성격을 규정짓는 결정적 요인은 아니라고 하더라도, 그것이 농조운동 전개과정에 미

---

38) 지수걸, 앞의 책, 342~343쪽.

39) 특히 1931년 범태평양 노동비서부의 「10월 서신」에서 프롤레타리아 국제주의가 가장 강하게 나타나고 있는데, 이는 일제의 만주침략으로 인해 아시아 지역에서 세계 전쟁의 기운이 감돌고 특히 중국의 혁명운동과 소련에 대한 일제의 전쟁 도발의 가능성이 높았기 때문이다. 이러한 정세 하에서 범태평양 노동비서부는 일제의 침략전쟁을 저지하는 것을 가강 커다란 임무로 삼게 되었고, 여기에서 프롤레타리아 국제주의와 그에 기초한 국제적 반제 통일전선의 필요성이 고조된 것이다. 김준, 「일제하 노동운동의 방향전환에 관한 연구」, 『일제하의 사회운동』(한국사회사연구회, 1987), 56쪽.

40) 지수걸, 앞의 책, 319~322쪽 참조

친 영향은 적지 않았다고 보여진다. 일부 농조에서 적기 시위, 러시아기념일 및 메이데이 투쟁 등을 전개한 것은 바로 이러한 노선의 영향이었다.

이러한 노농소비에트 건설 등의 급진적인 정치노선은 일반대중들과 유리되는 결과를 초래할 수 있는 것으로서 민족운동으로서 입지를 약화시키는 요인이었다. 함경남도를 제외한 대부분의 지역에서 혁명적 농조운동이 부진했던 이유도 일제의 철저한 탄압이 주요 원인이었지만 이러한 급진적 슬로건도 적지 않은 영향을 미쳤을 것이라고 본다.

무엇보다도 혁명적 농조운동을 민족운동으로 파악할 때 가장 큰 한계는 계급 대 계급 전술로 요약되는 계급적 노선이었다.[41] 혁명적 농조들은 이 노선에 입각하여 개량주의 농민단체에 대한 투쟁방침을 고수하였다. 특히 조선농민사와 전조선농민사 박멸론은 혁명적 농조의 방향전환시 가장 일반적으로 나타나는 특징이었다. 이 방침은 일제의 개량화 정책이 가속화되고 그 여파가 농민 대중에게 광범하게 미치는 상황에서 이에 대응하기 위해 나온 것이었지만, 이로 인해 상층은 물론 하층통일전선까지 어렵게 하여[42] 민족운동으로서의 입지를 약화시키는 결정적인 요인으로 작용하였다.

또한 계급 대 계급 전술에 입각하여 혁명적 농조가 표방한 빈농우위의 원칙은 실제 운동과정에서 그대로 관철된 것은 아니라 해도 농촌사회 계급·계층간의 대립이 촉발되는 요인이 될 수 있다는 것은 충분히 예상할 수 있으며, 농조 구성원 내부에서도 갈등요인으로 작용하여 운동 전개방향에도 큰 영향을 미쳤을 것으로 보인다. 이러한 농촌내부의 대립과 갈등은 농

---

41) 계급 대 계급 전술은 1927~1928년부터 국제 노동운동에 나타나기 시작했다. 이 전술은 코민테른 및 그 하부기관들이 당시의 정세를 국제노동조합운동의 통일을 위한 노력의 실패, 몇몇 자본주의 국가에서의 계급투쟁의 격화, 사회민주주의자들의 파시스트들에 대한 협조와 식민지·반식민지에서 민족부르조아지·개량주의자들의 제국주의에 대한 협조 등으로 인식하는 가운데 나온 것이다. 그리하여 부르조아·사회민주주의자·민족개량주의자·개량주의적 노조 지도자 등이 완전히 파시즘과 제국주의 편으로 이행했다고 판단하고 서구에서는 사회민주주의자, 식민지·반식민지에서는 민족부르조아지들을 주요 타격 대상으로 삼았다. 김준, 앞의 글, 39~40쪽.
42) 지수걸, 앞의 책, 343~344쪽.

민운동이 빈농 중심, 조직 중심으로 전환되는 과정 속에서 나타나는 현상이라는 점에서 농민운동의 발전과정일 수는 있지만 한편으로는 민족운동의 역량을 축소시키는 것이기도 했다.

1930년대 초반은 1920년대 말부터 시작된 농업공황으로 농촌 전계층적 몰락이 가속화되던 시기였다. 특히 농업공황에 따른 산미증식계획의 파탄은 빈농 뿐중 아니라 부농·중소지주들까지 몰락하는 결정적 계기가 되었다. 중소지주·부농들은 자신들의 부담을 소작빈농에게 전가시키기도 하지만 농업공황과 무리한 산미증식계획으로 인한 피해는 전가한 액수를 훨씬 초과하는 것이었다. 수리조합비 부담이 그 대표적인 예였다. 이에 따라 이들은 농업정책 반대운동에 적극적으로 나섰으며 지역에 따라서는 빈농과 연대투쟁을 전개하기도 하였다. 연대투쟁이 가능했던 것은 당시 농촌 내부에서는 파행적인 농업정책으로 계급모순 못지 않게 민족모순이 크게 작용하고 있었기 때문으로 생각할 수 있다.[43]

이렇게 보면 1930년대 초의 상황은 계급 또는 계층간의 대립 구도를 민족 대 반민족의 구도로 전환할 수 있는 조건이 충분히 내재되어 있었다고 보인다. 따라서 혁명적 농조운동의 계급적 노선은 민족운동 역량을 충분히 결집시키지 못하고 오히려 부농층을 민족운동 대열에서 탈락시키는 요인으로 작용하였다는 점에서 한계를 지니는 것이었다.

V. 맺음말

1930대 초반 사회주의자들이 주도한 혁명적 농조는 민족해방·계급해방을 지향하며 일제의 탄압에도 불구하고 끈질긴 투쟁을 전개하였다. 1930년대 초반의 정세변화와 민족운동의 조건 변화라는 시대적 상황을 고려할

---

43) 박수현, 「1920~30년대 황해도지역 수리조합반대운동」, 『한국민족운동사연구』 24, 2000, 402~403쪽.

때 혁명적 농조운동은 시대적 변화에 대응한 민족운동의 대안으로 평가할 수 있을 것이다. 또한 혁명적 농조의 노선이 좌편향을 강하게 띠고 있었던 것은 분명하지만 그 자체가 민족해방을 방기했다는 근거가 될 수 없었다. 실제 운동과정에서는 좌편향적인 요소가 어느 정도 극복되었으며 계급적인 관점을 내세우면서도 적극적인 일제와의 투쟁을 전개하였다. 특히 빈농 우위의 원칙과 경제투쟁과 정치투쟁의 결합 방침은 농민들이 실질적으로 민족운동의 주체로 나서게 하는 계기가 되었다는 점에서 민족운동사의 발전적 측면으로 이해할 수 있을 것이다.

그러나 혁명적 농조의 급진적인 정치노선과 계급노선은 민족운동으로서의 입지를 약화시키는 요인으로 작용하여 반일 역량을 극대화시키는데 많은 한계를 지니는 것이었다. 혁명적 농조가 표방한 국제혁명기관의 노선들은 조선이 처한 사회경제적 상황과 민족적 특성을 정확히 반영했다기보다는 프롤레타리아 국제주의에 입각하여 소비에트 체제를 방어하려는 의도가 강한 노선이었다. 이러한 급진적 노선의 표방은 실제 운동과정에서 그대로 반영된 것은 아니라 하더라도 혁명적 농조운동이 일반 대중들과 유리될 수 있는 요인이었다. 특히 계급 대 계급 전술에 입각한 개량주의 단체에 대한 투쟁, 조선농민사 및 전조선농민사 박멸론은 일제에 대항하는 모든 세력을 결집시키는데 큰 장애로 작용할 수밖에 없었다. 또한 1930년대 초반의 농촌사회는 농업공황과 일제의 파행적인 농업정책으로 전계층적 몰락이 가속화되는 시기로서 계급모순과 함께 민족모순이 두드러지게 나타나는 시기였다. 그러나 혁명적 농조들은 농촌 내부에서 심화되고 있는 민족모순을 충분히 담지하지 못하고 빈농 중심의 운동노선을 표방함으로써 민족운동의 역량을 축소시키는 결과를 초래하였다.

끝으로 1930년대 민족운동은 하나의 노선과 이념만이 존재한 것이 아니라 민족협동전선론·농민운동론·무장투쟁론 등의 노선과 민족주의·사회주의·무정부주의 이념 등 다양한 노선과 이념이 혼재되어 있었다. 혁명적 농조운동의 민족운동사적 성격은 곧 1930년대 이후 어떠한 노선, 이념을 민족운동의 주류로 파악하느냐에 따라 그 평가가 달라질 수밖에 없다.

따라서 혁명적 농조운동을 민족운동사상에서 올바른 자리매김을 하기 위해서는 1930년대 이후 민족운동의 흐름에 대한 과학적인 분석과 체계 정립이 이루어져야 하리라고 본다.

‖ A Study on the Racical Characters of the Revolutionary Movement of Peasant Cooperation in the early 1930's

Park, Su Hyon

In the early 1930's the revolutionary Movement of Peasant Cooperation, which socialists leaded, oriented national liberation and class emancipation. So it developed endless struggles in the face of Japanese oppression. Having regard for the changes of situation and condition in the national movement in the early 1930's, revolutionary peasant movement should be regarded as the alternative of the national movement, which coped with the situation. In spite of left-oriented thought, however, the movement did not abandon the end of nation liberation. In the process of movement, indeed, the left-oriented element was more or less overcome. Therefore revolutionary peasant movement developed struggle against Japan with a view of class struggle.

It should be understood as an aspect of development in the national movement that the peasant turned out the subject of national movement through the superior position of a needy peasant and the combination. Nevertheless the radical political lines of revolutionary Peasant Cooperation restricted the force to struggle against Japan. The political linse of international organs, which the peasant cooperation professed, were not resulted from Korean socio-economic situation and national characteristics, but from the international political lines. Therefore these lines would separate the movement from the common people. Also the struggle of revolutionary peasant cooperation against reformist associations, in particular Chosun Peasant Association and National Chosun Peasant Association, hindered to unite all the force against Japan. Furthermore in the early 1930's the rural society in Korea suffered from the agricultural crisis and agricultural policy of Japan, and the class and national contradictions appeared gradually in the rural society. The superior position of a needy peasant, which revolutionary peasant cooperation professed, should not be adapted according to that, but could weakened the force of natinal movement. In other words the revolutionary peasant cooperation in the early 1930's put bounds to uniting the force against Japan.

조선에서의 제2차 생산력확충계획과 실상(1942~1945)

김인호[*]

Ⅰ. 머리말
Ⅱ. 제2차 생산력확충계획의 수립
Ⅲ. 1944년도 조선의 생산력확충계획
Ⅳ. 생산력확충의 실상
Ⅴ. 맺음말

* 동경경제대학 경제학부 객원연구원.

Ⅰ. 머리말

식민지하 '조선 공업화'의 역사적 의미를 분석할 때 반드시 짚고 넘어가야 할 대목이 바로 '생산력확충계획'(이하 '생확계획')이다. 당시 조선에서 실시된 생확정책은 이른바 조선공업화 정책의 의미를 설명할 때 중요한 변수이면서, 어쩌면 전시공업정책의 핵심이었다고 볼 수 있다. 나아가 그 성과 여부는 오늘날 일제의 식민지 개발정책에 대한 역사적 평가를 수행할 때 각종 식민지미화론이나 긍정적 담론을 유도하는 빌미가 될 수도 있었다.

그런데 기왕의 연구에서는 연구자의 입장과는 전혀 상관없이 생확계획 자체에 대한 연구가 무척 소략한 상황이다.[1] 나아가 '공업화' 문제를 논할 경우에도 그 역사성은 거세되고 수량적인 측면에서 생산지수만을 생산력 동향으로 설명하는 경향이었다. 이에 자연히 '공업화' 논쟁은 산업성장의 지수 즉 공장수나 노동력의 총량 분석에 무게를 두게 된 결과가 되었다.[2]

적어도 '공업화'라는 명칭은 독립국가라든가 부유한 선진국일 경우 '내실'있는 경제발전과 근대화를 설명하는 개념으로 사용할 수 있다. 그런데 자체적인 공업프로그램이 존재하지 않고 발생된 잉여의 대부분이 인위적으로 유출되어 재생산을 위해 비축되지 않는 단순한 공업의 외형적 팽창 현상을 과연 독립국가에서 나타나는 공업화 현상과 병치할 수 있을지 의문이다. 즉 폴 사무엘슨이 '공업화는 풍요의 결과라기 보다는 오히려 원인'[3]

---

1) 현재 생산력확충계획과 관련된 연구는 김인호, 「조선에서의 제1차 생산력확충과 대용품공업화」,『사총』(49), 1999. 6.정도이다.

2) 생산지수를 통하여 조선공업의 근대적 성격을 규명한 기왕의 연구성과로는 허수열, 「日帝下 조선의 産業構造」,『國史館論叢』(36), 1992. 10. 金洛年, 「식민지 조선의 공업화」,『한국사』14, 한길사, 1994. 堀和生, 「30년대 朝鮮공업화의 재생산조건」,『近代조선의 經濟構造』, 비봉, 1989 등을 들 수 있고, 安秉直·中村哲,『近代朝鮮工業化의 硏究』, 一潮閣, 1994는 그러한 연구경향을 종합적으로 이론화한 글이다.

이라고 했던 것처럼, 전혀 풍요의 원인으로 작용할 수 없었던 식민지 공업화를 엄밀한 의미의 공업화로 볼 수 없다고 여겨진다. 오히려 조선인의 풍요로운 삶을 철저히 붕괴하고 파괴하는 공업정책으로서 조선공업화가 선전되고 있었다고 할 것이다.

따라서 본 연구는 일제가 추진한 생확계획의 내용을 규명함으로써 그것이 1940년대 조선경제에 어떠한 변화를 초래했으며 당시 조선공업의 침략적 대외적 성격에 어떠한 영향을 미쳤는지 살펴보고자 한다.

Ⅱ. 제2차 생산력확충계획 수립

1) '계획'의 배경

태평양전쟁이 발발하자 일본본토는 1941년도 4/4분기의 물동계획부터 비군수용 물자의 배당감축, 수입대체공업의 확대, 산업물자의 회수 등을 강조하고 물동계획의 기준도 종래 외화보유량에서 사용 가능한 선박량으로 전환하는 등 중요물자의 자급을 위한 여러 가지 조치를 꾀했다.4) 그러나 태평양전쟁 이후 각종 운송수단의 징발에 따른 수송력의 격감으로 북방 엔블록이나 동남아에서 원자재를 조달하기 어려워지면서 일본본토의 물자동원계획은 예정대로 될 수 없었다. 이에 1942년 2월중 일본본토의 군수품 동원상황을 보면 폭약 보급량은 예상의 50%에 불과했고 항공기 정비는

---

3) Economics, eleventh edition, Paul a samuelson. McGraw Hill Inc, 1980, p.720.

4) 그것은 商工省 總務局이 "41년도 물자동원계획은 국제정세의 최악의 경우를 준비할 수 잇는 고도군비의 확충, 生産力擴充計劃의 재편성, 수입 불가능한 군수물자의 증산 및 저장, 국민 생활의 최저한의 확보 등의 취지에서 설정하여 대략 전시물자동원 계획의 완성을 보았다"고 한데서도 나타난다. 「所管事項に關する行政方針及施設事項」(1941. 12), 13쪽, 『日本陸海軍省文書』(40).

8,417대를 예상했지만 실적은 6,365기였다.[5] 또한 생산력확충도 철강이 부족하여 철강을 증산하려 하면 석탄이 부족하고, 석탄을 증산하려면 수송력이 부족하였다. 생산력의 파탄으로 인해 증산과 수입을 병행하여 책정한 물동계획마저도 1943년 4 / 4분기부터 완전히 정지되었다.

생확계획의 추진상황을 보자. 제1차 계획은 태평양전쟁 발발과 함께 종료되면서 42년 1월에 일본은 '소화 17년도 생산력확충계획과 그 초년도분'이라는 이름으로 제2차 5개년 계획을 수립했다. 여기서는 '동아공영권의 완성'을 목적으로 설정하고, '대동아전쟁의 진전에 따라 일만지(중국) 자급권에서 기본산업에서의 생산확충이 긴급히 요구됨에 따라 종합계획을 추진한다'고 하면서 종전 일만지 단위를 넘어 남방까지 포함하는 엔블록의 전면적 생산력확충을 선언했다.[6]

여기서는 선박 건조와 조선 능력의 확충, 철강의 증산과 시설확충을 제일 우선적으로 단행한다고 하고, 이에 이 방면의 급속한 증산을 계획했다. 그리고 식량자급을 위해 만주 및 화북, 화중 지역에서의 농산물 증산을 중요과제로 삼았다. 따라서 외형적으로 보아 1차 계획과 큰 차이가 없었으나 문제는 동남아 지역의 원자재에 대한 관심이 크게 확산되었다는 점이다.

한편 총독부도 태평양전쟁의 발발과 함께 '영미에 일방적으로 의존하는 물동구조에서 탈각'[7]을 목표로 하여 안정적인 물자수급을 위한 가공산업의 확장을 꾀했다. 그러나 이러한 요구에도 불구하고 전쟁수행에 흡족할 만큼 생산력을 확보할 수 없었다. 가장 큰 이유는 수송력 격감이었다. 왜냐하면 당시 조선의 중요물자 150종에 대한 자급률은 25%에 불과하였다는 점에서[8] 조선의 공업화는 여전히 일본본토의 원자재를 기반으로 존립하는 것이었고 결국 수송력 격감은 본토경제에 의존하는 조선경제에 치명타를 가하는 결과가 되었기 때문이다.

---

5) 『太平洋戰爭史』(4), 185쪽.
6) 小林英夫 앞의 책, 1975. 385쪽에서 인용.
7) 『殖銀調査月報』(1941년 11월호), 18쪽.
8) 『殖銀調査月報』(1942년 10월호), 26쪽.

수송력 감소상황을 예로 들면, 1942년 2월중 일본본토의 각지 배급선 평균배선율은 약 10%였는데 조선 동북부로 향하는 필요수송량에 대한 배선율은 0.87%, 서남부로 향하는 배선율은 4.76%에 불과했다.[9] 특히 동북부의 배선율이 낮은 것은 "이 해역에 연합군의 기뢰가 매설된 점"도 있지만 당시 일본본토의 조선에 대한 물자공급력이 고갈되었기 때문이었다. 아울러 생확계획과 관련한 석탄, 철광석, 강, 염, 목재, 곡류, 인광석, 소다, 시멘트, 비료, 펄프, 면화, 양모와 같은 소위 부정기화물도 대체로 배선율이 매월 약 20~30%에 불과하였다. 또한 진남포의 경우도 본선입항수는 1941년 1월의 34척에서 3월에는 26척으로 줄었고, 특히 태평양전쟁 이후 1942년 1월에는 31척으로, 3월에는 22척으로 줄었다.[10]

이처럼 일본본토의 물동계획이 난항을 빚는 가운데 급기야 군사적으로도 1942년 6월의 미드웨이 해전을 기점으로 전황이 달라지고 있었다. 이에 일본은 군수물자의 확보를 위한 조선경제의 재편성을 강력히 요구하였다. 즉 일제측은 기왕의 엔블록 공업화 전략이 블록전체의 생산력확충이라는 관점에 출발했기에 전체적인 생산력의 확대는 가능해도 일본본토가 구체적인 전쟁수행에는 도움이 적다"[11]고 하면서 이제는 적극적으로 일본경제에 기여할 형태의 공업구조로 전환하라는 요구를 내고 있다. 이에 '동아경제조선간담회'(1942. 9)에서도 "대동아 자주경제 건설을 위한 산업배분'[12] 차원에서 조선이 식량, 전력, 철강, 화학공업 등의 확충에 솔선할 것을 요구하였고 제2회 대륙연락회의(1942. 11)에서도 "전쟁완수는 대일기여의 확대에 의한다"[13]고 하여 조선이 나름의 '역할'을 하도록 요구했다.

그 결과 총독부의 공업정책도 종래까지 일본본토에서 의존하던 물자를 자급하는 정도에서 이제는 역으로 본토경제에 적극적으로 기여한다는 것

---

9) 鹽田正洪, 「朝鮮工業動向に就て私見若干」, 『朝鮮實業』, 1942년 5월호, 11쪽.

10) 「經濟治安週報」(1942년 4월 11일자), 5쪽.

11) 『殖銀調査月報』(1943년 1월호), 37쪽.

12) (東亞經濟朝鮮懇談會 聲明 1942. 9. 27)『日帝侵略下韓國三十六年史』(13), 228쪽.

13) 『殖銀調査月報』(1943년 1월호), 37쪽.

으로 전환한다고 선언했다. 즉 1942년 4월에 미나미 총독이 발표한 '생산력 확충 4대시책'에서도 "철광석, 텅스텐, 몰리브덴, 아연, 운모 등을 위시한 군수광물자원의 획기적 증산. 조선서북부의 풍부한 전력을 기반으로 한 화학공업의 확충. 미곡 3,400만석의 식량증산과 인적 자원개발 등으로 일본경제에 적극적으로 기여하자"는 언급이 있었다.[14] 또한 고이소 구니아키 총독도 "조선에서는 단순한 경제력 향상에 앞서 적과 자웅을 겨룰 수 있는 생산력의 급속한 증강이 필요하다"[15]고 하고 이를 위해 무연탄제철, 소형 용광로 보급, 중요광물 증산, 염전 확장 등을 강조하였다. 특히 생산구조 면에서 종래 조선의 지하자원이 일본본토의 증산정책과 연계되어 개발되면 곧바로 일본본토의 공장으로 이전되었으나 이제는 조선의 자원으로 직접 조선에서 완제품을 생산하여 본토경제에 기여하는 논리로 전환했다. 그것은 당시 총독부 기획부장인 시오타 마사히로(鹽田正洪)의 언급에서도 드러난다.

> 조선의 산업배분은 전력의 이점을 기반으로 제1차 가공공업을 하는 것이고 제2차, 제3차 가공공업은 일본본토에서 해야 한다는 생각이 있었다. 조선이 원역(엔블록 ; 역주)의 중핵체로서 산업개발상 제1차 가공공업을 고려해야 하겠지만 대륙전진병참기지로서 가능한 한 속히 제2차 가공공업으로 이행하는데 노력해야 한다. 즉 카바이드에서 발전된 각종 비료공업 또는 연료공업으로 이행해야 한다고 여겨지는데 대체의 원칙으로서 제2차 생산확충계획은 속히 제1차 가공공업의 완성을 꾀하고 제2차 가공공업의 소지를 배양하는 것(이 목적)이다[16]

따라서 이후의 총독부 공업정책은 중화학공업 측면에서는 풍부한 전력을 기반으로 급속한 제2차 가공공업을 확대하고, 경공업 측면에서는 '엔블

---

14) 『殖銀調查月報』(1942년 6월호), 29쪽.

15) (1943년도에 임하는 유시, 1943. 1. 4)「總督.政務總監重要諭告 · 訓示」, 『太平洋戰下の朝鮮』(1), 59쪽.

16) 鹽田正洪이 金融組合聯合會에서 한 강연(1942년 4월 1), 鹽田正洪,「朝鮮工業の動向に就て私見若干」, 『朝鮮實業』(1942년 5월호), 14쪽.

록의 생필품보급지'라는 미명하에 소비재를 증산하여 본토경제의 결손을 보충하려는 의미에서 진행되었다. 이에 조선의 물동계획도 '본토경제에 대한 기여'라는 틀 속에서 구체화되었다.

그런데 생확계획을 입안하는 시점에서 조선공업정책이 가지는 특질은 일본본토의 경우 기계공업이나 수송산업이 우선시 된 반면 조선의 경우는 중요기초소재물자의 증산이 중요한 과제가 되고 점차 일본의 패전 단계에 도달하면서 본토 기계류 수입이 제약을 받자 기계공업이 뒤늦게 강조되었다. 즉 1941년 이후, 일본본토에서는 이후 자재부족, 수송력 감소때문에 석유정제업, 무수알콜, 펄프, 시멘트, 철도차량, 자동차 분야의 생확계획이 중지되는 상황이었다. 반면 1942년도 조선의 물동계획(1942. 5)을 보면, 종래 대체품적 성격에 머무르던 경금속공업의 확대를 비롯하여 몰리브덴, 니켈, 코발트, 흑연 등 특수광물, 전력 및 카바이드에 의한 합성화학, 인견, 펄프, 화학비료, 경화유, 화약, 무수알콜, 인견사, 스테이블바이버 등의 화학공업, 시멘트, 내화벽돌 등 요업과 밀가루 등 식료품공업, 제철공업, 조선공업, 공작기계공업, 자동차공업, 항공기 공업 등의 종합적인 '육성대책'이 천명되었다.[17]

2) 생산력확충계획의 공포

조선의 제1차 생확계획은 유안·보통강강재 등 가공산업이 예상를 넘는 높은 실적을 보인 것을 제외하고 그 밖의 기계업과 관련한 실적을 보면 미미했다. 예를 들어 선박은 1938년도 실적은 1,120톤(계획의 20.3%), 1939년도에는 11,000톤(22.4%)에 불과하다. 또한 화차는 1938년도 1,189톤(계획의 65.9%), 1939년도 4,152톤(74.8%), 1940년 상반기에는 2,608톤(85.1%)에 불과했으며, 객차는 1938년도 59.7%, 1939년도 9.2% 1940년 상반기 17.5% 등 기대이하의 실적이었다. 아울러 위에서 언급한 일본의 급속한 원자재 동원을

---

17) 『殖銀調査月報』(1942년 7월호), 26쪽.

위한 제2차 계획이 추진되자 조선도 이에 부응할 수밖에 없었다.

이처럼 내외적으로 조선의 공업생산력 증강에 관한 각종의 요구가 빗발치자 1942년 10월 19일 총독부 기획위원회 간사회는 중요물자의 증산을 위한 <생산력확충추진운동실시요강>(1942. 10. 20)을 제시하였다.

그 기본 방침을 보면, '총독부는 각 공장·사업장의 생산 및 공사 진척사항을 심사하고 그 달성·촉진을 독려하며, 문제가 발생하면 재검토하여 대책을 수립하고 산업보국정신을 고무하는 등 일층 중점주의를 강화할 것'이라 하여 제1차 계획 때 보다 한층 강력한 총독부의 생산통제 및 간섭을 명기했다.[18] 그리고 실행요항에서는 생산주체별로 증산 책무가 명기되었다. 먼저 당국의 실무자는 해당 공장에 책임자로 파견되며, 작업독려·현상조사·현지지도 등을 하며, 기업자는 증산열의의 고취, 창의력 제고·직장청소·규율 확립에 힘쓰며, 노동자는 '국체'관념의 파악 및 자질연성 등을 강화하도록 했다. 즉 제2차 생확계획에서는 생산과정 및 생산주체까지 총독부가 통제하겠다는 의도가 분명하게 언급되고 있다는 점이다.

또하나 특기할 점은 일본본토의 생확계획이 1942년 10월부터 5개년으로 단기계획으로 입안된 반면, 조선은 태평양전쟁이 종료되는 때까지 10년이던 20년이던 계속하기로 한 것이었다.[19] 특히 실시요령에서 "주무부서는 해당 공장에 대하여 생산 또는 공사의 진척을 감시하고 독려할 것"(실시요령 제2·3항)이라 하고 또한 계획품목에 대해서도 주무관서가 책정되어 철저한 감시감독을 가함으로써 제1차 계획보다 강력한 국가통제를 명시했다.[20] 아울러 종합실행기관으로 당시 일본본토에서는 '임시생산증강위원

---

18) 總督府 企劃委員會 幹事會,「生產力擴充推進運動 實施要綱」,『日帝侵略下韓國三十六年史』(13), 253~257쪽.

19)「朝鮮經濟界の動き」,『朝鮮工業組合』, 1943년 1월호, 93쪽.

20) 生產力擴充計劃品目에 대한 主務官廳을 보면 鐵鋼부문(12개업종)은 殖産局 鑛政課에서, 石炭(유연탄 1개업종) 殖産局 燃料課에서, 輕金屬부문(3개업종)은 殖産局 商工第1課에서, 非鐵金屬부문(10업종)은 殖産局 產金課에서, 石油 및 代用品부문(3업종)은 殖産局 燃料課에서, 소다부문(5업종)은 殖産局 商工第1課(工業鹽은 專賣局 鹽業課)에서, 鐵道車輛부문(4업종)은 鐵道局 收品課에서, 電力부문(4업종)은 殖産局 電氣第1課에서 등 총 8개 부문 43업종에 걸친

회(1942. 7)가 설립되어 행정기구를 초월한 강력한 정책지도체제가 구축되는 상황임에 반해 조선에서는 총독부가 일원적으로 '기획위원회'를 운용하고 사무는 기획부 기획과가 담당함으로써 그 자체로 조선내 전체 산업설비와 산업주체를 하나의 군사조직으로 편입하고자 하였다. 이에 총독부기획위원회는 간사회에서 상정한 제2차 생산력확충계획안을 11월 3일부터 실시하기로 했다. 아울러 산업에 대한 '국가성의 명확화' 위에 기업에 대한 생산자재의 중점 확보, 운송의 원활, 기술자 및 기능인의 충족 및 이동방지, 사업자금의 알선, 식량 및 작업용품의 확보, 공정가격의 개정, 중요광물증산령의 발동 등 실질적인 증산대책이 추진되도록 했다.

이러한 생확계획을 토대로 조선의 1943년도 물동계획(1942. 12)이 제시되었다. 그 골자는 1) 자급적 공업력 신장·증강에 의한 생산력의 획기적 확충 2) 전시생활안정을 위한 부족자원의 개발 진흥 특히 섬유공업과 생활 필수물자의 자급확립 3) 특수광물과 조선 계획의 급속한 달성으로 생산력 확충을 위한 인적·물적 자원의 총동원을 강조했다. 이에 계획 추진에 있어서 '기존 산업설비와 우수한 입지조건을 최고도로 발휘하라는 중앙의 요청에 대응할 것'[21]이라 하고 특히 '재고물자의 고도이용과 유휴자재의 적극이용'을 표방함으로서 종래의 시설확충을 통한 물동력 강화방책에서 이제는 기업정비 및 소비절약을 통해 기존의 설비 및 자재범위 내에서 최고의 생산성을 요구하는 정책으로 전환하고 있었다.

Ⅲ. 1944년도 조선의 생산력확충계획

솔로몬군도에서 일본군이 패퇴한 이후 본토경제가 위기에 처하자 총독

것이었다. 總督府 企劃委員會 幹事會,「生産力擴充推進運動 實施要綱〉, 앞의 책(13), 253~257쪽.

21)『殖銀調査月報』(1943년 2월호), 26쪽.

<표 1> 1944년도 조선물자동원계획
(1) 자급율 이상 물자

물자명	단위	조선생산	조선수요	재고율	유출력
보통강주강	톤	15,000	12,000	300	25%
보통선	"	822,000	46,000	776,000	1,686
철광석	천톤	4,100	3,584	516	14
연	톤	6,000	1,800	4,200	233
아연	"	11,000	2,100	8,900	423
알루미늄	"	32,300	3,700	28,600	772
방적용 면화	千擔	489	276	213	77
제면용 면화	"	68	35	33	94
양모	俵	781	245	536	218
탄닌재료	톤	1,800	600	1,200	200
차량,선박	천톤	468	239	229	95
일반용재	"	5,454	4,871	583	11
농초산 98%	톤	12,000	4,500	7,500	166
가성소다	천톤	19	15	4	24
희초산 90%	톤	20,000	11,230	8,770	78
시멘트	천톤	1,200	952	248	26
순벤졸	톤	810	300	510	170
트루올	"	150	50	100	200
카바이트	"	110,000	55,305	54,295	98
아세톤	"	770	26	744	2,861
메탄올	"	11,470	682	10,788	1,581
유안	천톤	468	385	83	21
석회질소	톤	24,500	14,400	10,100	70
망간	"	31,000	20,000	11,000	55
니켈	"	20,000	20,000	0	0
코말트	"	20,000	20,000	0	0
운모	"	160	84	76	90
비취	"	24,000	6,700	17,300	258
인상흑연	"	30,550	2,000	28,500	1,427
아마	"	2,200	410	1,790	436
대마	"	8,000	1,650	6,350	384
우피	"	4,800	435	4,365	903
돈피	"	1,000	200	800	400
나맥	천석	2,637	2,350	283	22

(2) 자급율 이하물자

물자명	단위	조선생산	조선수요	부족량	부족율
석탄	천톤	20,000	11,230	8,770	78
공업염	톤	25,000	60,000	35,000	59
식용염	"	320,000	458,024	138,024	31
소다회	"	7,200	12,300	5,100	42
유산	"	782,680	786,300	3,720	1
알코올	"	2,000	4,100	2,100	52
인광석,인회석	"	45,000	78,000	33,000	4
쌀	천석	16,606	17,261	655	4
보리	"	4,599	6,819	2,220	33
밀	"	1,909	1,990	81	5
옥수수	천톤	165	173	8	5
콩	톤	389,000	434,601	45,601	11
普通鋼鋼材	톤	119,000	220,000	2,000	9
普通鋼鍛鋼	"	4,000	5,000	1,000	20
내화벽돌	"	120,000	150,000	30,000	20
電氣銅	"	1,200	2,000	800	40
수정석	"	3,700	5,000	1,300	26
비취코크스	"	2,000	5,500	3,500	64
인견사	천봉도	7,200	9,000	1,200	20
스·프	"	8,880	10,380	1,500	15
양지	"	21,700	33,372	11,672	35
항공기용·재	톤	70	200	130	65
침목	"	1,143	1,600	457	29
갱목	"	2,124	2,400	276	12
전주	"	224	234	10	5

備考：1) 위 품목은 '제86회 제국의회 보고자료'에서 제시된 朝鮮産 物動物資 중 자급율이 100% 이상인 것과 그 이하인 것을 구분함. 2) 1944년도 물동계획은 설정되지 않았기 때문에 조선 수요는 1943년의 것으로 대신함. 3) 자급율은 양적인 것만 고려한 것으로 질적인 면이나 규격적인 면에 따라 차이가 있을 수 있음. 4) 물동 물자 중에서 철광석 및 면화를 제외한 중요 광물과 농작물은 제외함. 5) 대외 공급력을 가진 물자는 자급율(생산／수요) 100% 이상의 부분을 말함. 6) 재고율은 조선내 생산－조선내 수요를 말함.

出典：近藤釰一 編, [제86회 帝國議會說明資料], 《太平洋戰下／朝鮮》(5), 7~10쪽.

부의 공업화 논리도 종래 '설비확장에 의한 생산력확충'에서 '기존 설비내에서 생산증강' 논리로 변화했다. 특히 마리아나 군도에서 일본군이 패퇴한 이후 '설비내 증산'도 어려워지는 상황에서 이제는 배급통제, 기업정비와 더불어 군수회사법 생산책임제를 실시하면서 철강, 경금속, 석탄, 항공기, 조선 등 5대 '초중점산업'을 집중육성한다는 총력증산정책을 추진하게 되었다.

이러한 의미에서 일제는 조선의 생산력 부담을 극대화하고자 1944년도 수정된 물동계획을 수립하였다. 즉 <표 1>은 총독부가 제86회 제국의회에 제출한 자료 즉 물동물자의 수급계획안(1944. 12. 24)을 바탕으로 1944년도 기대물동물자 66종에 대해서 자급율 100%를 기준으로 하여 그 이상은 유출예상물자(35종), 그리고 그 이하는 부족예상물자(25종) 및 예상불가물자(6종)로 구분하고 각각의 생산, 수요, 재고율, 잉여율(부족율)을 정리한 것이다. 여기서 '조선생산' 항목은 1944년도 조선의 생확계획에 입각하고 그 위에 증산예상치를 종합한 것으로 매우 과장된 수치였다.

먼저 1944년도 총 66개 물동물자 중 보통강강재·보통선, 철광석·아연 알루미늄·방적용·제면용 면화·양모, 탄닌재료, 차량·선박 등은 증산이 완수되었을 때 대외 유출력이 100%를 넘는 물자로 나타난다. 즉 유출력이 높은 물자는 대체로 생확계획 품목이다.

반면 망간, 코발트 등의 광산물과 보통강주강, 철광석, 일반용재 그리고 가성소다, 석회질소, 회초산, 유안, 시멘트같은 화학제품이나, 방적용면화, 망간 등은 유출력이 100% 미만으로써 조선내에서 수급균형을 보이는 물자였다. 대체로 화학제품이나 방적사 계열에 속하는 것이 많다.[22]

한편 주요 물동물자 총 66품목 중에서 증산계획을 완수하더라도 조선내 수요에도 미치지 못하는 물자가 25품목에 달할 것으로 조사되고 있다. 그 중에서도 수요의 40% 밖에 공급하지 못하는 물자로는 비치-코크스, 소다회, 공업염, 석탄, 항공기용재, 전기동, 항공기용재 등 주요 원자재와 쌀, 보리 등 식량 등은 조선내 수요조차 감당하지 못한 실정을 보여준다. 이처럼

---

22) 그렇지만 이것은 어디까지나 계획에 불과하고 실제 생산고는 턱없이 부족했다. 다음 장 업종별 생확계획의 실적 항목에서 자세히 언급할 예정임.

총독부 당국자들이 쌀, 보리마저도 조선 내부의 수요를 대지 못한다고 예상한 것은 식민지 조선의 농업생산력이 한계에 달한 것을 그들이 파악하고 있었음을 반영하는 것이다.

그런데 부족물자는 일본본토에서 공급받아야 할 처지였다. 그러나 당시 조선의 공산품 수이입액은 1940년 9억 85,398천 원에서 1941년에는 4억 31,877천 원으로 1944년에는 2억 99,506천 원으로 하락하였다.[23] 즉 1944년의 수입력은 1940년에 비해 무려 70% 하락하였다. 따라서 부족물자의 공급을 위해서 총독부는 기존 중소기업을 정비하거나 배급통제를 강화하는 등 국민들의 철저한 내핍을 통해서 부족물자를 보충할 수밖에 없다는 결론을 도출했던 것이다.

Ⅳ. 생산력확충의 실상

1) 경금속 공업

일본본토의 제1차 생확계획(1939~1941년)에서 알루미늄은 4년간 생산능력(시설능력)을 총 145,700톤 증강하기로 했고, 그 중 조선은 조선질소(12,000톤), 서선화학공업(12,000톤), 조선이연금속(3,000톤) 등 총 27,000톤(18.5%) 확대하기로 했다. 그리고 마그네슘은 대일본염업 신의주공장(2,000톤), 일본마그네슘금속(1,280톤), 조선이연금속(1,000톤) 등 총시설확충계획 12,180톤 중에서 4,280톤(35.1%)으로 확대하기로 했다.[24] 그렇지만 아직 조선산 경금속은 고급재라기보다는 '대용품' 정도로 취급되었다. 그것은 당시 고급 알루미늄은 주로 동남아의 보오크사이트를 이용했고, 고급 마그네슘

23) 朝鮮銀行調査部, 『朝鮮經濟年報』, 1948, Ⅲ~49쪽
24) 山崎志郎, 「戰時工業動員體制」(原朗 編, 『日本の戰時經濟』, 東京大學出版會, 1995. 2. 59~60쪽(표 11-3)에서 계산함.

은 화북의 고즙을 이용하여 생산하고 있었다.

그러나 1940년에 들면서 동남아 자원을 의존할 수 없게 되자 1941년도 생활계획부터 원자재 자급이 강조되었다. 특히 태평양전쟁 이후 일본본토가 항공기, 조선력의 확충을 강화하기 시작하고 경금속생산시설의 확충계획을 강화하였는데, 그 실적은 여의지 않았다. 이에 설비·자재 배급선을 통제하면서 1942년은 보오크사이트 사용설비에 우선배급을 실시하다가 1943년도에는 엔블록내 자급원료를 사용하는 설비에 대해서 중점 배급하도록 했다.[25]

이에 조선에서도 자급원료 우선 방침에 입각하여 조선산 경금속제품의 생산을 강화하였는데, 그 결과 조선산 경금속은 '대용재'적 성격을 탈피하고 '중요재'로 인정되기 시작했다. 특히 대동아건설심의회는 <중요산업건설요강>(1942. 7)을 통해서 조선산 경금속의 급속한 증산을 촉구했다.[26]

문제는 고즙이나 알루미나, 소다회 등 원자재 수급을 원활히 하는 것에 있었다. 이에 총독부는 <물자통제령>(1941. 12)을 근간으로 하여 <경금속설(屑)배급통제규칙>(1943. 9)을 공포하여 알루미늄, 마그네슘, 알루미늄합금, 마그네슘합금의 屑(분말)이나 故(폐자재) 및 재생품을 통제기관이 수이입하고 그것의 사용을 규제하였다. 그것은 알루미늄이나 마그네슘의 신지금(新地金)의 생산이 축소되고, 그나마 75~78%이상의 알루미늄 신지금이 항공기 생산으로 집중되는 상황에서 신지금대신 분말 경금속의 사용하려는 조치가 강화되었기 때문이었다.

특히 1944년부터 시멘트, 철강 등의 물자결핍으로 설비확충에 애로가 생기면서 증산방식도 바뀌었다. 즉 설비확충에 의한 생산력확충에서 '설비내적 증산'체제로 전환한 것이었다. 그 일환으로 일본본토에서는 1944년 1~2분기를 '경금속증산강조기간'으로 설정하고 경금속회사에 대해 <군수회사법>을 적용하였는데, 조선에서도 1944년 12월과 1945년 2월에 걸쳐 약 9

---

25) 山崎志郎, 「戰時工業動員體制」(原朗 編, 『日本の戰時經濟』, 東京大學出版會, 1995. 2. 81쪽.
26) 『朝鮮産業年報』, 1943년판, 20쪽.

개 소의 군수회사를 지정하고 '생산책임제'를 실시하는 가하면 '경금속결전 증산기간'을 정해 알루미나, 알루미늄, 마그네슘, 불화물 및 전극의 증산을 꾀하였다. 이에 총독부는 1945년경까지 엔블록내 총생산에서 조선산 알루미늄이 45%, 마그네슘이 55%를 차지한다고 할 것으로 공언하기도 했다.[27]

그렇지만 조선의 경금속 생산업체를 군수회사로 지정하고 <경금속증산 강조기간>을 설정하여 생산 진작에 광분했다고 해도 실제 생산은 오히려 하락했다. 1944년도 마그네슘 생산에 필요한 고형고즙의 수요는 약 7만 톤인데 반해 조선내 생산능력은 관영 고즙공장 5,700톤, 민영제염공장에서 약 1,000톤이었다. 그나마 실제 생산량은 5,000톤 정도였다.[28] 따라서 고즙은 화북 및 관동주에 주로 의존할 수밖에 없었다. 또한 조선산 고즙의 증산을 위하여 전체 관영염전 및 대일본염의 청천염전에 고즙공장을 설립하기로 했지만 자재문제로 실현이 어려웠다. 그나마 일부 지역에 처리공장을 세우고 생고즙을 생산하기로 계획했지만 자재난으로 어려웠다. 이에 총독부는 <고즙통제규칙>(1944. 4. 1. 부령 153호)을 공포하여 고즙을 제조하는 지정업자는 총독이 지정하는 자 이외에는 양도할 수 없도록 하고(제1·2조), 제조수량이나 시설, 조직에 관한 직접 명령권과 관계관의 임검을 명문화했다(제3·4·6조). 나아가 수입 수량이나 가격, 매입처, 수이입 날짜를 지체없이 총독에 보고하도록 했다(제5조). 또한 <경금속사용판매제한규칙>(1945. 3. 10)을 공포하여 항공기 및 부속품을 제외하고는 모두 중요물자 영단에서 판매하도록 했다.[29] 이로서 이후 일반업계나 민간은 사실상 경금속제품을 구입할 수 없었다.

이에 물자별 생산계획과 실적을 보면 다음과 같다.

(알루미늄) 알루미늄 생산에는 알루미나 전해과정에 의해 당연히 대량의 전력소비가 예상되었고 이에 제2차 생확계획에서는 압록강 수전을 기반으로 한 알루미늄 증산이 기획되어 1944년까지 32,300톤의 증산계획을

---

27) 近藤釰一 편, 『太平洋戰下ノ 朝鮮』(5), 27쪽.
28) 「總督統治終末期の實態」(3), 상동, 323쪽.
29) 『每日新報』, 1945년 3월 11일자.

추진하여 이중 조선 수요 3,700톤을 제외하고 나머지 28,600톤을 일본본토로 이출하기로 했다.[30] 즉 조선산 경금속을 본격적으로 일본으로 이출하려는 계획이었다. 이러한 계획에 입각하여 1943년부터 소화전공이 원산에서 주우알루미가 진남포 및 원산에 공장이 세워졌고, 생산설비만도 기존의 동양금속, 동양경금속, 조선이연금속, 일질 등 4회사를 합친 것보다 많았다.[31] 이 회사의 생산방식은 동남아 점령지에서 본토로 보오크사이트를 운반하여 알루미나를 생산하면, 조선에서는 전력과 결합하여 완제품을 생산하는 것이었다.[32] 나중에 이 회사는 화북산 반토항암을 수입하여 생산하고 있었다.

그러나 다른 한편으로 동남아로부터 보오크사이트 수입이 여의치 않자 총독부는 화북산 반토항암으로 대체하고자 했다. 이에 일본과 조선의 화북산 반토항암의 수입상황을 보면 <표 2>와 같다.

우선 제2차 생확계획기간 중 화북산 반토항암 수입 상황을 보면 조선은 1941년 19,500톤에서 1944년에는 32,462톤으로 증가했는데, 특히 1944년도의 수입증가폭이 크다. 그것은 일본본토도 마찬가지였는데, 1941년 25,465톤에서 1944년에는 일약 114,949톤으로 급증했다. 특히 1944년도의 수입증가가 현저하다. 그것은 제1차 생확기간 동안 동남아산 보오크사이트를 이용한 고급알루미늄 생산이 지속되었고, 다만 조선만은 수입대체품 공업의 확대정책에 힘입어 반토항암·명반석을 이용한 저질 알루미늄 생산이 지속되는 형국이었으나, 이제는 일본이나 조선 모두 보오크사이트 이용법 이외의 방식으로 생산이 불가피한 현실을 반영한 것이다. 즉 보오크사이트 자원의 운송이 사실상 두절된 상황에서 항공기와 같은 중점물자의 급속한 증대를 위해서는 고육지책으로 반토항암을 이용한 알루미늄 생산을 감행해야 했다는 절박한 전쟁상황을 대변하고 있다.

---

30) 김인호, 『태평양전쟁기 조선공업연구』, 1998, 210쪽 <표4~13> ; 214쪽 <표4~17>참조.
31) 『殖銀調査月報』, 1943년 8월호, 38쪽.
32) 朝鮮總督府 情報課, 「朝鮮の重工業」, 『朝鮮事情資料』(11), 1944, 3~4쪽.

<표 2> 화북산 반토항암 수입상황(1939~1945)   (단위 : 톤)

연도	조선	일본본토	합계
1939	3,950	32,040	35,990
1940	14,710	37,000	51,710
1941	19,500	25,465	44,965
1942	23,474	23,884	47,358
1943	24,688	25,811	50,449
1944	32,462	114,949	147,411
1945 4	—	8,934	8,934
5	1,188	25,768	26,956
6	—	1,724	1,724
4~8	1,188	36,426	37,614
총 계	121,160	323,960	453,111

출전 : C. B Cohen, (大內兵衛 역), 『戰時戰後の日本經濟』(上), 1950, 223쪽.

　　그렇지만 조선의 경우 화북산 반토항암의 수입마저도 운송력 감소과 연료부족으로 성과를 거둘 수 없었다.[33] <표 2>처럼 1944년 이후 화북산 반토항암은 일본으로 집중 이동하고 있다. 그나마 수입해도 규소 분리과정이나 소다회를 과도하게 사용하는 등의 문제로 생산실적이 여의치 않았는데 일본본토는 1939년 이후 1945년까지 약 32만 여 톤의 화북산 반토항암을 수입했지만, 1944년의 경우 보오크사이트 이외의 재료를 통한 알루미늄 생산액은 35,000톤으로 알루미늄 총생산액의 15%에 불과한 실정이었다. 그나마 1945년에는 화북산 반암마저 수입이 곤란해졌다.[34] 이에 월별 생산액이 1944년 1월에는 11,657톤에 달하던 것이 12월에는 그 절반인 5,090톤으로 격감하고, 1945년 6월에는 1,183톤으로 10%선까지 추락했다.[35]

　　조선의 경우도 마찬가지였다. 1943년의 경우는 계획의 86%인 12,500 톤 생산에 머물렀고 1944년도에는 상황이 악화되어 알루미늄 신지금의 월별 생산액을 보면 1월에는 1,884톤이던 것이 9월에는 898톤으로 하락했다. 생산격감의 주요인이 화북산 반암의 수입경색 때문으로 판단되면서 총독부

---

33) 近藤釰一 편, 『太平洋戰下ノ 朝鮮』(5), 1964년 11월호, 30쪽.
34) J. B Cohen, (大內兵衛 역), 『戰時戰後の日本經濟』(上), 1950, 224~225쪽.
35) J. B Cohen(大內兵衛 역), 『戰時戰後の日本經濟』(上), 1950, 228쪽.

는 알루미늄 원료를 조선산 반암과 반토항암, 명반석으로 전면적으로 전환한다는 선언을 하기도 했다(1944. 8. 12).[36] 아울러 광산, 유지공업에서 나온 유휴설비를 알루미늄공업으로 전용하며, 본토에서 이주한 유산(硫酸)설비는 진남포 일본질소제철소, 인천화학에 유치하여 알루미늄생산에 전용하도록 하였다. 그것은 기존의 대용 알루미늄생산체계가 다량의 소다가 필요했고, 이에 생산기술을 소다가 필요 없는 전기로법이나 유산법으로 전환하도록 했는데, 1944년 10월 당시 조선내 소다회 수요는 12,300톤이었으나 생산은 7,200톤 밖에 되지 않아 부족율이 5,100톤(42%)에 달했다.[37] 그럼에도 불구하고 월별생산액은 계속 추락하여 1944년 12월에는 940톤, 1945년 2월에는 387톤, 6월에는 355톤으로 떨어지고 있다.[38]

(마그네슘) 태평양전쟁 직후까지 조선에서는 조선마그네개발 한 회사가 공동출자로 운영되고 있었다. 이에 전쟁 후반기에 가면서 일본본토의 생산력이 엔블록의 45% 이하로 추락하면서 조선산 마그네슘의 수요가 확대되었고, 이에 1944년까지 5개 회사를 신설하여 엔블록 전체에 걸쳐 11,000톤까지 증산하며 그 중 조선은 엔블록 전체 생산계획의 55%에 달하는 3,900톤까지 맡도록 했다.[39] 이에 일본경금속, 일본마그네, 욱전(旭電)화학 등 3社가 공동출자한 조일(朝日)경금속(1943. 11)을 위시하여, 이연금속·삼릉마그네, 동양금속, 삼정유지화학(광석법) 등 5개 회사가 신설되었다.

그런데 전쟁 후반기에 들면서 일본본토의 생산액이 급감했다. 특히 1944년도 엔블록 생산액은 4,125톤으로 1941년에 비해 갑절이 되었지만 5월부터 생산이 급감했다.[40] 그것은 물론 동남아로부터 마그네샤 수입이 어려워진 것과 같은 원료의 부족 때문이었다. 이에 바닷물의 염화마그네슘을 이용하는 방식이 궁리되었지만 실용화되지 못했다.

---

36) 『殖銀調査月報』(1944년 9월호), 65쪽.
37) 김인호(1944년 10월 현재 중요 공산품 부족량 추이), 『태평양전쟁기 조선공업연구』, 1998, 216쪽.
38) J. B Cohen(大內兵衛 역), 『戰時戰後の日本經濟』(上), 1950, 228쪽.
39) 近藤釖一, 『太平洋戰爭下の朝鮮』(5), 1964. 11, 3~5쪽.
40) J. B Cohen(大內兵衛 역), 『戰時戰後の日本經濟』(上), 1950, 233쪽.

원료난에 처해서 총독부는 타개책으로 드로마이드는 관동주 및 산동성에서 수입하고, 고즙은 조선 및 관동주에서 동원하기로 했고,[41] 이연금속 마그네슘공장, 삼릉마그네, 동양금속 신의주공장 등은 관동주산 고즙을 원료로 한 고즙·광석겸용법을, 그리고 조일경금속(평남 기양) 및 삼정유지 화학(강원도)은 1944년부터 마그네샤의 염소가스처리를 통한 광석법을 채용하는 등 특수연법을 동원하기로 했다. 그 결과 본토와는 달리 조선에서의 증산은 비교적 빠르게 이뤄져 1945년 1/4분기에는 엔블록 생산의 50%를 조선에서 생산하게 되었다.[42]

2) 철 강

(철광석) 종래 일본에서 사용하는 철광석은 주로 말레이지아·필리핀산 혹은 중국산이었다. 그리고 조선산 철광석은 동남아산이나 중국산에 비해 철분 함유율이 54%로 매우 낮았기에 중요원자재라기 보다는 대체품 생산용으로 이용될 뿐이었다.[43] 그런데 1942년 말부터 항공기, 선박 등의 증산이 강행되자 철강의 수요는 폭발하였지만 연합군의 해상봉쇄로 동남아산 철광석의 수입이 두절되면서 1943년에는 중국산과 조선산에 집중적으로 의존하게 되었고, 1944년에는 중국산 철광석의 운송도 두절되자 선택의 여지도 없이 조선산으로 대체하였다.

이에 일본본토에서는 군수성 산하에 '조선철증산추진협의회'(1944)를 발족하고, 동남아 철광석을 대체하여 총 180만 톤의 조선산 철광석을 동원하기로 했으며 만주국도 조선산 철광석 57만 톤을 요구하였다.[44] 그런데

---

41) 『殖銀調査月報』(1942년 8월호), 25~26쪽.
42) J. B Cohen(大內兵衛 역), 『戰時戰後の日本經濟』(上), 1950, 233쪽.
43) 김인호, 「중일전쟁기 조선에서의 제1차 생산력확충과 대용품공업화」, 『사총』(49), 1999. 당시 말레이지아산 철광석의 철분함유율은 63%, 중국산 60%, 필리핀산 60%, 일본산은 45%정도였다(J. B Cohen(大內兵衛 역), 『戰時戰後の日本經濟』(上), 1950, 173쪽).

1944년도 조선산 철광석 생산계획량은 410만 톤으로 조선내 수요 358만 4천 톤을 제외하면 불과 51만 6천톤만을 유출할 수 있었기 때문에 현실적으로 일본이나 만주국의 과도한 요구에 부응할 수 없었다.[45]

따라서 총독부는 1944년도의 철광석 증산목표로 지난해에 비해 무산 207%(173%, 괄호안은 생산책임 수량), 이원 152%(140%), 단천 2,500%(2,000%), 양양 235%(211%), 삼화 382%(261%), 개천 190%(178%), 하성 308%(280%), 재령 260%(260%), 은용 129% (129%) 겸이포 233%(233%) 은율 85%(85%)를 지정했는데 이에 1943년 생산액 236만 4천 톤에 대해 232%(202%)가 증가한 550만 톤(478만 톤)으로 책정하였다.[46] 이에 계획을 달성했을 경우 '북방권 수요의 60%를 조선이 보급할 수 있는 것'처럼 선전하기도 했다.[47] 그러나 제2차 생산력확충계획에서 조선산 철광석 생산계획은 일본본토를 능가하는 것이었지만 1944년 상반기 실적은 예정의 87%에 불과했고 1944년 하반기에는 처음 책임량의 달성이 어려워서 약 36만 톤을 감한 수정계획을 실행했지만 목표의 81.5%를 달성하는데 그쳤다.[48]

생산의 부진에도 불구하고 이출은 확대되어 일본본토의 수입량에서 조선산 철광석이 차지하는 비중이 1943~1944년간에 급증했다. 즉 1943년의 일본본토의 이입량은 23만 5천 톤이지만 1944년에는 61만 톤으로 확대되고 그 수입상 차지하는 비율도 1943년 7%에서 1944년 37%로 증가했다.[49] 1944년도 조선내 철광석 총생산고 중에서 조선내 수요를 제한 유휴재고량 51만 6천 톤에 비하면, 이출량이 약 10만 톤 오버된 것으로, 일본본토의 철강공업을 위해 조선의 그것을 희생시키려는 일본본토의 식민지 철강정책을 여실히 보여주고 있다.

---

44)　朝鮮史料硏究會,　「總督統治終末期의 實態」(3),　『朝鮮近代史料硏究集成』(3), 305쪽.
45) (중요공산품의 대외유출량 추정) 김인호, 앞의 책, 214쪽 참조.
46) 『總督統治終末期의 實態』(3), 상동, 306쪽.
47) 『朝鮮年鑑』(1945년판), 76쪽.
48) 「제86회 帝國議會說明資料」, 『太平洋戰下ノ朝鮮』(5), 17~18쪽.
49) J. B Cohen,(大內兵衛 역), 『戰時戰後の日本經濟』(上), 1950, 173쪽.

(철강) 종전까지 조선의 철강생산은 일본본토에서 선철을 수입하여 조선에서 철강을 생산하는 구조였다. 그런데 1940년대 이후 미국이 선철을 금수하면서 철강수급 안정대책을 꾀했다. 그렇지만 생확계획에 따른 시설확충계획도 목표에 달하지 못하자 1941년도 이후 일본본토의 생확계획은 기존설비의 유효한 활용에 중점을 두게 되고 미완 설비공사는 중지하도록 했다. 또한 일제는 1944년도 엔블록내 연별 실시계획을 보통강강재 455만 톤, 보통선 575만 톤으로 하고 그 중 조선에 각각 12만 톤, 82만 2천 톤을 책정했다(1944. 12. 5 총독부 기획과).[50] 그리고 이중 보통선 4만 6천 톤을 조선내에서 소비하고 나머지 77만 6천 톤은 유출하기로 했지만 보통강강재는 조선내 수요 22만톤[51])에 비해 턱없이 적은 수량이었다. 그것은 일본의 엔블록 제철공업정책이 만주국의 석탄과 조선의 철광석을 결합하여 현지에서 선철을 생산하고 일본본토에서 철강을 제조하는 방식이었다는 점에서 비롯된 것이었다. 즉 <표 3>를 보면, 1944년 당시 지역별 선강비율을 보면 뚜렸하게 나타나는데 먼저 선강비(D)는 일본은 219%인데 반면 만주는 52%, 조선은 불과 30%이다. 그리고 선강비(E)는 일본본토가 156%인 반면, 만주는 58%, 조선은 15%에 불과하다.

그것은 일제의 엔블록 제철공업 정책이 일본본토=철강, 식민지=선철을 지향한 결과인데 전쟁 초기에는 식민지 물자수탈을 기반으로 적절한 생산력확충을 가능하게 했지만 수송력 격감과 같은 엔블록 경제의 균형요소가 붕괴되는 시점에서는 일본본토의 생산격감을 초래했을 뿐만 아니라 장기적으로 조선 철강업의 기형적인 생산구조를 확대한 결과 철강업의 '내실' 있는 발전에 장애를 더할 뿐이었다.

---

50) (엔블록내 조선의 생산력 비중) 김인호, 앞의 책 210쪽. 小林英夫(전개서 386쪽)에 의하면 제2차생산력확충계획 당시 일본 본토의 보통강강재 생산계획은 42년도 498만톤 46년도 740만톤으로 당기간 약 149% 증산을, 그리고 보통선은 500만톤에서 718만톤의 증산을 계획했다고 한다. 그러나 44년도 엔블록 전체의 실적 강재 455만톤, 선 575만톤)은 본래계획을 크게 밑돌았고, 즉 일본본토의 제2차생산력확충계획은 사실상 실패했음을 알 수 있다.
51) (중요공산품의 대외유출량 추정) 김인호, 앞의 책, 214쪽 참조.

<표 3> 북방엔블록의　철강 생산구조

구분	선철(A)	강괴(B)	선강비(D) (B / A)	강재(C)	선강비(E) (C / A)
일본본토	620만톤	1,360만톤	219%	970만톤	156%
만주	250	130	52	75	58
조선	100	30	30	15	15
중국	80	–	–	–	–
총	1,050	1,520	148	1,060	101

비고 : 위 통계는 생산실적이 아니라 생산능력을 비교한 것임에 주의할 것.
출전 : J. B Cohen,(大內兵衛 역),『戰時戰後の日本經濟』(上), 1950, 186쪽.

그렇지만 일부나마 조선에도 선강일관체제를 갖춘 공장과 대규모 특수강 제철공장이 확충되었다. 예를 들어 1943년 선강일관을 하는 일본제철 겸이포공장(전 삼릉제철소)이 완성되고, 무산에 매장된 10억 톤 이상의 철광석을 겨냥하여 일본제철 청진공장이 조업하였다. 또한 루프(KRUPP)식 제련법에 의해 루프를 생산하는 삼릉 청진공장, 그리고 풍부한 전력을 이용하여 전기제철을 하는 성진의 일본고주파제철공장, 일본질소 흥남공장, 종연 조선제철 인천공장(=전 이연금속), 삼릉제강 등이 증산에 임했다. 더불어 새로이 평양, 진남포 등지에 조선제철 및 미스비시 제강에 의해 전기제강공장이 세워졌고, 일본제철 제1, 2공장, 일본강관, 일본 무연탄제철, 시천제철, 이원제철 등이 신설되었다. 특히 본토공습이 강화되면서 1944년 말에는 최대 철강업체인 일본제철 오사카 공장이 청진으로 이주하는 계획이 추진되고 1945년 봄까지 해체작업을 완료하기도 했다.[52] 이에 1944년도 생산계획은 전년대비로 선철은 50%, 특수강은 300%, 합금철 300%를 증산하는 것이었다.[53]

그러나 이러한 증산정책에도 불구하고, 철강이나 철광석은 운송력 감소, 원자재난 등에 의해 목표달성이 어려웠다. 이에 총독부는 1943년부터 황해

---

52) 이중 일부가 조선 청진으로 이주되었고, 일부는 운송 도중에 선박이 침몰하여 소진했으며, 일부는 전쟁이 끝난 다음에도 해체된 채 대판공장내에 집적해 있었다. (J. B Cohen, 앞의책, 188쪽).
53) 『朝鮮年鑑』, 1945년판, 76쪽.

도 은율, 하성, 재령 철산의 운송난은 황해선을 광궤화하는 것으로, 겸이포 제철소의 물자부족은 청룡강, 삼강 등지에 부적장을 건설하여 해결하고자 했다. 또한 진남포, 부산, 해주의 철강 및 철광석 수송을 위하여 대련에서 설비를 이주하는 등[54] 운송력 증강을 꾀했으나 이러한 건설공사마저도 물자부족으로 효과를 거두지 못했다. 한편 원료인 만주산 밀산탄은 회분도가 높고 코크스 품위가 떨어지는 등 소재적 측면에서 생산에 많은 지장을 주었다.

이에 기왕의 설비확장을 통한 생산방식은 재고되어야 했다. 즉 1944년에 들면 종전까지는 '설비확장을 통한 생산력확충'이 주축이었지만 기존의 설비를 확충할 자금 및 자재가 부족한 상황에서 먼저 기업정비로 유휴설비를 발생시키고 그것을 이용하거나[55], 아울러 설비의 신설을 불허하고 <군수생산책임제>에 입각하여 주어진 설비내에서 단기간에 최대로 증산하도록 했다. <철강군수생산책임제>(1944. 4)의 핵심은 각 공장이 보통강(압연용 강괴, 후판, 기타 강재)을 중심으로 매년 6월에 기준 생산량을 정하여 증산을 강제하고, 업자의 손실은 국가가 보상하는 것이었다.[56]

보상금은 기준 생산량을 넘는 초과량에 대해서 누진적으로 산출하여 지급하는 것이었는데[57] 물동계획의 수정으로 원자재 배당이 변경된 경우나 공장의 책임이 아니면서 기준생산량이 부적당하다고 여겨지는 기준 생산량을 수정하였다. 또한 1944년 6월에는 <철강하기생산확보대책요강 및 실시요령>을 발표하고 추후 2개월(1944. 7. 1~8. 31)동안 조선총독부·국민총력 조선연맹·국민총력 조선광산연맹·철강통제회 조선지부·조선소

---

54) 『殖銀調查月報』(1943년 8월호), 43쪽.

55) 岸信介 商相 衆議員法案委答辯(1943. 2. 8), 『經濟情報』(8), 1943년 6월호, 40쪽.

56) 『殖銀調查月報』(1944년 6월호), 44쪽.

57) 보상금이 지급되지 않는 경우: 1) 증산시 연료나 노동력을 과대히 사용한 경우. 2) 보장금을 얻기 위해 다른 공장 또는 다음 생산기간의 감산을 고려하지 않은 경우. 3) 다른 품종의 생산을 저해한 경우 4) 생산품 규격 또는 재질을 매우 저하시킨 경우 5) 기타 장려금교부에 적당하지 않다고 인정되는 경우. (『殖銀調查月報』(1944년 6월호), 44쪽).

<표 4> 1944년도 철강생산계획과 실적

생산품목	상반기	실적	하반기	실 적	총계획	총실적	실적비
普通銑	377,800	310,062	392,200	374,980	770,000	685,042	89
普通鋼鋼塊	59,100	57,216	60,900	59,100	120,000	116,316	97
普通鋼鋼材	50,600	44,927	50,400	43,100	101,000	88,027	87
低燐銑	12,400	17,181	12,600	12,600	25,000	19,781	79
製鋼原鐵	35,900	29,979	45,100	36,700	81,000	66,621	82
特殊鋼鋼材	10,000	10,619	15,000	15,000	25,000	25,619	102
合金鐵	5,193	5,442	7,507	5,595	12,700	11,037	87
普通鋼鍛鋼	835	1,415	3,165	1,830	4,000	3,245	81
普通鋼鑄鋼	7,030	7,581	7,970	7,890	15,000	15,471	103

출전 : 近藤釰一 編, 『太平洋戰下 ノ 朝鮮』(5), 23쪽.

형용광로제철협회 등이 주최하고 조선군사령부 및 진해경비부 협찬하여 '철강하기생산확보대책위원회'를 조직하여 총독부에는 중앙위원회, 각도에는 지방위원회, 공장에는 공장위원회를 두어 철강 증산을 강행했다.

그런데 다른 공업생산과 같이 설비의 확장이 없는 물동계획은 단기적인 증산목표는 달성할 수 있어도 가혹한 노동력 수탈, 원료수급의 불균형을 초래함으로써 장기적으로는 철강업의 재생산을 저해하였다. 실제로 1944년도 하반기부터 다시 생산실적이 격감한 것은 그러한 '단발적', '일회적' 생산증강정책이 가져온 역기능 때문이었다.[58]

즉 <표 4>를 보면, 1944년도 보통강강재 생산은 8만 8천 톤, 보통선은 68만 5천 톤에 불과하다. 그것은 보통강강재 생산 계획(12만 톤)의 73.9% 수정계획(10만 1천 톤)의 87%에 불과했고, 보통선은 1943년도(55만 6천 톤 실적)에 비해서는 크게 증산되었지만, 계획(82만 톤)의 83.5%, 수정계획의 89%에 불과하다. 그나마 실적을 채운 것은 특수강강재, 보통강주강 정도였다. 특별히 일본본토가 1942년(선철), 1943년(강철)을 정점으로 생산감퇴를 보인 것에 비하면 조선은 1944년도까지 선강 부문 모두 생산이 증가한다는 면에서 식민지 착취의 지속성을 실감할 수 있다.

그나마 1945년부터는 연합군의 공습에 대비하여 일본의 기업소개정책에

---

58) 近藤釰一 편, 『太平洋戰下 ノ 朝鮮』(5), 23쪽 <표> 참조.

이어 조선에서도 기업소개[59]가 시작되면서 생산구조가 전면 파괴될 위기에 처했다. 이에 1945년 3월부터 3개월간을 '철강증산비상조치기간'으로 정하는 한편, <결전철강증산비상조치요강>도 공포하여 단기간내 급속한 철강생산을 꾀하기도 했다.

(무연탄제철) 철강 공급이 한계에 다다르자 일본본토에서는 1942년 12월 총 100만 톤 규모의 소형용광로 160기 건설계획을 세우고 원료산지에 가까운 조선과 중국, 내몽고 지역을 중심으로 건설에 들어갔다. 그것은 일본본토의 소화제철소가 소형용광로에서 빈광처리 실험을 성공하는 등 무연탄제철법의 개발로 인해 이러한 생산방식이 최소의 자재로서 최대의 생산을 이룰 수 있다는 환상을 심어주었기 때문이었다. 그러나 나중의 일이지만 효과는 미미했고 생산기술도 '18세기 초기 서구의 기술과 유사'[60]하다는 평을 면하기 어려웠다.

일본본토의 움직임에 따라 조선에서도 소형용광로 제철사업이 추진되었다. 계획이 입안된 즉시 식산국은 와다나베 주강 및 삼지광산에 사업허가를 하고 당시 신청중인 조선제철, 일본제철, 조선강관 등 18업자에 대하여 2만 톤급 75기의 건설계획을 인가하였다. 또한 1943년 4월에는 고이소 총독이 소형용광로에 의한 무연탄제철계획을 구체화하여 도지사에 통첩하였다. 그러나 소형용광로제철은 선철의 생산량은 적은 반면, 노동력은 많이 들고, 용광로의 수명도 짧아지는 단점이 있었기에 1943년 12월까지 예정된 생산량을 내지 못하였다.[61]

그런데 철강수입이 완전히 두절된 1944년에 들면 다시 활기를 띠어 1944년 4월까지 설비계획의 70%를 완성했고[62] 1944년말에는 총 61개 제철소가

---

59) 1945년 4월 19일에는 소개지역으로 경성, 부산, 인천, 평양 등 4곳이 지정되었고 4월 20일에는 국민총력조선연맹에서 중요도시소개협력운동요강이 공포되었다.(『每日新報』, 1945년 4월 19일자) 그 중 경성부의 疏開 예산은 85,411,000원이었다. (『日帝侵略下韓國三十六年史』(13), 846쪽).

60) J. B Cohen(大內兵衛 역), 『戰時戰後の日本經濟』(上), 1950, 178쪽.

61) 朝鮮總督府 情報課, 「朝鮮の重工業」, 『朝鮮事情資料』(11), 1944, 2쪽.

62) 『朝鮮年鑑』, 1945년판, 127쪽.

완성되어 그 중에서 38개소가 조업하였다. 그 결과 1944년도 상반기 조선의 무연탄 제철에 의한 선철 생산량은 총 6만 1천 톤으로 책임생산량의 10만 5천 톤의 58%에 달했고, 상반기 물동계획 6만 4천 톤의 96% 실적을 올렸다. 무연탄은 일본무연탄제철 진남포공장에서 80~90%, 해주공장에서 50~60%, 이원제철에서 60% 사용중이었다.

3) 석 탄

전체 에너지의 3분의 2를 석탄에 의존하고 있던 일본본토는 전시체제로 전환하면서 점령지·식민지 등에서 대대적인 석탄 동원을 획책했다. 이에 <표 5>를 보면 조선도 제1차 생확(1939~1941)기간 동안 해마다 생산액의 20~40% 수준인 약 100~140만 톤을 일본본토에 이출하고 있었다.[63]

그런데 태평양전쟁 이후 석유와 마찬가지로 대외의존도가 높은 석탄에 대한 자급정책이 한층 강조되면서 총독부는 1942년부터 광업 증산정책의 중심을 산금에서 중요광물로 전환하고, 일련의 증산정책을 추진했다. 특히 1943년 1월에는 고이소 총독이 무연탄 제철과 소형용광로의 확충방침을 제시하면서 증산기구로 조선무연탄이용강화위원회(1943. 1. 19)가 설치되었고, 4월에도 총독이 '전력증강 8대시책'을 통해서 석탄 증산을 위한 채광장려, 선탄 설비, 운반설비, 가격차보조금 등의 대책이 강조되었다.[64] 이에 1943년도 총독부 일반회계 예산에서는 중요광물증산비로서 약 2,800만원이 계산되었는데 그중 석탄관련예산이 1,600여 만원으로 57%에 달했다.[65]

---

63) J. B Cohen(大内兵衛 역), 『戰時戰後の日本經濟』(上), 1950, 241쪽(표 23 참조).

64) 예를 들어 유연탄은 중요 산업용으로 무연탄은 가정용으로 전용하는가1)하면 철강제조 종래의 유연탄 대신에 조선에 풍부한 무연탄으로 대체하여 소형용광로 사업을 하는 것(『朝鮮における日本人の活動に關する調査』, 胡北社, 1977, 45쪽), 그리고 벽돌생산용 유연탄과 대체, 연초건조용으로 무연탄을 이용하는것 등이다. <經濟治安週報>, 1942년 9월 14일자, 11쪽.

<표 5> 엔블록내 조선의 석탄생산 및 이출 비중

연도	조선	사할린	만주	화북·내몽고	대만	총계	일본수입내 조선비중		
							총수입	조선	비중
1937	2,936	2,536	14,281	–	1,856	–	–	–	–
1938	3,419	3,435	15,988	9,959	2,199	35,000	–	–	–
1939	5,171	4,993	19,496	15,272	2,608	47,540	8,285	1,011	12
1940	6,096	6,465	21,132	17,966	2,827	54,486	10,123	1,467	14
1941	6,803	6,471	24,147	23,968	2,770	64,159	9,585	1,078	11
1942	6,645	4,910	24,169	24,878	2,311	62,913	8,748	910	10
1943	6,574	4,979	25,390	21,735	2,324	61,002	6,029	496	8
1944	7,037	2,678	25,627	20,333	1,653	57,328	3,135	252	8
1945(4~6)	–	–	–	–	–	–	188	32	17

비고 : 여타 자료와 생산고의 절대액이 조금씩 차이가 나지만 큰 오차는 아니므로 고려에 넣지
  않는다.
출전 : 코헨, 앞의 책, 241~242쪽

  그런데 일본의 대엔블록 석탄수입은 엔블록의 생산고가 절대적으로 감
소하는 것과 함께 하락하고 있다. 즉 <표 5>에서 엔블록 석탄 생산량이
5,338만 6천 톤일 때 약 1,012만 3천 톤으로 엔블록 총생산의 19%를 일본이
수입했는데, 1944년에는 5천 7,328천 톤 중에서 3,135천 톤으로 불과 5.4%
였다. 조선은 상대적으로 엔블록 하락 정도보다는 낮지만 그래도 하락폭이
크다. 1940년 일본의 대엔블록 수입량에서 14%를 차지하던 조선산 석탄이
1942년에는 10%, 1944년에는 8%로 하락했다. 태평양전쟁 후반기에는 엔블
록내에서조차 수급이 난관에 처했다는 것을 말한다.
  차질을 빚은 주된 이유는 첫째 <표 5>에서 보듯이 화북 내몽고 그리고
사할린산 석탄 생산이 감소했기 때문이었다. 그런데 조선과 만주산 생산고
는 이 시점에서 현상유지 혹은 증가했다. 즉 태평양전쟁 후반기는 만주와
조선산 석탄에 대한 수이입 요구가 확대될 가능성을 보여주고 있다. 둘째
이유는 앞서도 지적한 것처럼 생활용 물자를 수송할 수송력이 태부족했기
때문이었다. 또한 군수산업의 확대를 위한 조선, 만주 등지의 고품위 유연
탄의 수요가 증가한 것도 점도 한 원인이었다. 그런데 1945년의 경우 급속

---

65) 『殖銀調査月報』(1943년 3월호), 29쪽.

히 비중이 증대하는데 그것은 일제가 패망하기 직전 조선 이외에는 수입선이 대체로 붕괴했다.

반면, 총독부의 석탄 증산정책에 따라 석탄생산고는 제2차 계획기간 내내 증가했는데 이는 만주를 제외한 여타 엔블록 석탄생산고가 격감한 것과는 차이를 보인다. 그만큼 조선과 만주는 태평양전쟁 후반기 일본의 석탄 공급기지였다고 할 수 있다. 그런데 증산 내용을 보면 무척 파행적이다. 즉 생산 증대는 주로 무연탄의 경우이고 유연탄은 실적이 오히려 둔화되고 있었다. 예를 들어 유연탄의 경우 1942년은 계획의 91%를 생산했으나 1943년에는 81%로 하락했고, 1944년에도 85%에 불과하였다. 그나마 1943년의 수정계획의 83.7%에 불과했다. 반면, 무연탄은 1942년도에 예정량의 96%를 달성했으나 1943년에 92%로 떨어졌지만 수정계획에 대해서는 1943년 98.5%, 1944년 101%를 달성하였다.

그렇지만 조선산 무연탄은 연소시간이 길고, 고정탄소가 풍부하여 화학공업에 이용도가 높았을 뿐 아니라 유황 함량이 적어 목탄의 대용이나 가정용 연료로 이용될 수 있었지만 휘발성이 적어 유연탄 대용으로 이용하기 어려웠고 착화온도가 높아서 제철, 제강에 사용하기 어려웠다. 따라서 생산력확충용 대신 일반 사업용, 가정용으로 이용되었기에 외국탄의 수입은 상대적으로 적었다.

그럼에도 총량면에서 당시 석탄 생산고가 증가한 것은 분명하다. 그것은 일본본토와는 정반대였다. 즉 1940년 5,730만 9천 톤이던 일본의 생산고는 1944년에는 4,933만 5천 톤으로 800만 톤 감소했다.[66] 따라서 부족분은 조선이나 화북, 사할린 등지에서 수입했는데, 문제는 조선산 석탄을 쉽사리 이입할 수 없었다는 점이다. 즉 <표 6>을 보면 1940년 146만 7천 톤이 이출되었으나 1942년에는 91만 톤, 1943년에는 49만 6천 톤, 1944년에는 25만 2천 톤, 1945년(4~6월)은 불과 3만 2천 톤으로 급감하고 있다. 조선의 경우 생산고는 높아져도 이출은 둔화되는 상황이었다.

---

66) J. B Cohen(大內兵衛 역), 『戰時戰後の日本經濟』(上), 1950, 238쪽(표22참조).

<표 6> 조선 석탄의 제2차 생산력확충 계획과 실적　　　　　　　(단위 : 천톤)

구분 / 연도	유연탄				무연탄				합 계			
	예정계획	수정계획	실적	수입비중	예정계획	수정계획	실적	수입비중	예정계획	수정계획	실적	이출량
1942	3,000	-	2,730	17.4	4,100	-	3,931	-	7,100	-	6,661	910
1943	3,000	2,900	2,430	26.5	4,500	4,200	4,132	0.2	7,700	7,100	6,589	496
1944	3,000	2,600	2,519	55.6	5,100	4,500	4,530	24.3	8,100	7,100	7,049	252
1945	4,530	3,460	-	-	6,100	5,890	-	-	10,630	9,350	-	32
1946	4,730		-	-	6,710		-	-	11,440		-	-

출전 : 1) 近藤釰一 編,『太平洋戰下ノ朝鮮』(5), 36~7쪽. 2) 朝鮮史料硏究會,「總督統治終末期の實態」(3),『朝鮮近代史料硏究集成』(3), 310쪽. 3) 大韓商工會議所, ≪商工經濟≫(1949년 4월호), 21쪽. 3) J. B Cohen,(大內兵衞 역),『戰時戰後の日本經濟』(上), 1950, 242쪽.

　홍미로운 것은 이출만큼 수이입 또한 많다는 것이다. 그것은 다음 두가지 측면에서 이해된다.

　첫째, 조선, 북해도 등지는 주로 무연탄이 화북, 내몽고 지역은 주로 유연탄이 집중 매장되었기 때문에 철강, 경금속 산업이 집중한 조선이나 일본본토 지역과는 멀리 떨어져 있었고, 이에 1942년 이후 연합군의 공습이 미치자 곧바로 수송난에 처하게 되었다는 점이다. 따라서 두릿틀 부대의 동경공습(1942. 4. 18)이 있던 다음달(1942년 5월)에는 이출용 조선산 석탄이 운송난으로 저장고에 쌓임으로써, 부랴부랴 총독부가 장려금교부 및 저리자금 융통 및 소비 강화, 생산할당, 운송력 강화 등 저탄 소화 방침을 세우는 등[67] 소란이 발생했다.

　둘째, 당시 조선의 전시공업화로 인해 조선내 수요가 급증하고 있었기 때문이다. 즉 <표 6>을 보면 총독부는 제2차 생확계획을 통하여 해마다 유연탄 300만 톤, 무연탄 4~500만 톤, 합계 7~800만 톤을 증산하기로 했으나 실제 생산고는 1937년 293만 6천 톤, 1940년 609만 6천 톤, 1942년 664만 5천 톤, 1944년 703만 7천 톤이었다. 물론 전시 이후 약 2.5배 증가했지만 조선내 수요의 3분의 1가량인 연간 100만 톤의 석탄(유연탄 중심)을 일본이나 만주국 혹은 사할린에서 공급받아야 했다. 즉 당시 조선산 유연탄은

____

67)『朝鮮年鑑』, 1943년판, 196쪽.

저품위 갈탄이어서 점결탄을 필요로 하는 제철용탄이나 가스 코크스의 원료용탄으로는 부적당했고, 고칼로리를 요구하는 군수·철도용탄으로도 사용할 수 없었기에 결국 수요의 50%를 외국에 의존하고 있었다. 그나마 제1차 생확으로 증산이 있었지만 수입의존율은 1942년도에는 17% 수준으로 하락하였으나 1944년에는 310만 톤의 유연탄을 수입해도(수입총량의 58%) "수요를 따라갈 수 없는 상황"이었다.[68] 그것은 공업 분야의 수요가 증가했다기보다는 생산비 앙등, 노동력 부족, 운송 감소로 1942년 이후 유연탄의 생산량이 하락했기 때문이었다. 그것은 수정계획수량이 1943년 이후 예정계획과 큰 격차를 보인 것에서도 드러난다. 아울러 무연탄도 그러했다. 즉 1938년 3.3%인 외탄의존율이 1943년에는 0.2%로 하락했지만 1944년에는 24%로 급중하고 있다. 그것은 총독부의 '무연탄사용장려조치'에 따라 <군수생산책임제>에 필요한 점결탄을 화북이나 만주국에서 대량 수입했기 때문이었다.

그러나 1944년 이후 화북 전선의 와해로 점결탄, 코크스의 수입이 어려웠기에 겸이포제철소 등 철강공장은 원료난으로 인해 자주 조업을 중단하는 사태를 맞았고, 일본산 석탄의 이입도 1940년 170만 톤을 고비로 1944년에는 71만 4천 톤, 1945년 1/4분기에는 겨우 6만 2천 톤에 불과했다. 따라서 1944년에 들면 일본이나 화북에 의존하던 유연탄의 수입두절로 '결정적인 생산저하 요인'[69]이 발생했고, 마지막 교두보인 사할린산 석탄마저도 1944년 9월부터는 완전히 두절되고 말았다.[70]

요컨대 당시 석탄업은 일본본토의 조선석탄 운용방침에 따라 이출과 이입이 공존하는데 그것은 조선의 석탄업이 일본본토의 원료공급이라는 본연의 목적에 더하여 군수공업화에 의한 조선내 수요증가라는 중첩된 요구에 적응해야 했기 때문이었다.

---

68) 近藤釗一 編, 『太平洋戰下ノ朝鮮』(5), 38쪽.
69) J. B Cohen(大內兵衛 역), 『戰時戰後の日本經濟』(上), 1950, 243·248쪽.
70) 「總督統治終末期の實態」(3), 앞의 책, 311쪽.

4) 전 력

조선에서 가공공업을 확대하기 위해선 필수적으로 전력의 안정적인 공급문제가 현안이 되었다. 이에 1940년대 이후 전력개발이 급진전되면서 1941년 9월에는 수풍 제2호기가 송전을 개시한데 이어 1943년 1월에는 수풍 제4호기가 송전을 시작하였다. 그러나 기존의 발전력만으로는 도저히 수요를 충족할 수 없었다. 즉 총독부의 '전력예상수급계획'(1944. 12. 24)을 보면 1945년도의 수요는 거의 공급수준에 이르고 1946년은 연 7억에서 24억kwh 정도의 전력이 부족할 것으로 보았다.[71] 그 이유는 먼저 1943년 이후 일본본토의 기업이 연합군의 본토공습을 피해 대거 조선으로 이주한 것 때문이었다. 그리고 조선에서도 총독부가 경금속, 화학, 철강업 등을 육성하면서 이들 산업이 전력을 대량으로 소비하였기 때문이었다.

이에 총독부의 발전계획을 보면 기존 부령수력, 원산수력, 금강산수력, 보성강수력, 만전수전, 부전강수력, 장진강수력, 운암수력, 영월화력 등지에서 생산되는 총량인 661,400 kw(1943년 현재)를 1946년까지 656,300kw로 확대하고, 계속사업인 허천강 수력, 강계 제1·2·3·4호기, 한강수력(청평,화천), 남조선 제1호기, 수풍, 서두수, 압록강 운봉 수력 등지에서 기존의 558,600kw(1943)를 1946년에는 926,700kw로 확장한다는 것이었다. 특히 완성단계에는 총 2,373,600kw를 생산하기로 했다.[72] 그 중에서 압록강 연변의 발전계획은 1,984,000kw로서 전체계획의 83.6%를 차지하였다. 그런데 이것은 단순히 압록강이 수력발전에 적절하였다는 이유 외에도 총독부의 공업정책이 신의주·평양·겸이포·사리원·서울·인천·수원·군산으로 이어지는 조선서부공업단지에 집중되고 있었던 사실을 반영한 것이었다.[73]

당시 전력에 대한 국가통제가 점차 강화되었는데 그것은 발송전업의 민간 장악에 의한 발전소 건설비·전력요금 앙등[74], 그리고 일본이 조선 전

---

71) 「總督統治終末期の實態」(3), 앞의 책, 325쪽.
72) 「第86回 帝國議會答辯資料」, 『太平洋戰下ノ朝鮮』(5), 65~67쪽.
73) 김인호, 『태평양전쟁기 조선공업연구』, 69~73쪽 참조.

력을 국가관리하겠다는 압박 때문이었다. 따라서 총독부는 <전력국가관리요강>을 입안하고 '임시전력조사회'(1942. 10. 22.)를 소집하여 자문을 구했는데, 그 결과 답신안에서는 "생산력확충을 위해서 총독이 발송배전 설비 및 특수회사를 설립하여 통합적으로 관리"를 요청했다.[75]

그러나 조선의 전력업을 국가관리로 했을 때 기왕의 발전 경험과 기술, 설비 등을 보유한 일질의 반발이 예상되었다.[76] 또한 국영으로 통폐합될 경우 기존 전력회사의 자산평가나 통합 범위도 문제였다. 따라서 총독부는 "특수회사 운영상에 민간의 우수한 기술과 경력을 적극적으로 활용한다"[77]는 원칙을 세우고 새로 발족할 조선전업은 일본질소(주)를 근간으로 자산평가는 복원법으로 하며 일질(日窒)의 자가발전은 용인한다는 선에서 해결을 보았다. 결국 <조선전력관리령>(1943. 3. 30)이 공포되면서 조선전업주식회사 설치 및 발송배전에 대한 총독부의 직접지배가 실현되었다. 그럼에도 불구하고 노구찌 재벌에 의한 전력독점을 제한할 수 없었다. 그것은 조선전업의 중역이 거의 일질 출신이어서 사실상 일질의 사회사 성격이 강했고 그나마 특수회사라고 하더라도 자본금 3억 4천여만 원 중에서 정부 출자는 겨우 600만 원(총불입액의 2%)이었기에 일질의 독점을 막을 수 없었다. 즉 전력의 국가관리는 외형적으로 보면 조선전업이라는 공익적 국영 단체로 일원화한 것 같았으나 사실상 분산된 전력산업을 노구찌 재벌 아래로 통합하여 "전력산업에 대한 일원적 통제"[78]를 달성하려는 것이었다. 이

---

74) 1943년 당시 "신규개발중인 압록강수전의 의주, 강계수전·한강 수전·남선 수전·북선 수전 등 7 개소의 건설비는 물가, 노임 등의 앙등에 따라 종래 1kw 당 150원 300원이던 것이 500원에서 1000원이 되고 건설비 경우 북선수력은 2억원, 압록강 수전 제2차 공비는 3억원, 강계 수력은 5천만원이 증자되었으며, 남선수력은 5백만원 불입에 이어 1천만원 증자 등 약 6억원이 소요된다"고 했다. 「重化學工業の擴充じ重點」,『朝鮮産業年報』, (1943년판), 36쪽.

75)『殖銀調査月報』(1942년 12월호), 34쪽.

76) 그것은 당시 전조선 수요의 65%를 차지하는 것이었다. 角永淸, 「朝鮮電力統制に就て」,『朝鮮産業年報』(1943년판), 172쪽.

77)『殖銀調査月報』(1943년 3월호), 35쪽.

에 1944년 4월부터 조선전업과 압록강수전에 대해 1944년 4~9월까지 총 38,900백만 kwh를 생산하도록 <생산책임제>를 실시하였다. 그 결과 실적은 1944년 4~6월까지 조선전업은 99.6%, 압록강 수전은 100%의 실적을 올렸다.[79]

그러나 실적 호전에도 불구하고 전력사정은 호전될 수 없었다. 그것은 발전소 건설에 필요한 자재 및 원료 부족, 임금 및 수당의 등귀로 인해 상당한 애로가 발생했기 때문이었다. 예를 들어 수풍발전소의 경우 1941년 9월부터 송전이 개시되었지만 본래 책정된 건설비가 1억 4천만 원이었는데 실제로 들어간 건설비는 2억 3천만 원이었다. 여기서 건설비는 kw당 350원이었으나 1943년에 건설중인 야구계의 신설 수전은 kw당 500~600원으로 등귀하여 전력회사간의 생산비 차이도 상당했다. 예를 들어 일찌감치 건설된 부전강수력 등 노구찌계 전력은 상당히 값싼 대신, 강계, 한강수력은 자재값 등의 요금이 비쌌다.[80] 또한 건설자재도 품귀였는데 예를 들어 1943년도 수전 건설용 철강할당량은 2만 톤 정도였으나 1944년에는 11,400톤으로 격감하였다. 결국 철강은 연내에 설립이 가능한 곳에 집중하기로 했다.[81] 이에 총독부는 조선전업을 설립하여 전력에 대한 관리를 강화하고, 조선전업에 대해 정부가 원리금을 보증하는 채권 3억 원을 발행할 수 있게 하는 한편, 전력개발에서 발생하는 모든 손실을 보상해주기로 했다.

그럼에도 조선전업의 경영 실적은 급속히 악화되었다. 조선전업의 1944년도 4/4분기(1944. 10~45. 2)의 배당율은 7%에 불과했고 "그나마도 특별한 재원이 없을 경우 그나마도 어려운 상황"이었고, "압록강수전(水電)도 배당이 6%에 불과하여 kwh당 2전정도의 정책요금만으로는 도저히 타산이 맞지 않았고 이에 전력가 인상을 하지 않을 경우 운영에 애로가 예상된

---

78) 『殖銀調査月報』(1943년 9월호), 40쪽.
79) 「總督統治終末期の實態」(3), 앞의 책, 331쪽.
80) 水田直昌, 「昭和18年度朝鮮總督府豫算について」(近藤釰一 編『太平洋戰の朝鮮』[2]), 23쪽.
81) 「總督統治終末期の實態」(3), 『朝鮮近代史料研究集成』(3), 324쪽.

다"[82]고 하여 요금인상을 요구했다.

5) 기계기구업

1930년대 초반까지 조선의 기계공업은 식민지 물자수탈을 위해 기형적으로 발달된 교통·운수업과 관련하여 차량·소형어선의 수리나 제조 수준에 머물러 있었다. 동북전쟁(만주사변) 이후 조선북부공업지대의 확장에 따른 지하자원 개발에 여파로 광산기계·토목 기계의 생산이 나타나고 있다.

그리고 중일전쟁 이후 일본본국의 군사적 재편과 기계기구의 수요증대로 조선의 기계할당량이 감소했는데 그것에 반하여 조선의 광공업의 성장은 오히려 기계기구의 수요를 증대시켰다. 이에 총독부의 기계공업 정책은 '자급'을 강조하게 되고 시국대책조사회도 이를 적극 권장했다.

그 결과 <표 7>에서 보듯이 기왕의 철도차량(부속품)·광산·토목기계

<표 7> 조선내 주요 기계공장 설립상황

연 도	설립상황
1937년 이전	용산공작 영등포공장(차량제조)·朝鮮計器 인천공장(도량형기)· 조선상공 평양-진남포철공소(농업·광산기계), 조선암기제작소(착암기), 日本精工 서울공장(철공)
1937년	일본차량 인천공장, 조선기계 인천공장(광산기계), 조선중공업 부산공장(선박,기계), 조선제강소 인천공장(광산기계)
1938년	서선중공업 해주공장(광산기계), 동양특수주물 신의주공장, 관동기계제작소 서울공장(광산기계), 북선제강소 천내리 공장(광산 기계),
1939년	미스비시공업 인천제작소(弘中商工 부평공장 매수), 국산자동차(자동차 부품) ,동양상공(주강기기)
1940년	동경지포전기 인천공장(전기기계), 조선이연금속 대전공장(피스톤·링크), 디젤자동차 부평공장(자동차 조립·수리)
1941년	일립제작소 인천공장,(전기로주강·각종 기계), 조선 조선철공 원산-청진공장(조선)

출전 :『殖銀調査月報』 각년 각월판

---

82) (1944년도 總督府 電氣課 計劃), 近藤釰一 編, 『太平洋戰下ノ朝鮮』(5), 50~
   51쪽.

<표 8> 조선내 기계기구업 구성(1939)

구분	종수	소공장		중공장		대공장			
		5~29명	비율	30~99명	비율	100~199명	비율	200명 이상	비율
공장수	613개소	455	74.3	116	19.0	22	3.5	20	3.2
생산액	47,332천원	8,047	17.0	8,940	18.9	5,395	11.4	24,953	52.7
공원수	24,745명	4,927	19.9	5,856	23.7	2,882	11.6	11,080	44.8

출전 : 殖銀調査部, ≪殖銀調査月報≫(71)(1944년 4월호), 5쪽.

등의 제조, 기타 소형선박 및 甲造船외에도 비행기, 디이젤자동차, 전기로 주강, 전기기기·전선, 도량형기, 자동차(부속품) 조립 수선 등 특수기계와 각종 공작기계를 생산하는 업체가 증가하며, 특히 40~41년 경에는 日立, 芝浦, 日本車輛 등 대기업이 진출했다.[83] 또한 설립 지역은 대체로 인천·서울(경성)이 중심이고, 회사형태는 초창기는 조선본점, 후기에는 지점회사가 많다.

아울러 이시기 중소기계공장도 증가했다. 즉 서울(경성부)의 경우 1935년에 126개이던 기계공장이 1937년에는 147개, 1939년에는 287개[84]로 4년만에 2.5배가 늘었다. 그렇지만 조선의 기계공업에서 공작기계나 특수기계를 생산하는 업체가 증가했더라도 완성품보다는 부분품 생산이 중심이었다.[85] 또한 양적으로도 공업상의 비중도 낮았고 기계 보수마저도 대체로 일본에 의존하던 처지였다.[86] 아울러 좀처럼 기계제품 자급율도 나아지지 않았다.

먼저 기계류 수이입상황을 보면, 1938년도는 약 8천 3백만원(기계 한대당 가격을 4,000원-<생산력확충대강>에서 지정한 평균단가-으로 계산하면 20,750대 분량)으로 수이입품 중에서 1위였는데 가격은 당시 조선산 기계 생산액의 4배에 달했다.[87] 그리고 일본본토의 1938년도 생산능력(4,140대, 1억 6,560만원 가량) 혹은 1941년도 계획생산설비(50,000대, 2억 원)의 절반에 달하는 것이었다.[88] 따라서 중요기계기구의 자급율은 정체상태로써

83)『朝鮮年鑑』(1945년판), 127쪽.

<표 9> 조선내 기계제품의 수급상황(1940)　　　　　　　　　　　(단위 : 천원)

분야	종 목	생산액	수입	수출	조선내수요	조선내공급율
정밀기기	기관 및 부속품	97	2,802	320	2,579	3.7
	원동기	1,609	22,044	888	22,765	7.1
	제조가공용기계	24,936	104,323	11,200	116,059	19.6
	소 계	26,642	175,976	14,994	187,624	14.2
일반기기	도량형기	1,153	840	35	1,958	60.0
	의료기	51	1,663	250	1,464	3.5
	전신 전화기	15	5,251	87	5,179	0.3
	자동차 부속품	15	5,744	1,061	4,698	0.3
	선박	5,575	5,914	523	10,966	50.8
	소계	22,742	82,016	12,089	92,669	35.7
총계	-	75,699	257,992	27,083	306,609	24.7

備考 : 1) 각품목은 전부 부분품인 경우와 부속품을 포함함. 2) 자급률을 측정할 수 없는 업종
은 제외했기에 총계와 부분 합계가 차이남. 3) 원문에는 정밀도에 따라 A B C군으로 분류했
으나 본 표에서는 A=정밀기기를 B·C=는 일반기기로 표기함.
출전 : 1) 朝鮮銀行調査部, 『朝鮮經濟統計要覽』, 1949, 89쪽 <표 38>
　　　 2) 朝鮮銀行調査部, 『朝鮮經濟年報』, 1948, Ⅰ~105쪽.

중요기계중 자급율이 10% 이상인 것은 거의 발견하기 힘들다. 즉 <표 9>에
서 1940년 당시 조선의 기계제품 자급율은 평균 24.7%이고 그 중에서 일반
기기는 35.7%정도인 반면, 정밀기기는　14.2%에 불과하다. 업종별로 선박,
도량형기 등은 60% 내외의 자급율을 보이지만 전신·전화기, 자동차부속
품 등은 0.3%에 불과하다.

　기계공업이 취약했음에도 불구하고 1939년부터 일본에서 이입된 기계류
의 상당수가 배급통제 대상이 되면서 기계류 입수난은 더욱 심해졌다. 즉
1939년 7월부터 9월간에 한시적으로 금속·공작기계·철도차량·제철용
기계·선박·전기기기·통신기기·화학공업용　기기·농업용기기·정밀

---

84) 京城商議, 『京城における工場調査』(1937년판), 37쪽, (1939년판) 3쪽, (1941
　　년판), 3쪽.
85) 『朝鮮産業年報』(1943년판), 42쪽.
86) 『朝鮮年鑑』(1945년판), 128쪽.
87) 東洋經濟新報社, 『年刊朝鮮』(1942년호), 99쪽.
88) 기계의 대당 평균 단가는 山崎志郎, 「戰時工業動員體制」(原朗 편, 『日本の戰
　　時經濟』), 68쪽에서 기술한 내용을 참고하여 계산한 것임.

기계·軸受·工具·기타 기기 및 금속제품 등 일제기계에 대한 배급통제가 실시되었다. 배급을 원하는 자는 자원과장에 '발주승인하부신청서'를 제출하고 발주승인서를 취득한 다음 일본본토의 제조업자에게 그 승인서를 제출하여 이입하게 되었다.[89]

이에 총독부는 공작기계 증산을 표방한 <공작기계제조사업법>을 공포하고, <시국대책조사회>의 자문안을 토대로하여 공작기계 생산능력을 1941년까지 약 500만원정도(1,250대 가량)로 증강하기로 했다.

그런데 전체적으로 기계류의 제1차 생산력확충계획은 실패로 귀결되었다. 예를 들어 화차 생산고를 보면 38년에는 1,189톤으로 65.9%, 1939년에는 4,152톤으로 74.8%, 1940년 상반기에는 2,608톤으로 85.1%, 객차는 1938년 59.7%, 1939년 9.2%, 1940년 상반기 17.5%라는 기대이하의 낮은 실적을 보였다.[90]

증산방식을 보면 앞서의 경금속공업은 이전까지 조선에서 발전하지 않았기 때문에 일본공업을 이주하는 방식의 증산이 전개되었다. 하지만 기왕에 중소공장이 제법 존재하는 기계공업은 이주공장을 토대로 하고 이와 기술적으로 경영적으로 밀접히 연계되는 조선내 중소공업을 합동화·하청화함으로써 증산하는 방식이 채택되었다.

> 조선내공업의 자급자족체제를 확립하는 견지에서 요람시대인 반도공업의 기술향상이 급선무이기 때문에, 기획부는 우수기업을 중심으로 하는 기업합동에 의한 작업의 집약화와 일본본토 이주공장과의 기술적 연결을 꾀하는 것으로 업자의 기술향상에 대한 진지한 협력과 연구를 요청하고 있다.[91]

조선 중소기계공업의 현황은 1944년에 식산은행 조사부가 조사한 각지 조합조직(임의조합도 포함)하 기계공업 관계 공장 233개소의 실태보고서를 보면 대체적인 윤곽을 알 수 있다.

---

89) 『殖銀調査月報』(1939년 8월호), 69쪽.
90) 「生產力擴充計劃產業別豫定實績對照表」, 『日本陸海軍省文書』(32).
91) 『殖銀調査月報』(1942년 10월호[8월분]), 27~8쪽.

소규모 공장의 선반 설비대수는 수천 대이고 이중 수천 대는 모두 특수품 공작에 사용되며 이중 공장당 평균 선반설비대수에서 최고인 곳은 평안북도, 평양, 진남포 등 서선 지방 및 남선의 부산 등인데 절대 수는 서울이 최고로서 총수의 38.7%, 인천까지 합하면 무릇 50%에 달한다. 다만 경인 지역은 비교적 소규모 공장이 많기에 공장당 평균 선반설비대수는 서선 지방의 각 지구만큼은 되지 않는다. 또한 경인지구의 또하나의 특징은 일반 산업용으로 사용되는 선반수가 특수용을 초과한다는 점이다. 한편 최근 평양은 공원수가 서울의 50% 설비선반수는 85%에 달하다. 부산은 공원수가 서울의 약 40% 선반은 50%미만이지만 공장당 평균은 평양보다도 높고 평북과 유사하다.[92]

즉 설비능력은 총 233개소 공장이 수천 대 가량 보유했다는 것으로 보아 공장당 선반 5대 이상의 선반을 보유한 것으로 여겨진다. 용도는 대부분 특수용(군수용)이고, 특수용도의 기계를 보유하고 있는 공장은 서부조선 혹은 부산지방이며 이 지역의 공장 규모 설비는 비교적 큰 반면 서울·인천지방은 설비수량은 50% 이상이지만 소규모 공장이 집중하여 공장당 선반수는 미미함으로써 영세성이 나타나는 것이다.

그런데 문제는 설비만이 아니라 기술수준이었다.

<국민직업능력신고령>에 의한 기능정도 신고표준에서 1급 기술자 자격을 받는 사람은 선반작업의 경우 1) 도면과 가공물에 따라 각종 작업순서 및 가공작업을 할 수 있을 것 2) 여러 종류 선반에서 각종 가공작업을 보다 능률적으로 할 수 있을 것 3) 기계 고장이나 제품 불량을 알고 그 원인을 발견할 수 있을 것 4) 한계측정기를 사용하여 일본 표준규격 2급 기준(물품의 마무리치수가 20mm전후라면 공차율은 0.9 / 100mm 마무리치수가 50mm라면 1.2 / 100mm정도의 마무리)을 적용하는 부분품을 용이하게 제작할 수 있을 것 5) 소형선반의 설치나 가공을 쉽게 할 수 있을 것 등인데…중소공업의 2급 신고표준에 해당하는 고급물, 마이크로메터(測微器), 지그(jig), 측정기 사용법조차 정확하게 모르는 사람이 많다.”[93]

---

92) 『殖銀調査月報』(1944년 4월호), 4쪽. 본 조사 일시는 불명이나 40년대 이후는 분명하다.

이에 적극적인 기계공업의 재편성 문제가 불거져 나오게 되고,[94] 기술향상과 숙련노동력 확보 문제를 해결할 필요가 있었다. 이에 총독부는 각종의 교육기관을 설립하고 기술인력 증강을 추진했다. 즉 1944년에는 기존의 경성제대 이공학부·경성공고 등 6개교 외에도 평양과 서울에 공고 2개소를 설치하고 그밖에 기설 직업학교, 상업학교 및 상공학교 17개교를 공업학교로 전환하기로 했으며, 중견 기계공 양성을 위해 조선노무협회 도지부 산하에 도중견노무자 지도훈련소를 확충하였다. 또한 <공장사업장기능자양성령>으로 공장별 노동자 양성시설 확충을 꾀하였다.[95] 아울러 조선공업협회 산하 기계공양성소는 1937년 창설될 때는 기계과·전기과 등 2과가 있었지만 1939년부터 기계과 만을 모집했다.

이러한 중소기업 육성정책과 함께 일본본토기업 이주 정책이 전개되었다. 먼저 1942년 5월 총독부는 기계공업의 기술향상을 명분으로 일본기업과의 협력을 표방[96]하고 8월에는 일본기계업의 유치와 더불어 '조선내공업의 자영존립 및 자급자족체제를 확립하는 견지에서 기획부는 일본본토 이주공장과의 기술적 연결을 공언했다. 이러한 본토기업의 유치를 통한 기계자급정책은 당시 일본이 조선으로의 기계 발주를 억제하려는 데 대한 총독부의 대응이기도 했다.[97]

---

93) 『殖銀調査月報』(1944년 6월호), 17쪽.

94) "시국에 의한 자재난은 종래의 방법으론 도저히 경영을 유지할 수없게 심각화했다 …… 잘되는 기계공장은 대부분 군수공장으로써 독자 분야를 확립하고, 약체 공장은 점차 협력공장으로 됨으로써 그 소속이 명확하게 된다. 이리하여 조선에서의 기계공업의 재편성 내지 생산분야의 확립은 자연스럽게 시간이 지나면 해결되어 귀추가 명확히 될 것이다"(『殖銀調査月報』(1944년 11·12월호 합집), 30쪽).

95) 1943년 현재 기계공 양성의무공장 : 삼릉공장인천제작소, 日本車輛제조인천지점공장, 龍山工作영등포공장, 조선기계제작소인천공장, (주)朝鮮計器인천공장, 조선암기제작소, 東京芝浦電氣인천공장, 日立제작소 인천공장, 日本精工京城工場, 조선제강소, (주)조선중공업, (주)조선전기제강, (주)서선중공업, 三井광산, 조선비행기제작소, (주)조선상공 평양철공소, 북선제강소 『殖銀調査月報』(1944년 5월호), 23쪽.

96) 『殖銀調査月報』(1942년 7월호), 33쪽.

또한 1944년 4월부터 총독부는 오사카 율본철공·금자철공·석정철공·주우금속공업·일철기계 등 5사를 조선에 유치하기로 하고 기술적 연결을 강화하고자 중요기계공업의 계열 정비와 생산 확립을 도모하고 중요기계의 수급 방책을 결정했다. 특히 항공기중점생산의 방침아래 조선에서도 일본자본과 합작한 비행기공업회사가 발족했다.

그러나 일본기업과 연계를 통한 기계기술의 향상은 실제 이뤄질 수 없었다. 공습 등 특별한 경우에 의한 이주를 제외한다면, 일본기업의 이주는 기술이전, 제휴보다는 당시 자재난과 자금난에 시달리던 일본기업이 기존의 조선기업을 흡수 합병하는데 오히려 혈안이 되어 있었다. 예를 들어 삼릉계인 일본화성은 기존 조선중화학을 합병했고 조선중공업을 그 자회사로 재편했다. 또한 삼정계 동양경금속이 서선화학합동을 합병했으며, 대동제철과 동척이 제휴하여 조선제철의 발족하는 등을 들 수 있다.[98]

식민지 말기에 들면서 조선의 기계공업 자급정책은 더욱 강화되었다. 이에 1944년 1월 18일에는 각의에서 「제2종 공업부문기업정비조치 및 이를 구체화한 기계공업 등 정비 실시요강」을 결정하여 비로소 종래 통제회, 공업조합연합회 등 민간의 자발성에 의존하던 기업정비가 명확하게 관청의 책임으로 하게 했으며, 각 하청공장의 국가성을 크게 강화하도록 조치했다. 본 요강의 요점은 실로 기왕의 생산력을 긴급부문에 급속히 동원할 태세를 강화하는 것과 그 발주공장을 일체로 하여 발주공장의 「책임생산제」하에서 전체적인 종합생산성 앙양을 목적한 것이었다.

구체적으로 보면, 육해군 작업창 및 중앙협의회 모공장을 소위 발주공장으로 하고 단위별 생산을 하는 대공장은 물론 부품생산을 전문으로 하는 대규모 전문공장도 편입하였다. 한편 기업 계열에 편입되어야 할 전속 협력공장(하청공장)은 공작·기계 등 설비기계를 10대 이상 보유하고 상당수준의 기술을 보유하는 것으로써 생산능률의 8할 이상을 육해군작업창·지정 발주공장에 협력하는 것을 원칙으로 삼았다. 또한 공장 규모, 기술수준,

---

97) 『殖銀調査月報』(1942년 10월호), 28쪽.
98) 『殖銀調査月報』(1942년 7월호), 33쪽.

설비 상황에 의해서 한 개의 발주공장에 속하는 것이 오히려 그 능력을 전면적으로 이용하는데 방해가 되면 이러한 경우는 2개 이상의 발주공장이 공동이용, 즉 공동협력공장으로 삼아 그 생산력의 3할 이상을 가지고 지정발주공장에 협력하도록 했다. 한편 2차 이하의 협력공장 즉 재하청공장은 가급적 줄이고 상위 협력공장에 전속하도록 했다.

정리하면, <요강>에서는 발주공장에 대해서 하청공장(협력공장)의 생산 책임을 강조하는 것이다. 책임 완수를 위하여 지정발주공장은 하청공장에 대해서 공장운영상에 필요한 일정량의 발주를 확보하게 하고, 기술지도, 자재, 노동력, 동력 등의 확보, 경영개선, 기술지도, 금융원조, 기계공구 대여 등의 책임을 지는 동시에 하청공장은 지정발주공장이 수주한 이외의 것을 생산할 때는 발주공장의 승인을 받게 했다.[99]

이러한 생확정책에 힘입어 자급율이 크게 향상되었다. 즉 1939년 총국내 소비액 2억 15,718천 원 중에서 1억 62,492천 원을 수입에 의존하여 24.7%라는 아주 낮은 자급율에 머물렀던 조선기계업은 주로 부속, 수리품 공장이 주였다. 1944년에는 총수요 2억 51,678천원 중 1억 21,678천 원을 수입함으로써 자급율은 51.7%로 급등했다. 이것은 생산의 증가와 더불어 대일이입량이 급감한 결과로 인위적인 자급율 상승이 동반된 것이라 평할 수 있다.

6) 제2차 생확계획의 허실

일본본토의 제2차 생확계획은 예정대로 추진될 수 없었다. 1944년도 일본본토의 원료수급 상황은 1940년을 지수 100으로 볼 때 철광석은 32.5, 석유 7.5, 석탄 34.5, 보오크사이트 123.8, 코크스 43.3에 불과하였다.[100] 반면, 조선의 제2차 생확은 1944년 초반까지도 호조를 보였다. 예를 들어 1941년도 84%, 1942년도에 75%수준에 머물렀던 실적이 1943년에는 반등하여 90%에 달하고 1944년도 상반기에는 109%에 달했다.[101] 그러나 1944년 후

---

99) 『殖銀調査月報』(1944년 4월호), 6~7쪽.

<표 10> 조선의 연도별 공산액 및 불변공산액 상황   (단위 천원)

연도	공산액	지수	불변지수	불변공산액	증가율(%)
1936	730,860	100	100	730,860	–
1937	955,119	131	115	840,489	15
1938	1,174,016	161	118	862,414	3
1939	1,466,188	200	126	920,884	8
1940	1,647,133	225	129	942,809	3
1941	1,722,225	236	130	950,118	1
1942	1,863,912	255	134	979,352	4
1943	2,050,000	281	134	979,352	0
1944	2,000,000	273	128	935,501	-6

出典：1) 朝鮮銀行調査部, 『朝鮮經濟年報』(1948), Ⅰ～99,101쪽.
    2) 鈴木武雄, 『朝鮮ノ經濟』, 232쪽
    3) 朝鮮銀行調査部, 『朝鮮經濟統計要覽』, 1949, 69쪽.
備考：1) 불변공산액 및 불변지수는 명목공산액을 물가지수로 수정한 것
    2) 1943년 공산액은 조선은행의 추정액

반기부터 일본경제의 붕괴와 자재난에 따른 기계 입수난, 기술자·숙련공 부족, 노동자 이동과 질적 저하, 소운송·해상운송력 부족 등으로 증산에 차질이 생기고 있었다. 특히 동남아 자원을 이용하려는 계획은 1943년 이후 동남아와 교역이 두절되면서 수포로 돌아갔다.[102] 그럼에도 일본본토와는 달리 1944년도까지 조선의 공업생산은 명목상으로 확대되고 있었다.

그런데 양적 성장은 내실을 가지지 못한 것이었다. 즉 <표 10>에서 조선 공업의 명목생산액은 1932～1944년까지 무려 270%나 증가했지만 불변생산액은 28% 증가하는데 불과했다. 그나마 1940년 이후는 6～4%선에서 요동하고 있다. 그리고 1944년의 공산액은 20억 원으로 1936년도 가격으로 환산할 경우에는 지난해 생산액인 9억 53,089천 원에 비해 무려 14%나 격감된 8억 29,463천 원이었다.

업종별로 보면 <표 11>와 같은데, 통계상의 문제에도 불구하고 대체로 해마다의 실적이 계획을 따르지 못했다. 물론 이 자료는 총독부의 통계기

---

100) 大內力 등, 앞의 책, 1958, 396쪽.
101) 總督府 企劃課, 「生產力擴充」, 「第86回 帝國議會說明資料」, 『太平洋戰下の朝鮮』(5), 5쪽.

〈표 11〉 주요산업부문의 제2차 생산력확충계획 및 실적

구분 국적 연도		1942			1943			1944			1945		
		5년계획	연계획	실적	5년계획	연계획	실적	5년계획	연계획	실적	5년계획	연계획	실적
유 안	일	1.868	1.352	1.079	2.043	1.108	930	2.185	782	568	2.040	180	87
(천톤)	조		516	435		460	399		438	326		–	–
보통강강재	일	4.979	4.879	4.031	5.500	4.143	4.101	5.950	2.907	2.613	6.650	403	315
(천톤)	조		100	104		107	96		84	68		–	9
철광석	일	4.700	2.000	2.059	4.800	3.093	2.708	4.900	3.554	3.586	5.000	–	965
(천톤)	조		2.700	2.2577		3.050	2.364		4.062	3.312		–	–
석 탄	일	73.300	57.000	54.179	75.300	56.416	55.538	77.600	58.200	49.335	82.000	20.566	16.140
(천톤)	조		7.100	6.662		7.100	6.589		7.100	6.987		–	1.852
보통선	일	5.000	4.604	4.208	5.500	3.781	3.946	6.000	2.848	2.644	6.650	555	412
(천톤)	조		376	368		590	514		542	522		–	107
알미늄	일	124.110	99.610	85.211	155.000	115.602	114.057	180.000	98.135	88.195	230.000	11.240	7.235
(톤)	조		7.500	4.366		15.839	12.529		17.575	12.943		4.260	1.661

출전 : (財團) 國民經濟硏究會, 金屬工業調查會, ≪生産力擴充計劃と其の實績≫(1946)(≪現代史資料≫(8), 日中戰爭1, 773~777쪽. 小林英夫, ≪大東亞共榮圈の形成と崩壞≫, 511~513쪽 (재인용)

록과는 상당한 차이를 보이는 점을 먼저 지적해야 한다. 예를 들어 총독부 제국의회설명자료에는 1944년도 보통선 생산실적이 68만 톤 가량으로 조사되었지만 이 조사에는 52만 2천 톤으로 기록되었고, 보통강강재는 8만 8천 톤인데 6만 4천 톤으로 기록되어 있다. 이러한 통계 불일치는 총독부의 기록이 상당히 과장되었다는 점 혹은 일본본토가 조선의 공업생산을 과소평가한 점 등을 이유로 들 수 있지만 그 만큼 일본의 생산력확충정책이 정밀하지 못했다는 사실 나아가 무모한 증산계획이었음을 말하는 것이기도 하다.

예를 들어 <표 6>에서 석탄의 제2차 생확 상황을 보면 유연탄은 1942년에 300만 톤 생산을 예정했지만 실적이 273만 톤에 불과했다. 그러자 1943년에는 300만 톤 증산계획을 290만 톤으로 줄이고, 1944년도는 260만 톤으로 1945년도는 원계획의 76%인 345만 톤으로 수정했다. 하지만 수정계획마저도 달성한 해가 없었다.

---

102) 김인호, 『태평양전쟁기 조선공업연구』, 1998, 201쪽.

V. 맺음말

이상의 내용을 정리하면 다음과 같다.

(1) 조선에서의 제2차 생확계획은 태평양전쟁을 수행하기 위하여 조선에서 단발마적인 물자동원을 획책하려는 의도에서 출발하였다. 조선의 생확에 관한 구체적인 자료가 적어 세세한 계획입안과정은 알 수 없으나 전체적으로 보아 조선의 현실에 입각하여 체계적으로 입안된 것이 아니라. 일본본토의 원료, 자재 수급계획의 일환으로 선별적으로 적용되고 있었다. 그것은 일본본토에 대한 경제적 기여라는 의미에서 본 계획이 출발하고 있었기 때문에 필연적인 것이었다.

(2) 본 계획은 기왕의 종합적인 원자재 동원방식과는 달리 경금속, 철강, 유안, 석탄과 같은 중요 원자재 일변도의 증산을 획책하려는 것으로써, 일본과는 달리 전쟁이후에도 10년 20년 계속 증산을 지속하기로 하였다. 그것은 장기적인 식민지 수탈정책을 위한 포석이었다.

(3) 제2차 생확계획은 조선공업의 전면적 재편성 즉 북방권의 보급창이라는 과제를 해결하기 위하여 소비재공업이나 경공업의 확충도 동반했으며, 조선경제가 북방엔블록에서 영향력을 높일 수 있게 하는 일제측 의도가 깔려있었다. 그 결과 많은 조선인 자본과 자본가들이 조선내에서 공업에 참가하고, 중국과 만주 등지로 침투하여 침략전쟁을 지원하였고, 예속자본으로서의 이익을 향유하였다. 즉 조선공업의 대외적 성격과 조선인 자본가의 침략적 성격이 크게 진작되었다는 점이다.

(4) 본 계획은 과도한 물자동원을 위하여 계획부터 실현이 불가능한 증산 목표치를 정했고, 그나마 전황의 악화와 원자재 부족, 노동력 부족이 겹처 발생산 생산기구의 총체적 붕괴로 인해 본래 목표는커녕 수정계획마저도 목표를 하향조정 할 수밖에 없었으며 그나마 수정계획도 달

성할 수 없었다는 점이다.

요컨대 당시 조선에 실시된 생확계획은 다른 물자의 희생을 통하여 계획물자의 증산을 목적한 것이었고, 계획물자의 대부분도 엔블록 자급체제를 구축한다는 명분으로 조선 밖으로 유출되었다. 일부 양적인 공업성장과 열매도 조선경제의 내실있는 발전을 위하여 재투자되기보다는 침략전쟁에 일익을 위하여 끊임없이 조선 외부로 빠져나갔다. 결국 양적 성장에 비례하여 조선인 삶의 질하락과 공업화의 탈구성은 더욱 노골화되었고, 조선공업화의 몰역사성 또한 극명히 드러나게 되었다.

‖ A Study on '2nd Production Expansion' of Chosun during Pacific wartime (1942~1945)

Kim, In Ho

It was very important for studying chosun economy pacific war time that analyzing about Production Expansion Plan started in 1939. This plan carried out two times during china-japan and Pacific wartime. '2nd Production Expansion Plan' of Chosun was starting on early Pacific wartime(1942). Japan imperialism aimed for extracting crucial resource such as Iron, ship, coal, plane in chosun by this plan. There were large difference between 1st and 2nd plan. 1st plan aimed for extracting substitutional material and alternation goods such as man-made fiber, man-made oil.

This 2nd Plan came to an end in failure. There was large gap between plan and practice. Quite apart from this gap, The Japanese did not have control Co-prosperity Sphere and Yen-Black economic policy. while it extracted man-resource and nature resource from Chosun. Specially this plan began to crumble in the 3rd quarter of 1943. Because the economic relations inside yen Black were getting out of order. At last Japanese shipping capabilities were almost destructed in the fall of 1944.

During that plan period(1942~1945) Japanese economic and material capabilities as well as chosun were severely overextended. But this plan severely disrupted the lives of colonized Chosun people. Chosun industry production very increased. But un-military use industry was consolidated by japanese monopoly capital. a few korean capitalist invaded China Economy with japanese financial clique. this korean capitalist assisted japanese invasion on China.

解放後 金昌淑의 政治活動

權奇勳[*]

Ⅰ. 머리말
Ⅱ. 建國同盟과 金昌淑
Ⅲ. 反託運動과 臨時政府 奉戴活動
Ⅳ. 反分斷 活動과 50년대의 反獨裁鬪爭
Ⅴ. 맺음말

* 건국대학 사학과 강사.

Ⅰ. 머리말

金昌淑(1879~1962)은 1927년에 투옥되어 20년 가까이 고문(躄翁으로 지칭)과 옥중투쟁, 요양으로 활동의 휴면기를 보내면서 해방 직전의 시기에 새로운 활동을 모색하고 있었다. 1945년 8·15 해방은 김창숙에게 새로운 민족국가 건설을 위한 희망의 계기였다. 김창숙은 1945년에 이미 67세의 고령이었지만 해방정국의 격동 속에서 비교적 활발한 정치활동을 벌였다. 해방 이후 그의 정치활동은 한마디로 反託鬪爭과 臨時政府 奉戴活動, 反分斷, 反獨裁鬪爭의 과정이었다. 그런데 그는 일제시대에 임시정부를 중심으로 활동을 전개했었던 관계로 해방 후에도 임시정부를 중심으로 건국을 해야 한다는 생각으로 일관하였다. 그는 해방 이후 6·25전쟁 전까지 줄곧 김구와 가장 긴밀한 관계를 유지하면서 반탁과 임시정부 봉대운동 및 반분단활동에 앞장섰다. 따라서 그의 해방 후 정치활동은 김구가 걸어 간 길처럼 고난과 좌절의 과정이었으며, 한편으로 거기에 맞서 싸운 불굴의 투쟁 과정이기도 하였다. 특히 이승만정권이 독재를 강화하는 50년대에 전개한 반독재투쟁은 김창숙이 아니었던들 수행하기 어려운 불굴의 투쟁정신의 소산이었다. 김창숙의 해방 후 정치활동에 대한 연구는 매우 소략한데, 대표적인 것으로는 이영호와 장을병, 강만길의 연구가 있다.[1] 이영호의 연구

---

1) 이영호, 「心山의 민족통일이념－자주적 민족주의이념을 중심으로」, 『심산 김창숙의 사상과 행동』. (성균관대학교 대동문화연구원, 1986), 장을병, 「심산의 민주주의 이념」, 『심산 김창숙의 사상과 행동』. (성균관대학교 대동문화연구원, 1986), 강만길, 「심산 김창숙의 해방 후 정치활동」, 『心山 金昌淑先生의 선비정신과 民族運動』(성균관대학교 대동문화연구원 주최 5월의 문화인물 김창숙선생 기념 학술대회 자료집. 1999년 5월 14일).
참고로 김창숙에 관한 역사논문은 다음과 같다. 權奇勳, 「心山 金昌淑의 民族獨立運動」, (건국대학교 석사학위논문, 1989), 「金昌淑의 民族獨立運動에 관한 研究」, 『건대사학』9. 1997, 「心山 金昌淑의 民族運動 研究」, (건국대학

는 해방 후 정치활동 자체를 대상으로 연구한 것은 아니지만, 통일·민족주의이념을 강조하는 가운데 그의 남북협상운동을 '소개'하였다. 장을병 또한 김창숙의 민주주의이념을 강조하면서, 특히 50년대의 반이승만·반독재투쟁을 다루었다. 그러나 이 두 연구는 엄밀히 말하면 해방 후 김창숙의 정치활동을 직접적인 대상으로 한 것이 아니기 때문에, 이를 통해 김창숙의 해방 후 정치활동의 전모를 파악하기는 많은 한계를 안고 있는 것이 사실이다.

이에 비해 강만길의 연구는 해방 후 김창숙의 정치활동을 본격적으로 다루고 있는 유일한 예에 속한다. 그는 해방 후 김창숙의 건국준비위원회와 정당정치에 대한 인식, 임정과의 관계, 신탁통치 문제, 1948년의 남북협상, 50년대 이승만 독재정권과의 관계 등 중요사항을 모두 언급하였다. 그러나 그의 연구는 『躄翁一代記』와 『心山遺稿』에 거의 전적으로 의지하고 있기 때문에, 매우 개략적인 내용으로 始終하고 있는 감이 있다. 일제시기까지의 김창숙의 활동 내용에 대해서는 기본적인 사실관계가 비교적 밝혀져 있으나, 해방 후 김창숙의 정치활동 내용은 기본적인 사실의 재구성조차 제대로 되어 있지 않은 상태이다. 이는 김창숙의 전생애 가운데 말년의 18년에 해당하는 시기로서, 미소냉전체제와 분단시대를 배경으로 한 그의 통일민족국가 건설운동에 대해서는 보다 적극적인 연구의 필요성이 제기된다.

김창숙은 자서전격에 해당되는 『심산유고』를 남겼지만, 그 내용은 미흡한 점이 있다. 김창숙에 대한 앞으로의 연구의 관건은 김창숙 개인의 자료

교 박사학위논문, 2000. 2), 申一之, 「心山 金昌淑의 思想과 獨立運動에 관한 研究」, (영남대학교 교육대학원 석사논문, 1993), 李大珪, 「日帝下 金昌淑의 民族運動에 관한 研究」, (수원대학교 교육대학원 석사논문, 2000. 8).
한국현대사의 이해에는 다음이 참고된다. 宋南憲, 『해방 3년사』 1 (까치, 1985), 서중석, 『한국현대민족운동연구―해방후 민족국가 건설운동과 통일전선』, (역사비평사, 1991), 『한국 현대 민족운동 연구』 2 (역사비평사, 1996), 도진순, 『한국민족주의와 남북관계―이승만·김구시대의 정치사』(서울대출판부, 1997), 李炫熙, 『우리나라 現代史의 認識方法』, (삼광출판사, 1998)

와 함께 주변의 방증자료를 얼마나 확보하는가에 달려있다고 해도 과언이
아니다.2)

이에 필자는 자료상의 많은 한계점이 있음에도 불구하고 지금까지 김창
숙에 대한 연구에서 매우 소홀히 취급되었던 이 시기의 김창숙의 정치활동
을 재구성하면서 그의 활동상을 살펴보고자 한다.

Ⅱ. 建國同盟과 金昌淑

김창숙은 1945년 8월 7일 밤 성주경찰서에 잡혀가서 왜관서에서 해방을
맞이하였다. 그 자신의 회상기에 의하면 해방 1년전인 1944년 '항일과 건국
준비의 통일전선체'로 조직된 建國同盟에서 김창숙을 남한 책임자로 추대
하였고, 해방 직전에 이르러 이 사실이 발각되어 그가 체포된 것이라고 한
다.3) 지금까지의 연구에서는 해방 직전 建國同盟과 金昌淑의 관계에 대해

---

2) 자료 문제와 관련하여 『心山遺稿』자체에도 적지 않은 문제점이 있는 것으로
   알려져 있다. 『心山遺稿』의 핵심부분에 해당하는 「躄翁七十三年回想記」는
   1952년 1·4후퇴 이후의 부산 피난시절에 집필이 시작되었다고 한다. 그런
   데 당시는 이승만정권이 반공을 정치적 무기로 악용하여 분단감정을 극대화
   시켰고, 실제로 전쟁을 치루면서 국민의 공산주의에 대한 적대감도 팽배해
   있었던 만큼 독립투쟁과정에 있었던 다양한 성향의 인물과 사상 경향을 서
   술하는 데 다소 제약을 받았을 것임이 지적되고 있다. 또한 『心山遺稿』의 편
   찬과정에서 심산이 남긴 자료와 문맥을 모두 그대로 실은 것은 아니었다고
   한다.
   즉 국사편찬위원회의 의뢰로 遺稿를 정리한 重齋 金榥(1896~1978)이 서부
   경남의 향리에서 전통적인 儒生의 생활·사고를 그대로 지켜 온 전근대적인
   시각을 가진 儒者였다는 점에서, 그의 입장이 『心山遺稿』에 적지않이 반영되
   었으리라는 것이다. 실제 후손들이 전하는 바에 의하면, 당시의 분위기 때문
   에 과격한 표현이나 구체적인 사실들을 산삭하기도 하고, 혹 특정 인물에 대
   한 心山의 가차없는 지적이나 비판 등은 손질하거나 빼지 않을 수 없었다고
   한다. 이상 김시업, 「심산의 교우관계를 통해 본 민족운동의 방향」, 『心山 金
   昌淑의 思想과 行動』, (성균관대학교 대동문화연구원, 1986), 82~83쪽 참조.
3) 國驛 心山遺稿 刊行委員會, 『國譯 心山遺稿』(성균관대학교 대동문화연구원,

그가 '남한 책임자'로 추대된 것이 '事實'[4]이라는 입장과, 해방 후 건국준비위원회와의 관계로 보아 그가 해방 전에 건국동맹과 관계가 있었다고 보기는 어렵다는 입장[5]으로 대별되어 있다. 그러나 김창숙 자신의 기록인『心山遺稿』전체의 내용을 볼 때 사실관계에서 틀린 부분이 거의 없고, 김창숙의 성격적 특성에서 보더라도 그가 없는 사실을 인위적으로 서술했을 가능성은 상정하기 어렵다. 따라서 일단 그가 어떤 식으로든 건국동맹에 관여했을 가능성은 충분히 상정할 수 있다.[6] 문제는 그가 어떤 계기를 통하여 어떤 방식으로 건국동맹에 관여하게 되었고, 해방 직전에 어떤 위치에 있었는가 하는 것이다. 이를 해명하기 위해서는 1944년 당시 건국동맹의 조직 구성 방식을 살펴 볼 필요가 있다.

건국동맹은 1944년 8월 이후 먼저 중앙조직을 건설하기 시작하여 10월경에 다음과 같이 부서 책임자를 선정했다.

위원장 : 呂運亨
내무부 : 趙東祜, 玄又玄(국내에서의 동지 규합과 조직 관리)
외무부 : 李傑笑, 李錫玖, 黃雲(국외 독립운동 단체와 연락)
재무부 : 金振宇, 李秀穆(자금 조달과 관리)[7]

1979), 782~783쪽.

4) 心山思想硏究會編,『심산 김창숙의 사상과 행동』(성균관대 대동문화연구원, 1986)의 입장이 대표적이다.

5) 강만길, 「심산 김창숙의 해방 후 정치활동」,『心山 金昌淑先生의 선비정신과 民族運動』(성균관대학교 대동문화연구원 주최 5월의 문화인물 김창숙선생 기념 학술대회 자료집. 1999년 5월 14일), 34쪽. 그러나 강만길은 한편으로 "8월 7일 김창숙의 구속이 건국동맹원으로서의 구속이었는지 중요 반일인사로서의 예비검속이었는지 아직은 분명히 밝히기 어렵다"고 유보조항을 달면서, 그가 "해방 전 건국동맹에는 참가했을 가능성이 전혀 없다고 할 수는 없겠다"고 하여 신중한 입장을 취하고 있다.

6) 乙酉八月七日 突然被逮於星州警察署 轉役於倭館署 先是國內革命諸同志 結成建國同盟 推翁爲南韓責任者 是秘密運動機關也 至是事覺 諸同志後先被檢而翁亦不免焉.『心山遺稿』(국사편찬위원회, 1973), 357쪽.

7) 이만규,『여운형투쟁사』(민주문화사, 1946), 170쪽 ; 송남헌,『해방3년사 I 』(까치, 1985), 15쪽.

건국동맹은 지방 조직망 구축에도 노력하는데 이후 건국동맹에는 민족주의자, 공산주의자를 가리지 않고 조국해방에 대한 의지, 애국정신과 뜻을 가진 사람, 낙향 은거했던 사람, 大和塾이나 친일관변단체에 불가피하게 가담했지만 내심으로 조국독립을 염원하던 사람들이 가담했다.[8] 그런데 경북지역은 건국동맹과 해방 후 건준, 인민당의 연결이 명백한 대표적인 지역이었다. 金鎭和가 채록한 증언에 따르면, 경북지역 기자 신문지국장 모임인 '보도협조망'(1931년 가을 결성)의 중심인물이었던 李善長이 1944년 말에 李仁哉와 협의해 金昌淑을 위원장으로 하는 건국동맹 경북조직을 조직했다고 한다.[9]

당시 건국동맹 경북조직에는 金觀濟, 蔡忠植, 李仁哉, 崔文植, 李善長, 李相薰, 鄭雲海 등이 참가했다. 그런데 주목되는 것은 이들 조직 추진자들이 주로 좌익계통의 성향을 가진 인물이라는 점이다.[10] 김창숙이 일제시기를 통하여 좌익에 대해 비판적인 입장을 취하고 있었던 만큼, 경북 지역의 조직 추진자들이 설령 김창숙의 명망을 이용하여 그를 위원장으로 추대했을 가능성은 있지만, 김창숙 자신이 이들의 입장을 수용했는가의 여부는 또 별개의 문제이다. 또한 '남한 책임자'와 '경북조직 위원장'은 위상 자체가 많이 다른 점도 유의해야 할 것이다. 따라서 위의 건국동맹 경북조직과는 다른 차원에서 루트가 있었을 가능성을 상정해 볼 필요가 있다. 이 때 주목되는 것은 건국동맹의 중앙조직 재무부 책임자 金振宇와의 관계이다.

金振宇는 호를 一洲 또는 金剛山人이라 하였으며, 1883년 강원도 영월군

<段>

8) 정병준, 「朝鮮建國同盟의 조직과 활동」, 『韓國史硏究』 80, 1993, 110쪽 참조. 1944년 당시 결정된 각도 대표 책임위원의 명단은 다음과 같다. 충청남북도(신표성, 김종우, 유웅경, 장준), 경상남도(명도석, 김명규), 경상북도(이상훈, 정운해, 김관제), 강원도(정건화, 정재철), 전라남북도(황태성), 황해도(여권현), 평안남도(김유창), 평안북도(이유필), 함경남도(이증림), 함경북도(최주봉). 이만규, 위의 책, 171쪽.

9) 金鎭和, 『일제하 대구의 언론연구』, 禾多出版社, 1979, 150~152쪽.

10) 위의 경북조직 가담자들은 해방 후에 대부분 인민위원회 활동을 하였다. 이들의 자세한 이력은 정병준(1993), 앞의 논문, 114~115쪽 ; 『몽양 여운형평전』, 한울, 1995, 87~92쪽 참조요.

출신으로 1894년부터 구한말 의병장인 義菴 柳麟錫의 문하에 입문에 侍奉
했다. 柳麟錫을 좇아 북만주 등지에서 망명생활을 했고, 이 시절 중국의 典
籍 遺蹟을 섭렵하여 墨竹의 일가를 이루었다. 1919년 상해 임시정부에서 수
차례 의정원 강원도 대표를 지냈고, 1921년 1월 귀국중 신의주에서 체포되
어 고문당했다. 1926년 제5회 朝鮮美展에 특선한 이래 東洋書畵의 大家로
활동했고, 1942년 이래 수차 예비검속되었다. 그는 여운형, 김창숙, 송진우
등과 긴밀한 사이였다.[11]

그는 1921년경, 金昌淑이 북경에서 丹齋와 활동하고 있던 어려운 시기에
孫永稷·李鎬泰·鄭守基 등과 함께 金昌淑을 따르면서 같이 지내기도 했다.
특히 그와 김창숙의 관계는 金昌淑이 옥고를 치르고 나와 요양하고 있는
기간에 더욱 깊었다.『心山遺稿』에는 '10월 10일 밤 꿈에 金振宇군과 더불
어 이충무공의 사당에 배알하여 한 편의 시를 읊었다. 꿈을 깨어 기록한다'
라는 제목의 詩[12]와 이 詩의 意境을 화폭에 담아주기를 청하는 편지(與金一
洲振宇)[13]가 보인다. 이 밖에도 여러 차례 주고 받은 편지, 시 등이 遺稿에
실렸는데, 아마 실제는 이보다 더 활발했을 것으로 짐작된다.

실제로 당시 서울의 여운형과 김창숙 사이에서 김진우를 통해 연락을
담당한 김창숙의 子婦 孫榮祖 여사의 말에 의하면, 김진우는 여운형과 김창
숙 사이에서 매우 빈번하게 연락을 취했다고 한다.[14] 이로 미루어 볼 때
이 시기에 김창숙은 요양을 하면서 새로운 활동을 모색하고 있었고, 이 때
여운형이 건국동맹의 지방조직을 확장하면서 서로간에 결합이 이루어진
것으로 보인다.

이와 관련하여 한가지 주목되는 자료가 있다. 그것은 해방 후 건준과 민

---

11) 정병준, 위의 논문, 106쪽.

12)『心山遺稿』, 31쪽.

13)『心山遺稿』, 109쪽.

14) 필자와 손영조 여사와의 면담에 의함. 1996년 봄, 자택. 김재명의 글에도 이
    때 서울의 여운형과의 연락은 손영조 여사가 중간에서 맡아 했다는 지적이
    보인다. 김재명(1985),「强骨의 野人精神 心山 金昌淑」,『政經文化』8 (서울경
    향신문사, 1985), 307쪽.

족건양회에 관한 이종률의 자료로, 그는 건국동맹의 조직이 중앙 및 해외 연락책(呂運亨), 북부지방책(曺晩植), 남부지방책(金昌淑), 중앙위원(金振宇, 李錫玖, 李基錫, 玄又玄)으로 구성되어 있었다고 주장했다.[15) 이는 김창숙 자신의 말과 정확히 일치하는 것으로, 건국동맹이 조직을 확장하는 일정 시점에서 이와 같은 대안이 실제로 마련되었을 가능성은 충분히 있다고 하겠다. 다만 해방 전후를 통틀어 그가 정당이나 단체에 구체적인 직위를 가지고 참가한 경우가 거의 없었고, 해방 이후 여운형 및 建準과의 관계를 고려해 볼 때, 김창숙이 '남한 책임자'로 선정된 것은 사실이나[16) 구체적인 활동상은 그다지 없었던 것으로 보인다. 여기에서 중요한 것은 김창숙이 해방 직전의 시점에서 구체적으로 해방을 준비하면서 새로운 활동을 모색하고 있었던 점이라고 하겠다. 해방이 되었을 때 그가 비교적 이른 시기에 서울로 올라와 정세를 판단하고 활동을 전개하게 되는 것은 이런 배경이 있었던 것이다.

Ⅲ. 反託運動과 臨時政府 奉戴活動

일제시대에 임시정부를 중심으로 독립운동을 전개했던 김창숙은 해방 후 임시정부를 중심으로 건국을 해야 한다고 생각하고 있었다. 여기에는 일제시대에 같이 활동했던 신채호, 박은식 등이 이미 사망하였고 그 자신 정당활동에 깊이 참가한 경험이 없었던 데다가, 정부 형태로 존속했던 대한민국임시정부가 해방 후의 정당 난립 속에서 구심적인 역할을 할 수 있

---

15) 이종률, 『민족혁명론』, 들샘, 1989, 119쪽.
16) 여기에서 유의하고 싶은 것은 건국동맹 자체가 조직활동에서 체계적인 활동
    전술을 구사하지 못했고 개인적 연락에 치중하는 수공업적 조직 방식을 채
    택하고 있었다는 점이다. 또한 조직의 철저한 비밀을 보장하기 위하여 不問,
    不言, 不明의 3대원칙을 지켰다. 이것이 자료의 한계를 가지는 원인의 하나
    가 될 수 있다.

을 것이라는 기대도 작용하였다고 볼 수 있다.

해방 후 김창숙은 성주에서 서울로 올라오는 도중에 대구에서 건국준비 위원회 설립 소식을 들었고, 서울에서 먼저 여운형의 방문을 받아 당시 정세를 청취했다. 그 때 여운형으로부터 정당 난립과 공산당 내의 파벌투쟁 내용을 전해들었다.[17)

그런데 이윽고 영남과 호남의 知人들이 民衆黨[18)을 조직하여 金昌淑에게 당수직의 취임을 재촉했다. 이에 대해 金昌淑은 말하기를 "내가 듣기에 60여 정당이 조직되어 있다 하니 어찌 정당들이 이렇게 많은가. 나라와 강토는 완전히 수복되지 못하였고, 정식정부 역시 수립되지 못한 이 때에 정당의 어지러운 싸움이 이와 같이 심한 지경에 이르러서 저 60여 당이 만약 정권과 정책을 서로 다툰다면, 새로 일어날 대한민국이 필연 자네들의 손에서 다시 망하게 되지 않을까 두렵도다. 지금 여러분이 비록 나를 당수로 추대하였으나 나는 虛榮에 이끌리어 그 당수의 자리에 나아가 여러 정당과 더불어 싸움질하며 마침내 몸을 버리고 나라를 저버리는 사람이 되고 싶지 않다"[19)고 하여, 당수의 자리를 단호히 거부했다.

---

17) 『國譯 心山遺稿』, 785쪽. 여기에서 한가지 주목되는 것은 『심산유고』내용에는 해방 직전 건국동맹의 '남한 책임자'로 선정된 적이 있던 김창숙과 여운형의 대화내용 중에 일반정세를 제외하고는 건국준비위원회에 대해 아무런 언급이 없다는 것이다. 이것은 여러 이유로 생각해 볼 수 있겠으나 『심산유고』의 작성 내지 편집과정에 문제가 있는 듯하다. 정부 수립 이후, 특히 한국전쟁 이후에 이데올로기적인 경색상황에서 한민당의 우익인사로부터 '건준'이 공산주의자로 몰리고 있었고, 절친했던 金振宇마저 1950년 12월 非渡江派로 몰려 서대문형무소에서 옥사하는 상황에서 김창숙 자신이 굳이 언급할 필요를 느끼지 않았거나 편집과정에서 일부러 제외시켰을 수도 있다.

18) 民衆黨은 '해외에서 다년간 혁명운동을 하다가 오랫동안 囹圄의 생활을 하던 중 1945년 8월 15일 밤'에 출옥한 李鍾榮에 의해 해방 당일 조직된 당이다. 民衆黨은 1945년 10월 7일 제1회 중앙전체회의에서 '在重慶 臨時政府의 승인 여부를 국민대중에게 투표케 하여 民衆의 總意에 의한 정부를 最短期內에 출현시킬' 것을 정치대책으로 결의한 바 있다. 당시의 보도에 의하면 '민중당임에 비추어 黨首를 따로 모시지 않고 총무부의 책임위원 李鍾榮이 당의 대표자'라고 되어 있다. 이상 『每日新報』1945. 10. 4., 10. 7일자 참조.

19) 『國譯 心山遺稿』, 785~786쪽.

또한 9월 7일에 전날 여운형·박헌영·허헌 등이 비밀회합을 갖고 '朝鮮人民共和國'(이하 '人共'으로 줄임)을 조직하고 대통령 이하 모든 부서를 결정하였다는 소식을 듣고 그는 "아! 슬프다. 나라를 새로 일으켜 正式政府를 세움이 이 얼마나 중대한 일이건대, 저 呂·朴 등 몇 사람이 하룻밤 사이 창졸간에 비밀히 모여서 상의하고 상호 추천하여 그 부서를 정하고 무지한 시민으로 천 명도 못되는 자를 끌어다 놓고 이르기를, 이는 '朝鮮人民共和國의 正式政府'라고 선포했다 하니, 그들은 정권을 잡으려고 국민을 기만하고 있구나. 일이 이에 이르니 그 죄는 죽어도 남음이 있을 것이다"[20]고 탄식했다.

이것은 김창숙이 해방 후 난립된 정당들을 보면서 일제시대부터 견지해 오던 당파와 파벌투쟁에 대한 혐오감과 더불어 해방 후 임시정부를 중심으로 건국을 해야 한다는 신념이 작용한 결과라고 볼 수 있다. 또한 여기에는 人共에 참여한 공산주의자에 대한 불신감이 介在해 있었다. 어쨌든 해방 후 김창숙은 정당 활동에 직접 참여하지 않은 채[21] 오로지 臨時政府를 통해 새로운 통일민족국가를 수립하기 위해 활동하게 된다.

해방 후 9월 24일 6개 정당 단체가 합동하여 결성된 중도우파의 국민당(위원장 안재홍)도 중경임시정부를 지지하였지만, 중경임시정부 추대운동은 송진우와 한민당에 의해서 강력히 추진되었다. 송진우는 建準이 발족하면서 여운형이 함께 일하자고 할 때도 중경임시정부를 正統으로 환영, 추

---

20) 『國譯 心山遺稿』, 785~786쪽.

21) 해방 후 정당활동을 중심으로 전개된 민족국가 수립 과정에서 김창숙 역시 정당이나 단체와 얼마간의 관계를 맺지 않을 수 없었다. 다만 그는 임시정부를 제외하고는 어떤 구체적인 상시적 직위를 갖지 않고 대개 '고문'의 자격으로 참여하였으며, 일관되게 개인의 위치에서 활동을 지속하였다. 그가 고문 내지 개인의 자격으로 관계하였던 정당이나 단체는 無名會(45. 10), 3·1동지회(45. 12), [再建]光復會(45. 12), 大韓獨立促成國民會(46. 2), 韓獨黨(46. 4), 3·1건국동지회(46. 5. 발기인), 태평양동지회(48. 1), 민족진영강화위원회(49. 8. 상무위원) 등이다. 이상 『매일신보』, 1945. 10. 7, 『중앙신문』 45. 12 .8, 45. 12. 27, 『조선일보』 46. 2. 21, 『서울신문』 46. 4. 19, 46. 5. 8, 『조선일보』 48. 1. 27, 『경향신문』 49. 8. 22일자 참조.

대할 것을 주장하고 建準에의 합류를 거부하였다. 8월 말경 미군의 서울진
주설을 들은 조병옥, 김성수 등은 중경임시정부 절대지지를 표명하기 위한
國民大會 준비에 착수하여 9월 4일 대한민국 임시정부 및 연합군 환영준비
위원회를 조직하였다.[22] 국민대회준비회는 9월 7일 회의를 개최하여「취지
서」를 통해 "오늘날 일본의 정권이 퇴각되는 이 순간에 있어서 이에 代位
될 우리의 政府 우리의 國家代表는 기미독립 이후로 구현된 大韓臨時政府가
最高요 또 唯一의 存在일 것"이라고 표명하고, "派黨과 色別을 초월하여서
이를 歡迎하고 이를 支持하고 이에 歸一함이 현하의 내외정세에 타당한 大
義名分"[23]이라고 천명하였다.

　이 국민대회준비회는 한민당 인사들[24]이 주동이 되어 조직된 것이었지
만, 김창숙은 臨政 추대라는 대의명분과 연합군 환영의 입장에서 개인적으
로 이 단체에 참가하였다. 임정 추대라는 대의명분은 김창숙에게 있어 자
연스러운 선택일 수 있었지만, 여기에서 주목되는 것은 金昌淑의 미점령군
에 대한 인식이다. 9월 7일 국민대회준비회에서는 대한민국 임시정부 지지
에 관한 건을 통과시키는 한편, '연합국에 대한 감사표시에 관한 건을 상정
협의한 결과' 송진우, 장택상, 윤치영, 김창숙, 최윤동, 백상규 등 6인을 선
출하여 일임하기로 결정하였다.[25]

---

22) 서중석,『한국현대민족운동연구―해방후 민족국가 건설운동과 통일전선』(역
　　사비평사, 1991), 264쪽.
23)『한국일보』, 1955. 8. 20.
24) 국민대회준비회 명단은 다음과 같다. 위원장：송진우, 부위원장：서상일, 원세
　　훈, 상임위원(無順) 김성수, 김준연, 김병로, 김지환, 김동원, 김병규, 김승문,
　　이인, 백관수, 장택상, 윤치영, 안동원, 임정엽, 강병순, 한남수, 송필만, 주기
　　용, 고희동, 양원모, 백남교, 이순탁, 김양하, 이경희, 최윤동, 서상국, 고재욱,
　　고광표, 조정환, 강인택, 장덕수, 장용서, 강낙원, 김시중, 조진구, 민중식, 이
　　희성, 임병철, 오기영, 이용한, 이승태, 양회영, 진봉섭, 심천, 김동환, 곽복산,
　　채정근, 나승규, 김진섭, 김□근, 이윤식, 김삼규,『매일신보』45. 9. 8일자.
　　당시 한민당에는 건준·인공과 대립되는 보수·친일세력이 집결하였지만, 그
　　내부에는 어느 정도 진보적인 양심세력과 자주독립국가 건설에 적극적인 민
　　족주의자들도 있었다.
25)『매일신보』, 1945. 9. 8.

여기에서 김창숙이 선출된 것은 조금 의외의 일이다. 그러나 김창숙에 관한 글에서 그의 미군정에 대한 인식을 살펴볼 수 있는 자료가 많지 않고, 또 그가 이후에 민주의원에 참가하면서 정작 미군정 자체에 대해서는 그다지 비판적 입장을 취하고 있지 않은 사실에서 볼 때 초기 단계에 있어서 김창숙의 생각을 엿볼 수 있는 단편의 하나라고 생각된다. 즉 김창숙은 미군에 대해 비판적인 입장을 명확히 가지고 있었던 것은 아니며 미군정기간 내내 미군정에 대해서는 이렇다 할 견해를 표명하지 않고 있는 것이다. 이것은 김창숙이 미군정의 존재 자체를 그대로 인정하고 현실적으로 수용하였음을 의미한다.

이렇게 송진우[26] 등과 더불어 임시정부 봉대 입장에 섰던 김창숙은 임시정부 요인들이 환국하는 11월 이후 임정 요인들과 더불어 행동을 같이 하였다. 공동행동의 직접적인 계기가 된 것은 1945년 12월 말 모스크바3상회의에서 한국에 신탁통치를 실시한다는 방침이 알려진 것이었다. 중경임시정부는 1942·43년 경부터 한국에 대한 어떠한 형태의 국제관리안도 용납하지 않을 것임을 천명하였고, 1945년 10월 미국정부의 신탁통치안이 국내에 보도되었을 때에도 정당 사회단체 모두가 그것에 반대하였다. 당시 신탁통치는 한국인이 민족적 감정으로 볼 때 받아들이기 어려운 것이었다.

그런데 여기에서 유의할 것은 1945년 12월 말부터 전개된 당시의 반탁투쟁이 다름아닌 우익의 정부수립 방안이었던 중경임시정부 추대운동과 밀접히 관련되어 있었다는 사실이다. 즉 중국에서 귀국하기 전부터 국내에서 과도정부를 자임하려던 김구 중심의 '중경임시정부 국무위원회'가 임정요인 귀국 後 臨政法統論을 견지하면서 침묵을 지켜오다가, 반탁투쟁을 계기로 중경임시정부 추대운동을 벌여 모스크바3상회의에서 결의된 임시정부 수립방안과 대립된 입장을 취했고, 이러한 중경임정 추대운동은 1947년 초의 반탁투쟁에서 더욱 조직적으로 전개되었던 것이다.[27] 이처럼 반탁투쟁

---

26) 김창숙은 한민당의 당수인 송진우를 그의 '사람됨을 생각하여 애석하게 여겼다'고 한다.
　　『國譯 心山遺稿』, 792쪽.

은 중경임정 추대운동이었고 신탁반대운동이었으며, 동시에 반소반공투쟁으로서의 성격을 가지고 있었다.

중경임시정부측에서는 45년 12월 28일 긴급 국무회의를 개최한 후 바로 각 정당, 각 종교단체, 각 언론기관 대표자를 초청하여 비상대책위원회를 개최하여 신탁통치반대국민총동원위원회를 조직했다. 이어 동 위원회에서는 12월 31일 제1차 신탁통치반대행동위원회를 개최하여 중앙위원 76명과 상임위원 21명을 선임하고 본격적인 행동에 돌입하였다. 이 때 김창숙은 중앙위원으로 선임되었다.[28]

김창숙이 「반탁담화문」을 발표하는 것은 바로 이러한 정황에서였다. 일제시기부터 모진 고난과 고문을 당하면서도 불굴의 항일정신을 잃지 않았던 김창숙에게 있어 해방된 조국의 신탁통치 결정 소식은 그의 대의명분에서 볼 때 용납할 수 없는 것이었다. 김창숙은 1946년 1월 2일 다음과 같이 反託談話를 발표하였다.

나는 信託統治란 凶報를 접하고 병상에 누었다가 大哭하였다. …… 중략 …… 우리가 倭놈의 牢獄에서 나온 지 몇날이 못되어 또다시 美蘇 牢獄에서 썩을 것을 각오하고 싸우지 아니하면 안되겠다. 三千萬民衆이여! 異族의 統治밑에서 奴隷 牛馬가 되어 살기 보담은 차라리 自由를 위하여 죽음으로써 싸워 殉國先烈의 뒤를 쫓는 것이 우리 民族의 唯一한 義務이다. 이 精神을 徹頭徹尾 履行함에는 오로지 百顚百起의 一路가 있을 뿐이다. 강토를 찾지 못하고 異族의 탁치를 받게 된 今日에 있어 政黨이 정책을 논하면 무엇에 쓰며 商人의 영업은 무엇할 것이며 學生의 수업은 무엇할 것이며 官吏의 구직은 더욱 醜態가 아닌가. 一時라도 빨리 政黨은 解體하고 商人은 廢業하고 學生은 罷課하고 官吏는 棄職하는 동시에 一齊히 우리 臨時政府 (이하 11자 判讀 不明) 祖國旗를 높이 날려 시위 행진에 참가하여 우리 三千萬民衆의 絶對 反對하는 總意를 세계만국에 선양하자. 그러면 彼聯合四國도 반드시 國際信義에 背馳되는 그 侮辱的 託治를 감히 우리에게 加하지 못하리라.

---

27) 서중석(1991), 앞의 책, 306쪽 참조.
28) 『서울신문』, 1946. 1. 1.

> 三千萬 兄弟姉妹시여! 앞날의 쓸데없는 派別的 鬪爭을 깨끗이 淸算하고
> 모조리 한뭉치가 되어서 託治가 取消되고 軍政이 撤去하는 날까지 義血로
> 써 싸우기를 굳게 盟誓하자.[29]

김창숙은 위의 담화문에서 미소의 신탁통치를 일제의 식민통치와 같이 異民族에 의한 민족자주권의 박탈로 인식하고, '삼천만 민중'이 일치단결하여 託治의 취소를 위해 군정이 철거되는 날까지 싸우자고 호소하고 있다. 또 이를 위해서는 상인과 학생, 관리의 자기 本分도 의미없다고 하고, 심지어는 政黨까지도 정책을 논할 계제가 아니라고 못박고 있다. 託治에 대한 일호의 타협의 여지도 없는 단호한 입장의 표명이었다. 그리고 그는 쓸데없는 파벌적 투쟁을 청산하고 臨時政府를 중심으로 '한 뭉치'가 되어 '義血로써 싸우기를' 호소하고 있다. 이에서 우리는 정당 활동을 불신하고 오직 臨時政府를 중심으로 새로운 건국을 추진하는 김창숙의 입장을 명확히 볼 수 있다.

그런데 김창숙은 한편으로 '탁치 취소'와 '군정 철거'를 언급하고 있으면서도 여전히 그가 망국 전후에 보인 '國際 信義'에 기대는 모습을 보이고 있다. 그는 '삼천만 민중의 절대 반대하는 총의를 세계만국에 宣揚'하면 미·영·중·소의 연합 4대국이 '國際 信義에 배치되는 모욕적 託治를 감히 우리에게 가하지 못할 것'이라고 인식하고 있는 것이다. 그러나 이는 비단 김창숙 개인의 인식만이 아니라 반탁운동과 관련하여 중경임시정부 추대운동을 벌이고 있었던 김구 중심의 한독당세력의 공통된 인식기반이기도 하였다.

이렇게 김창숙은 신탁통치에 대한 절대 반대의 입장에서 당시 모스크바 3상회의 결정의 '총체적 지지'를 내걸고 탁치를 감수해야 한다는 입장을 보이고 있던 공산당세력을 '賣國'과 '反逆行爲'라고 질타하면서 가차없이 비판하였다. 김창숙은 동아일보를 통하여 1946년 1월 6일 다음과 같이 조선공산당에 警告文을 발표하였다.[30]

---

29) 『조선일보』, 1946. 1. 2.

共産黨 中央委員會 諸君. 今番 신탁통치에 관하여 君等이 지난 2일에 발표한 성명서를 읽고 나는 放聲痛哭하였다. …… 중략 ……

우리 三千萬民衆이 託治 反對를 同聲 絶叫하는 今日에 있어 오직 共産黨에 속한 君等 일부만이 이러한 賣國的 行動을 敢爲함은 이야말로 참된 民族 反逆者라 아니할 수 없다. 君等이 처음 人民共和國이란 것을 創造할 때에 그 政權 竊取의 野心 發露를 알았으나 그러나 어찌 今日의 異族統治를 謳歌하는 反逆者가 될 것까지를 뜻하였으랴. …… 중략 ……

君等이 매양 民族分裂의 責任을 他人에 전가하려 하였지마는 今日 이러한 賣國의 大惡을 敢犯하고도 오히려 全國 民衆을 欺瞞하여 君等의 傘下로 몰아 넣으려 하느냐. 현명한 民衆은 절대로 君等의 賣國的 奸策에 盲從하지는 아니하리라. …… 중략 ……

賣國的 행위에 참가치 아니한 공산당원은 一時라도 빨리 脫黨을 聲明하고 참다운 愛國者인 共産主義者가 되라. 만일 그것을 曖昧에 돌린다면 우리 民衆은 絶對로 그 反逆罪惡을 容恕치 아니하리라.[31]

여기에서 김창숙은 하등의 사소한 이해관계에도 얽매여 있지 않은 大義名分에 입각하여 오로지 민족자주와 신탁통치를 선명하게 대립시키면서 조선공산당의 '賣國의 大惡'과 '民族反逆' 行爲를 규탄하고 있다. 또한 김창숙은 이 당시 많은 사람들이 위험하다고 해서 숨으라고 권했음에도 불구하고, '공산당 지도자들을 만나 직접 죄를 묻겠다'고 하여 박헌영, 이관술, 이영, 최익한, 이승엽, 홍남표, 이우적 등을 불렀다. 결과적으로 조선공산당 조직부장 이승엽과 해방일보 주필 이우적, 그리고 이관술, 최익한이 찾아와서 김창숙과 설전을 벌였다. 김창숙은 직접 공산당 지도자들을 앞에 놓고서도 경고문에 쓴 그대로 소련군 사령관의 지시를 받고서 찬탁으로 돌변한 그들의 매국적 태도를 준열히 비판하였다.[32]

---

30) 그는 공산당에 경고하는 글을 써서 사람을 시켜 각 신문사에 보냈으나 4, 5일이 지나도 어느 신문에도 글이 실리지 않자 사람을 보내 따졌다고 한다 (『국역 심산유고』, 794쪽). 다행히 동아일보가 그의 글 全文을 실었는데, 이는 당시 '韓民(黨)의 喉舌'이란 평을 들었던 동아일보가 탁치반대에 가장 열성적이었기 때문일 것이다.

31) 『동아일보』, 1946. 1. 7.

이제 김창숙은 이러한 철저한 반탁운동을 통하여 임시정부세력과 전면적으로 행동을 같이 하면서 스스로 임정의 구성원이 되어[33] 임시정부 봉대활동에 매진하게 된다. 중경임정측은 정권 인수가 실패로 돌아간 후 1946년 들어 중경임정 추대운동을 계속 전개하였다. 그리하여 1946년 1월 4일에는 김구 명의로 중경임시정부를 계승하여 과도정권을 수립할 비상정치회의를 즉각 소집할 것을 발표하였다. 김구는 이 성명에서, 1945년 9월 3일 중경임시정부가 발표한 당면정책 6항을 실행하기 위해, 국내외 각 계층, 각 혁명단체, 각 종교집단, 각 지방대표로 즉시 비상정치회의를 소집하자고 호소하였다.[34]

이 과정에서 비상정치회의 소집으로 주도권이 김구에게 넘어갈 것을 우려하는 이승만의 제안으로 비상정치회의주비회를 비상국민회의주비회로 개칭하고 이승만과 김구를 최고 영수로 모시기로 되었다. 그러나 이 때 중경임정을 구성한 정당 중 조선민족혁명당과 조선민족해방동맹의 김원봉, 성주식, 김성숙 등 3인이 비상국민회의가 좌익과는 하등 양해 혹은 타협이 없이 우익 각 당파의 이해만으로 거연히 소집되었기 때문에 임시정부는 전민족의 영도적 입장을 포기하였다고 지적하면서 탈퇴할 것을 성명하였다.[35] 이로써 임시정부는 우익만의 성격으로 재편되었다.

결국 1946년 2월 1일 중경임정 법통을 계승하여 의회로서 기능할 것을

---

32) 『國譯 心山遺稿』, 794~797쪽.

33) 『조선일보』1946년 1월 4일자에는 臨政 '군무부장 金若山'과 함께 '國務委員 金昌淑'으로 표기되어 있다. 또한 김창숙은 46년 2월에 비상국민회의 최고정무위원에 선임되었고, 1947년 3월 3일에 열린 國民議會 긴급대의원대회에서 大韓臨政 확대 강화 조치로 취해진 國務議員(委員의 착오로 보여짐-필자) 개편 때 國務議員(委員)에 補選되었다고 되어 있다. 그는 이후 47년 9월 2일 개최된 國民議會 제43차 임시대회 제2일째 회의에서도 國務委員에 連任되었다. 즉 반탁운동과정에서 결합한 임정과 지속적으로 깊은 관계를 맺으면서 활동을 하고 있는 것이다. 이상 宋南憲, 『解放三年史Ⅰ : 1945~1948』(까치, 1985), 278~279쪽 ; 『동아일보』, 『조선일보』 1947. 3. 5일자 ; 『동아일보』 1947. 9. 7일자 참조.

34) 『서울신문』, 1946. 1. 5.

35) 『조선일보』, 1946. 1. 24.

자임한 비상국민회의가 201명 초청에 167명의 대표가 참석한 가운데 열렸
다. 이 회의에서는 비상국민회의 의장에 洪震, 부의장에 최동오를 선출하
고, 과도정권 수립에 있어 최고정무위원회를 설치하되, 이승만, 김구에게
그 선정을 일임하기로 하였다. 이 때 김창숙은 최고정무위원으로 선임되었
다.36) 비상국민회의는 처음 소집을 계획했을 때부터 과도정부의 의회적 기
능을 맡으려 하였고, 비상국민회의 조직 조례에도 제2조에 "본 회의는 대
한민국임시정부에서 발포한 당면정책 제6항에 의한 과도정권 수립에 관한
일체를 권한하되, 대한민국임시의정원의 직능을 계승함"이라고 천명하였
다.37)

그런데 최고정무위원회는 미군정의 의도가 작용하여 '南朝鮮大韓國民代
表 民主議院'이 되고 말았다. 민주의원은 미군정의 자문기관이었다. 김구는
비상국민회의는 중경임시정부의 임시의정원의 직능을 계승하고, 최고정무
위원회는 중경임시정부 국무위원회를 계승하여 과도정부로 기능하거나 정
부를 수립하기 위한 모체기관이 될 것을 바랐었고, 더구나 한낱 하지 장군
의 자문기관으로 되는 것을 원치 않았다. 이로써 비상국민회의, 중경임시
정부 국무위원회의 위치가 애매해졌고, 그것들과 최고정무위원회 즉 민주
의원과의 관계도 이상하게 되었다.38)

김창숙은 2월 14일 민주의원 개원식 때 몸이 불편하여 병상에 있었는데,
라디오로 하지 장군 이하 의장 이승만, 부의장 김규식, 총리 김구 등 23인
이 출석하고 자신을 비롯하여 여운형, 정인보, 조소앙, 황진남 등 5인이 결
석한 것을 알았다.39) 하지장군은 개회식사를 통해 "미주둔군의 사명은 韓
國이 정부를 수립함을 원조함에 있고, 특히 이 民主議院을 설치한 까닭은

---

36) 최고정무위원 28명의 명단은 송남헌, 앞의 책, 1985, 278~279쪽 참조.
37) 『조선일보』, 1946. 1. 25.
38) 서중석(1991), 앞의 책, 342~343쪽.
39) 여운형은 민생문제를 자문하는 것이라면 민주의원에 들어간다고 말하였다가,
    민주의원이 자신의 생각과 다른 것이라는 사실을 알자 2월 14일 참여하지
    않겠다고 성명하였다. 여운형이 탈퇴한 민주의원은 미군정의 처음 의도와는
    다르게 우익의 정치전위단체로 전락하였다고 볼 수 있다.

본관의 자문기관을 갖추기 위함"이라 하였고, 뒤이어 등단한 李承晩은 "韓
國의 현정세로 보아 정부를 세울 절차는 미군의 지휘를 전적으로 들어서
함이 당연함으로, 이 민주의원을 특히 설립한 까닭은 하지 장군의 자문기
관을 갖추기 위함이다"라고 하였다. 그러나 金九는 비상국민회의가 의결한
사항을 자세히 설명한 다음 "대회 결의의 중대한 위탁에 의하여 최고정무
위원 28인을 선정하여 정부를 수립할 모체기관을 갖추게 된 것이다"라고
하여, 하지 및 李承晩과는 판이한 내용이었다.

이러한 내용의 방송을 듣고 난 金昌淑은 비통함을 이기지 못해 주위 사
람들에게 말하기를 "이 방송을 들으니 李承晩은 홀로 하지에게 아부하여
이렇게 민족을 파는 거동을 하게 되었음을 가히 알만 하고, 또한 백범은
주장을 달리하여 이와 맞서기는 하였으나, 그러나 그는 나라를 저버리는
첫 모사를 거역하지 못하고 그 스스로 방자함에 맡겼으니 백범도 사실상
그 책임을 면치 못할 것이다. 슬프다. 저 李承晩은 장차 미국에 아첨하여
정권을 장악하고 독재정치의 수법을 삼으려고 이러한 방편을 쓰니 자못 국
가의 전도가 크게 침체될 것이니 통탄할 따름이다"[40]라고 하였다.

1946년 2월 18일 民主議院 회의가 덕수궁 석조전에서 개최된다는 전갈을
받은 金昌淑은 金九의 참석을 막기 위해 경교장으로 갔다. 당시 경교장에는
金奎植, 趙素昻, 安在鴻, 鄭寅普 등 10여명의 민주의원들이 있었다. 金昌淑은
金九에게 말하기를 "그대는 李承晩과 더불어 우리 민족을 팔고자 하는가.
그대는 어째서 성명서를 발표하여 국민 앞에 사과하지 않는가. 나는 李承
晩 등과는 같이 자문기관에 가지 않겠다는 것을 여러분도 모두 아는 바다.
오늘 여기 온 것은 결코 여러분과 같이 모임에 가려 함이 아니오, 다만 백
범와 한 번 만나 보고서, 첫째는 외국에 아첨하여 나라를 그르치는 큰 과실
을 밝히고, 둘째는 함께 정의로서 위국의 대사업을 붙잡자는 것이니, 민주
의원으로 있는 여러분도 모두 이 뜻을 알아야 한다"[41]고 하였다. 이 때 金

---

40) 『國譯 心山遺稿』, 805~806쪽.
41) 『國譯 心山遺稿』, 807쪽.

九를 위시한 대부분의 사람들이 오히려 민주의원에 경종을 울려 바른 길로 인도하기 위해서라도 함께 참가해야 한다고 하면서, 그를 억지로 태워 회의장으로 가게 하였다.

부득이 회의장에 들어선 金昌淑은 조완구의 말을 이어 먼저 "내가 오늘 이 회의에 온 것은 결코 외국에 붙은 기관인 민주의원을 승인해서가 아니다. 다만 이박사를 면대하고 그 나라를 저버리는 죄를 한번 성토하려 함이다"하고, 이어서 이승만에게 "당신은 지난 2월 1일 비상국민대회의 석상에서 金九와 함께 최고정무위원의 선출을 위탁받아 놓고서, 당신이 민주의원을 조직하여 발표하여서는 말하기를 '이는 하지 장군의 자문기관이라' 했다. 또한 金九의 식사와 당신의 개회사는 일체가 서로 반대되니, 이 일은 전적으로 당신 한 사람의 수중에서 농간되어 이루어졌음을 알 수 있다. 당신은 국민대회가 위탁한 것은 어디에 두고 감히 이렇게 기만하여 국민을 저버리는 행위를 하는가. 당신의 내심을 국민들이 모두 보고 있거늘 당신은 무슨 면목으로써 국민 앞에 서서 민주의원의 의장을 자칭하고 감히 국가의 일을 논의하는가! 당신은 오늘에 있어서 이미 민족을 팔았으니 어찌 다른 날에 국가를 팔지 아니한다고 보장하겠는가"[42]하고 책상을 치며 호통을 쳤다. 이로써 회의장은 아수라장이 되고 李承晩은 결국 퇴장하고 말았다.

이러한 일련의 과정은 결국 비상국민회의 최고정무위원회가 애초의 의도와는 다르게 미군정의 자문기관으로 변질되어 간 것에 대한 김창숙의 냉엄한 비판이다. 그리고 임정이 건국도상에서 모체 내지 주체기관이 되어 중심적 역할을 수행해야 한다는 그의 일관된 신념의 표현이었다. 김구 역시 이승만과의 관계 속에서 임정을 기반으로 정권을 경쟁했지만 점차 미군정이 설정한 정치활동의 범위를 자유롭게 벗어날 수 없는 처지였다. 따라서 이 때 김창숙이 비판한 내용은 김구마저도 수긍할 수밖에 없는 매우 날카로운 것이었다. 이것은 한마디로 말해 김창숙이 오히려 정당에 얽매이지

---

42) 『國譯 心山遺稿』, 808쪽.

않았기 때문에 할 수 있었던 快刀亂麻의 행위였다.

　　그는 46년 3월 이후 미소공위가 본격 가동되면서 민주의원에서 미소공위 참가를 표명할 때도 홀로 반대표를 던지고, 공위에 참가하더라도 반탁선서식만은 거행하자고 하는 등 孤軍奮鬪하였다.

　　이 때 그는 회의에서 이르기를 "어제의 회의에서 그대들은 이미 공위에 항복함을 결의하였는데, 나 혼자 부표를 던졌고, 이어서 선서식을 거행할 것을 요구한 것은 이것이 반탁의 초지를 관철하고자 한 데서 나온 것이다. 이에 대하여 여러분들은 떼로 일어나 이것을 공격했고 심지어 그린 뱀에 발을 부친 격이란 말까지 있어서 냉랭히 조소했지만, 저 반탁선서식을 거행한다고 해서 어찌 국가의 큰 계획에 해가 되며 어찌 민족의 정의에 손상이 되기에 여러분 등은 반드시 힘껏 배제하고 가로막아 폐기코자 하는가. 내가 이 좌중을 살펴보건대 얻기를 걱정하고 잃을 것을 걱정하는 기회주의자들이 없지 아니하니, 능히 오늘날 죽고 삶을 건다는 말을 잊지 아니하고 반탁에 죽는다는 것은 나로서 믿어지지 않노라. 만약 군이 선서식을 거행하고자 하지 아니한다면 그 마음가짐을 실로 측량치 못하겠으니 나는 그대들이 다른 날에 반드시 나라를 저버리는 사람이 되리라고 단정하는 것이다"[43]라고 하여 간담을 서늘케 하는 발언을 하였다.

　　김창숙의 반탁운동은 단순히 임시정부 일부그룹에서 생각하는 임정 추대운동에만 초점이 맞춰진 것이 아니라 실로 그의 일관되고 투철한 자주독립사상에서 우러나온 것이었다. 이것은 일제 말기 日警이 그에게 創氏改名을 강요했을 때 그가 인용한『孟子』의 "스스로 반성하여 곧으면 비록 천만 사람이 쳐들어 오더라도 내가 마땅히 혼자 가서 싸우리라"하는 義理를 떠올리게 한다.

　　그러나 이러한 과정은 한편으로 김창숙이 현실정치의 두터운 벽을 실감하는 계기가 되기도 하였다. 자신의 주장을 떠받쳐 줄 수 있는 지지세력이 없는 상태 속에서 그가 심한 고립감과 무력감을 느꼈을 것은 생각하기 어

---

43)『國譯 心山遺稿』, 817쪽.

렵지 않다. 이 때문에 그는 46년 10월 30일 모든 '公職'에서 사퇴한다는 것을 발표하였다.[44] 이 사퇴의 직접적인 계기가 된 것은 좌우합작위원회의 세칭 '좌우합작 7원칙'의 발표와 이것이 民主議院에서 통과된 것이었다.

좌우합작 7원칙은 1946년 10월 7일 여운형과 김규식이 중심이 된 좌우합작위원회에서 발표된 것으로 그 내용은 다음과 같다.

1. 조선의 민주독립을 보장한 3상회의 결정에 의하여 남북을 통한 좌우합작으로 민주주의임시정부를 수립할 것.
2. 미소공동위원회 속개를 요청하는 공동성명을 發할 것.
3. 토지개혁에 있어 몰수, 유조건 몰수, 체감매상 등으로 토지를 농민에게 무상으로 분여하며, 시가지의 기지 및 대건물을 적정 처리하며, 중요산업을 국유화하며, 사회 노동법령 및 정치적 자유를 기본으로 지방자치제의 확립을 속히 실시하며, 통화 및 민생문제 등등을 급속히 처리하여 민주주의 건국 과업 완수에 매진할 것.
4. 친일파 민족반역자를 처리할 조례를 본 합작위원회에서 입법기구에 제안하여 입법기구로 하여금 심리 결정케 하여 실시케 할 것.
5. 남북을 통하여 현정권하에 검거된 정치운동자의 석방에 노력하고, 아울러 남북 좌우의 테러적 행동을 일체 즉시로 제지토록 노력할 것.
6. 입법기구에 있어서는 일체 그 권능과 구성방법, 운영 등에 관한 대안을 본 합작위원회에서 작성하여 적극적으로 실행을 기도할 것.
7. 전국적으로 언론, 집회, 결사, 출판, 교통, 투표 등 자유를 절대 보장되도록 노력할 것.[45]

이와 함께 좌우합작위원회에서는 미군정이 추진하는 입법기구의 설치에 대하여 구체적인 제안을 함으로써 합작위원회가 입법의원 창설에 중요한 역할을 하고 있음을 보여주었다. 좌우합작위원회는 민주주의 임시정부

---

44) 『서울신문』, 1946. 10. 31. 김창숙의 사퇴 발표에 뒤이어 정인보도 46년 11월 2일 일체 정치단체에서 탈퇴한다는 성명을 발표하였다. 『서울신문』, 1946. 11. 3, 『동아일보』, 1946. 11. 3.
45) 『동아일보』, 1946. 10. 8.

를 수립하여 완전 독립을 이루기 위해 남북을 통한 좌우합작을 가능하게 할 수 있는 방안으로 7원칙을 議定한 것이었다. 그러나 미군정측의 강한 압력으로 입법기구에 정통성을 부여하는 역할까지 떠맡고, 이 입법기구의 구성과 의원의 선거, 활동에 적극 참여할 것임을 표명하게 되었다.[46]

그러나 이 좌우합작 7원칙에 대해서는 애초에 극좌 극우로부터 강한 공격을 받으리라는 것이 예상되고 있었다. 이 때문에 김규식은 7원칙 가운데 우익에서 쟁점을 삼을 수 있는 세 가지 사항을 해명하였다. 즉 7원칙의 첫번째 항에서 '3상회의 결의에 의하여'라고 표기한 것을 가지고 문제삼는 데 대해서는, 託治 실시 여부는 임시정부의 구성분자에 따라 결정될 것이라고 밝혔다. 그리고 친일분자에 대한 7원칙의 규정과 관련해서는 죄상이 현저하지 않고 건국사업에 공헌이 있는 자에 한해서는 무방하다고 밝혔다.

또 당시 가장 큰 쟁점 중의 하나는 토지문제였다. 김규식은 토지문제는 첫째, 국유·국영, 둘째, 경자유전, 셋째, 유조건 몰수(자기 생활에 필요한 자작농의 토지는 제외), 체감매상을 당하는 자의 생계 고려, 넷째, 대지주의 재생 방지 등을 원칙으로 삼았고, 무상분배의 경우 소유권은 농민에게 있으나, 매매 상속에서는 국가가 제한을 둔다고 설명하였다.[47]

김창숙은 46년 10월 30일 다음과 같은 요지의 성명을 발표하고 民主議院 등 모든 '公職'에서 사퇴한다는 것을 발표하였다.

余가 曩日 民主議院 회의 석상에서 그 合作 7원칙 중 몇 조항을 反對한 것은 소위 三相會談 決定 云云이 絶對 獨立을 주장하는 우리의 反託精神에 違背됨으로써이며, 立法機構 云云은 軍政이 조종하는 그 기관이 우리의 自主獨立을 遲延시킬 우려가 있음으로써이며, 親日派 民族反逆者 懲治 云云도 반드시 우리의 政府에서 우리 民族 자체에서 처리할 문제를 軍政에 예속한 입법기구에 委讓함이 不當함으로써이며, 특히 土地問題에 있어서는 토지국유제도에 큰 모순이 없으므로서 이를 贊同하였다. 그러나 其時 余의 立論이 채택되지 못함은 다만 余 자신의 人輕言淺함을 개탄하였을 뿐이다.

---

46) 서중석(1991), 앞의 책, 470~471쪽.
47) 『동아일보』, 1946. 10. 16.

> 그런데 余가 당초 非常國議와 民議에 종사함은 결코 어떠한 希顗心에서
> 出함이 아니오, 다만 草創 多難한 建設期에 있어 應分의 微力을 공헌하려
> 함이었으나 이미 極度 混亂한 今日에 臨하여 아무 撥亂反正의 공헌이 없으
> 며 한껏 時賢의 後를 和附함은 一種 無恥한 賤丈夫의 所爲이므로 오로지 最
> 後 獨立運動의 正路를 찾기 위하여 玆玆에 非國 民議 등 모든 公職에서 引
> 退함을 聲明함.[48]

이 사퇴성명에서 김창숙은 위에서 언급한 좌우합작 7원칙 중 세 가지를
문제삼아 반대했다는 것을 밝히고 있다. 즉 첫째는 합작 7원칙 1항에 있는,
민주주의임시정부를 신탁통치 실시 방침을 결정한 바 있는 '3상회의 결정
에 의하여' 수립한다는 것이 絶對獨立을 주장하는 정신에 위배된다는 것이
다. 그리고 둘째는 卽時獨立을 요구하는 때에 입법기구 운운 자체는 독립을
지연시킬 우려가 있다는 것이다. 셋째는 4항에 있는, 친일파 민족반역자를
처리할 조례를 좌우합작위원회에서 입법기구에 제안하여 입법기구로 하여
금 심리 결정케 하여 실시하게 한다는 것은, 독립된 정부 수립 이후 우리
민족 자체에서 처리할 문제이기 때문에 옳지 않다는 것이다. 다만 토지문
제에 대해서는 토지국유제도를 찬성하는 입장에서 찬성하고 있다.

요컨대 김창숙의 주장은 卽時獨立과 絶對獨立의 요구에서 볼 때 좌우합
작위원회가 제시한 7원칙 중 위의 세 요소는 인정할 수 없는 것이며, 오로
지 대한민국 임시정부를 중심으로 정권을 세워야 한다는 것이었다. 김창숙
은 이를 위해 民主議院에서 좌우합작 7원칙 통과를 저지하기 위해 노력하
였으나 그러한 노력은 7원칙의 민주의원 통과로 빛이 바래고 말았다. 이에
김창숙은 자신의 노력이 '아무 撥亂反正의 공헌'이 없는 현실 속에서 더 이
상 '公職'에 남아 있을 大義名分을 상실하고, '最後 獨立運動의 正路를 찾기
위하여' 사퇴를 결심했던 것이다. 여기에는 오로지 大義名分을 목숨처럼 소
중히 하면서도 정당 활동을 통해서가 아니라 개인의 홀홀 단신으로 해방정
국의 가시밭길을 걸어갔던 老儒學者의 비극이 담겨 있었다. 그러나 또한 이

---

48)『서울신문』, 1946. 10. 31.

러한 비극의 길은 개인적 삶을 택했던 김창숙이 감수해야 하는 어쩔 수 없
는 한계이기도 하였다.

좌우합작 7원칙이 발표되자 미군정에서는 7원칙이 좌익에 편향되었다
고 평가하였다. 또한 좌우익 간에는 7원칙을 둘러싸고 지지와 반대의 치열
한 공방전이 벌어졌다. 우익의 경우 民主議院에서는 7원칙이 民主議院을 통
과했으므로 이를 지지한다고 표명하였으나, 非常國民會議에서는 조소앙,
유림 등의 맹렬한 반대로 7원칙이 거부되었다. 그리고 李承晩이 만든 민족
통일총본부에서는 "아직 아무 것도 말할 수 없다"고 밝혀 부정적 반응을
보였다.

李承晩과 金九는 대조적인 반응을 보였다. 이승만은 처음에는 "당분간
침묵을 지키겠다"는 반응을 보였는데, 다음에는 공산파의 반대 때문에 효
력이 의문이라고 피력하였다. 김구는 民主議院에서 7원칙을 통과시킬 때
그 자리에 있었다고 하면서, 확고히 지지의 뜻을 표명했다. 국민당이 포함
되어 있는 한독당에서는 전면적으로 지지한다는 성명을 냈고, 신진당, 천
도교보국당, 조선민주당, 조선기독교청년회전국연합회, 독촉애국부인회,
종교연합회 등에서도 지지의 뜻을 표명하였다. 11월 9일에 가서는 극우성
향의 우익청년단체에서도 지지성명을 냈다.

그러나 한민당에서는 7원칙을 단호히 반대하는 성명을 냈다. 핵심부분
은 토지분배 문제였다. 유상매수한 토지를 무상분배한다는 것은 국가의 재
정적 파탄을 초래할 것이며, 무상분여는 경작권만 인정하고 농민의 소유권
을 부정하는 결과가 되고 말 것이라는 것이 반대의 주된 이유였다.[49] 한편
좌익에서는 인민당과 김성숙 등이 합작 7원칙을 지지한 것을 제외하고는
거의 다 반대를 표명하였다. 특히 박헌영은 철저한 반대의 입장이었다.[50]

이로써 미소에 의해 분할점령된 해방공간에서 민주주의임시정부를 수

---

49) 한민당이 토지문제 등을 이유로 7원칙 반대성명을 내자 김병로, 원세훈, 박
　　명환, 송남헌, 김약수, 이순탁 등 한민당에서 항일운동과 관계가 있거나 일제
　　때 지조를 지켰던 인사들이 대거 탈당하였다.
50) 이상 서중석(1991), 앞의 책, 473~476쪽 참조.

립하여 완전 독립을 이루기 위해, 먼저 남한의 좌우합작을 추진하고 동시에 남북을 통한 좌우합작을 가능하게 할 수 있는 방안으로 議定된 좌우합작 7원칙은 성과를 얻지 못하고 말았다.

1947년 이후 이승만의 단정수립운동과 김구의 임정 법통 고수 노력이 뚜렷하게 분화되는 가운데 정국은 점차 이승만이 추진하는 단정노선으로 옮아갔다. 김창숙은 1947년을 통하여 계속적으로 임시정부 국무위원의 직함은 가지고 있으면서도 이렇다 할 활동은 하지 않았다. 이것은 이미 김창숙 자신이 성명을 통하여 일체의 '공직'에서 사퇴한 데다가 心身이 지쳐 있었고, 그의 개인적인 노력을 통해서는 어찌할 수 없는 한계도 작용한 것으로 보인다. 이 때 그의 나이 69세였다.

Ⅳ. 反分斷活動과 50년대의 反獨裁鬪爭

1947년 7월 金昌淑의 예언대로 미·소공위는 결렬되고, 11월에는 韓國問題가 UN에 상정되어, 이른바 UN결의안이 채택·가결되고 이 안에 따라 UN韓國委員團이 1948년 1월 來韓하여 총선거 업무를 개시했다. 그러나 소련측이 끝내 위원단의 월북을 거부하자 선거가 가능한 남한만이라도 총선거를 실시하는 방향으로 기울어졌다. 이 때 김구와 김규식을 중심으로 한 양심적인 민족주의자들은 남한만의 총선거 실시는 남북분단은 항구화하고 조국 통일을 불가능하게 만들 것이란 견지에서 이에 적극 반대했다. 그리고 남북협상을 통하여 통일정부를 수립하는 방향으로 나아갔다. 金昌淑은 이 때 남북협상운동의 근본취지에 동의하여 1948년 2월 아래의 내용을 발표하여 그의 견해를 표명했다.

1. UN朝鮮委員團 來朝와 委員諸氏가 負荷한 使命은 內政干涉이 아니라 남북
   통일 총선거로 통일정부 수립에 관하여 外力의 부당한 간섭을 감시함에 있

다고 믿는다.

2. 單選 單政에 대하여 이것은 國土兩斷과 民族分裂을 助長함에 불과하니 북조선지방을 소련에 허락하려는 것이다.

3. 外軍의 주둔밑에서 자유로운 선거가 있을 수 없고 이에서 수립되는 정부는 傀儡政權일 것이다.

4. 남북 정치요인회담으로 통일정부를 수립하여야 할 것이다.[51]

여기에서 김창숙은 단독선거 및 단독정권 수립은 북한이 소련군의 지배하에 들어가는 것을 의미하며, 외국군 즉 소련군의 주둔 밑에서 수립되는 북한정권은 괴뢰정권에 불과하다고 말하고 있다. 그리고 이것을 막기 위해서 남북 정치요인회담이 필요하며, 회담을 통해서 통일정부 수립 방안을 마련해야 한다고 말하고 있다. 즉, 그는 일차적으로 소련과 공산당이 지배하는 북한을 소련의 괴뢰정권으로 만들지 않기 위해 남북요인회담을 제기하고 있는 것이다. 그러나 이것은 당시의 북한 실정에서 보았을 때 매우 현실성이 희박한 것이기도 했다.

김창숙은 이후 48년 3월 12일 김구, 김규식, 조소앙, 조성환, 조완구, 홍명희 등과 함께 남한만의 총선거에 불참한다고 선언하고[52], '7인 성명'을 발표하여 남북협상에 임하는 입장을 명확히 표현하였다. 성명의 요지는 다음과 같다.

> 統一獨立은 우리 全民族의 갈망하는 바다. …… 중략 ……
>
> 미소 양국이 군사상 필요로 일시 發定한 소위 38선을 국경선으로 고정시키고 양 정부 또는 양 국가를 형성케 되면 남북의 우리 형제 자매가 미소전쟁의 전초전을 개시하여 총검으로 서로 대하게 될 것이 명약관화한 일이니 우리 민족의 慘禍가 이에서 더할 것이 없다. …… 중략 ……
>
> 우리의 보는 바로는 남북의 分裂 各立할 계획이 우리 민족에 百害있고 一利없다고 단정하지 않을 수 없다. 반쪽이나마 먼저 수립하고 그 다음이 반

---

51) 『서울신문』, 1948. 2. 10.
52) 『동아일보』, 1948. 3. 13.

쪽에서 통일한다는 말은 一理가 있는 듯하되 실상은 반쪽 獨立과 나머지 반
쪽 통일이다. 가능성이 없고 오직 同族相殘의 慘禍를 激成할 뿐일 것이다.
…… 중략 ……
　　우리 몇 사람은 정치의 機變性, 進動의 屈伸性, 기타 여러가지 구실로 부
득이한 채 現情勢에 追隱하는 것이 우리들 개인의 이익됨을 모르지 아니하
나 개인의 이익을 도모하랴고 民族의 慘禍를 촉진하는 것은 민족적 양심이
허락치 아니하야 반쪽 疆土에 중앙정부 수립하랴는 가능한 지역선거에는
참가하지 아니한다. 그리고 統一獨立을 달성하기 위하여 여생을 바칠 것을
동포 앞에 굳게 盟誓한다.53)

　여기에는 일관되게 분단정부의 수립이 同族相殘의 慘禍를 ‘激成’시킬 것
을 염려하는 정신이 흐르고 있었다. 그리고 김창숙은 4월 3일 남북정치협
상에 대해 다시 한번 소신을 피력했다. 그는 이 성명에서 “今般의 남북협상
으로써 自律的 統一政府가 수립될 氣運이 돌아왔음을 확신한다”고 하고,
“우리가 團結과 統一을 이루기 위하여는 南北 左右가 서로 모든 宿怨을 잊
어버리고 서로 讓步할 雅量을 가져야 한다”는 견해를 나타냈다. 이의 내용
은 매우 원칙적인 것이지만 김창숙이 한층 적극적인 태도로 남북협상운동
에 임하고 있음을 읽을 수 있다.
　그렇지만 김창숙은 결국 남북연석회의에 참가하지 않았다. 김창숙은 4
월 19일 김구가 북행길에 오르기 이틀 전인 17일까지도 홍명희 등과 더불
어 김구의 출발일정 및 평양회담에 관한 제반 문제에 대해 최종적 성안을
보는 등 마지막까지 남북협상운동에 관여했으나54) 그 자신은 가지 않았다.
김창숙이 평양으로 가지 않은 이유는 두 가지 측면에서 생각해 볼 수 있다.
즉 첫째는 남한의 우익진영의 분열이라는 상황이며, 둘째는 좌익진영의 대
거 참가와 이와 관련된 유림 내부의 문제이다.
　김창숙은 남북협상운동에 이승만이 협조하지 않아 결국 남한의 우익진
영마저 총단결을 보지 못한 상태에서 김구·김규식의 노력이 결국 성공하

53) 心山記念事業準備委員會編, 『躄翁一代記』(太乙出版社, 1965), 301~303쪽.
54) 『조선일보』, 1948. 4. 18.

지 못할 것이라고 생각하고 있었다. 그는 당시 "남한에서 이승만의 협조도 못받으며 이북에 가서 김일성과 어떻게 무슨 타협을 볼 것인가"[55] 하고 냉소적으로 형세를 바라보고 있었다. 이는 애초에 김창숙이 남북협상운동을 지지할 때 북한에 대해 매우 비판적으로 바라보고 있었던 것과 관련지어 이해할 수 있다.

김창숙이 남북연석회의에 참가하지 않은 또 하나의 이유는 좌익진영의 대거 참가와 유림 내부의 사정을 들 수 있다. 당시 좌익은 북한의 남북협상 제의에 호응하여 대거 참가를 결의하고 있었고 일부는 이미 출발한 상태였다. 그런데 유림 내부에서는 좌익과 우익유림이 모두 다투어 평양회담에 참가하려는 상태에 있었다. 때문에 유림대표로서 김창숙은 이같은 사실에 저으기 실망했던 것같다.

당시 유림의 명의로 평양회담에 참가했었던 단체는 좌익측에서는 전국유교동맹(김응섭)이 있었고, 우익측에서는 민족대동회(김성규)가 있었다.[56] 유림의 대표로서의 김창숙에 있어 이와 같은 현실은 그가 평양회담에 참가하는 것을 주저하게 만든 요인이 되지 않을 수 없었을 것이다.

이리하여 김창숙의 반분단·통일운동은 中途半端의 상태로 끝을 맺었다. 46년 10월 정계를 사실상 은퇴한 뒤 나선 '大義'의 길이었지만 여기에서도 그는 좌절을 맛보지 않을 수 없었다. 거기에다가 설상가상으로 49년 6월 김구의 죽음은 그를 절망에 빠뜨렸을 것이다.[57] 김창숙은 김구의 죽음 이후 1950년 5·30선거를 앞두고 民族陣營强化委員會(민강)에 常務委員으로 이름이 올랐지만[58] 구체적인 활동은 없었다.

---

55) 心山記念事業準備委員會編(1965), 앞의 책, 303쪽.
56) 도진순, 『한국민족주의와 남북관계－이승만·김구 시대의 정치사』(서울대 출판부, 1997), 254, 260쪽 참조.
57) 김창숙은 金九의 죽음을 슬퍼하면서 다음과 같이 詩를 읊었다. 白凡 金九 凶彈에 맞았으니 / 늙은 몸 다시는 同志없네 / 한 사람 자기 멋대로 政街를 횡행하며 / 를 보기를 깊은 원수 보듯 하고 / 동을 살펴 가는 곳마다 뒤따르니 / 한 발자욱 옮김에도 自由가 없었네. 『心山遺稿』, 163쪽.
58) 서중석, 『한국현대민족운동연구 2』(역사비평사, 1996), 302~304쪽 참조.

분단정부 수립을 저지하기 위한 남북협상운동을 끝으로 정치활동을 중단했던 金昌淑은 이후 성균관 일에 전념했다. 그러다가 그는 1950년 6월 '7거두 공동성명'의 경고대로 동족상잔의 비극을 경험해야 했다. 72세의 고령인 데다 하반신이 불편한 노인 김창숙은 이승만 행정부의 '赤軍 격퇴설'에 속아 피난도 갈 수 없었다. 서울시 인민위원장인 이승엽이 그를 찾아와 선전방송에 협조할 것을 요청하였으나, 그는 완강히 거절했다. 김창숙은 그 일이 있은 후 9·28 서울수복 때까지 을지로에 있던 某 한의원에 숨어 있어야 했다고 한다.59)

1·4 후퇴 때 부산으로 내려간 김창숙은 1951년 봄 또다시 이승만에게 도전하기 시작하였다. 이승만의 권위주의적 독재에 도전이 일어나기 시작한 것은 1951년 제2대 국회 안에서였다. 그 해 이시영 부통령이 사임하자 국회는 당시 반이승만 세력의 지도자였던 김성수를 후임 부통령으로 선출했다. 이것은 바로 이승만의 권위주의에 대한 적극적인 저항을 의미했다.

이 무렵 김창숙은 단독으로 '이대통령 하야 경고문'을 제출했다. 이 하야 경고문은 대통령의 실정과 독재에 대한 신랄한 비판 내지 준엄한 꾸짖음이 담겨 있었다. 이 때문에 김창숙은 이승만의 감정을 사고 말았다. 이 일로 김창숙은 체포되어 한동안 부산형무소에 수감되었으나 노령이라는 이유로 불기소처분으로 석방되었다.

1952년 1월 이승만은 국회의 間選으로는 재선 가능성이 희박해지자 대통령직선제를 골자로 한 개헌안을 제출하였으나, 국회는 143대 19라는 압도적인 다수로 부결시키고 말았다. 뒤이어 야당계 의원들은 의원내각제 개헌안을 마련하여 재적의원 3분의 2에 해당하는 의원들의 서명까지 받아놓고 있었다. 그 해 4월로 접어들면서 의원내각제 개헌운동은 더욱 활기를 띠었고 김창숙과 이시영, 조병옥 등이 여기에 가담하였다.

1952년 6월 20일 金昌淑을 비롯하여 이시영, 김성수, 장면, 조병옥, 서상일 등 60여명이 부산국제부락부에서 '反獨裁護憲救國宣言大會'를 개최했다.

---

59) 김재명(1985), 앞의 글, 311쪽.

김창숙은 부자유스러운 몸이었지만 이 날의 회의를 주재했다. 회의가 시작되자 일단의 정치깡패들이 몰려들어 亂動을 부림으로써 회의장은 수라장이 되었고, 김창숙을 비롯한 여러 인사들이 벽돌장에 맞아 부상을 당했다. 피를 흘리며 쓰러진 김창숙은 조병옥의 호위로 간신히 피할 수 있었지만, 이 사건으로 40일간의 옥고를 치루어야 했다. 이것이 이른바 '국제부락부 사건'이다.[60]

이후 이승만은 국회의원을 강제로 버스에 태워 국회의사당에 출석시켜 대통령직선제를 골자로 하는 발췌개헌안을 통과시키는 이른바 '부산정치 파동'을 일으키고, 급기야 1954년 영구집권의 길을 트기 위해 四捨五入改憲을 단행했다. 그러나 막상 1956년 정부통령선거가 임박하자 이승만정권으로부터 민심이 이탈해서 평화적인 정권교체의 가능성이 엿보이는 듯 했다. 당시 김창숙은 이러한 好機를 놓치지 않기 위해서는 무엇보다 야당후보의 단일화가 급선무라고 생각하여, 민주당의 신익희 후보와 진보당의 조봉암 후보를 불러놓고 합작을 권유하기도 했다. 그리고 8월 17일 신익희가 급서하자 김창숙은 또다시 장면·조봉암의 합작을 위해 노력을 기울였다. 그러나 이러한 김창숙의 노력은 자파의 이해득실을 앞세우는 정치풍토 속에서 결실을 맺을 수가 없었다.

이에 김창숙은 그 해 8월 15일 제1야당 대통령후보의 뜻하지 않은 죽음에다가 관권·금권·협잡 등 온갖 부정수단을 동원해 3선 고지에 오른 이승만을 겨냥하여 신랄한 비판을 담은 제언을 하였다. 다음은 그 요지이다.

> 大統領 三選就任에 一言을 進함
> …… 전략 …… 국가원수인 각하로서 국민의 여론을 전연 모르신다면 이는 각하의 聰明이 不及함이라 하겠으나 만일 알고도 모르신체 하신다면 이는 각하의 失德이 더욱 크다 않을 수 없읍니다. 각하의 行政 前後 8년 동안에 많은 失德이 있었으나 과거는 모두 덮어두기로 하고 挽近 선거를 통하여

---

60) 당시 김창숙의 피묻은 옷은 1973년 성주에 세워진 심산기념관에 보관되어 있다.

드러난 각하의 失德은 天下人의 耳目을 掩蔽치 못할 사실입니다.

5·15선거를 비롯하여 8·8 및 8·13선거는 이것을 選擧亡國이라 단언합니다. 5·15선거시에 강력한 官權發動으로써 民意를 造作하여 그 결과에 있어서 각하가 비록 대통령의 當選은 되었을지라도 그 반면에 각하의 무릅쓴 恥辱은 아마 千秋에 씻기 어려울 것입니다.

다음 8·8 및 8·13선거가 모다 5·15를 뒷받침한 官權强壓 造作民意의 선거였음은 만천하에 폭로된 실정이었는데 오직 서울특별시 한곳만이 그 圈外에 빠졌다는 것이 도리혀 경이적인 奇聞이었읍니다. 그러므로 일반 국민이 5·15 이후 今次 선거까지를 가르쳐 이구동성으로 選擧亡國이라 지적하는 바입니다. 우리 대한민국이 민주주의를 실행하려는 신흥국가가 아닙니까? 그런데 각하께서 민주주의를 口頭彈으로만 부르짖고 暴威的인 獨裁主義를 강행하려 하심은 그 어떠한 심경의 변화에서 出함인지 진실로 이해하기 곤란합니다. …… 중략 ……

이제 전국의 민심은 이미 각하에게 이탈되었나니 이 이탈된 민심을 收回하려면 각하께서 반드시 絶世의 大勇斷을 奮發하시라. 대통령의 권위로써 자유당 총재의 직권으로써 현재 각료 중 몇몇 趙高輩를 卽日 斥逐하시고 造作民意의 주동체인 자유당을 嚴急 해산하는 동시에 今般 8·8 및 8·13 부정선거를 一切 無效로 宣言함에 따라서 全國的 再選擧를 특명 실행함이 각하의 대통령 三選 취임 初政의 급무 중 가장 급무이며, 각하의 大政治家的 才腕이 여기에 비로소 발휘되는 것이며, 民心 收回의 유일무이한 방법임을 주저치 않고 단언하는 바입니다. …… 하략 …… 61)

전국의 민심이 이미 이승만에게서 이탈되었다고 본 김창숙은 각료 중 간신배에 해당하는 몇몇을 해임시키고, 민의 조작의 주동집단인 자유당을 해체하며, 부정선거를 일체 무효로 선언하고 재선거를 실시할 것을 요구한 것이었다. 이는 당시 김창숙이 아니면 감히 하기 어려운 '혁명적인' 제언이었다.

김창숙은 또 1958년 12월 24일 이른바 '2·4보안법 파동'이 빚어지자 '여생을 민주주의를 위해 바치고자' 손자의 등에 업혀 上京하여62), 1959년 1월

---

61) 心山記念事業準備委員會編(1965), 앞의 책, 312~315쪽.
62) 그는 上京 一聲으로 "민주주의를 위해서 얼마남지 않은 여생을 바치려고 서

8일 반독재 민권쟁취 구국운동을 위한 전국민총궐기연합체를 구성하자고
제창하는 호소문을 발표했다. 이 호소문에서 김창숙은 '3·1운동 당시 男婦
老幼가 前覆復起하던 정신을 환기하여 최후의 일인까지 同心戮力할 것'을
강조하면서 7개항의 투쟁방법을 제시했다.

> 첫째, 야당측이 현정권과 절대 굴욕적 타협은 아니할 것.
> 둘째, 張부통령은 현정권하에서 현직에 머물러 있지 않을 것을 국민 앞에서 성
> 　　　명하고 단연 사퇴할 것.
> 셋째, 야당의원 전부가 총퇴진할 것.
> 넷째, 야당에 속한 각 도·시·읍·면 모든 의원들이 국회의원과 동시 호응하
> 　　　여 일치 총퇴진할 것.
> 다섯째, 3·1운동정신을 고수하는 공무원 동지 제군은 순수한 국민운동에 총
> 　　　결속 호응하여 일체 총퇴진할 것.
> 여섯째, 보안법 개악조례가 실행될 때에는 제1착으로 先亡할 것이 언론기관이
> 　　　니 자발적 폐쇄할 것.
> 일곱째, 국립경찰은 正常한 국민주권을 옹호하는 국민의 공복인 국립경찰이
> 　　　될 것.[63]

이와 같이 그는 자기가 옳다고 생각하는 대의명분과 원칙 앞에서는 조
금도 자기 신념을 굽히지 않았다. 그러나 이러한 그의 극단적인 전략은 대
중의 의식상의 준비정도와 조직적인 준비 정도 등의 현실적인 방안에 입각
해 있었던 것은 아니었다. 이것은 그의 개인주의적인 활동의 한계를 극명
하게 보여주는 것이기도 하였다. 김창숙은 이 성명으로 인하여 장면·조병
옥 등의 야당지도자들과도 관계가 불편하게 되었다.

그는 또 1월 16일에는 "보안법은 이 민족을 억압하는 亡國法이요, 이제
大韓民國은 民主共和國이 아니라 警察國이며, 따라서 李대통령은 국민 앞에

─────────────

울에 올라왔다. 자유당이 강도적으로 통과시킨 보안법은 무효다. 과거 5·26
부산정치파동 때 국제구락부에서의 民意 발로와 같이 반독재구국 범국민투
쟁을 전개해야 할 것"이라고 말했다. 『동아일보』, 1958. 12. 28.
63) 『동아일보』, 1959. 1. 9.

사과하고 下野하라"는 長文의 성명서를 발표하기도 하였다.[64] 이승만정권
에 대한 끊임없는 견제와 추상같은 비판의 연속이었다. 결국 이승만정권은
1960년 4.19혁명으로 종말을 고했다.[65]

이승만독재정권에 대한 불굴의 비판과 항거로 일관해 오던 김창숙의 소
망은 드디어 햇빛을 보게 되었다. 50년대 전기간에 걸쳐 전개한 김창숙의
반독재투쟁은 비록 개인적인 차원에 국한되었고 때때로 극단적인 방법론
으로 제기되기도 했다. 하지만 그는 자신의 특유의 대의명분을 앞세워 언
제나 독재정권의 심장부를 압박하였으며 이승만독재정권의 권위주의성·
비민주성을 날카롭게 비판할 수 있었던 것이다. 한마디로 김창숙은 50년대
한국의 정치사에서 '행동하는 양심' 그 자체였다고 할 수 있을 것이다.

V. 맺음말

이상에서 김창숙의 해방 후 정치활동을 살펴 보았는데 다음과 같이 정
리할 수 있다. 김창숙은 해방 정국의 격동 속에서 비교적 활발한 정치활동
을 벌였다. 해방 이후 그의 정치활동은 한마디로 반탁투쟁과 임시정부 봉
대 활동, 반분단, 반독재투쟁의 과정이었다.

김창숙은 해방 직전 建國同盟의 남한 책임자로 활동하였으며, 해방 후에
도 임시정부를 중심으로 민족국가를 건설해야 한다고 생각하였다. 이러한
그의 국가건설 구상의 이면에는 일제시대에 같이 활동했던 신채호·박은

---

64) 張乙炳(1986), 앞의 논문, 143쪽.

65) 당시 82세의 나이로 서울 중앙의료원에서 이승만의 하야와 하와이 망명 소
    식을 들은 자신의 소감을 다음과 같이 털어놓았다. "李承晩이와 싸워 온 사
    람도 많겠지만 나만큼 독하게 맞서 온 이도 드물거요! 그가 12년간 집권하
    는 동안 내 세 차례에 걸쳐 공개로 대통령 下野 권고를 했지만, 그 스스로가
    하야했더라면 지금쯤 하와이로 도망쳐 있지 않아도 되었을 거요!". 『동아일
    보』, 1960. 10. 28.

식 등이 이미 사망하였고, 그 자신 정당활동에 깊이 참여한 경험이 없었던 점과 함께, 대한민국임시정부가 해방정국의 정당 난립 속에서 구심적인 역할을 해야 되리라는 기대도 깔려 있었을 것이다.

그는 정당들의 난립과 대립상을 목도하면서 일제시대부터 견지해 오던 당파와 파벌투쟁에 대한 혐오감을 한층 강화하였으며, 이러한 인식의 연장선상에서 임시정부를 중심으로 민족국가가 건설되어야 한다는 신념 하에 특히 여운형의 건국준비위원회의 조직에 대해서 매우 비판적인 입장을 견지하였다.

해방 후 김창숙이 활발한 정치활동을 벌이는 것은 신탁통치 파동을 계기로 해서였다. 그런데 1945년 말부터 전개된 당시의 반탁투쟁은 우익의 정부 수립 방안이었던 중경임시정부 추대운동과 밀접히 관련되어 있었다. 당시 반탁투쟁은 중경임정 추대운동이었고, 동시에 반소반공투쟁으로서의 성격을 가지고 있었다. 김창숙이 「반탁담화문」(46. 1. 2)을 발표하게 되는 것은 이러한 정황에서였다. 김창숙은 미소의 신탁통치를 일제의 식민통치와 같이 異民族에 의한 민족자주권의 박탈로 인식하고, 쓸데없는 파벌적 투쟁을 청산하고 臨時政府를 중심으로 '한 뭉치'가 되어 '義血'로써 싸우기를 호소하였다. 이렇게 신탁통치에 대한 절대 반대의 입장에서 김창숙은 당시 모스크바3상회의 결정의 '총체적 지지'를 내걸고 탁치를 감수해야 한다는 입장을 보이고 있던 공산당세력을 '賣國'과 '反逆行爲'라고 질타하면서 가차없이 비판하였다.

김창숙은 이러한 철저한 반탁운동을 통하여 스스로가 임정의 국무위원이 되어 임시정부 봉대 운동에 매진하였다. 이 결과 46년 2월 중경임정의 법통을 계승하여 의회로서 기능할 것을 자임한 비상국민회의가 미군정의 자문기관인 '민주의원'으로 하루밤 사이에 바뀌자 이것을 주도한 이승만에 대해 격렬하게 공격하기도 하였다.

그러나 결국 김구 중심의 임정 봉대 운동이 실패로 끝나고 정국은 분단정부가 수립되는 방향으로 나아갔다. 이에 김창숙은 김구 및 김규식과 함께 분단정부의 수립을 막기 위하여 최후까지 노력하였지만 이것 또한 실패로 돌아갔다.

김창숙은 1949년 김구의 암살로 한 때 절망하기도 했지만, 1950년대 들어 이승만의 권위주의적인 독재정치가 강화되고 장기집권 음모가 노골화되자 다시 노구를 이끌고 반독재투쟁의 전선에 나섰다. 50년대를 통하여 세번씩이나 이승만의 하야를 요구하며 불굴의 의지로 이승만에게 맞섰던 김창숙은 이승만정권으로부터 테러를 당하기도 하였고, 성균관에서도 축출당하는 수모를 맛보기도 했지만, 끝내 저항의 신념을 굽히지 않고 최후까지 저항을 계속하였다.

心山 金昌淑은 민족적 양심을 끝까지 지킨 불의에 항거하는 반독재투쟁, 반분단노선의 정신적 중심인물로 남았다. 심산은 '항구적 소수파'로서 외롭고 역경의 고난을 자초한 면이 있다. 그는 비타협적 인물로 현대의 정당정치 구조가 타협, 조율의 산물임을 생각할 때 일면 한계성을 지니며 아울러 그의 약점이라 할 수 있다.

| After Liberation Kim Chang Suk's Political activities

Kwon, Gi Hun

This paper is described on Kim Chang Suk's (1879~1962) political activities after Liberation. By now, the studies on Kim Chang-Suk have concentrated upon his inflexible idea or consciousness, have made great progress in the branch on his independence movement, and have elucidated a political, activity after the 1945 Liberation.

This study will supplement the limitation of previous studies. Was lively active in this period in spite of an advanced age. Centering the attention on the period after the 1945 Liberation, the study concentrates its effort upon the meaning of the activity. The chief aim of this paper is participate in Konkuk Dong Maeng, support of provisional government, anti-dictatorship movement.

Firstly he took an active in Konkuk Don Maeng. It is proved that Kin Jin wu's activities and a daughter-in-laws' testmoney.

Secondly, he supported Provisional Government and hoped to a unified nation in dependently.

Thirdly, he resisted Lee's dictatorial Government lastly. Kim Chang Suk is a supporter of Kim Gu and an opponent of Lee Syung Man. This show his character of political activities.

The systematic understanding on the political activity after the 1945 Liberation, this chapter examines the outcome and limit of the political activity in the process of Construction Movement for Nation under a cold war system between US and USSR.

Kim Chang Suk againsted dictatorship lastly as an indomitable spirit. He lingers long in our memory as the pro and stay of a critical spirit.

임시정부 27년사의 인물과 이면사의 정리

―『계원 노백린장군연구』 외

申載洪[*]

Ⅰ. 노백린장군의 항일투쟁
Ⅱ. 한국근・현대사의 재조명
Ⅲ. 손에 잡히는 역사에세이
Ⅳ. 임시정부의 숨겨진 뒷이야기

---

[*] 전 국사편찬위원회 편사부장.

Ⅰ. 노백린장군의 항일투쟁

(『계원 노백린 장군 연구』, 신지서원, 2000. 1, 410쪽)

1.

　우리는 2000년을 새로운 밀레니엄시대의 희망찬 출발이라고 하여 전 세계가 그 축하와 기대로 떠들썩했었음을 기억한다. 2000년의 참의미와 올바른 해석은 그것을 어떻게 우리의 새천년으로 맞아 결실을 맺어야 하는가에 따라 평가가 이루어 질 것으로 전망해 본다.

　학계의 경우는 구두선으로만 요란하게 끝나는게 아니고 주목되는 연구 성과물의 양출로 그에 걸맞는 의미가 주어진다. 그런 뜻에서 2000년 상반기중 4권의 무게있는 저술을 학계에 내놓은 학자가 있어 관심을 끈다. 성신여대 이현희교수가 그 주인공이다. 그는 금년(2000) 1월에『계원 노백린 장군연구』(신지서원, A5판 양장 410쪽)에 이어 5월에『한국근·현대사의 재조명』(삼광출판사, 신A5판 반양장 326쪽), 같은 5월에 평이하게 쓴『손에 잡히는 역사에세이』(학연문화사, A5판 반양장 416쪽), 동 7월에『임시정부의 숨겨진 뒷 이야기』(학연문화사, A5판 반양장 432쪽)를 잇달아 저술 간행해 냈다. 여기서는 4권의 저술이 대개 임시정부의 광복정책과 근현대사의 흐름을 학술적 근거에 의해 연구해 나간 것이므로 유사성이 있다싶어 이를 묶어 서평에 대신하고자 한다.

　계원연구는 임시정부 요인중 최초의 학술적인 전기로 정리된 성과로 노백린이 임시정부 국무총리로 상해에서 50평생을 끝막음하는 애국일생을 내외자료, 증언등에 의해 해명하고 호소력있게 파란만장한 고난의 애국 평생을 그려 복원한 것이다.

2.

　계원은 고향 황해도에서 우리 정부의 관비 유학생으로 선발되어 일본 육사를 졸업하고 귀국, 육군무관학교 교장까지 지내다가 1907년 일제의 강제 군대해산 때 정령(대령)으로 계급장을 떼며 박성환과 같이 자결 보국코자 기도하였으나 음독 직전 부관에 의해 저지당해 겨우 목숨을 건졌다. 그는 신민회에서 무인으로 참여하였다가 나라가 일제에 탈취당할 때 자책해 마지 않았다. 그는 1916년 자택인 서울 계동 1번지(현 중앙고교)에서 간단히 짐을 챙겨 가지고 미주 하와이로 망명하였다. 그곳에는 계원을 기리는 기념표석이 이교수에 의해 세워져 있다. 이동녕, 이회영 등이 동삼성을 독립운동기지 건설처로 본 것과 달리 그는 뜻 한바 있어 미주로 가서 독립군을 양성하다가 캘리포니아 윌로우스에서 비행기학교를 설립, 조종사를 양성하였다.

　제공권을 장악하는 자가 차세대의 주인이 될 수 있다는 원대한 포부가 여기 처음으로 펼쳐진 것이다. 미국인까지도 이 학교에 입학해서 비행사가 된 일이 있었다고 하니 그의 우리 공군 창설의 기여도는 매우 큰 비중이 있다해도 과언이 아니다. 이때 그는 이미 임정의 군무총장이 되어 1921년 2월 상해 임정에 부임하였다. 이후 1926년 1월 상해에서 서거 순국할 때까지 5년간 임정에서 군무부를 착실하게 키워 이동녕, 김구, 이시영, 조소앙, 이동휘 등과 임정을 법통사적으로 이끌어 갔다. 2년여간 국무총리로 임정을 진두지휘하다가 와병중 순국하고 말았다.

3.

　수많은 관련 논저를 발표한 저자 이교수는 계원 연구중 노백린이 한때 대통령에 추대될 계획이 추진중이었다는 새로운 사실도 밝혀냈고, 계원의 사상이 무엇인가를 별도의 논문형식으로 추출해 냈다. 그의 자주독립사상은 곧 단합사상이고 국민이 상하구분없이 일체가 되는 균일사상인 것이라고 역설하여 주목을 끈다. 그의 2남 2녀 역시 부친의 애국심을 계승, 항일투쟁에 몸바쳐 애국투쟁가 가족이 된 것도 소상히 밝혀 놓았다. 불모지나 다름없는 계원 노백린의 애국일생과 독립사상을 처음 체계적으로 정리했다는 평가를 받아 마땅하다.

과연 노백린이 그렇게 뛰어난 임시정부의 지도자였는가 하는 점을 고려할 때 얼마간 과찬의 필치도 있지 않았나 싶은 생각이다. 화보와 함께 계원의 애국 50평생을 복원해 놓았다고 생각되어 임시정부사 연구중 인물의 활동상을 다시 해명 제시했다고 본다 저자 이교수는 이동녕, 이유필, 조동호, 이봉창 등 임정 관련 인사의 활동상을 학술논문집으로 정리한 뒤 계원에 이르기까지 인물사의 특징을 검토 분석해 놓아 임정 연구를 한단계 올려 놓았다고 본다. 평생을 임시정부 연구로 꺼지지 않는 연구실의 환한 불빛을 상징할만한 돋보이는 그로서 큰 업적이라 아니할 수 없다.

부록으로 연보와 관련된 포고문, 취지서, 법령, 그리고 참고문헌 목록은 계원 연구와 뒤의 후학들에게도 이 방면 천착의 길잡이가 될 것으로 믿어 의심치 않는다.

Ⅱ. 한국근·현대사의 재조명

(『한국근·현대사의 재조명』, 삼광출판사, 2000. 5, 326쪽)

1.

이 책은 학술적인 각주는 생략한 채 모두 5부로 정리한 우리나라 근대 현대사를 북한사까지 포함시켜 새롭게 조명하고 있는 교양 학술서이다. 7차 고등교육개혁안에 독립된 교과항목이 곧 우리나라 근현대사인점을 감안하면 저자 이교수는 미리 이 과목을 선구적 차원에서 정리 분석한 것이다. 유려하고 정곡을 찌르는 그의 논리와 입론의 전개는 곧 근현대사의 올바른 방향제시라는 점에서 돋보이고 있다. 더욱 남북이 화해 협력시대를 열고 있는 이때 북한사의 정통사로서의 귀일 합평은 시의적절한 학문적 작업이라 아니할 수 없다. 남북의 근현대사가 큰 갈등, 대결구도, 괴리속에 놓여 있음을 볼 때 『통합근현대사』의 정리야말로 냉전시대의 종언을 고하는 학계의 과감한 연구적 시도가 아닌가 한다. 보수적 경향이 다분이 있는 저자 이교수의 이번 시도성 화해와 협력의 저술은 그래서 주목과 관심을 끌게 한다.

2.

8·15광복 직전후의 근대 민족주의 운동을 다루되 건국동맹과 독립동맹부터 검토하고 있다. 근대분야가 좀 더 소급해 올라가야 하지 않겠나 싶다. 적어도 1900년대부터 취급했어야 하지 않겠나 싶은 의견이다. 물론 저자 이교수의 다른 저서에서는 한국근대사를 충분히 취급, 평가하였기에 여기서는 중복을 피하려는 뜻에서 여기서부터 시작해 본 것으로 생각된다.

대한민국 건국과정의 주도계층을 법통사적 인식속에서 다루었다. 물론 대한제국을 이은 임시정부부터 기산해서 서술하고 있다.

3.

이어 2부에서 4부까지는 광복정국과 6·25전쟁을 다루되 공산주의자의 남한교란책동을 자료에 의거, 냉철히 비판적으로 다루고 있어 아무리 냉전논리의 해소가 당면 과제라해도 사실적인 내면은 어쩔 수 없이 파헤쳐야 한다는 것이 그의 움직일 수 없는 민족주의적인 사관의 제시라고 본다.

분단의 배경과 국제정세, 소련군의 남침후원이나 폭동, 교란, 혼돈의 충동 등은 새로운 미국, 소련 자료에 의거, 명쾌히 해명하고 있어 주목을 끈

다. 신의주, 대구, 여순, 4·3제주도사태, 위폐사건, 국대안반대 등이 모두
누구에 의해 일어났는가를 날카롭고 냉철하게 객관적 평가로 현대사를 보
는 시각을 모범적으로 제시하고 있어 공감을 얻고 시사되는 바가 크다고
본다.

　6·25전쟁 이후 제네바, 한일회담은 오늘날 남북정상회담의 시초이고,
한일국교정상화회담의 전초 축적작업이라고 평가해도 좋다고 한 저자는
긴 역사적 안목을 가지고 있는 것 같아 공감이 간다. 북한의 도발책동 못지
않는 6·25전쟁 중의 거창사건 등 양민학살사건이나 국민방위군사건같은
우리 내부의 부정적인 사건 역시 숨김없이 파헤치고 있어 역사가의 신선한
자기성찰, 비판에서 심판의 경지까지를 기대할 수 있다. 이점은 독자의 궁
금증까지도 풀어주는 계기가 되리라고 생각한다.

　군사정권의 부정적 독주와 민주화과정을 긴장감까지 가미하며 명쾌히
풀어 나갔다. 이어 북한현대사의 정통한 국사에로의 귀일 통합을 시도한
것도 화해 협력 통일시대에 걸맞는 서술인 것이다. 그러나 보수우익적 필
치와 정서가 눈에 띠고 있음은 매우 안타까운 일이 아닐 수 없다. 이제는
냉전논리에서 유대논리, 공존공영의 새로운 화해시대가 우리를 기다리고
있음을 이해해야 할 것이다. 모처럼의 새로운 시도적 저술에 큰 기대와 효
과를 극대화해야 한다.

Ⅲ. 손에 잡히는 역사에세이

(『손에 잡히는 역사에세이』, 학연문화사, 2000. 5, 416쪽)

1.

　역사학을 연구, 교육하는 학자가 에세이집을 낸다는 것은 어쩌면 외도일
수 있고 학자의 품위를 떨어뜨리는 일이라고 경계하는 눈초리가 역력한 것

이 오늘의 현실이다. 그러나 이교수는 학문 연구외에 간간이 칼럼이나 잡문이란 산문을 쓰곤하였다. 그것이 외도나 품위와 관련이 있는지 잘 판단이 되지 않는데 그는 워낙 부지런하고 글쓰기를 좋아해서 틈만나면 크건 작건 그때그때의 핫이슈에 관해 자진해서 글을 써놓았다고 이책 서문에서 밝히고 있다. 그는 대학때도 학교신문이나 학술지에 글을 자주 썼으며 학문동호인 모임을 주도하며 군복무 중에도 연구발표에 앞장섰던 일을 나는 동참하며 주시해 왔었다. 그는 따로 개인연구소라는 서재를 만들어 놓고 그곳에서 침식을 잊고 연구와 집필에 몰두하는 근면 성실한 모습을 나는 목도하곤 한다. 공휴일에도 그는 반드시 연구소의 집필실을 밤까지 환하게 비추고 뭔가 쓰고 사색하기에 여념이 없음을 본다.

2.

본 서는 6부로 나누어 그동안 썼던 글이나 새롭게 책의 규격을 맞추느라 보충 집필까지해서 416쪽의 에세이집을 간행해 냈다. 그는 "아주 홀가분하게 우리 역사속에서 생활의 글을 써 나갔다. 각주에 얽메이지 않고 모처럼 자유롭게 홀홀 털고 글을 쓸 수 있어 스스로 즐거움에도 빠질 수 있었다." 라고 이책을 쓰게 된 배경과 동기를 비치고 즐거워하고 있다. 그가 역사학을 일업일생(一業一生)으로 선택한 이유가 오늘의 현실을 기록으로 남겨 뒷날 평가, 비판의 자료로 삼기 위함이었다고 고백한다. 실학자가 그때는 크게 주목을 못 받아도 뒷날 그들의 작품이 한 시대를 풍미할 만큼 영향력을 행사했음을 잘 알고 있듯이 아마도 저자 이교수 역시 그런 뜻에서 오늘의 사실을 기록으로 남기려 시도한 것이 아닌가 한다.

역사의 진실보기, 역사속의 비상사태를 본다, 우리의 국군을 생각한다, 역사에서 희망찾기, 역사에서 배운다, 선조의 기지와 해학을 찾는다 등 이것이 6부작의 표면제목이다. 이 제목이 시사하듯이 그는 이 책속에서 역사에서의 교훈과 지혜를 찾아 보다 행복하고 명랑한 내일을 창조하자는 소박

한 역사가의 사명의식이 이 책을 하나의 인생지침서로 삼도록 권유하는 날
개짓의 메시지가 담겨있는 것이다.

　본래 한책으로 묶을 의도에서 한편한편을 쓴 것이 아니기에 전체적인
의도한 흐름에는 다소 무리와 비약이 눈에 띠고 있음을 지적한다. 이 책속
에 실은 수필중에는 신문사나 잡지에서 거절당한 것도 상당부분 들어 있다
고 귀뜸한다. 가령 국책신문이나 그 기관지에는 과거사의 부정적 영향이나
심각한 비판, 혹평, 시행착오의 지적 등은 게재하지 않고 돌려 주었기에 그
는 오기로라도 이를 간직했다가 이 책속에 고스란히 배열해 놓았다. 제헌
절 반세기 같은 논설은 국책신문에 악영향을 미친다해서 반송하였다는 것
이다.

　그는 이로 인해 그 신문에는 다시 글을 쓰지 않았다고 한다. 그의 결연한
선비의 태도를 보이고 있어 심각한 비평의 글도 마다않고 내뱉는 강직함,
비판정신을 엿볼 수 있다. 또 일간지에서 서평이나 책소개의 편파성, 재탕
성을 신랄히 비판하는 완강한 당돌함도 보이면서 서평의 기준이 그 내용에
있는가, 인간관계에 있는가라고 즉자적으로 묻고 있다. 기존 유명 신문의
비판이 만만치 않음을 여기저기 글속에서 발견할 수 있어 공감이 가고 공
연히 내가 당한 것 같아 공분을 느끼게 된다.

3.

　이 책속에서 「역사속의 비상사태를 본다」에는 잘 알려지지 않았던 특정
지역의 냉해로 곡식의 감소, 콜레라로 떼죽음을 당한 이야기며 역사를 뒤
바꾼 사례들을 유심히 음미할 수 있다. 「국군을 생각한다」에서는 그가 대
학때(1958) 학보병으로 응소하여 소정의 군복무를 수행할 시기에 군내외의
실상, 군내부의 위상, 여러 가지 에피소드, 군복무의 신성함을 오늘의 군생
활과 비교 설명해서 병역기피자를 얼굴도 못들게 몰아 부치고 있다. 왜 군
복무가 신성하고 인간성을 바로잡게 하는가 하는 방법론을 소상히 제시하

고 있다.

때론 군내부의 비리, 부정, 불의도 고발하는 정의로운 필봉을 구사, 공감대를 형성하고 있다. 400여 쪽에 달하는 지면에 가득 채운 살아가면서 역사에 배워야 할 덕목을 깔아놓은 듯 무엇을 선택해야 할 지에 관해 주저치 않게 진로를 생각케 하고 있다. 그래서 이는 손에 잘 잡히는 역사에세이라고 이름지은 것같다. 근대, 현대의 우리 민족사에서 무엇을 배우고 찾아 교훈으로 삼아야 할까 하는 이에게 올바른 길잡이가 될 것임에 틀림없다고 자신있게 말할 수 있다.

Ⅳ. 임시정부의 숨겨진 뒷이야기

(『임시정부의 숨겨진 뒷이야기』, 학연문화사, 2000. 7, 432쪽)

1.

이번에 새롭고 아담하게 사진을 넣어 단장해서 세상에 읽을거리로 내놓은 학연문화사의 양서 『임시정부의 숨겨진 뒷이야기』는 임정 27년사(1919~1945)의 뒷이야기를 내외 각종 자료와 증언에 따라 객관성있게 정리한 민족사의 고난과 영광의 가시밭길같았던 과거의 투쟁을 흥미있게 정리한 것이다. 저자 이교수는 임시정부의 정사를 인물과 연계해서 연구, 몇권의 저술로 성과를 내 국민의 관심을 끈 바 있다. 그로 인해 대한민국의 법통성이 임시정부 27년사에 근거한다는 사실을 정부적 차원에서 채납하여 매년 4월 13일을 임정수립기념일로 결정, 국가에서 직접 주관해 전국적 규모로 기념하고 있다. 그렇다면 임정은 과연 어떤 일을 했을까. 그 이면에 숨겨진 기막힌 사연들이 알알이 주옥처럼 정성들여 잘 묶여져 나온 것이 본서이다.

이 대화체 서술을 통해 임정이 얼마나 어려움, 시달림속에서 27년간을 하루도 쉬지 않고 빛나는 임정간판밑에서 국권회복을 위해 투쟁, 교섭, 독려, 단합하였는가를 35개 항목을 통해 극명하게 그리고 있다. 이야기식의 역사전달이 흥미를 유발하여 역사적 사실에의 인식, 이해를 더욱 익숙하고 부드럽게 가슴에 와닿게 함을 이 책을 읽으며 터득하였다. 임정을 이끈 이동녕, 김구, 조소앙, 이시영, 조완구, 신규식, 이유필, 조동호, 박은식, 전진원, 노백린, 여운형, 김가진, 이봉창, 김인전, 안창호, 이승만, 엄항섭, 김규식, 지청천, 이범석, 김홍일 등의 임무와 업적을 이면사까지 몽땅 털고 끌어냈다. 즉 내면세계의 숨겨진 좋은 일이던 나쁜일이던 표면으로 부각시켜 인간미 넘치는 생산의 임정을 재탄생시켰다고 감히 평가할 수 있겠다.

2.

초대 이동녕 임시의정원의장이 상해 바닥에서 임시정부의 민족지사끼리 티격태격 서로 싸우니가 "싸우려면 일본놈하고나 싸워. 왜 여기까지 와서 싸우는가. 나라는 언제 찾아가지고 서울로 가겠느냐."라고 크게 나무랐던 사실로부터 김구가 1949년 총격으로 세상을 떠날때까지 5번이나 이런 총격을 받았거나 그럴 찰라에 놓였었다는 사실, 임정 제2대 대통령 박은식이 국민대표회의 소집문제로 김구측으로부터 얻어맞고 입원치료를 받았던 일도 있음을 자료를 통해 처음 알려주고 있다. 조완구내무총장은 임정의 위계질서는 이동녕, 김구 순으로 바로 잡아야 한다고 자료속에서 외치고 있어 새삼 경청할 일을 교훈적으로 느낀다. 민족대표 33인중 한사람인 김병조목사가 3·1혁명 때 서울집회장에 불참한 것은 손병희의 양해로 상해 일대에 독립운동을 확산 보급하기 위함이었음도 이번에 드러난 특징중의 하나다. 밀정이 어떻게 국가와 민족을 배반하여 그 죄값을 받았는가도 관심거리다. 영친왕을 임정으로 모셔가려던 계획은 너무나 눈물나는 참경이었고, 일본 육군대장을 저격하려던 애국지사의 총알이 외국관광객 여인을 죽게 한 비극적 사실에 우선 안타까운 한숨을 내리깔게 한다. 말년에 정신

분열증이 심해진 임정 국무총리 노백린은 "서울로 가자"라면서 지붕위에서 말달리는 시늉을 해 상해 동포의 눈물을 자극한 바도 있다.

3.

모두 432쪽에 이런 사실을 알맹이 중심으로 정성껏 묶은 저자 이교수는 자신이 직접 챙긴 사진자료만도 106컷을 관련 자료속에 안배하며 독자의 이해를 돕고 있다. 이 사진 중에는 처음 공개되는 것도 있어 관심을 끈다.

모처럼 유려하고 자유로운 독서친화적·유인적 필치로 독자에 가까이 갈 수 있는 이 책을 저자가 밝혔듯이 학문과 대중과의 가교적 임무에 충실하였다고 본다.

역사가 어느 특정인의 전유물이 아니기 때문이다. 근래에 보기드문 읽을거리요, 화제의 양서 역작이라고 믿어 일독을 권한다.

블라디보스톡 극동대학교 한국어과 설립 100주년 기념 학술회의를 다녀와서

박 환[*]

Ⅰ. 블라디보스톡 도착
Ⅱ. 학술회의 참가
Ⅲ. 극동대학교 박물관
Ⅳ. 블라디보스톡의 한인 관련 러시아유적

* 수원대 사학과 교수.

Ⅰ. 블라디보스톡 도착

지난 10월 3일부터 4박 5일동안 극동대학교 한국어과 설립 100주년을 기념하는 학술회의에 참가하기 위하여 블라디보스톡을 다녀왔다. 이 회의는 극동대학교 한국학대학에서 주최한 것으로 한국의 국제교류재단(이사장 이인호)과 고려학술문화재단(이사장 장치혁)에서 후원하였다. 블라디보스톡은 비행기로 한국에서 1시간 50분정도 소요되는 거리상으로 가까운 곳이며 또한 역사적으로도 친밀한 곳이어서 그런지 별 두려움 없이 가벼운 기분으로 다녀올 수 있었다.

이번 학술회의 참가는 도자기를 전공하면서 러시아에서 많은 발해 관련 발굴작업에 참여한 이화여대 박물관 나선화 선생과 함께 한 것이어서 더욱 뜻깊었고 또한 많은 도움이 되었다. 블라디보스톡 공항 상공에서 내려다보이는 산야는 구릉지대로 형성되어 있었다. 나선생은 이곳은 행정구역상 아르쫌에 해당되며, 이곳에서 한국식 세형동검이 발굴되었다고 알려 주었다. 아울러 중앙아시아에서 알타이산맥을 거쳐 연해주로 그리고 다시 동해로 나오는 문화권과 중국문화권이 다르다고 알려주었다. 또한 동쪽과 서쪽의 문화권이 상호 충돌하고 있으며, 한국의 경우 조선 시대 250년동안 지나치게 중국문화권에 젖어 있어 대륙적인, 유목적인 이동문화의 특성을 많이 상실했다고 말하였다.

공항에는 극동대학교 한국학대학 관계자들이 우리를 반갑게 맞이하여 주었다. 그곳에서 우리는 극동대학과 자매결연을 맺기 위하여 온 강릉대학 총장일행, 학술진흥재단에서 극동대학 강의교수로 파견되어 온 신영재교수, 그리고 서울대 국어학과 윤회원 교수 등 여러분을 만날 수 있었다. 또한 출국을 위하여 공항에 온 고합그룹 장치혁 회장 일행 등도 만날 수 있었다.

공항에서 숙소가 있는 블라디보스톡의 블라디보스톡 호텔까지는 1시간

정도 소요되었다. 그러나 그 호텔에 중국인 손님들이 너무 많아 방을 잡을 수가 없었다. 최근 중국의 경제적 여건의 향상으로 중국인들은 전세계를 관광 무대로 하고 있다고 한다. 특히 이곳 연해주는 과거 중국의 영토였던 만큼 더욱 '애정'을 갖고 이곳을 방문한다고 한다. 아울러 연변의 조선족 등 불법체류자들이 많아 러시아 연해주 당국에서도 안절부절하고 있는 상황이라고 주변 사람들이 알려 주었다.

우리 일행은 고합 블라디보스톡 지사장인 유영대 부장의 배려로 간신히 현대호텔에 투숙할 수 있었다. 이 호텔은 한국의 현대에서 지은 것으로 최근에는 한·러 수교 10주년 등 행사로 한국손님들이 많아 방을 구하기 힘든 상황이라고 한다. 호텔 로비에서 중국손님과 일본인 관광객도 다수 볼 수 있었다.

Ⅱ. 학술회의 참가

학술회의는 10월 4일 오전 9시반부터 극동대학교 경영대학 강당에서 개최되었다. 이곳에서는 개회식만 하고 본격적인 학술회의는 극동대학교 한국학대학으로 자리를 옮겨 이루어졌다. 한국학대학 건물은 고합 장치혁회장이 러시아에서 발해 유적지 발굴과 항일운동을 전개한 선친 장도빈 선생의 유지를 받들기 위해 기증한 것이었다. 1층 현관문을 들어서니 장도빈 선생의 흉상이 정면에 배치되어 있었다. 한국학대학은 러시아에서 유일한 한국학 단과대학으로 알려져 있다.

학술회의는 한국역사, 한국경제와 법, 한국언어와 문화 등 3개분야로 나뉘어져 있었다. 한국역사부분에는 모스크바 대학에 있는 한국고대사 전문가인 박 미하일교수가 좌장으로서 회의를 진행하였다. 발표자 명단과 발표 주제는 다음과 같다.

브로드얀스키(극동대) : 한국과 연해주의 고고학
박환(수원대) : 러시아 연해주에서의 독립운동
세로프(극동대) : 19세기말 20세기초 러시아의 한국교육
토로뽀프(극동문서보관소) : 조선 해방운동의 중심지 블라디보스톡
뻬트로프(극동고고민족연구소) : 19세기말 20세기초 러시아 극동지방의 한
인정착
나선화(이화여대 박물관) : 연해주 출토 발해 토기와 한국 고려 조선 토기의
친연성
아비로바(극동대) : 19세기 중반 20세기 초 한인들의 극동남부지역에의 정착
이유
아포닌(극동대) : 남북통일에 있어서 정당의 역할
세르둑(극동대) : 종교활동과 한국인의 기독교화

이들 발표 가운데 고고학 전문가인 브로드얀스키(극동대)의 발표가 인
상적이었고, 세로프(극동대), 토로뽀프(극동문서보관소) 등이 한국이민사
와 한인독립운동사에 대하여 발표하였다. 아울러 극동연구소의 뻬트로프
가 19세기말부터 20세기초까지 극동에 있는 한인들의 地稅에 대하여 발표
하였다. 나선화선생은 동서문화의 차이에 대하여 언급하였다. 아비로바(극
동대)는 농업에 의한 러시아 연해주의 식민지화에 대하여 발표하면서 한인
들을 경계하였다. 국제관계를 전공하는 아포닌(극동대)은 통일에 있어서
한국 정당의 역할을 검토하였다.

각 연구자들의 발표후에 질의가 있었고 마지막에 토론 및 평가가 있었
다. 그리고 회의를 마친후 한국학 관련 전체 참석자가 모인 가운데 각 분야
좌장들에 의한 총평가가 이루어졌다.

한국 경제와 법 부문에서는 한국 헌법의 생성과 발전, 그리고 현재의 상
황(크나젭, 극동대), 한국, 러시아 그리고 북한의 삼각 경제협력(신영재, 북
한 경제센터), 한·러경제관계와 극동 아시아 국제 경제협력(후지아또프,
극동대), 1997년 한국의 경제공항(꾸즈네쪼바, 극동대), 러시아 극동과 북한
(자브룹스카야, 극동고고민족연구소), 한국, 북한 그리고 러시아의 형법 비

교분석(끼라비에프, 극동대), 한국의 경험을 통한 러시아의 경제 성장방안 (포킨, 극동대) 등이 발표되었다.

언어와 문화부문에서는 사할린에서의 한국어 교육의 문제점들(김순희, 사할린 국립대), 한국의 샤머니즘(꾸즈네쪼프, 극동대), 한국어의 러시아 및 라틴어 발음기호로의 표현 문제점(깐세비치), 주요 한국어 수식의 분석 및 한·러전자사전 작업의 경험(꼬줴먀코, 극동대) 등이 한국사를 하는 입장 에서 주목되었다. 특히 한국어의 라틴어 발음기호로의 표현 문제점은 1910 년대 러시아 치타에서 간행된『대한인정교보』등에서와 1930년대『선봉』 신문에도 자주 실린 내용들이라 더욱 관심이 갔다.

Ⅲ. 극동대학교 박물관

10월 5일 아침 필자는 경남대 극동연구소가 한국언론재단, 대한매일신 문 등의 후원을 얻어 개최한 한·러수교 10주년 학술회의에 참가하였다. 이 자리에서는 한국과 러시아의 과거, 현재, 미래에 대한 집중적인 논의가 이루어졌다. 회의 중간에 자리를 옮겨 극동대학 박물관을 방문하였다. 이 곳에는 고고학 전문가인 브로드얀스키 교수가 우리를 기다리고 있었다. 이 박물관은 1999년 가을에 개교 100주년을 기념하여 개관하였다고 한다. 박 물관 전시물 중에서 관심이 간 부분은 한·러국경지대인 두만강 대안 핫 산 지역에서 다수 발굴된 청동검 등이었다. 이들은 생산연대가 BC 3100~ 2900년으로 추정되었다. 한국에서 청동기에 의한 성읍국가의 출현이 BC 13경으로 언급되고 있는 점으로 미루어 볼 때 이것은 엄청 놀라운 사실이 었다. 앞으로 고고학적 분야와 관련하여 북한과 러시아, 그리고 한국학계 가 보다 긴밀하게 교류관계를 가져야 할 것으로 기대되었다. 또한 브로드 얀스키교수는 연해주에서 발굴되는 것과 유사한 것들이 함경도와 한국의 양양, 속초 등 동해안 지역에서도 발굴되고 있다고 문화의 유사성을 강조하였다.

이어서 한국에서는 볼 수 없었던 말갈의 유적들을 볼 수 있었다. 아울러 발해 유물들도 다수 전시되어 있었다. 한국과 유사한 기와 문향 등은 큰 관심을 끌었으며, 세공품 등 또한 처음 보는 것들이라 흥분되었다. 블라디보스톡 시내에 있는 아르세니예프 박물관에는 발해유물이 몇 점밖에 전시되어 있지 않은 것과 비교해 볼 때 이곳 극동대학에는 매우 다양한 유물들이 풍부하게 있어 보는 이의 발길을 잡았다. 또한 하바로브스크 근처에 살고 있는 우데인의 샤만 유적과 복장 그리고 중국인들이 사용했던 큰 총과 슬라비얀카에 초기에 이주한 러시아인들의 생활상을 보여주는 사진과 전시물 또한 매혹적이었다.

다음에는 학교역사기록관과 희귀문서보관소를 방문하였다. 학교역사기록관에서는 극동대학 동양학부를 만들었고 한국학과 책임자였던 뽀드스다빈 교수(1877~1924)의 젊은 시절과 노년 시절의 사진을 볼 수 있었다. 그는 1920~1922년 몽고·한국학과 책임자로 일하였다. 그리고 1922년 공산혁명이 성공하자 한국으로 망명하였다고 한다. 극동대학의 한 교수는 그가 1904~1905년까지 한국에서 살았다고 일러 주었다. 그리고 그에 대한 논문 2편이 올 11월에 발표될 예정이라고 알려주었다. 한국 역사학계에서는 그가 1910년대의 대표적인 독립운동단체인 권업회 등 한인독립운동단체에 크게 관여한 인물로서 큰 관심을 갖고 있다. 그의 실체가 분명히 밝혀지면 이 지역의 한인 독립운동 이해에 도움이 될 것으로 보고 있다.

전시물 중에 우리에게 가장 큰 감동을 준 것은 1997년말 발해 건국 1300년을 맞아 뗏목을 타고 발해 해상항로 탐사를 위해 블라디보스톡을 출발하여 부산으로 향하던 중 사망한 탐험가 장철수의 사진이었다. 극동대학교에서는 사망한 장철수에게 명예 학위증을 수여하고 그를 자랑스러운 졸업생 반열에 올려 놓고 있는 것이었다. 그의 사진을 보며 러시아인 친구들의 따뜻한 마음을 읽을 수 있었다. 앞으로 한·러교류가 보다 민간적인 차원에서 깊이 있게 이루어져야 할 것으로 기대되었다. 또한 내년 3월로 예정되어 있다는 한국인들의 발해항로탐사 2차 항해가 순조롭게 이루어지길 간절히 기원한다.

Ⅳ. 블라디보스톡의 한인 관련 러시아유적

오후에 블라디보스톡 한인 독립운동의 본산인 신한촌으로 향하였다. 이 곳에서 독립문, 권업신문사, 장로교회, 한민학교, 스탈린구락부, 이동휘가 살던 집 등을 답사하고 연해주신한촌 기념탑을 참배하였다. 이어서 1937년에 한인들이 강제이주당하였던 첫 번째 강역을 다녀왔다.

다음에는 블라디보스톡 요새를 방문하였다. 요새지에는 아직도 긴장감이 감도는 듯 하였다. 이어서 한인들의 초기 이주지인 구개척리 해안가에 있는 둔덕마투아, 운덕마투아 등지를 답사하였다. 지금은 해안 유원지로 변한 이곳에 한인들의 삶의 애환이 스며 있는 것이다. 이곳에는 지금도 바다로 나가는 조그마한 어항과 수산물 판매소 등이 위차하고 있었다. 블라디보스톡 역 옆에 위치하고 있는 국제선 및 국내선 항구와는 다른 변모를 볼 수 있었다. 한·러국경지대인 포시에트 항구 등지에서 오는 한국인들은 중심항구를 벗어난 조그마한 어촌 항구로 기항했을 것으로 추정되었다.

다음에 구개척리에 있었던 해조신문사와 대동공보사가 있던 뽀그라니치나야 거리로 가 보았다. 1905년 당시의 지적도를 가지고 1900년대 후반 대표적인 민족언론 기관인 이들의 위치를 파악하고자 하였다. 이 거리 저 거리 다녀보고, 주변 사람들에게 물어 보았으나 옛 자취는 찾을 수 없었다. 지적도에 거리만 나와 있고 거리 명칭이 나와 있지 않았기 때문이었다.

다음에 우리 일행은 고종시 탁지부 대신인 이용익이 막대한 자금을 예치하여다고 하는 러시아 중국은행을 답사하였다. 이 건물은 1899년에 건축되어 1913년까지 러시아 중국은행으로 이용되었고 그 이후에는 일본계 블라디보스톡 제일은행으로 사용되었었다. 현재는 상점으로 이용되고 있으며 스베뜨란스카야 14번지로 아르세니예프 박물관 주변에 위치하고 있었다. 지금도 웅장하고 화려한 모습을 간직하고 있다. 이 은행과 관련하여 1998년 4월 8일자 중앙일보에 난 다음과 같은 기사가 주목된다.

　　「구한말 고종이 맡긴 23만엔 러시아은행 예치 문서 발견」
　　구한말 고종황제가 러시아은행에 일본 돈 30만엔을 예치했으며 이 가운데 23만엔이 1909년 4월까지 남아있었음을 증명하는 문서 전문이 발견됐다. 이 문서는 문서번호 '서울 총영사관 오삐스 766 리스트2' 란 이름으로 4절지 2장 분량이다.
　　모스크바대 박종효 (朴鐘涍.61) 교수가 모스크바의 군 아르히브 (문서보관소)에서 이를 발견, 중앙일보에 알려왔다. 당시 원산주재 영사로 근무하던 니콜라이 비류리코프 러시아 총참모부 정보국 대위가 러시아 총참모부 정보국으로 보낸 이 문서에 따르면 1904년 이용익 (李容翊) 탁지부대신은 자신 명의로 30만엔을 블라디보스토크의 루스코.키타이스키 방크 (러.중은행)에 예탁하면서 고종과 자신 외에는 누구에게도 주지 말라고 지점장에게 당부했다.
　　그러나 은행측의 실수로 1908년 李대신의 손자 (이종호)가 7만엔을 인출해갔다. 이 23만엔의 현재 가치는 당시의 멕시코 1달러와 1엔, 1원의 환율이 모두 같았음을 감안할 때 최소 쌀 12만가마 (가마당 2.5원)에 해당한다. 그러나 당시 러시아 공사관이 현재 경향신문 등이 들어서 있는 옛 정교회 부지 1천평 (현 시가 3백억원) 을 구입하기 위해 고종이 비밀리에 하사한 멕시코 1만2천5백달러를 지불했음을 기준으로 하면 8천3백억원이나 된다.
　　더구나 옛 러시아공사관 부지 6천여평에 대한 사실상 보상금으로 2천7백50만달러가 지불된 것을 기준으로 한다면 1천평 (1만2천5백엔)에 약 4백50만달러를 지급한 것이어서 23만엔이면 1억2천만달러에 이른다.

　　이어서 우리 일행은 중앙광장 방면으로 따라 나와 아르세니예프 박물관을 보고, 그 길 맞은 편에 있는 미술관도 견학하였다. 이 미술관이 과거 러시아—아시아 은행으로 사용되었다고 한다. 그리고 그 맞은 편에는 블라디보스톡 최초의 건설자이며 상인인 세미노프의 동상이 서 있었다. 그리고 중앙광장 맞은 편에는 19세기말 이 지역을 방문한 영국의 저명한 지리학자인 비숍여사가 숙박했던 골든 혼 호텔(스베뜨란스카야 13번지)이 위치하고 있었다. 이 건물은 1903년에 건축되었으며, 처음에는 극장으로 이용되었다. 당시 이 호텔에서 숙박한 비숍여사는 이 호텔을 다음과 같이 묘사하고 있다.

골든 혼 호텔은 길쭉하고 산만한 아주 미묘한 건물이었다. 우중충하고 초라한 기운이 그 집을 둘러싸고 있는 듯하였다. …… 중략 …… 긴 계단을 오르면서 커다란 바와 오전인데도 보드카가 많이 있는 식당을 지나고, 크고 어둡고 지저분한 극장을 거쳐, 이른 시간인데도 자리가 차 있는 당구장을 지났다. 나는 방을 잡았다. 거실과 침실은 적당했다. 창문을 열고 돼지 우리가 있는 마당을 내다 보았다. 문은 다섯 개가 있었는데 그 가운데 하나는 잠기지 않았다. 방들은 금박과 벨벳을 많이 사용하는 루이 콰도로즈 풍으로 꾸며져 있었으나 모두 오래되어서 지저분했다. 방들은 마치 시간과 더불어 쇠락해가는 삶의 비극을 알고 있으며 다시 한번 알게 될 것 같다는 표정을 짓고 있었다

세미노프 동상 주변에는 시베리아 횡단열차의 종착역이자 시발역인 블라디보스톡 역사가 있었다. 이 역은 1912년에 건축되었으며 최근에 수리를 하여 단정해 보였다. 역 맞은 편에는 구소련의 영광을 상징하듯이 레닌동상이 서 있었다. 레닌동산 앞에서 우연히 평양출신이라는 북한 인테리를 만났다. 그는 자연스럽게 우리 일행을 대했으며, 블라디보스톡에서 북한으로 갈 경우 우스리스크와 핫산을 통해서 기차로 이동한다고 알려 주었다. 역 근처에는 국제선 항구, 국내선 항구 등이 위치하고 있었고 그 근처에 중앙광장이 있었다. 그 너머에는 러시아의 황제 니콜라이 2세, 연해주 총독이었던 운쩨르베르게르, 러시아 혁명가인 스하노프 등이 활동했던 집이 아직도 남아 있었으며, 현재에는 어린이 구락부로 이용되고 있었다.

이어서 푸시킨 거리로 이동하여 블라디보스톡 최초의 신문사 건물, 옛 중국영사관, 동양학원 건물이었던 현재의 극동기술대학을 방문하였다. 신문사건물은 푸쉬킨 거리 7번지에 위치하고 있으며, 1882~1883년에 만들어진 블라디보스톡 최초의 목조건축물로 지금은 아파트로 이용되고 있었다. 중국 영사관 건물은 푸쉬킨 거리 30번지에 위치하고 있으며, 축대위에 있

어서 중국적 요소를 가미한 것으로 보였다. 동양학원은 블라디보스톡 최초의 대학으로 1899년에 만들어졌다. 개교 당시 중국어, 일본어, 조선어, 몽고어, 만주어 등을 가르쳤다고 한다. 학교 앞에는 푸쉬킨 동상이 서 있었고, 동양학원 문 입구에는 개교연도인 1899년 표시와 사자장 2개가 동양적 이미지를 보여 주었다. 이처럼 푸쉬킨 거리에 많은 주요 건물들이 있는 것으로 보아 이 지역이 과거 블라디보스톡에서 중요한 중심 거리였던 것으로 보인다. 푸쉬킨 거리에서 블라디보스톡의 중심 거리인 스베뜨란스카야로 내려오니 옛 프랑스영사관 건물(59번지)이 있었다. 큰 건물이었으며 프랑스적 미를 보여주고 있었다.

옛 중국영사관과 프랑스영사관 등을 답사하고 나니 3·1운동 당시 각국 영사관을 다니며 독립을 요청하던 한인들의 모습이 떠올랐다. 1919년 3·1운동 당시 재러동포들은 시위운동을 전개하는 외에 3월 17일 블라디보스톡에 있는 11개국 영사관과 6개의 러시아 관청에도 선언서를 배포하였다. 그 중 각국 영사관에 선언서를 배포할 때에는 영사에게 면회를 요구하였으며, 본국 정부에 전달해줄 것을 요청하였다. 그런데 영국영사는 부재중이라고 하여 면회를 거절하였고, 미국 및 중국 영사는 재러동포들을 크게 환대하고 그 뜻을 본국정부에 電文 情報로 보내겠다고 하였다고 한다. 이어서 서점에 들려 러시아 전체 지도 및 지역 지도 등을 사고 굼(국영백화점)에 가 보았다. 이 백화점은 과거 블라디보스톡의 가장 대표적인 알베르트 쿤수트 상점이었다. 이 상점은 수입업, 은행업, 선박관리업, 시베리아 정착사업 등을 취급하는 함부르크 회사였다. 회사직원은 19세기 후반에 60여명이었고, 대부분은 독일인이며, 그 밖에 소수의 러시아인, 덴마크인, 한국인이 일하고 있었다. 이 회사는 동부 시베리아에 16개의 지점을 두고 있었으며, 랑가루츠의 독일대행회사가 그 지점들을 운영하고 있었다.

알베르트 쿤수트 회사의 지점은 한인들의 의병 근거지인 국경지대인 연추(과거명 : 노보키예프스크, 현 지명 : 크라시키노)에도 있었다. 이 지역을 방문한 비숍여사는 이곳의 지점 상황을 다음과 같이 묘사하고 있다.

쿤츠 앤 알베르스 상사의 여러 외국인 직원들과 손님들을 들 수 있는데, 직원 중에서 유럽 복장을 한 젊은 한국인 하나가 그의 신사다움과 바지런함 때문에 알아보기 쉬웠다. 이 노보키예프 지점은 어떤 독일인의 집이었다. 그리고 40개의 작은 가게가 있었는데, 이는 주로 중국인에 의해 경영되고 있었으며그 모든 가게가 쉬냅주(酒)아 보드카를 팔고 있었다.

굼 백화점 맞은 편에는 그들의 숙박 호텔로 이용된 큰 건물이 있었다. 당시 알베르트 쿤스트상점의 위세를 가히 짐작해 볼 수 있었다.

이때에 어디선가 나팔 소리와 사람들의 함성이 들려왔다. 전문학교 선생들과 학생들의 데모 소리였다. 옆에 있던 러시아인 친구의 말에 따르면 블라디보스톡에서 처음 있는 현상이라고 알려 주었다. 그들은 콤소몰(공산주의 청년동맹) 소속인데 노동자만세, 미래보장 등을 요구하며 시위를 진행하였다. 시위에 동참한 사람들은 해군사관직업학교, 요리사 등 기술직에 종사하는 이들이었다. 그들의 모습은 일면 진지하였으나 축제적인 모습도 간작하고 있었다. 혁명광장에 모여 집회를 전개하였는데 러시아의 경제상황을 단적으로 보여주는 모습이었다.

우리 일행은 놀랍고 두려운 눈으로 시위를 지켜보다 오케안스카야를 거쳐 숙소로 돌아왔다. 오는 길에 오케얀스카야 입구에 있는 과거 일본총영사관 건물을 답사하였다. 이곳은 현재 암병원으로 이용되고 있으며 아직도 그 위용을 자랑하고 있었다. 일본인들이 블라디보스톡에 나타난 것은 명치초년으로 알려지고 있다. 그후 1876년에 일본 정부의 무역사무소가 이곳에 설치되었으며, 80년대 이후 일본 나가사끼와 블라디보스톡 간에 정기 항로가 개설되면서 일본인 거류민 수가 크게 증가하였다고 한다. 그리하여 1900년초에는 그 수가 3,000 명에 이르렀다고 한다. 그러다가 1904년 러일전쟁의 발발로 그 대부분이 철수하였다가 전쟁이 끝난 후 무역사무소가 1907년에 영사관으로, 1909년에는 총영사관으로 승격되었다고 한다. 1917년 러시아 혁명이후 1918년 4월 일본 육전대가 블라디보스톡에 상륙한 이후 일본은 동년 8월부터 본격적인 혁명간섭작전에 돌입하였던 것이다. 아울러 한인독립운동에 대한 본격적인 탄압도 진행하였던 것이다.

옛 일본총영사관 옆에는 일본과 동맹국이었던 영국영사관건물이 나란히 위치하고 있었다. 이어서 1930년대 고려인대학 건물을 답사하였다.

이번 학술회의 참가를 통하여 무엇보다도 많은 좋은 사람들과 역사적 사실을 알게 되었던 것이 큰 성과였다. 특히 지금까지 보지 못했던 한인 관련 러시아유적을 답사한 것은 이 지역사를 연구하는 데 많은 도움이 될 듯하다. 특히 극동대학 박물관에서 청동기시대 유물, 발해·말갈 유물 등을 접한 것은 근현대사를 전공하는 필자에게는 큰 행운이었다. 이화여대 나선화선생과의 동행이 준 선물이 아닌가 한다.

한국학 100주년 기념학술회의 광경

산운 장도빈 선생 흉상(한국학대학내)

극동대학교내의 한국학대학 전경

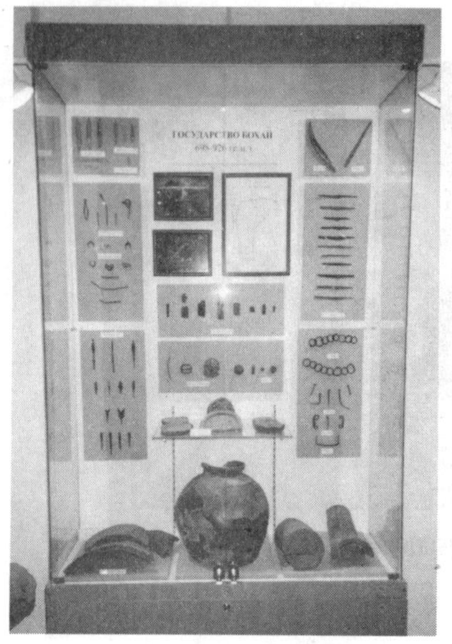

발해유물(국동대학교 박물관내)

한인독립운동에 중요한 역할을 한
뽀드스다빈 교수

고종시 탁지부 대신 이용익이 자금을 예치한
러시아 중국은행

알베르트 쿤수트 회사(현재 굼 백화점)

시베리아 철도의 시발점이자 종착역인 블라디보스톡 역사

블라디보스톡의 중앙광장